中等职业学校电子商务专业教学用书

电子商务基础

DIANZISHANGWUJICHU

陈伟梅 陈凤 主 编

林君玲 龚 创 副主编

经济管理出版社

ECONOMY & MANAGEMENT PUBLISHING HOUSE

图书在版编目（CIP）数据

电子商务基础/陈伟梅，陈凤主编. —北京：经济管理出版社，2014.12（2016.8 重印）
ISBN 978-7-5096-3592-6

Ⅰ.①电…　Ⅱ.①陈…　②陈…　Ⅲ.①电子商务—教材　Ⅳ.①F713.36

中国版本图书馆 CIP 数据核字（2015）第 003843 号

组稿编辑：魏晨红
责任编辑：瑞　鸿
责任印制：黄章平
责任校对：雨　千

出版发行：经济管理出版社
　　　　　（北京市海淀区北蜂窝 8 号中雅大厦 A 座 11 层　100038）
网　　址：www. E-mp. com. cn
电　　话：（010）51915602
印　　刷：北京九州迅驰传媒文化有限公司
经　　销：新华书店
开　　本：787mm×1092mm/16
印　　张：20.25
字　　数：418 千字
版　　次：2014 年 12 月第 1 版　2016 年 8 月第 2 次印刷
书　　号：ISBN 978-7-5096-3592-6
定　　价：48.00 元

编　委

目　录

第一章　电子商务绪论

知识体系

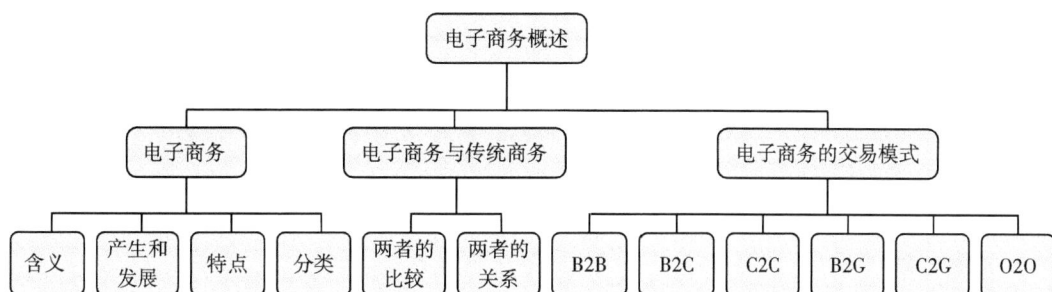

学习要点

（1）什么是电子商务？

（2）电子商务的特点、发展及分类。

（3）电子商务与传统电商的区别。

（4）电子商务的交易模式有几种？

情景案例

上海2016年电商交易额拟达2万亿元

上海市政府召开新闻发布会，公布了上海智慧城市建设2014~2016年行动计划。根据行动计划，2016年上海实现电子商务交易额将达到2万亿元，上海新一代信息技术产业总规模争取达到1万亿元。

此前，国家8部委发布了促进智慧城市健康发展指导意见，明确了智慧城市建设的顶层设计方案。业内人士认为，上海此次行动计划，正是对国家指导意见的落实。

根据计划，未来三年，上海将着力实施智慧化引领的"活力上海五大应用行动"，强化信息基础设施、信息技术产业和网络安全保障"三大支撑体系"，引导推动 50 个重点专项建设。50 个重点专项既包括以智慧交通、智慧健康、智慧教育等为内容的智慧生活，又包括智慧经济、智慧城管、智慧政务，以及打造智慧城市"新地标"等方方面面。业内人士认为，这意味着上海智慧城市建设将从智慧交通、智慧医疗等细分系统向全面推进智慧城市建设改变。

根据行动计划，上海将发展高端化智慧经济，拟到 2016 年信息化与工业化深度融合指数达到 86.5，电子商务交易额达到 2 万亿元，具体将推动互联网金融、智慧航运、智慧商务、智能制造、智慧企业 5 个专项建设。与此同时，上海还将推动新一代信息技术产业发展，拟到 2016 年，上海新一代信息技术产业总规模争取达到 1 万亿元，信息服务业营业收入达到 6800 亿元，增加值占全市 GDP 比重超过 7%。

"目前，中国的生产资料、大宗商品正从传统行业的垄断局面逐渐开始转向互联网化。上海作为航运中心、金融中心、贸易中心，将会成为中国生产资料和大宗商品的交易中心。其间，互联网企业有可能做大。"上海市经信委主任李耀新如是表示。

资料来源：亿邦动力网，http://www.ebrun.com/20140924/111020.shtml。

案例分析

上海拟到 2016 年实现电子商务交易额 2 万亿元，在全市 GDP 的比重越来越高。随着互联网更进一步发展及国家政策对信息技术产业的支持，未来三年上海将逐渐发展高端化智慧经济。

问题提出

从案例中我们可以看到，上海电子商务的交易额逐年增长，不仅在上海，在中国，整个世界电子商务的格局每时每刻都在发生变化，那么什么是电子商务，电子商务的特点及分类是怎么样的？与传统商务相比，电子商务具有什么样的潜力与发展前景，这些都是我们这一章所要探究的，同学们，准备好了吗？现在就让我们开启电子商务基础这门课的学习吧。

第一节 电子商务

一、电子商务的身份

电子商务（Electronic Commerce，EC），从广义上说，是指以电子设备为媒介进行的商务活动；从狭义上说，是指以计算机网络为基础所进行的各类商务活动，包括商务和服务的提供者、广告商、消费者、中介商等有关各方行为的总和，通常所说的电子商务是指狭义上的电子商务。到目前为止，还没有一个统一的、具有权威性的表述。国内外不少有关组织、专家从不同的角度对电子商务下了定义，我们选取几个有代表性的来说明：

加拿大电子商务协会对电子商务的定义：通过数字通信进行商品和服务的买卖及资金的转账，公司间和公司内部利用 E-mail、EDI、文件传输、传真、电视会议、远程计算机网所能实现的全部功能。

全球信息基础设施委员会（GIIC）电子商务工作委员会对电子商务的定义为：运用电子通信作为手段的经济活动，通过这种方式人们可以对带有经济价值的产品和服务进行宣传、购买和结算。它不受地理位置、资金多少或零售渠道的所有权影响，使产品在世界范围内交易并向消费者提供多种多样的选择。

IBM 公司对电子商务的定义为：电子商务是把买方、卖方、厂商和合作伙伴在企业内部网、企业外部网和互联网结合起来的应用，即 EB=IT + Web + Business。

我国电子商务领域专家学者的意见通俗地说，其内容包含两个方面，一是电子方式，二是商贸活动。电子商务指的是利用简单、快捷、低成本的电子通信方式，买卖双方不谋面地进行各种商贸活动。

综合上述对于电子商务的理解主要集中在"电子"与"商务"范围的界定及两者的侧重点上。电子商务通常是指在全球各地广泛的商业贸易活动中，在互联网开放的网络环境下，基于浏览器/服务器应用方式，买卖双方不见面地进行各种商贸活动，实现消费者的网上购物、商户之间的网上交易和在线电子支付以及各种商务活动、交易活动、金融活动和相关的综合服务活动的一种新型的商业运营模式。

电子商务的基础是现代信息技术，"电子手段"与"商务活动"的关系：前者是皮，后者是毛。应以商业为主，技术为辅，将电子手段作为实现商务目标的手段，如图 1-1 所示。

图 1-1　电子商务范围界定

其实，电子商务的内涵包括多方面内容。从范围而言，它应包括商务活动的所有方面，如交易的方式、工具等；从过程而言，它包括了商务活动的所有阶段，如市场调查、合同的签订、货物的配送以及售后的服务等；从参加者而言，它涵盖整个商务活动所有方面的人员，包括生产方、销售方、供应方和客户等；从企业营销而言，它实际包括从传统营销方式到基于互联网营销方式转变的整个过程。

电子商务是把买家、卖家和合作伙伴通过互联网、企业的内部网和企业之间的网络联系在一起，利用互联网技术和现有系统的业务相结合的产物。电子商务不仅包含市场营销、企业经营管理的问题，也包含技术层面和社会层面的问题，总之它是企业信息化以至于社会信息化的缩影或组成部分。因此电子商务是一个十分广泛、十分深刻的概念，也是一个不断发展的概念。

简单地说，电子商务是指交易当事人或参与人利用计算机技术和网络技术（主要是互联网）等现代信息技术所进行的各种商务活动，包括货物贸易、服务贸易和知识产权贸易。

二、电子商务的产生和发展

1. 电子商务的产生背景

（1）政府的支持与推动。自1997年欧盟发布了欧洲电子商务协议，美国随后发布"全球电子商务纲要"以后，电子商务受到了世界各国政府的重视。

（2）计算机的广泛应用。近30年来，计算机的处理速度越来越快，处理能力越来越强，价格越来越低，应用越来越广，这为电子商务的应用提供了坚实的基础。

（3）网络的普及和成熟。截至2012年12月底，我国网民规模达5.64亿，全年共计新增网民5090万人。互联网普及率为42.1%，较2011年底提升3.8个百分点。如图1-2所示。

（4）完善的网络服务。在世界上有影响的网站据统计已有4000多个，几乎每一个网站均能开通电子商务的信息和业务。

（5）从技术角度来看，近年来，技术快速变革为电子商务打下了坚实的基础，主要表现如图1-3所示。

（6）适合在网络上使用的电子邮件以及实现电子公告牌服务的信息发布技术；通过网络进行电子资金转账以及共享网络数据库技术；在网上进行支付的信用卡技术和电子

（万人）

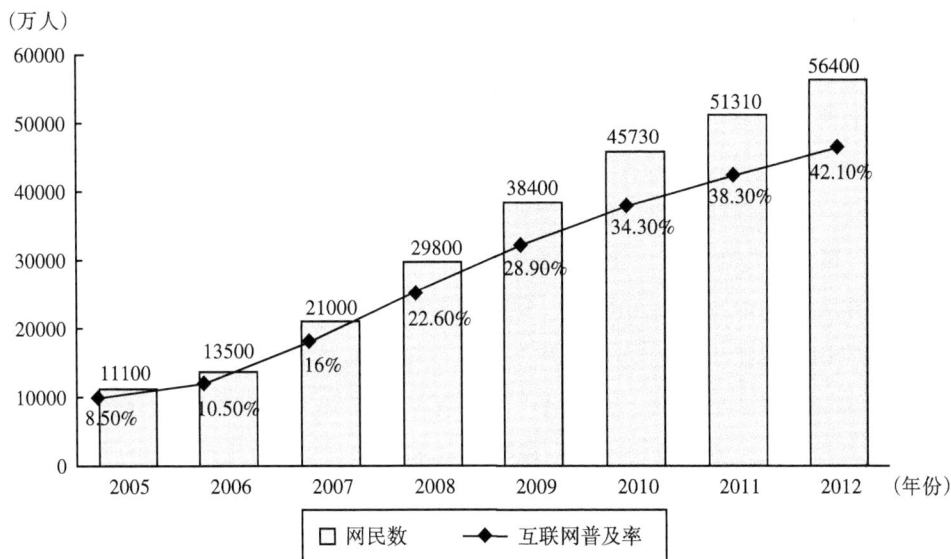

图 1-2　中国网民规模和互联网普及率

资料来源：http://wenku.baidu.com/link?url=2leCUZELyL9vV23PpysbIXi1y8MFI1Ff3W7Dy4SO1zyxqkwt329Y9Wp-SpT-7cLuu5QwHokvZGSSYXj8nI9jJglqax8NWe7ZahZF-hexLlL3。

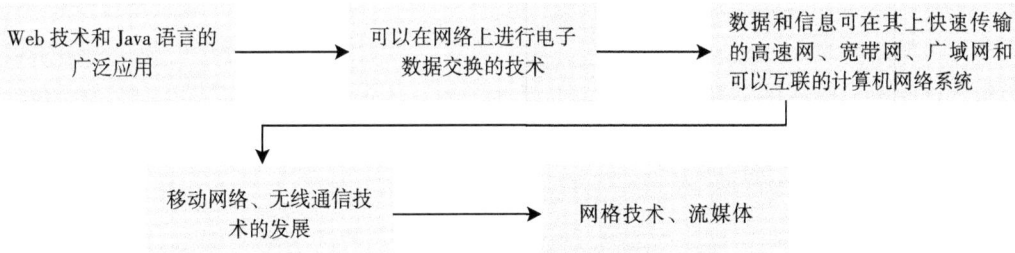

图 1-3　网络技术发展

货币的支付技术，以及电子现金、电子货币与电子支票网络传送的完全认证与可靠支付技术等。

2. 电子商务发展过程

世界上对电子商务的研究与应用始于 20 世纪 70 年代末，可以把电子商务的发展分为两个阶段，即始于 20 世纪 80 年代中期 EDI 电子商务和始于 90 年代初期 Internet 电子商务。

（1）20 世纪 80~90 年代基于 EDI 的电子商务。从技术的角度来看，人们利用电子通信的方式进行贸易活动已有几十年的历史了。早在 20 世纪 70 年代末就出现了作为企业间电子商务应用系统雏形的电子数据交换（Electronic Data Interchange，EDI）和电子资金传送 EFT，而实用的 EDI 商务在 80 年代得到了较大的发展。EDI 电子商务主要是通过增值网络（Value-Added Networks，VAN）实现的，通过 EDI 网络，交易双方可以将交易过程中产生的询价单、报价单、订购单、收货通知单和货物托运、保险单和转账发票等报文数据以规定的标准格式在双方的计算机系统上进行端对端的数据传送。到了90年代，EDI 电子商务技术已经十分成熟。应用 EDI 使企业实现了"无纸贸易"，大大提高了工作的效率，降低了交易的成本，减少了由于失误带来的损失，加强了贸易伙伴之间的合作关系，因此在国际贸易、海关业务和金融领域得到了大量的应用。众多的银行、航空公司、大型企业等均纷纷建立了自己的 EDI 系统，在贸易界甚至提出了"没有 EDI 就没有订单！""EDI 引发了贸易领域的革命！"等口号。但是 EDI 电子商务的解决方式都是建立在大量功能单一的专用软、硬件设施的基础上。当时的网络技术的局限性限制了 EDI 的应用范围扩大，同时 EDI 对技术、设备、人员有较高的要求，并且使用价格极为昂贵。受这些因素的制约，EDI 电子商务仅局限在先进国家和地区以及大型的企业范围内应用，在全世界范围内得不到广泛的普及和发展，大多数的中小企业难以应用 E-DI 开展电子商务活动。

（2）20 世纪 90 年代初期至今基于互联网的电子商务。随着 Internet 和计算机网络技术的蓬勃发展，网络化和全球化已成为不可抗拒的世界潮流，价格低廉并且连通全世界的电子信息通道已经形成，应用 Internet 网开展电子商务业务也开始具备实用的条件，电子商务获得长足发展的时机已经成熟。在 90 年代初期，计算机网络技术得到了突破性的发展，依托 Internet 的电子商务技术也就应运而生。Internet 电子商务是主要以飞速发展的遍及全球的 Internet 网络为架构，以交易双方为主体，以银行支付和结算为手段，以客户数据库为依托的全新商业模式。它利用 Internet 的网络环境进行快速有效的商业活动，从单纯的网上发布信息、传递信息到在网上建立商务信息中心；从借助于传统贸易的某些手段的不成熟的电子商务交易到能够在网上完成供、产、销全部业务流程的电子商务虚拟市场；从封闭的银行电子金融系统到开放式的网络电子银行，在 Internet 网上的电子商务活动给企业在增加产值、降低成本、创造商机等方面带来了很大的益处。除了 Internet 的发展外，信息技术也得到了全面发展，例如，网络安全和管理技术得到了保证、系统和应用软件技术趋于完善等，这一切为 Internet 电子商务的发展和应用奠定了基础。

Internet 网上的电子商务之所以受到重视，是因为它比基于 EDI 的电子商务具有明显的优势：一是费用低廉，一般来说，它的费用不到 VAN 的 1/4，这一优势就使得许多企业尤其是中小型企业对其非常感兴趣；二是覆盖面广，互联网几乎遍布全球的各个角落，用户通过普通电话线就可以方便地与贸易伙伴传递商业信息和文件。依托于互联网，企业能从事在物理环境中所不能从事的业务，有助于降低企业的成本，提高企业的竞争力。尤其是对各种各样的企业，无论大小、不分"贵贱"地都提供了广阔发展天地和商机，帮助它们节约成本、增加价值、扩展市场、提高效率并抓牢客户。中小企业可以以更低的成本进入国际市场参与竞争。同时，它能为广大的网上消费者增加更多的消费选择，使消费者得到更多的利益。电子商务也是一场革命，它打破了时空的局限，改

变了贸易形态，使 Internet 成为一种重要的业务传送载体，汇聚信息，生成新的业务，产生新的收入；使企业可以进行相互连锁的交易；电子商务可以使企业逐渐提高自适应导航功能，企业通过网上搜索交换信息，使业务交往个人化和具有动态特征，以赢得用户的欢迎，获得效益。

据 eMarketer 新数字显示，2014 年 B2C 电子商务全球销售额将达到 14710 亿美元，增长近 20%。随着全世界互联网应用走向成熟，电子商务增长将放缓，到 2018 年增长将稳定在 10% 左右。但是，2018 年销售额达到 23560 亿美元，因此 10% 代表超过 2000 亿美元的增长额。如图 1-4 所示。

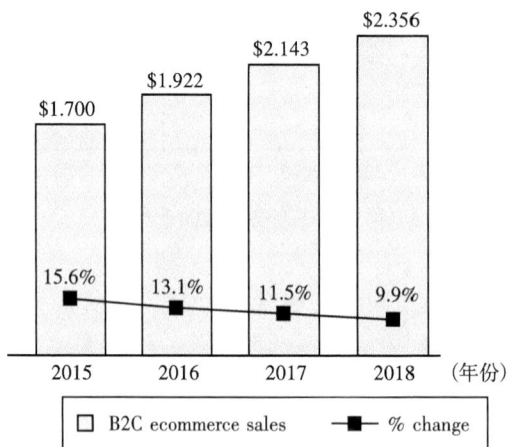

图 1-4 2015~2018 年 B2C 电子商务全球销售额

资料来源：http://www.199it.com/archives/258331.html。

3. 中国电子商务的十年（http://www.chinaz.com/news/2010/1118/143891_4.shtml）

十年磨一剑。从试探、磨砺、蓬勃、萧索，再到遍地开花，曾经在人们眼中"虚无缥缈"的电子商务，已深刻颠覆了人们的生产、生活方式，蜕变出 8000 多万的"网商"与多达半数的网民消费群体。如图 1-5 所示。

1999 年春天，马云在杭州城郊湖畔花园建立了阿里巴巴电子商务网站。

1999 年 5 月 18 日，中国第一家在线销售软件图书的 B2C 网站在老榕（王峻涛）的一手操办下正式上线，创始人为这个"新生儿"取了一个颇具象征意义的名字——8848。

1999 年把目光瞄准电子商务领域的还有邵亦波，他和来自哈佛的校友创办了易趣网，这也是中国第一个 C2C 电子商务网站；6 月，四位来自不同行业的旅游迷——沈南鹏、梁建章、季琦、范敏创办了提供网上机票和酒店预订服务的携程网；11 月，在图书出版行业摸爬滚打了 10 年的李国庆和他的妻子俞渝创建了中国第一家网上书店——当当网。

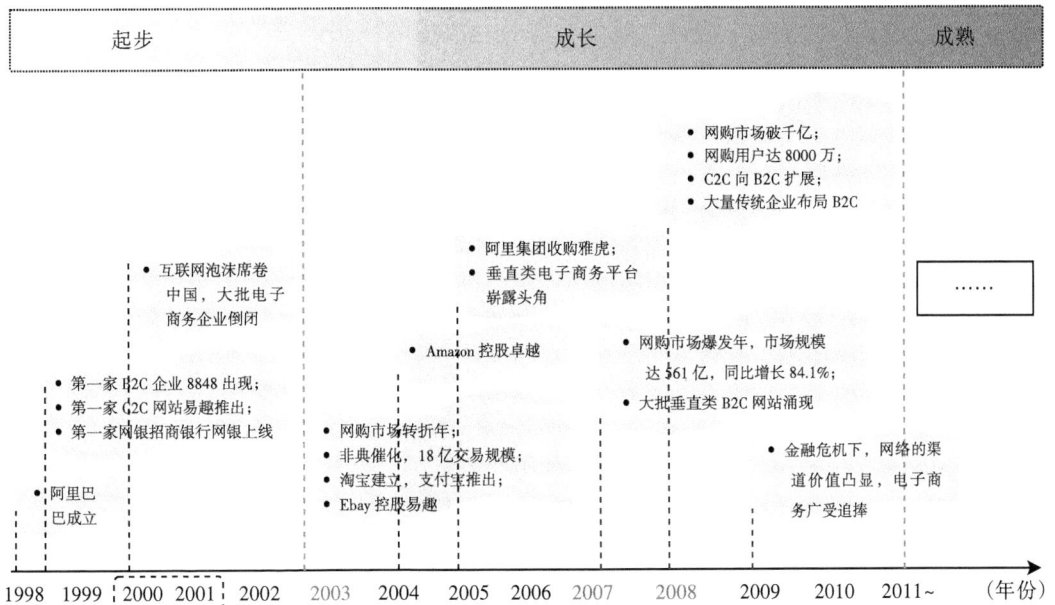

图 1–5　中国电子商务发展的十年

2000 年 5 月，由联想和金山共同投资组建的卓越网正式成立；12 月，软银投资 2000 万美元与阿里巴巴结盟。

2002 年的电子商务殷切期盼春天的到来，摒弃了头顶上虚幻的光环，电子商务开始向实实在在的利益出发。

2003 年，看准了历史机遇的阿里巴巴做出了两项重大的举动——投资 1 亿元人民币推出个人网上交易平台淘宝网，并创建独立的第三方支付平台——支付宝，正式进军电子支付领域。

国内的 C2C 市场在 2004 年形成三足鼎立的格局。

2004 年，决定进入中国市场的还有全球 B2C 巨头——亚马逊，而它选择进入的方式是收购中国本土电子商务公司卓越网。

2005 年，第一次出现了中资收购外资互联网企业的现象：阿里巴巴将雅虎中国收入囊中。

2006 年 3 月 13 日，腾讯在京宣布拍拍网正式运营。

2007 年 11 月 6 日，阿里巴巴在中国香港挂牌上市，其中有几项纪录可以载入港股上市的史册：香港联交所上市融资额的最高纪录、香港历史上 IPO 认购冻结资金金额的最高纪录、香港历史上首日上市飙升幅度的最高纪录。

2007 年 10 月，模仿 PPG 的凡客诚品正式上线。

2008 年，电子商务迎来里程碑式的发展。数据显示，这一年中国网络购物交易规模突破千亿，达到 1281.8 亿元，仅淘宝一家就实现 999.6 亿元。

2009 年，受金融危机影响以及电子商务的发展，越来越多长期主攻线下的传统企业们，不约而同开始深耕细作网络购物的虚拟平台。

在 B2B 领域，2009 年 12 月，中国制造网在国内 A 股市场上市，成为 B2B 市场中除阿里巴巴、环球资源、网盛生意宝、慧聪网外的第 5 家上市公司。

2010 年初，京东商城获得老虎环球基金领投的总金额超过 1.5 亿美元的第 3 轮融资，3 月 11 日，以大约四五百万美元的价格收购了 SK 电讯旗下的电子商务公司千寻网。这一年，刘强东的目标是打造销售额百亿的大型网购平台。

2010 年，团购网站的迅速风行也成为电子商务行业融资升温的助推器。

三、电子商务的特点

电子商务具有以下特点：

（1）覆盖面广，拥有全球市场。

（2）全天时营业，增加商机和方便客户。

（3）减少运营成本，显著降低收费。

（4）功能更齐全，服务更周到。

（5）使用更灵活，交易更方便。

（6）全面增强企业的竞争力。

四、电子商务的分类

为了加深对电子商务的理解，下面从不同的角度对电子商务进行分类。

1. 按交易电子化程度分类

不同的电子商务活动中电子化程度不同，按照交易的各个环节是否完全由电子方式来实现，电子商务可以分为以下两类：

（1）完全电子商务，即完全可以通过电子方式实现和完成整个交易过程的商务活动，如网络广告、网上计算机软件销售、网上娱乐，以及通过网络实现的信息咨询等服务。其特点是商品或服务都是以电子信息的方式体现的。

（2）不完全电子商务，是指那些无法完全依靠电子方式实现和完成整个交易过程的商务活动，即在商务活动的某些环节需要脱离电子方式来实现的商务活动，如要靠运输系统等来完成的交易。其特点是交易的商品往往是具有物质形态的商品。

2. 按交易过程的完整性分类

电子商务包括各种类型的商务活动，有些是企业或客户单方实现的，有些则需双方或多方共同完成。按照交易过程的不同，电子商务可以分为以下两类：

（1）非交易型电子商务，指那些没有完整的交易活动出现，而只是由厂商或顾客单方在网上进行的有关商务的一些活动。如商家在网上做广告、产品信息发布、主页制

作，以及顾客在网上所作的商务信息浏览、查询等。

（2）交易型电子商务，有交易的卖方和买方以及其他网上交易有关各方同时存在的交易活动。

3. 按从事交易活动的企业或网站的类型分类

绝大多数企业或网站都开展电子商务活动，但不同类型的企业在实现电子商务时仍具有明显的行业特征。电子商务按照从事电子商务的企业类型不同可以分为以下几类：

（1）企业型，指生产销售企业利用互联网进行的管理和营销活动。

（2）网上银行，指网上进行金融活动的金融机构，主要从事电子货币的发放、网上支付及认证等服务。

（3）网上商店和网上购物，指那些主要在网上从事零售业务的网上商店及消费者在网上进行的购物活动。

（4）网络服务，主要指网上的信息服务，如网上旅游、网上娱乐、网上教育等。

（5）其他，指与网上电子商务有关的认证、海关、税务等机构和部门。

4. 按电子商务活动范围分类

（1）本地电子商务。涉及参与商务活动各方的电子信息系统，以及金融、商品检验、税务和工商、物流等信息系统，以及 EDI 中心系统，组成一个网络系统。

（2）远程国内电子商务。对软、硬件技术要求更高。

（3）全球电子商务。更加复杂，还牵涉到进出口公司、海关等环节和系统。

电子商务的分类是主观的、相对的，具体某项电子商务活动可能同时具有多种类型电子商务的特征，但通过上述分类可以看出，任何企业人的经营活动几乎都可以在电子商务中找到自己的位置。

第二节　电子商务与传统商务

一、电子商务与传统商务的比较

1. 传统商务和电子商务的运作过程

传统商务和电子商务的运作过程，虽然商贸交易过程中的实务操作步骤都是由交易前的准备、贸易磋商过程、合同的签订与执行以及资金的支付四个环节构成，但是交易具体使用的运作方法是完全不同的，如表 1-1 所示。

表1-1　电子商务与传统商务的运作方式对比

	交易前的准备	贸易磋商过程	合同的签订与执行	资金的支付
传统商务	商品信息的发布、查询和匹配，是通过传统方式来完成的（如报纸、电视、广播、杂志、户外媒体等各种广告形式）	是贸易双方进行口头磋商或纸面贸易单证的传递过程。纸面贸易单证包括询价单、价格磋商、订购合同、发货单、运输单、发票、收货单等。使用的工具有电话、传真或邮寄等	在商务活动中，贸易磋商过程经常通过口头协议来完成，在磋商过程完成后，交易双方必须以书面形式签订具有法律效应的商贸合同，来确定磋商的结果和监督执行（纸面合同）	方式有两种： （1）支票，多用于企业的商贸过程，涉及双方单位及其开户银行。 （2）现金，常用于企业对个体消费者的商品零售过程
电子商务	交易的供需信息都是通过交易双方的网址和网络主页完成的。双方信息沟通的特点：快速、高效	将纸面单证在网络和系统的支持下变成了电子化的记录、文件和报文在网络上传递。专门的数据交换协议保证了网络信息传递的正确、安全的特性和快速的特点	电子合同在第三方授权的情况下同样具有法律效应，可以作为在执行过程中产生纠纷的仲裁依据	方式：网上支付（可采用以下形式：信用卡、电子支票、电子现金、电子钱包等）

2. 传统商务与电子商务的区别

传统商务与电子商务的区别如表1-2所示。

表1-2　传统商务与电子商务的区别

项　目	传统商务	电子商务
交易对象	部分地区	世界各地
交易时间	在规定的营业时间内	实施一周7天×24小时服务
营销推动	销售商单方努力	交易双方一对一沟通，是双向的
顾客购物方便度	受限于时间、地点及店主态度	按自己的方式，无拘无束地购物
顾客需求把握	商家需很长时间掌握顾客需求	能快速捕捉顾客的需求并及时应对
销售地点	需要销售空间（店铺、货架和仓库）	虚拟空间（提供商品列表和图片）
销售方式	通过各种关系买卖，方式多样	完全自由购买
流通渠道	流通环节复杂，流通成本高	简化了流通环节，降低了流通成本

二、电子商务与传统商务的关系

电子商务是在传统商务基础上发展起来的。电子商务与传统商务并不是截然分开的，两者有着密切的联系。电子商务不可能完全替代传统商务活动。例如，物流环节实体的配送、运输等仍需人员具体操作执行才能完成。很多电子商务网站都提供了传统的"货到付款"的支付方式，尤其是在宣传和推广网站时，电子商务也离不开传统的广告和促销模式。同时，电子商务具有巨大的融合性。电子商务把过去似乎不相干的很多概念、技术和工作融合到一起，也把传统商务模式和电子商务模式融合在一起。电子商务使一些传统的工作方式和岗位消失或改变，并不断创造新的工作方式和工作内容、新的沟通方式和新的创业模式。

电子商务是一种依托现代信息技术和网络技术,集金融电子化、管理信息化、商贸信息网络化为一体,旨在实现物流、资金流与信息流和谐统一的新型贸易方式。电子商务在互联网的基础上,突破传统的时空观念,缩小了生产、流通、分配、消费之间的距离,大大提高了物流、资金流和信息流的有效传输和处理,开辟了世界范围内更为公平、公正、广泛、竞争的大市场,为制造者、销售者和消费者提供了能更好地满足各自需求的极好的机会。

第三节　电子商务的交易模式

一、电子商务交易方式的六种类型

1. "企业对消费者"(B to C 或 B2C)的电子商务

它利用互联网向顾客提供类似于传统零售商业的服务。目前在互联网上的各种网上商店、商城提供的商品和服务等都属于此类,例如美国的 Amazon 书店、Dell 电脑、Yahoo!、美国在线等。在美国,B2C 的网站有上万个,通过电子商务交易的商品金额十分巨大。现在我国的网络经营者也纷纷推出网络书店、网上商店等,如当当网、京东网上商城等。亚马逊网上书店主页如图 1-6 所示。

图 1-6　亚马逊网上书店主页

2．"企业对企业"（B to B 或 B2B）的电子商务

它是指商业机构利用互联网或各种商务网站向供应商（企业或公司）订货或付款等。国内主要从事这种类型的电子商务网站有阿里巴巴。B2B 模式是当前电子商务模式中份额最大、最具可操作性、最容易成功的模式。阿里巴巴主页如图 1-7 所示。

图 1-7　阿里巴巴主页

3．"消费者对消费者"（C to C 或 C2C）的电子商务

在网上提供一个"个人对个人"的交易平台，给每一个人参与电子商务的机会。易趣网主页如图 1-8 所示。

图 1-8　易趣网主页

4. "企业对政府"（B to G 或 B2G）的电子商务

此类电子商务可以覆盖公司与政府组织之间的许多事务，如政府的网上采购等。"中国政府采购网"主页如图1-9所示。

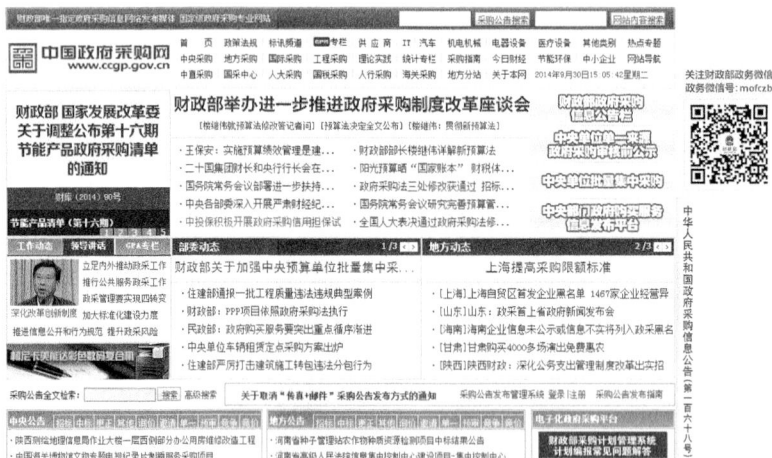

图1-9　中国政府采购网主页

5. "消费者对政府"（C to G 或 C2G）的电子商务

政府将电子商务扩展到福利费的发放、自我估税及个人税收的征收等方面，这些均属于"消费者对政府"的电子商务。

电子商务按交易对象的分类如图1-10所示。

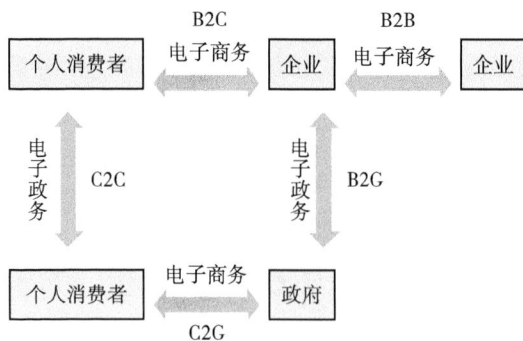

图1-10　电子商务按交易对象分类

6. 新型的消费模式 O2O

随着互联网的快速发展，电子商务模式除了原有的B2B、B2C、C2C商业模式之外，近来一种新型的消费模式O2O已快速在市场上发展起来。对于B2B、B2C商业模式下，买家在线拍下商品，卖家打包商品，找物流企业把订单发出，由物流快递人员把商品派送到买家手上，完成整个交易过程。这种消费模式已经发展很成熟，也被人们普遍接受，但是在美国这种电子商务非常发达的国家，在线消费交易比例只占 8%，线下消费比例达到 92%。由于消费者大部分的消费仍然是在实体店中实现，把线上的消费者吸引到线下实体店进行消费，这个部分有很大的发展空间，所以有的商家已开始采取这种消费模式，如图 1-11、图 1-12 所示。

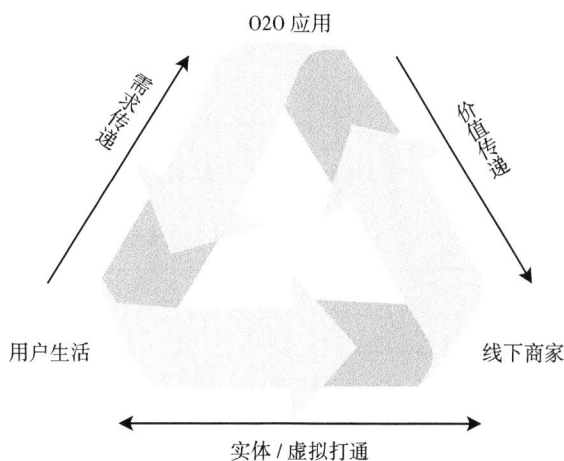

图 1-11 O2O 消费模式

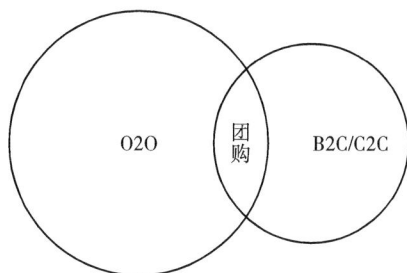

图 1-12 O2O 与 B2C、C2C 的交叉关系

二、B2B、B2C、C2C 的区别

（1）B2B 模式：面向企业，如图 1-13 所示。

（2）C2C 购物模式传统分类：面向个人。

传统分类下网络购物商业模式对比如表 1-3 所示。

（3）C2C 购物模式新分类如表 1-4 所示。

（4）三类模式比较如表 1-5 所示。

面向企业服务模式

| 买家 | | 信息发布服务 | | 卖家 |

面向交易服务模式

| 买家 | | 寻盘 | | 卖家 |

（图示：面向企业服务模式中，买家与卖家之间依次为：信息发布服务、客户沟通服务、企业信用服务、行业资讯服务、线下推广服务。面向交易服务模式中，买家与卖家之间依次为：寻盘、订单、匹配、结算、交割。）

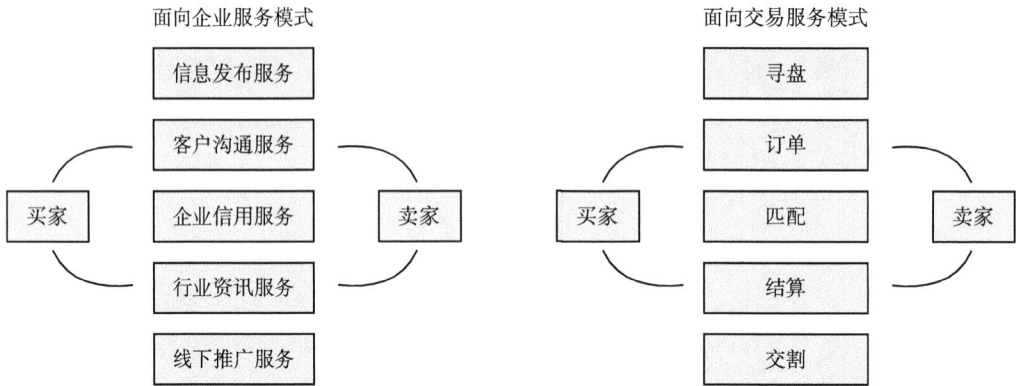

图1-13 面向企业模式

表1-3 传统分类下网络购物商业模式对比

按交易主体分	代表网站	主营商品	支付方式	物流配送	特点	盈利方式
B2C一站式购物	当当、卓越	以图书、音像、小百货类商品为主	以货到付款为主	拥有自身物流配送系统，配送范围和区域受配送网络分布影响较大	信用高、售后服务较好	价差
C2C聚合式购物	淘宝、新易趣、拍拍	无固定类别	电子支付为主		交易灵活、商品种类更丰富	佣金和交易费用、广告收入

表1-4 C2C购物模式新分类

模式及典型企业	特点	核心竞争力
平台销售模式：淘宝C2C+B2C、孔夫子旧书网、品牌家电网	网络中间商角色：不涉及物流及商业运营，只提供支付、信息流等中介服务	用户流量
纯网络零售：卓越、当当、京东	新兴零售商：纯网络型网上商家起家、自主参与到零售的各个环节，包括线下渠道资源的建设等	供应链管理
传统企业B2C：国美	传统企业拓展零售渠道：网络渠道的营销及销售价值被日益发现，抢占新渠道成传统企业共识	品牌及线下资源

表1-5 B2B、B2C、C2C模式比较

	B2B	B2C	C2C
用户	中小企业	个人用户	个人用户
盈利模式	佣金、会员费、增值服务费、广告费等	上下游差价、广告费、店面出租等	广告费、交易佣金、登录费等
现有企业盈利现状	（免费+收费），普通盈利	少部分垂直平台盈利	均免费，无盈利

续表

	B2B	B2C	C2C
盈利能力	高	中	低
核心竞争力	品牌和实际交易效果	供应链整合能力	累积信用和大量用户
市场竞争类型	寡头垄断市场	分散竞争市场	寡头垄断市场
初期毛利润	中	低	高
初期净利润	正	负	正
支付特点	涉及资金金额高 对安全、信用、监管、物流等方面 要求严格	网民传统购物习惯是货到付款 B2C 支付中间流程复杂	大量个人买家和卖家 支付金额零散、频繁 支付信用问题严重
支付现状	传统银行汇款为主 第三方支付平台难以担保 银行和第三方支付未来争夺重点	货到付款为主，其次是邮局和 银行汇款 网上支付尚未被普遍认可 独立第三方支付平台	传统银行汇款、货到付 款不合适 银行不愿进入 第三方平台成最主要支 付方式
支付趋势	起步阶段 空间很大	市场开拓　争夺激烈	趋于成熟 走势稳定

任务操作

一、亚马逊购物

你有没有网购的经验，随着宽带的普及，互联网已经深入每家每户，在 21 世纪的今天，你只需上网下单，足不出户照样也能买到你心仪的商品。你通常会选择在什么样的商务网站挑选东西呢？假如你需要在网上购买一本想看的书——《冰与火之歌》，你会如何下单购买呢？

步骤一：百度搜索"亚马逊网上书店"，单击进入亚马逊网上书店主页，如图 1-14 所示。

图 1-14 亚马逊网上书店主页

步骤二：单击右上角登录进入"我的账户"，新用户需先注册，如图 1-15、图 1-16 所示。

图 1-15 登录"我的账户"页面

图 1-16 "注册新用户"页面

步骤三：登录完毕，进行搜索，直接在主页搜索栏上搜索"冰与火之歌"，搜索栏下拉自动弹出——选择——点击搜索进入下级页面。如图 1-17、图 1-18 所示。

图 1-17 主页搜索栏页面

图 1-18 搜索"冰与火之歌"页面

步骤四：点击购买，进入结算中心，登录账户，提交订单，完成购买，如图 1-19 至图 1-22 所示。

图 1-19　点击"购买"页面

图 1-20　登录账户页面

图 1-21　提交订单页面

步骤五：如果因为数量有误或者其他原因想要退订的话，可在规定时间内进入"我的订单"中取消订单，如图 1-23 所示。

图 1-22　完成"购买"页面

图 1-23　取消订单页面

二、淘宝网购物

步骤一：登录淘宝网首页，选择您要购买的商品，选中后点"立即购买"买下您选中的商品，如图 1-24 所示。

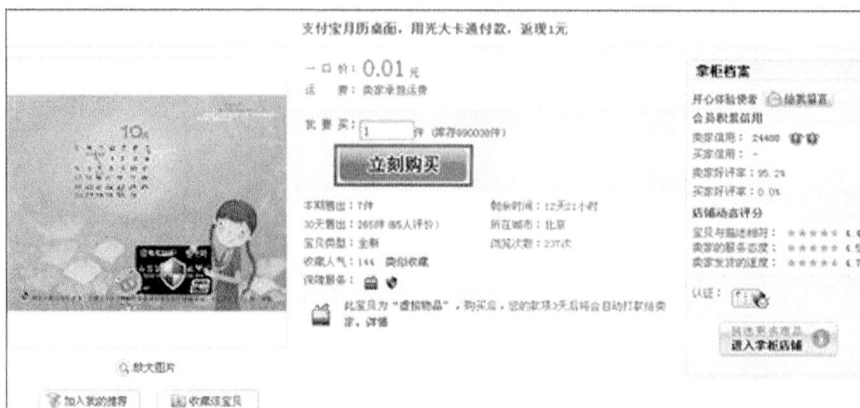

图 1-24　淘宝"立即购买"页面

步骤二：正确填写您的收货地址、收货人、联系电话，以方便卖家为您发货后快递公司联系收货人；填写您所需的购买数量；补充完成您的个人基本信息，点"确认无误，购买"继续。如图 1-25 所示。

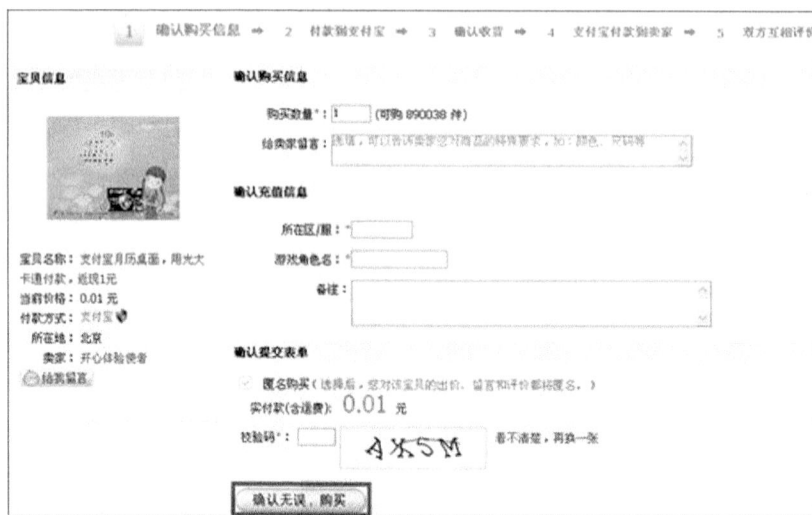

图 1-25　确认购买页面

步骤三：选择支付宝账户余额支付，输入支付宝账户支付密码，单击"确认无误，付款"，如支付宝账户无余额可以选择网上银行、支付宝一卡通、网点付款来完成支付。如图 1-26 所示。

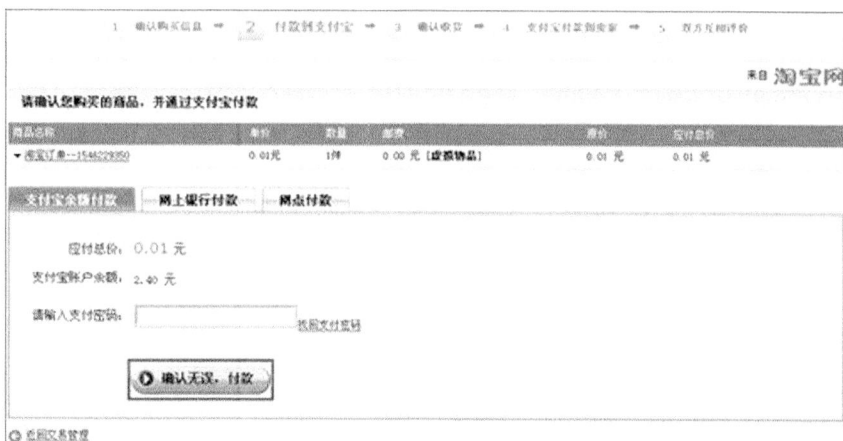

图 1-26 网上支付页面

步骤四：支付宝账户余额支付付款成功，点"点此查看本笔交易详情"。如图 1-27 所示。

图 1-27 查看交易详情页面

步骤五：卖家发货后，买家注意查收货物，收到货物后，点"确认收货"付款给卖家。如图 1-28、图 1-29 所示。

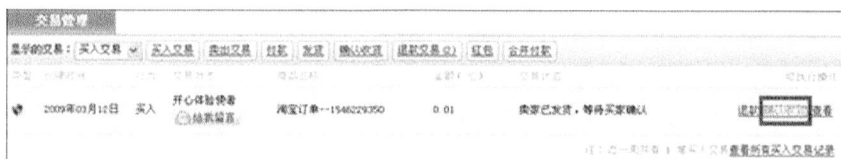

图 1-28 交易管理页面

步骤六：输入支付宝账户的支付密码，点"同意付款"付款给卖家。如图 1-30 所示。

图 1-29　查询订单状态页面　　　　图 1-30　确认收货页面

步骤七：跳出提示框确认是否真的收到货物，如未收到货物请千万不要点"确定"按钮，不然可能会钱货两空，收到货请点"确定"付款给卖家。如图 1-31。

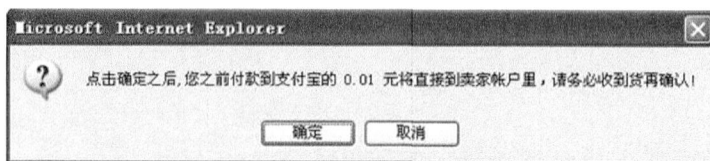

图 1-31　付款给卖家页面

步骤八：成功付款给卖家。如图 1-32 所示。

图 1-32　交易成功页面

步骤九：给对方评价。如图 1-33 所示。

图 1-33 评价卖家页面

步骤十：评价成功。如图 1-34 所示。

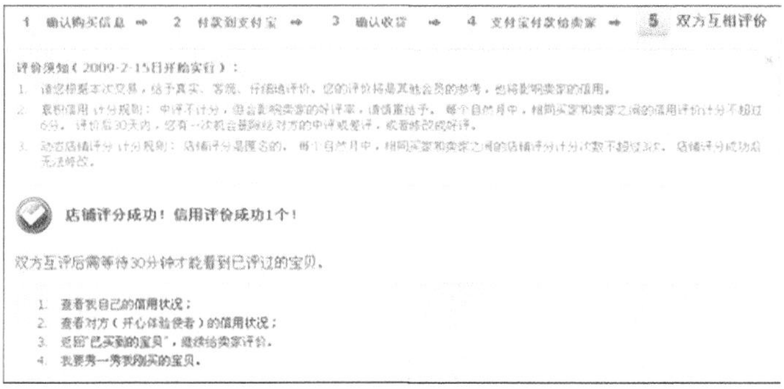

图 1-34 信用评价页面

习题演练

1. 什么是电子商务?

2. 展望电子商务的前景。

3. 上网调查一下你所在的城市中有什么样的电子商务网站, 它们的性质属于 B2B、B2C、C2C 中的哪种?

4. 选择一个你熟悉的电子商务网站, 分析它成功的原因。

第二章　电子商务技术基础

知识体系

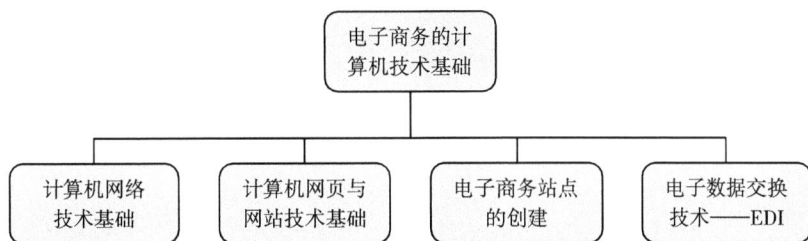

学习要点

（1）计算机网络的协议是什么？

（2）电子商务的 Web 技术。

（3）电子数据交换技术的定义、标准和工作原理。

情景案例

网络技术工程师　行业中的"蓝筹股"

在信息化浪潮的推动下，越来越多的行业通过互联网扩大其规模和影响。网站已俨然成为企业和个人的"电子名片"。百度创始人、董事长兼首席执行官李彦宏分析说："一个好的企业网络所起的作用是不可低估的，能将企业的宣传、营销手段提上一个新的台阶。"那么，怎么样才能成为网络技术工程师，做行业中的"蓝筹股"呢？

随着电子商务时代的到来，竞争的日益激烈，如今国际贸易交易额有将近80%都是通过"电子商务"这个交流平台来完成，现在网上购物、团购、交易等也呈现出一派火热的景象，可见网络社会信息时代带给我们的成果是不言而喻的。可对于网络人才企业纷纷爆出"即使高薪聘请也是一将难求的局面"。

据国家工业和信息化部预测，今后 5 年，我国从事网络建设、网站应用开发新型网络人才需求将达到 60 万~100 万人，而现有符合新型网络人才要求的人还不足 20 万。企业紧急呼吁社会要加紧培养此类人才，以解燃眉之急。这是最具增值潜力的职业，这类人员掌握企业核心网络架构、安全技术，具有不可替代的竞争优势。

资料来源：http://edu.163.com/12/0105/11/7N0J7AQE00294J0J.html。

案例分析

网络在一个企业中所起的作用是不可估量的，从事网络建设的技术工程师即使高薪聘请也一将难求，学好网上开店的相关网络技术非常有必要。

问题提出

从案例中我们可以看到我国网站建设、网站开发新型网络人才缺口非常大，新型网络人才已经成为最具增值潜力的职业，现在就让我们先去好好学习电子商务网络的相关知识。本章从电子商务应用的角度出发，讨论电子商务中所涉及的若干技术基础，如以 Internet 技术为代表的各种通信技术、网页技术、电子数据交换技术等。

第一节　计算机网络技术基础

一、计算机网络的定义和功能

利用各种通信手段，遵循某种协议，把地理上分散的，能够以相互共享资源的方式有机地结合起来，而各自又具有独立功能的计算机系统的集合，称为计算机网络。

计算机网络的功能：

（1）能够实现资源共享，可以和其他连到网络上的用户一起共享网络资源，如磁盘上的文件及打印机、调制解调器，也可以互相交换数据信息。

（2）进行数据信息的集中和综合处理。

（3）能够提高计算机的可靠性及可用性。

（4）能够进行分布处理。

（5）节省软、硬设备的开销。

（6）通信功能，通过网络可以聊天、收发邮件、打 IP 电话、开视频会议等。

二、计算机网络的分类

1. 按联网范围分类

网络按照联网范围可以分为局域网（LAN, Local Area Network）和广域网（WAN, Wide Area Network），它们的应用范围和作用是不同的。

局域网是指在一个较小地理范围内把各种计算机网络设备互联在一起的通信网络，通常局限在几千米的范围之内。例如，在一个学校的校区内把不同教学楼内的若干台计算机连接起来，实现相互通信、共享资源等功能，就组成了一个校园内部的计算机局域网络，如图 2-1 所示。

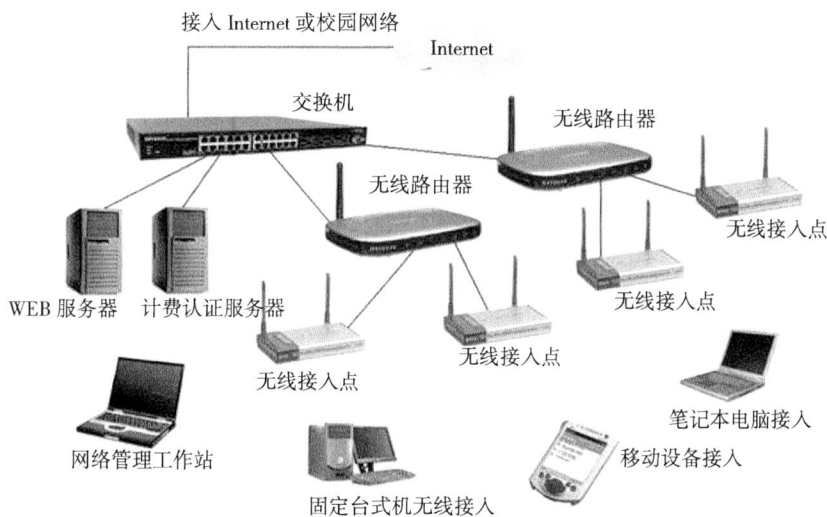

图 2-1　校园局域网

最小的局域网甚至可以是由家庭里的两台计算机组建而成的。局域网的特点就是距离较近，网络的传输速率也较高（普遍是在 100Mb/s），连接网络的技术简单、性价比较高，所以在各大企业内部的办公自动化和工业控制等方面的应用更为广泛。局域网的种类也很多，主要有以太网、令牌环网 和 FDDI 环网等。近年来以太网发展的速度非常快，我们所见的局域网几乎都是以太网。

城域网（Metropolitan Area Network）是在一个城市范围内所建立的计算机通信网，简称 MAN。属宽带局域网。由于采用具有有源交换元件的局域网技术，网中传输时延较小，它的传输媒介主要采用光缆，传输速率在 100 兆比特/秒以上。

广域网链接地理范围较大，常常是一个国家或是一个洲甚至是全球。其目的是让分布较远的局域网互联。Internet 就是最大最典型的广域网，广域网由于网络覆盖的范围较广，所以网络传输速率通常比局域网低很多。

2. 按传输介质分类

按照传输介质的不同，可以把计算机网络分成有线网、无线网、光纤网等。按照所使用的网络操作系统，又可把网络分成 UNIX 网、Novell 网、Windows NT 网等。

3. 按网络拓扑结构分类

按照网络的拓扑结构，可以把计算机网络分为星型、环型、树型、总线型、网型等，如图 2-2 所示。

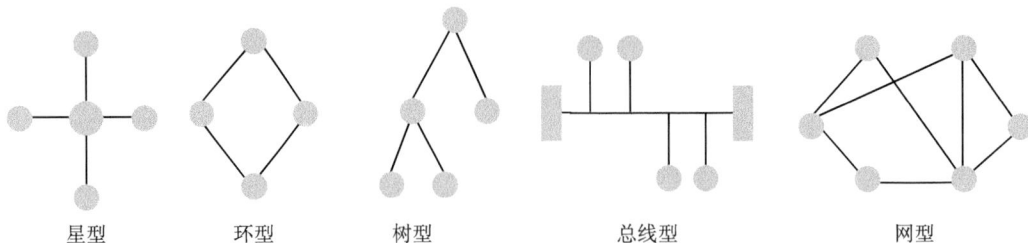

| 星型 | 环型 | 树型 | 总线型 | 网型 |

图 2-2 计算机网络拓扑结构

三、互联网简介

（一）互联网的产生与发展

1. 互联网的产生

（1）国外。Internet 最初开始于 1969 年，源于美国国防高级研究计划署（ARPA）。在 ARPA 不断发展的同时，其他一些大型的计算机网络开始组建，大多数采用与 ARPA 网络相同的通信协议。其中，美国国家科学基金会的 NSF 网络对 Internet 的形成起到了关键作用。20 世纪 80 年代末，NSF 连接了主要大学的超级计算机中心，逐渐成为全国性的网络，并与其他大型网络互联起来，从而导致了 Internet 的形成。

（2）国内。1987 年 9 月 14 日，在北京计算机技术研究所，钱天白教授发出了我国的第一封电子邮件，"Across the Great Wall, we can reach every corner in the world."（越过长城，走向世界）。揭开了中国人使用互联网的序幕，中国互联网进入第一个发展阶段。1994 年 4 月 20 日，美国互联网的主管部门美国国家科学基金会同意了中国连进 Internet。中国科技网成为我国第一个全功能连入 Internet 的互联网单位，开创了中国互联网发展的第二个阶段。

2. 互联网的发展

随着商业网络和大量商业公司进入 Internet，网上商业应用取得高速发展，同时也使 Internet 为用户提供更多的服务，使 Internet 迅速普及和发展起来。现在，Internet 已向多元化发展，不仅仅单纯为教育科研服务，而且正逐步进入到日常生活的各个领域。近几年来，Internet 在规模和结构上都有了很大的发展，已经成为一个名副其实的"全球网"。

（1）应用商业化。随着 Internet 对商业应用的开放，它已成为一种十分出色的电子化商业媒介，如电子邮件、IP 电话、网络传真、VPN 和电子商务等的应用。

（2）互联全球化。虽然 Internet 已有三十多年的发展历史，但早期主要在美国国内的科研机构、政府机构和它的盟国范围内使用。现在，随着各国信息高速公路的建设，各个国家都在努力以最快的速度接入 Internet。

（3）互联宽带化。随着网络基础的改善、用户接入方面新技术的采用、接入方式的多样化和运营商服务能力的提高，接入网速率慢形成的瓶颈问题将会得到进一步改善，上网速度将会更快，宽带瓶颈约束将会消除，互联必然宽带化，从而促进更多的应用在网上实现，并能满足用户多方面的网络需求。

【小拓展】

互联网的接入方式：①普通电话拨号上网。②ADSL 上网：ADSL（Asymmetric Digital Subscriber Line）是不对称数字用户环路的简称，是目前电信系统普遍采用的宽带接入服务。③ISDN 上网：ISDN（Integrated Service Digital Network）是综合业务数字网的简称，它是以综合数字电话网为基础发展而成的，能提供端到端的数字连接。它除了提供电话业务外，还能够将传真、数据、图像等多种业务在同一个网络中传送和处理，并通过现有的电话线提供给用户，它可以在一条电话线上连接八部相同或不同的通信终端，并能使两部终端同时使用。④有线电视电缆上网。⑤光纤上网：光纤接入方式是利用光纤传输技术，直接为用户提供宽带（B-SIDN，可达 155Mbid/s）的双向通道。⑥无线接入：无线接入技术（Wireless Access Technology）是以无线技术（主要是移动通信技术）为传输媒介向用户提供固定的或移动的终端业务服务，它包括移动式无线接入和固定式无线接入（Fixed Wireless Access，FWA）。⑦局域网共享上网。⑧DDN 接入：DDN 是数字数据网（Digital Data Network）的简称，它是采用数字信道（如光缆、数字微波和卫星信道）来传输信号的数据传输网，为用户提供全数字、全透明、高质量的网络连接、传递各种数据业务。

（4）多业务综合平台化、智能化。随着信息技术的发展，互联网将成为图像、语音和数据"三网合一"的多媒体业务综合平台，并与电子商务、电子政务、电子公务、电子医务、电子教学等交叉融合。十年到二十年内，互联网将超过报刊、广播和电视的影响力，逐渐形成"第四媒体"。未来的互联网是移动+IP+广播多媒体的网络世界，它能融合现今所有的通信业务，并能推动新业务的迅猛发展，给整个信息技术产业带来一场新的革命。

（二）互联网的特点

1. 全球信息传播

环球通信是互联网的一个最基本的特点，互联网是全球信息传播覆盖范围最大的传播方式。

2. 检索方便快捷

与一般媒体相比，互联网上的信息检索更为方便快捷，信息更新更快，传输也更为迅速。通过一般门户网站的搜索引擎，可以很快查询到与某个关键字（当然也可以是几个关键字）相关的所有信息。

3. 多媒体信息通信

互联网已经把网络通信和多媒体技术融为一体，实现了文本、声音、图像、动画、电影等信息的传输和应用。这些技术的应用为互联网的发展提供了强大的动力，如网上视频点播、远程教育等。

4. 使用费用低廉

随着人们生活水平的不断提高，互联网的使用费用已经使众多普通人能够承担，而且在某些方面互联网的费用比其他方式更为廉价。例如电子邮件明显比通过邮局邮信便宜得多。

5. 丰富的信息资源

互联网网络中有极为丰富的信息资源，且多数信息是可免费查阅的，如许多国内外的图书资料、电子公告板信息、商业信息等。正是这种丰富的资源，方便了人们的生活、学习和工作。

四、网络协议

1. 地址和协议的概念

Internet 的本质是计算机和计算机之间互相通信并交换信息，只不过多数情况下是小计算机从大计算机获取各类信息。这种通信跟人与人之间的信息交流一样，必须具备一些条件。比如，要给一位美国朋友写信，首先必须使用一种对方能看得懂的语言，然后还得知道对方的通信地址，才能把信发出去。同样，计算机与计算机之间通信，首先也得使用一种双方都能接受的"语言"——通信协议，然后还得知道计算机彼此的姿势，通过协议和地址，计算机和计算机之间就能交流信息，这就形成了网络。

2. TCP/IP 协议

Internet 是由许多小的网络构成的国际性大网络，在各个小网络内部使用不同的协议，正如在不同的国家使用不同的语言一样，但在 Internet 这个国际性大网络中，就需要一个网络上的世界语（TCP/IP 协议）来进行信息交流。

TCP/IP 协议是一种网络通信协议，它是由 TCP（传输控制协议）和 IP（网际协议）两个通信组成的。TCP 协议负责文件的传送，在两端建立起对话机制。在发送端发送数据报，在接收端收到之后发出一个反馈信号；若在发送端未收到反馈信号，重新发送。IP 数据报分报文头和报文正文两部分。报文头包括源地址、目的地址和文件类型等有关信息。Internet 的其他网络都要用到这两个协议提供的功能，因而人们称整个 Internet 协议族为 TCP/IP 协议族，或简称为 TCP/IP 协议。

3. IP 地址

正如日常生活中的住宅号码不会重复一样，在 Internet 上，每台主机都有唯一的 IP 地址，IP 地址可以标识出 Internet 上的每一台主机，并完成网上彼此间的通信联络。

（1）IP 地址的格式。IP 地址有二进制格式和十进制格式两种，十进制格式是由二进制翻译而来的。用十进制表示，是为了便于用户和网管人员使用和掌握。

二进制的 IP 地址共有 32 位，例如 11000000101010000000000101100100 。

每八位二进制用一个十进制数（0~255）表示并以点分隔，称为点分法。应用点分法，上例二进制 IP 地址可变为 192.168.1.100。

IP 地址包含两部分：一部分表示主机所属的网络，即网络标识号；另一部分代表主机本身，即主机标识号。IP 地址分配的原则是：同一网络内的所有主机具有相同的网络标识符，但每台主机的主机标识号必须彼此不同，以便能区分出不同的主机；不同网络内主机的网络标识号必须不同，但可以具有相同的主机标识号。

如上例的 IP 地址为 192.168.1.100，网络标识为 192.168.1，主机标识为.100。

（2）IP 地址分类。Internet 上定义了 5 类不同的 IP 地址，即 A 类、B 类、C 类、D 类、E 类。

A 类地址：范围从 0~127，0 是保留的并且表示所有 IP 地址，而 127 也是保留的地址，并且是用于测试环回用的。因此 A 类地址的范围其实是 1~126。如 10.0.0.1，第一段号码为网络号码，剩下的三段号码为本地计算机的号码。转换为二进制来说，一个 A 类 IP 地址由 1 字节的网络地址和 3 字节主机地址组成，网络地址的最高位必须是"0"，地址范围从 0.0.0.1 到 126.0.0.0。可用的 A 类网络有 126 个，每个网络能容纳 1 亿多个主机（2 的 24 次方的主机数目）。以子网掩码来进行区别：255.0.0.0。

B 类地址：范围从 128~191，如 172.168.1.1，第一和第二段号码为网络号码，剩下的 2 段号码为本地计算机的号码。转换为二进制来说，一个 B 类 IP 地址由 2 个字节的网络地址和 2 个字节的主机地址组成，网络地址的最高位必须是"10"，地址范围从 128.0.0.0 到 191.255.255.255。可用的 B 类网络有 16382 个，每个网络能容纳 6 万多个主机 。以子网掩码来进行区别：255.255.0.0。

C 类地址：范围从 192~223，如 192.168.1.1，第一段号码、第二段号码、第三段号码为网络号码，剩下的最后一段号码为本地计算机的号码。转换为二进制来说，一个 C 类 IP 地址由 3 字节的网络地址和 1 字节的主机地址组成，网络地址的最高位必须是"110"。范围从 192.0.0.0 到 223.255.255.255。C 类网络可达 209 万余个，每个网络能容纳 254 个主机。以子网掩码来进行区别：255.255.255.0。

D 类地址：范围从 224~239，D 类 IP 地址第一个字节以"1110"开始，它是一个专门保留的地址。它并不指向特定的网络，目前这一类地址被用在多点广播（Multicast）

中。多点广播地址用来一次寻址一组计算机，它标识共享同一协议的一组计算机。

E 类地址：范围从 240~254，以 "11110" 开始，为将来使用保留。全零（"0.0.0.0"）地址对应于当前主机。全 "1" 的 IP 地址（"255.255.255.255"）是当前子网的广播地址。

在日常网络环境中，基本都是使用 B、C 两大类地址，而 A、D、E 这 3 类地址都不大可能被使用到。

从上述描述中，就可以看到有很多朋友会犯的一个错误，就是把 192 开头的 IP 地址设置成 B 类地址，虽然说在局域网中的网络通信并不会受到影响，但事实上是一种不规范的划分行为。

子网掩码的简单叙述：子网掩码是一个 32 位地址，用于屏蔽 IP 地址的一部分以区别网络标识和主机标识，并说明该 IP 地址是在局域网上还是在远程网上。

以上述 IP 地址为例来说明一下，比如一个 C 类 IP 地址 192.168.0.1，子网掩码为 255.255.255.0（转换二进制，255 在二进制表示 8 个 1，也就是全部占满）。这样的写法表示，这个 C 类 IP 地址的网络号码为 192.168.0，而其主机地址为 1。

在这么多网络 IP 中，国际规定有一部分 IP 地址是用于我们的局域网使用，也就是属于私网 IP，不在公网中使用的，它们的范围是：

10.0.0.0~10.255.255.255

172.16.0.0~172.31.255.255

192.168.0.0~192.168.255.255

（3）域名管理系统。

①IP 地址由数字组成，难以记忆和理解，因此，通常采用另外一种表示系统——域名系统，简称 DNS。域名是用有实际意义的字母或数字组合来表示的，如很多人会记不住微软公司的主页 IP 地址 207.46.250.252，但会记得微软公司的域名 microsoft.com。

域名一般有三到四级，其通用的格式如图 2-3 所示。

| 四级域名 | · | 三级域名 | · | 二级域名 | · | 一级域名 |

图 2-3　域名地址的通用格式

一级域名往往是国家或地区的代码如表 2-1 所示；二级域名往往表示主机所属的网络性质如表 2-2 所示；三级域名是自定义的，通常为机构、公司全称、全称的缩写或商标名称。

表 2-1　常见国家/地区顶级域名

代码	国家/地区	代码	国家/地区	代码	国家/地区
ar	阿根廷	in	印度	de	德国
au	澳大利亚	ie	爱尔兰	eg	埃及

代码	国家/地区	代码	国家/地区	代码	国家/地区
at	奥地利	il	以色列	gr	希腊
uk	英国	it	意大利	nl	荷兰
ca	加拿大	jp	日本	sg	新加坡
cn	中国	fi	荷兰	us	美国
hk	中国香港	fr	法国		

表2-2 常见的二级域名含义

域名	意义	域名	意义
com	商业组织	store	从事商品销售的企业
edu	教育机构	rec	强调消遣和娱乐的实体
gov	政府部门	mil	军事部门
info	提供信息服务的实体	web	与www特别相关的实体
net	网络支持中心	arts	强调文化和娱乐的实体
org	非营利性组织	nom	个体或个人
firm	商业、公司	int	上述以外的机构

②域名申请域名地址是比 IP 地址更高级、更直观的形式，实际使用时人们通常采用域名地址。

由于域名在互联网上是唯一的，一个域名注册后，其他任何企业就不能再注册相同的域名，这就使域名与商标、企业标识物有了相类似的意义，因此有人也把域名称为"网络商标"。

事实上，企业在互联网上注册了域名、设立了网站，就可以被全球用户随时访问和查询，从而建立起广泛的业务联系，为自己赢得更多的商业机会。域名在商业竞争中不只是一个网络地址，还包含着企业的信誉。

在中国注册英文域名，流程如下：a. 填写注册申请表并递交（由申请者完成）。b. 系统语法检查（由 CNNIC 完成）。c. 检查是否申请者申请的域名已经注册，递交申请材料（由 CNNIC 和申请者完成）。d. 注册材料的审核（由 CNNIC 完成）。e. 缴纳域名注册费用（由申请者完成）。f. 发出"域名注册证"（由 CNNIC 完成）。

用户在注册系统提示下可以同时注册带有 CN 的中文域名和纯中文域名。例如，可以同时注册"中文域名.cn"和"中文域名.中国"。其中注册"中国"的用户将自动获得".CN"的中文域名。

用户在注册系统提示下可以同时注册带有 CN 的中文域名和纯中文域名。

客户可以同时注册简体中文域名和繁体中文域名。

域名的命名规则注意如下：

a. 如无特殊原因应采用本单位名称的中英文全称、中英文缩写或本单位持有的注册商标。

b. 未经国家有关部门正式批准，不得使用含有"CHINA"、"CHINESE"、"CN"等字样的域名。

c. 不得使用公众知晓的其他国家或者地区名称、外国地名、国际组织名称；不得使用县级以上行政区划名称的全称或缩写。

d. 不得使用行业名称或者商品的通用名称。

e. 不得使用他人已注册过的企业名称或者商标名称。

f. 不得使用对国家、社会或者公共利益有损害的名称。

③域名管理。2002 年 9 月 30 日信息产业部发布了《中国互联网络域名管理办法》。主要内容包括：a. 信息产业部负责中国互联网络域名管理工作。b. 域名管理采用逐级管理方式。c. 域名注册服务遵循"先申请先注册"原则。d. 域名注册申请者应当遵守国家有关互联网络的法律、行政法规和规章，遵守域名注册管理机构制定的域名注册相关规定，并提交真实、准确、完整的域名注册信息。e. 域名争议由域名争议解决机构、仲裁机构、人民法院处理。

④如何申请域名。选择符合规范，简洁，容易记忆，不容易与其他域名混淆，与公司名称、商标或核心业务相关的域名。可以登录中国互联网信息中心 http：//www.cnnic.net.cn 下载相关表格。

第二节　计算机网页与网站技术基础

一、浏览器

浏览器就是在计算机上安装的用来显示指定文件的程序，它能把在互联网上找到的文本文档（和其他类型的文件）翻译成网页。

1. WWW 浏览器

WWW 简称 Web 或 3W，中文称为环球信息网和万维网，它是 Internet 上最受欢迎、最为流行的信息检索工具。在 Internet 中，客户使用浏览器可方便地访问分布在全世界范围内各个 Web 服务器上的文本文件以及与之相配套的图形、声音和动画等内容，实现信息的浏览或分布。

2. Web 通信的基本原理

Web 浏览器工作时，首先使用 HTTP 协议向 Web 服务器发出 HTTP 请求，Web 服务器接到请求后，进行相应的处理，将处理结果以 HTML 文件的形式返回给浏览器，客户端浏览器对其进行解释并显示给用户，如图 2-4 所示。

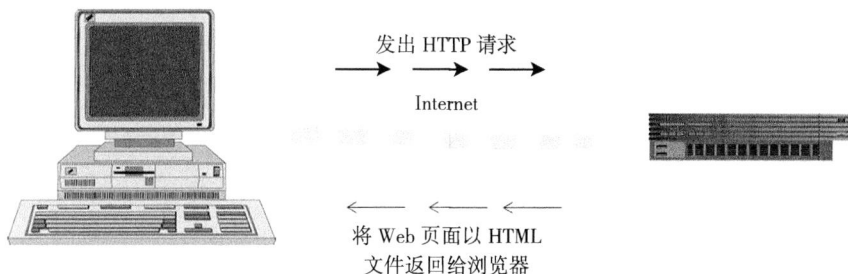

发出 HTTP 请求

Internet

将 Web 页面以 HTML
文件返回给浏览器

图 2-4　Web 通信的基本原理

3. 统一资源定位器 URL

要在 WWW 上浏览或查询信息，必须在浏览器上输入查询目标的地址，这就是统一资源定位器 URL，也称 Web 地址，俗称"网址"，就是在地址栏中输入资源的地址。Web 浏览器用 URL 指出其他服务器的网络信息源，从而达到超媒体的链接。URL 链接的形式是：协议/主机域名地址或 IP 地址/目录路径/文件名，例如，使用 WWW 服务器超文本传输协议 HTTP 的 URL 地址：http：//www.linkwan.com/111/welcome.htm。该地址表示其计算机域名为 www.linkwan.com；超文本文件（文本类型为.htm）是在目录/111 下的 welcome.htm。

二、浏览器的使用

1. 常见浏览网页的方法

如图 2-5 所示，以搜狗浏览器为例进行网页浏览。

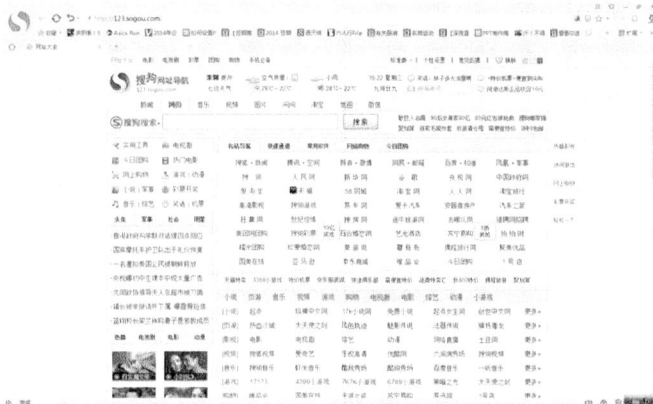

图 2-5　搜狗浏览器

（1）直接在地址栏中输入网站的网址，如图 2-6 所示。

图 2-6　直接输入网址

（2）使用 URL 地址栏的下拉菜单，如图 2-7 所示。

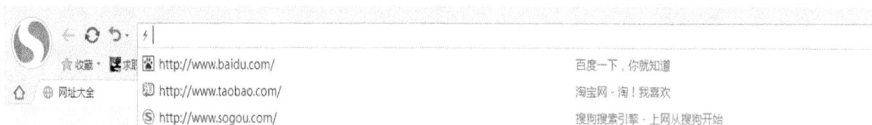

图 2-7　使用 URL 地址栏的下拉菜单点击网址

（3）使用"收藏夹"浏览网页，如图 2-8 所示。

图 2-8　使用"收藏夹"浏览网页

2. 收藏好的站点

使用"收藏"功能可以将自己喜欢的网页站点或文档添加到收藏夹中，以方便日后直接打开浏览。单击工具栏上的"收藏"按钮，在弹出的"收藏夹"对话框中添加相关的信息即可，如图 2-9 所示。

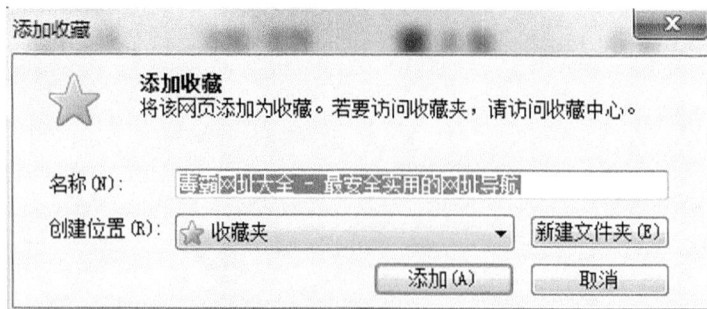

图 2-9　"添加收藏夹"对话框

3. 设置默认主页

打开 IE 时，系统会自动进入主页。如果要改变主页，可选择"工具/Internet 选项"

命令，在弹出的"Internet 选项"对话框中选择"常规"选项卡，修改"主页"选项区内文本框中显示的地址信息即可，如图 2-10 所示。

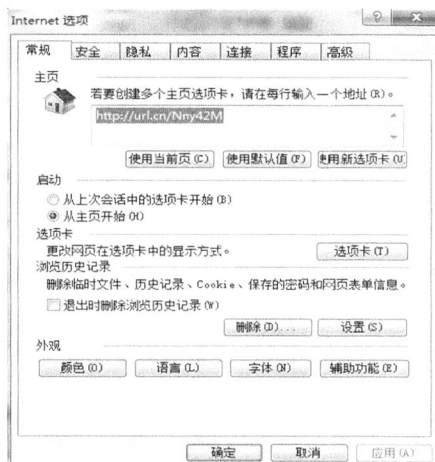

图 2-10 "Internet 选项"对话框

4. 保存信息

（1）保存网页。在 Internet 上浏览到有价值的信息，可以将它们保存到计算机硬盘中。选择"文件/另存为"命令，在"保存网页"对话框中保存即可。

（2）保存网页中的图片。在 Internet 上浏览到精美图片时，可将鼠标指向所需保存的图片，单击鼠标右键，在弹出的快捷菜单中选择"图片/另存为"命令即可。

三、网页技术基础

1. 静态网页与动态网页

网页分两种模式，一种是静态网页，另一种则是动态网页。

（1）静态网页。所谓静态网页，就是指网页文件中没有程序，只有 HTML 代码，一般以.html 或.htm 为后缀名的网页。静态网页内容不会在制作完成后发生变化，任何人访问都显示一样的内容；若想要更新页面内容，必须手动地修改页面的源代码，然后再上传到服务器上。因此，静态网页只适合于某些不用经常变化的网页，例如用于介绍公司地址或公司商标的网页。

（2）动态网页。所谓动态网页，就是说该网页文件不仅具有 HTML 标记，而且含有程序代码，与数据库连接。动态网页能根据不同的时间、不同的来访者显示不同的内容，动态网页更新方便，一般在后台直接更新。例如搜狐、新浪等网站的网页信息量大、内容更新快，所以它们的网页都是和后台数据库先连接，网页的内容修改只需要在后台操作就可以，无须改动页面。

注意：拥有动画或特效（如 GIF 格式的动画、Flash、滚动字母等）的网页不属于动态网页，因为本质上这个网页的内容并没有因为浏览器的请求而发生变化。

2. HTML 语言

Web 由数以百万计彼此相互链接的页面组成。为了确保所有的用户都能阅读并浏览每个页面的内容，Web 设计人员用 HTML 语言来设计有关页面。HTML 语言，即超文本标记语言码，是一种用来制作超文本文档的简单标记语言。用 HTML 编写的超文本文档为 HTML 文档，它能独立于各种操作系统平台（如 UNIX、WINDOWS 等）。自 1990 年以来，HTML 就一直被用作 World Wide Web 的信息表示语言，用于描述 Homepage 的格式设计和它与 WWW 上其他 Homepage 的链接信息。使用 HTML 语言描述的文件，需要通过 WWW 浏览器显示效果。由于 HTML 文档制作简单且功能强大，支持不同数据格式的文件嵌入，因此，盛行于 WWW 中，具有通用、简单、可扩展、与平台无关、与编辑器无关等特点。

3. 相关的动态网页技术

目前实现动态网页主要有以下四种技术：

（1）CGI，即公共网关接口，是一个连接外部应用程序到信息服务器（如 HTTP 或者网络服务器）的标准。它规定了 Web 服务器调用其他可执行程序（CGI 程序）的接口协议标准。一个简单的 HTML 文档无交互后台程序，是静态的，即文本文件不可以变化，而 CGI 程式通过读取使用者的输入请求输出动态的信息。CGI 程序可以用任何程序设计语言编写，如 Shell、Perl、C、Java 等，其中最为流行的是 Perl。CGI 程序通常用于查询、搜索或其他一些交互式应用。网易虚拟社区就使用了 CGI。

（2）ASP，即动态服务器主页，是一种动态网页，文件后缀名为.asp。可以利用 VB-Script 语言来设计，主要用于网络数据库的查询与管理。其工作原理是：当浏览者发出浏览请求的时候，服务器会自动将 ASP 的程序码解释为标准 HTML 格式的网页内容，再送到浏览者的浏览器上显示出来。也可以将 ASP 理解为一种特殊的 CGI。

利用 ASP 生成的网页与 HTML 相比，具有更大的灵活性。用 ASP 编写动态网页，能够实现在网络上和用户互动的功能。如为网站增加用户注册和登录的功能；为获取客户对某些产品的反馈意见而进行的一些网上调查；在电子商务网站上及时发布产品信息和满足用户在线购物的需要等。

（3）PHP，即超文本预处理语言，是一种用于创建动态 Web 页面的服务端脚本语言，是一种真正跨平台、跨服务器的开发语言。PHP 与 ASP 类似，但它是通过 Internet 合作开发出来的，是一种源代码开发程序，拥有很好的跨平台兼容性。PHP 具备以下优点：支持多种系统平台；具有良好的开放性和可扩充性；版本更新速度快；容易与现有的网页整合；具有丰富的功能；系统移植速度快。用户可以在 Windows NT 系统以及许多版本的 UNIX 系统上运行 PHP，而且可以将 PHP 作为 Apache 服务器的内置模块或 CGI 程序运行。除了能够精确地控制 Web 页面的显示内容之外，用户可以通过使用 PHP

发送 HTTP 包头。用户可以通过 PHP 设置 Cookies，管理用户身份识别，并对用户浏览页面进行重定向。PHP 具有非常强大的数据库支持功能，能够访问目前几乎所有较为流行的数据库系统。

（4）JSP，它是由 Sun Microsystems 公司于 1999 年 6 月推出的新技术，是基于 Java Servlet 以及整个 Java 体系的 Web 开发技术。利用这一技术可以建立先进、安全和跨平台的动态网站。JSP 和微软的 ASP 在技术方面有许多相似之处，两者都能为动态交互网页制作—共技术环境支持，不过两者来源于不同的技术规范组织，ASP 一般只应用于 Windows NT/2000 平台，而 JSP 则可以在 85% 以上的服务器上运行，而且基于 JSP 技术的应用程序比基于 ASP 的应用程序易于维护和管理，所有 JSP 被许多人认为是未来最有发展前途的动态网站设计。

第三节　电子商务站点的创建

一、电子商务网站的设计

电子商务网站的建设和其他普通网站的建设相似，具体步骤如下：

1. 网页策划

考虑网站域名空间的使用、网站目标定位、网站目标用户及潜在用户对网站的需求，还需考虑技术方面的问题，如确定网站的总体风格、网站需要的解决方案及网站的功能定位问题。

现在的电子商务网站由以下几个部分组成：

（1）会员系统。会员系统可以方便用户与企业间的相互联系、商务活动的联络及传递信息，该系统可以收集网站浏览潜在客户的基本信息，在数据库中记录浏览者的基本信息，以便于网站统计分析。同时，注册会员还可以享受网站提供的个性化服务。

（2）在线支付系统。在线支付系统是电子商务应用的一个重要组成部分，目前我国普遍使用的支付方法有以下几种：①由门户类网站提供收费支付平台，例如在国内使用的阿里巴巴集团开发的支付宝；②让门户选择支付方式，可减小企业的风险；③多种国内外主流信用卡的在线支付。

（3）商品检索、商品采购、订单系统。这几个系统是电子商务网站必须有的，也是电子商务应用的最基本系统，包括支持多种形式的商品发布，支持商品的价格和交叉促销方式，购物车采用 Cookie 技术，最大限度地提高商品采购的速度，个性化的采购订单模板，方便顾客进行购物组合比较，并实现常规购物的快速选购，购物车内总的价格计算模型可以根据商家的价格体系灵活定制等功能。

（4）要有普通网站所拥有的功能，为用户提供功能完善、高效率、低成本的建设电子商务应用网站的整体解决方案。

一个完善的、真正的电子商务网站，还需要很多辅助系统，例如，信息发布系统、电子版系统、客户在线咨询系统、网站管理系统、办公事务管理系统、人力资源管理系统、办公成本管理系统、广告商品管理系统、营销管理系统。

2. 网站的设计

在策划阶段所做的工作的基础上，对网站进行前台、后台及数据库的设计。

（1）选定网页制作所需要的工具软件。前面介绍了有关 HTML 语言的基础知识，但在具体制作网页的时候，一般情况下都会使用一些工具软件，常见的工具软件有以下几种：①常见的网页编辑器软件。a.Frontpage。Frontpage 是 Microsoft 出品的，简单、易用而且功能强大的网页编辑工具。它采用典型的 Word 界面设计，只要会用 Word，就差不多会用 Frontpage 了；即便不会使用 Word，"所见即所得"的操作方式也会让初学者很快入手，而无须学习 HTML 语法。其不足之处是：浏览器兼容性不好，做出来的网页用 Netscape 往往不能正常显示；生成的垃圾代码多，有时也会自动修改代码，导致某些情况下极为不便；对 DHTML 的支持不好。但总体来说，Frontpage 的确是最好的入门级网页编辑工具。b.Dreamweaver。Dreamweaver 是美国 Macromedia 公司开发的、集网页制作和管理于一身的网页编辑器。它是一套针对专业网页设计师特别开发的可视化网页开发工具，利用它可以轻而易举地制作跨平台限制和跨越浏览器限制的充满动感的网页。此外，Dreamweaver 最大的好处就在于它可以使一个原来对网页一窍不通的人迅速成为网页制作高手，并可以给专业的网站设计师提供强大的开发能力和无穷的创作灵感。以上两种工具各有所长。通常情况下，简单的静态网页使用 Frontpage 制作，而复杂的网页就必须要使用 Dreamweave 来制作。②常用的制作和处理静态图片的软件。常见的制作和处理静态图片的软件有：Photoshop、Fireworks、Coreldraw 等。其中，Photoshop 可以对已有的图片进行各种各样的处理，使图片符合需要，甚至可以制作出各种各样的特殊效果字，对美化网页起到重要的作用。③常见的制作动态图片的软件。常见的制作动态图片的软件有：Flash、Image Ready（在 Photoshop5.5 以上版本中即带有此软件）、Gif Animator 等。其中，Flash、Fireworks 与 Dreamweaver 一起被誉为 Macromedia 公司的网页三剑客，它是交互式矢量图和 Web 动画的标准。网页设计者使用 Flash。能创建漂亮的、可改变尺寸的动态图片，创建极其紧密的导航界面、技术说明及其他特殊效果。

（2）制作静态网页。选择好网页制作所需要的工具软件之后，就可以根据已经设计好的网页版面逐一制作网页了。首先，对已搜集到的素材（主要是文字、图片）进行编辑，得到符合所需效果的文字、图片及动画；其次，将所有的网页元素，包括文本、图片、声音（MDI、MP3 等格式）、视频（WMV、AVI 等格式）、动画等添加到网页中去，最终形成可供他人浏览的、正式的静态网页。

（3）制作动态网页。静态网页制作完成后，接下来的工作就是为网页添加动态效果，主要包括两个步骤：数据库设计和动态应用程序的制作。①数据库设计阶段。该阶段的主要工作是：根据前面确定的网站信息结构图进行数据逻辑设计、物理设计，并将具体的数据录入到数据库管理系统中去。具体包括：分析各实体间的关系，确定数据库的关系数据模型，并将之转化到具体的数据库管理系统中，形成一份明确的数据库设计文档。数据库设计文档的主要内容是关于数据库的详细说明，包括数据定义、数据库模式以及实体关系图表、数据库报表的内容、显示元素及它们如何链接至数据库等，必要时可以画出一些图表。②程序设计阶段。进行应用程序编写之前，必须考虑 Web 数据库接口技术和编写应用程序的编程语言，然后才能进行应用程序的编写。a.Web 数据库接口技术。目前，Web 与数据库链接的方法很多，选择何种 Web 数据库接口技术来进行动态网页的制作，取决于网站开发者所掌握的程序语言的种类、所使用的后台数据库系统以及网站的运行环境。b.编程语言的选择。几乎所有的数据库都支持 C 和 C++语言，而一些新的编程语言 Java、Visual Basic、JavaScript、VBScript 不具有广泛的适用性，依赖于编程平台和相关的 WWW 服务器。c.应用程序的编写。应用程序的编写包括动态网页的可视化和动态交互应用程序的编写，动态网页的可视化可参考前面所讲的静态网页的可视化设计。

3. 网站的测试、优化、发布、推广和维护

（1）测试、优化。网站基本建成后，还必须对网站进行测试，确认所有文本和图形都放在正确的位置，且所有的链接都能准确实现。测试 Web 站点的一种方法是检查内部和外部的链接，以确认目标文件是否存在。有时一个目标文件被删除了，链接就被破坏了。检查链接时，一般的站点管理软件如 Frontpage，将检查链接所指的位置是否存在相应的目标文件。此外，还可以使用浏览器测试站点，比如微软的 Internet Explorer，通过它可以确认链接是否将访问者带到正确的网页，还可以通过浏览器检查网页上图形和文本的格式。这是一种更节省时间的方法，但只有确认站点的文本、声音和图像都正确且每个链接都跳跃到正确的网页才有效。与此同时，还需要对网站进行优化，即在将网页上传到 Internet 之前，还需要进行测试网站的兼容性，对 HTML 进行优化、检查下载时间等的一系列的测试和优化。由于不同的浏览器在显示网页时采用不同的方法，因此，分别用几种常用的浏览器来测试 Web 站点不失为一个好办法。

（2）发布。网站在经过测试和优化后，就可以发布到 Web 服务器上。网页的发布大致可以分为三种形式：E-mail、FTP 和 WWW，它们分别使用相应的软件。比如以 FTP 形式上传，可使用 CuteFTP3.5 等，即在 host 后填上注册的网页多方的主机、UserID 和密码（这些资料提供空间的公司会在申请后以 E-mail 的形式告知），这样就能把主页上传到指定的目录上，上传后，首先要自行浏览一下，并检查相应的链接。在 FrontPage 上发布企业的站点也是很容易的，即使通过 ISP 发布 Web 站点，也只需链接 ISP，然后使

用 Publish Frontpage Web 命令将 Web 站点复制到 ISP。Frontpage 会检查在 ISP 服务器上是否安装了 Frontpage Serve Extension（Frontpage 服务器扩展），这些扩展是支持 Frontpage 和个人 Web 服务器的程序和副本。如果 Frontpage 探测到在要发布站点的服务器上并没有安装 Frontpage 服务器扩展，它将启动 Microsoft Web Publish Wizard（发布导向）来帮助发布 Web。一旦将站点发布到服务器上，那么全世界都将会看到。

（3）网站的推广。网站完成之后，还要不断地进行宣传，这样才能让更多的人认识，从而提高网站的访问率，增加企业的知名度。站点推广的方式主要有：①利用搜索引擎进行推广。②利用广告联盟。③利用电子邮件。④参加相关的论坛。⑤建立网络联盟。⑥运用传统媒体进行推广。

（4）维护。网站建立后，并不意味着工作的结束，而需要不断地对站点进行维护，尤其是对于较大和较复杂的站点，一定要检查是否存在孤立文件，避免因出现意料不到的错误而影响企业的形象。站点维护的主要任务有：①发现并修改失效链接，维持站点内各种链接的有效性。②及时更换信息。③确保页面内容和拼写的正确，维护企业网上形象。④维持与访问者的良好关系，及时反馈 E-mail。

二、企业电子商务站点的创建

一般来说，企业从传统经营方式向电子商务模式转变时，应根据企业需求、规模等自身条件和外部环境条件循序渐进地实现。电子商务的实现不是一个目标，而是一个过程。对一个企业而言，电子商务的层次也是多样的。简单的网上营销可以从网上搜集信息开始，做网上广告、做主页、发布产品信息、建网站；进而，做网上客户调查和分析；也可做客户售后服务（如呼叫中心），同时建立和网页链接的动态客户数据库，累积大量客户数据；在此基础上就可建立客户关系管理系统，也可开展供应链管理系统等较高级的网上营销活动。我们按信息应用水平将企业实现电子商务的过程大致分为四个阶段：信息接入阶段，建立企业网站、动态信息发布阶段，建立客户数据库、实现客户管理阶段，以及信息化虚拟企业阶段。图 2-11 描述了这几个阶段及其主要内容。

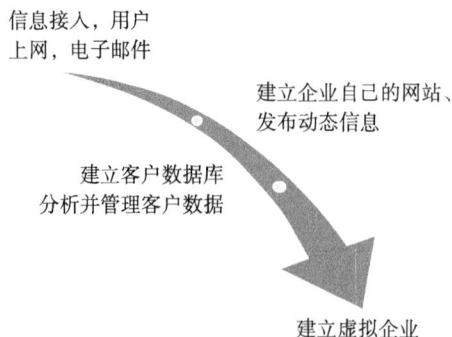

图 2-11　企业实现电子商务的四个阶段

1. 信息接入阶段

信息接入最简单的方法是企业用户向一个网络服务商（ISP）申请一个账号上网，然后，使用电子邮件和电子公告板发布信息或搜集客户信息；使用浏览器浏览和查询网上信息。这个阶段可以帮助企业进行内部和外部沟通。使企业通过互联网搜集所需的商业信息，宣传企业商品信息，并与客户及合作商建立更密切的关系。这是网上营销最基本的应用方式，它是在把互联网作为一种新的信息传播媒体的认识基础上开展的营销活动，不需要很多投资，很适合于小企业或刚开始进行网上营销的企业。

（1）利用电子邮件开展电子商务。以拨号方式接入互联网是一种最简单的方式，特别适合于小企业或刚开始做网络营销的企业开展电子商务，使用电子邮件则是从事电子商务的最简单、最省钱的方法。因为并不是互联网上的所有用户都有自己的 Web 站点，只有 E-mail 才是在互联网上唯一被广泛使用的工具。在网上，新手和老手都知道并经常使用它。利用 E-mail 可以向客户或潜在的客户（也包括上、下游厂商）发送产品的说明、价目表、公司简介等客户需要的资料，同时客户通过 E-mail 也可以向企业发来使用意见、问题查询等反馈信息。如果再安装收发传真的软件及一部传真机，就可以实现网上传真，在网上完成很多商务活动。与传统的电话推销、邮寄信件等营销方法相比，利用 E-mail 营销具有价格低、快速、方便等优点。

（2）改进的电子邮件的使用方法。为了能更好地使用电子邮件开展电子商务，介绍几种改进的电子邮件的使用方法。①邮件组，利用电子邮件开展电子商务，其中最重要的一项就是发送电子邮件。发送电子邮件时，往往需要将相同内容的邮件发送给大量的客户，这种情况下，可以在新邮件收件栏中，同时加入多个收件人地址。但是这样做也有它的缺点。首先，每一次都要进行多次加入选择；其次，收件人所收到的电子邮件的"收件人"栏目中会同时列出你所选择的其他人，这会使收件人感到你不是和他（她）进行一对一的交流，影响收件人的情绪。②自动回复电子邮件，如果长时间不回复客户的电子邮件，那么不仅会使对方感到失望，还会失去一个甚至多个潜在的客户。可是当电子邮件很多时，有可能来不及逐封回复，这种情况下可以使用自动回复电子邮件的功能。自动回复可以告诉发信人他（她）的电子邮件已经收到了，还可以包括其他相关信息。

2. 建立企业网站、动态信息发布阶段

建立企业网站更便于企业进行上网宣传，以及利用 Web 页面开展网上业务。互联网上的站点使企业拥有了一个属于自己又面向广大上网者的网上家园。这是一个高效率、低成本、生动且具有互动特性的媒体，是其超越传统媒体的一个特点。它可以使企业将静态信息发布到互联网上。例如发布一些产品信息、价格信息等。企业网站信息由企业定制，没有传统媒体的时间、版面等限制，伴随企业的营销策略不断更新，企业网站还可应用虚拟现实等多媒体手段吸引受众并与访问者双向交流，及时有效地传递并获取有关信息。网站的这些特点是吸引企业上网宣传、使其由内部或区域宣传转向外部和国际信息交流的重要因素。

动态信息发布阶段，企业可以根据企业规模、资金情况采用以下方法：

（1）建立网页开展电子商务。很多 ISP 提供主页制作及发布服务，企业用户可以申请一个免费或付费的主页空间，自己设计主页，并上传到提供主页的服务器上。企业利用主页既可以发布文字信息，也可以展示商品或产品的形状，可以应用多媒体技术演示它的功能，还可以实现交互的功能，这是单纯的 E-mail 功能难以办到的。企业使用主页可实现以下功能：①内部通信和外部通信。②信息管理和分支。③客户服务和技术支持。④展示企业的形象。⑤产品或商品广告。⑥完成网上在线交易。这一切的费用要比传统经营中使用的大众媒体（如建立橱窗、做广告、邮寄信件等）便宜和简单得多。在网上建立了主页，企业就拥有了一个在互联网上的地址——网址。无论在地球的哪一个角落，只要打开浏览器，在地址栏中键入这一网址，就可以看到该企业的相关信息。下面简单说明在一个 ISP 的主机中建立企业主页的主要步骤：第 1 步：设计主页（包括结构、内容和形式等）；第 2 步：向提供主页服务的 ISP 申请主页空间；第 3 步：传送主页到 ISP 提供的主机中；第 4 步：不断维护和更新主页。用来设计主页的基本语言被称为超文本标记语言（HTML）。此外，现在很多软件公司都提供制作主页的专门软件工具，随着这些工具的不断改进，使用越来越方便，即使不懂多少软件开发知识的用户，也可以设计出不错的主页。

（2）建立虚拟主机开展电子商务。企业在 ISP 的主机上建立了自己的主页后，还是没有一个完全独立的网上地址——IP 地址，而且网页的空间毕竟有限，这时可以考虑向某个 ISP 申请一个虚拟主机。所谓虚拟主机，其实并不是一台实际存在的单独主机，它只是在 ISP 的主机上租用的磁盘空间。有了虚拟主机，企业就可以有自己的独立的域名、自己的 IP 地址，只要支付一定的费用，ISP 服务商还负责对虚拟主机的维护。在建立拨号上网的基础上再建立虚拟主机，不需要任何新的硬件投资，只需要向所选择的 ISP 申请一个 IP 地址和域名，以及虚拟主机服务。ISP 服务商在他已有的主机上建立一个针对你的 IP 地址的虚拟目录，这就是你的虚拟主机。

（3）建立网站开展电子商务。虚拟主机毕竟是在别人的主机上建立的，如果企业的资金和技术条件允许，最好自己构建一个独立的网站，不仅使用方便，也可以将企业内部网络和互联网相连，使企业内部管理的数据和外部营销的数据高度一体化，进一步提升原有资产的价值。在自己网站中可以设置各种类型的主机，如 WWW 服务器、DNS 服务器、邮件服务器、应用数据库服务器等，使企业的管理上升到更高层次。

企业网站可以通过 DDN 专线实现与互联网的连接。数字数据网利用数字信道提供永久或半永久性线路，建立以数据信号为主的网络，为企业提供数字数据传输通道。中国数字数据网目前已经覆盖全国绝大多数地区，为客户提供电路、帧中继、语音、传真和虚拟专用网服务。企业通过 DDN 专线将自己的网站与提供互联网服务的站点相接，就可以在互联网上开展更广泛的电子商务活动，如表 2-3 所示。

表 2-3　企业开展电子商务的几种方法

	E-mail	主页	虚拟主机	企业内部网
投资	最低	较低	较高	最高
技术	简单	较复杂	较复杂	复杂
功能	较少	较多	多	最强

在互联网上除了 E-mail、Web 以外，还有很多其他的应用工具可用于电子商务。只要接入互联网，企业就可以利用互联网上的各种工具进行电子商务活动。如表 2-4 所示列出在互联网上可以进行电子商务应用的一些工具。互联网上的工具会越来越多，并且使用越来越方便。不管哪种方法，只要使用恰当，都会给企业带来巨大效益。

表 2-4　互联网上可用的工具及其商业应用

因特网上的工具	中文名称	主要功能	商业应用
E-mail	电子邮件	发送或接收信息	产品目录、客户意见
FTP	文件传输	上传或下载文件	信息反馈、信息发布
Usenet	新闻组	专题讨论	广告、信息发布
WAIS	数据库查询	快速信息查询	查询
BBS	电子公告板	发布信息	发布信息、技术支持
Telnet	远程登录	使用远程主机资源	文件传送

（4）选择 ISP/ICP。企业必须依靠 ISP/ICP 的服务接入互联网来开展电子商务。随着我国网络经济的发展，特别是电子商务日益显示出强大生机，ISP/ICP 的应用如雨后春笋发展起来。互联网服务已成了充满诱惑的一个新兴的行业。为了吸纳更多的客户，各ISP/ICP 之间竞争激烈，都推出各种诱人的宣传和促销策略。因此，为了保证企业顺利开展电子商务，就必须认真选择服务提供商。选择的主要原则大致有如下几条：①服务项目的多少及服务质量；②接入速度；③信箱、网页以及虚拟主机的空间；④技术支持；⑤知名度；⑥费用。

3. 建立客户数据库、实现客户管理阶段

（1）客户关系管理（CRM）的概念。客户关系在电子商务中被认为是尤其重要的。随着电子商务的发展，企业需要有效管理和优化客户关系。即使是企业对企业（B to B）的电子商务，随着业务的发展，业务上的供应商和客户基本上也成了合作伙伴，通过网络互相连接。为此，建立客户关系管理（CRM）就显得更重要了。与 CRM 类似的其他的术语还有"企业关系管理"（ERM）、"客户交互系统"（CIS）等。

电子商务是信息化的商务，在每一个环节都充分利用电子信息的传递取代传统商务中人工的操作。不断将客户（包括合作伙伴）的数据存储到企业数据库中，并使用专门的统计分析软件进行处理，以作为企业经营决策的重要依据，就可使企业的电子商务上升到新的更高的、更科学的阶段。

传统商务中企业的销售人员仍需独自追踪他们的合同信息，并把账户信息和销售策略信息等各自独立记录保存。这样的数据不仅分散、无法分享，而且，随着企业销售的不断增长，以这种形式保存的信息会很容易丢失。最重要的是不能充分对这些信息进行处理，挖掘客户信息的价值。由此可见，拥有一个性能良好的客户关系管理方案已成为目前许多企业的迫切需求。

（2）客户关系管理解决方案。CRM 的实现包含客户信息的搜集及管理、为客户提供满意的信息服务并向企业中每一个需要与客户打交道的部门提供客户信息。一个有效的 CRM 解决方案应具备以下要素：①畅通有效的客户交流渠道。在通信手段极为丰富的今天，如何将面谈、电话和 Web 访问等交流渠道协调起来，使客户既能以自己喜好的形式与企业交流，又能保证整个系统信息的完整、准确和一致是十分关键的。②对已获得信息的分析处理能力。面对浩如烟海的客户信息，必须有一个完善和智能的分析系统。③对互联网的全面支持。互联网已成为沟通全球的重要手段，CRM 解决方案必须考虑能充分利用互联网。④CRM 必须与后台的 ERP（企业资源规划）很好地集成。将前端的销售、市场和服务等信息及时传达到后台的财务、生产、采购等部门，使企业有效地运转。建立客户数据库使企业对系统数据维护更加方便。可以将所有历史数据均保存在总部数据库服务器中，备份十分简单。各分支机构均只保存当月数据，管理、维护、查询也简单多了。可以用图 2-12 表示 CRM 系统的概念结构。

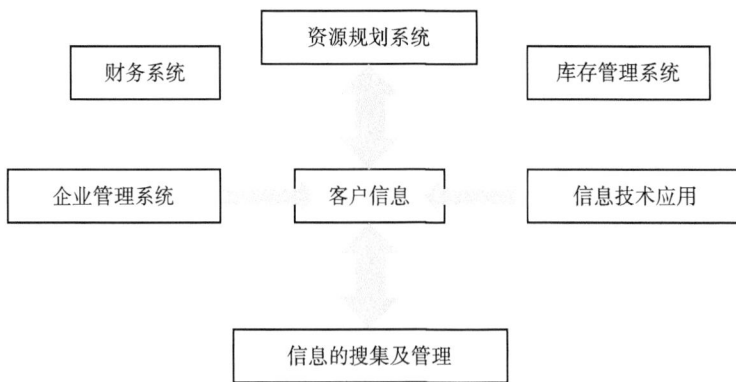

图 2-12　CRM 系统的概念结构

统计数字表明，企业发展一个新客户往往要比保留一个老客户多花费 8 倍的投入，而 CRM 的客户智能就可以给企业带来忠实和稳定的客户。

4. 建立虚拟企业

所谓虚拟企业就是借助计算机网络的帮助，把分散在不同地域的生产要素组织起来完成企业的基本功能（生产和交易）。虚拟企业可以达到优化配置和优化组合生产要素的目的，可以减少投入，增加产出。在虚拟企业内，企业的功能、地域、组织甚至部分人员都可以虚拟化，但企业的整体功能和最终产品却是实际的。利用虚拟思维方式，可以构成虚拟企业、虚拟商场、虚拟学校、虚拟医院等。虚拟企业还可通过互联网与客户及上、下游企业建立灵活、方便的联系。虚拟企业的组织形式是对传统企业层次化组织结构的挑战。信息是维系虚拟企业的主要纽带，企业可通过数据分析、数据挖掘等工具发现市场需求和潜在的客户。在虚拟企业阶段，信息实现高度集成，企业进行完全的网上经营，几大流程在网上融合，内部网络和互联网平滑衔接，安全而稳定地运行，通过网络管理整个业务流程，24 小时不停办公。这一环境不只是对企业的某一环节和过程，还将对企业组织、运行及管理观念产生重大影响。一些企业已经迅速融入这一环境，依靠网络与原料商、制造商、销售商和消费者建立密切联系，并通过网络收集、传递信息，从而根据消费需求，充分利用网络伙伴的生产能力，实现产品设计、制造及销售服务的全过程。

企业实现电子商务的四个阶段中，前两个阶段强调的是信息传递环境和企业电子商务基础的建立，后两个阶段重点在于信息的集成及应用，实现适应于电子商务的信息化管理。但是，并不是所有的企业都必须完全按照这四个阶段来实现自己的电子商务，企业可根据自己的特点来进行商务的电子化。

当前，将企业的信息系统外包给专业服务公司被认为是最省钱、省力、事半功倍的方法。企业可以将电子商务的某一项内容委托给服务商，也可将建立及维护网站的全部工作委托给专业服务公司完成，这样做，在节省人力、物力的同时，也赢得了时间。

第四节　电子数据交换技术——EDI

一、EDI 概述

1. EDI 的定义

EDI 的定义是：按照协议，对具有一定结构性的标准经济信息，经过电子数据通信网络，在商业贸易伙伴的电子计算机之间进行交换和自动处理。也就是说，EDI 是一种在公司之间传输订单、发票等商业文件的电子化手段。

2. EDI 的特点

（1）EDI 是企业（制造厂、供应商、运输公司、银行等）单位之间传输商业文件数据；

（2）传输的文件数据是采用共同的标准和具有固定的格式；

（3）通过数据通信网络一般是增值网和专用网来传输；

（4）数据是从计算机到计算机自动传输不需人工介入。

鉴于 EDI 的上述特点，应用 EDI 可以做到数据一致、完整；改进企业之间的通信，缩短交易时间；实现无纸贸易，减少人为的操作错误；减少库存，为实现零库存打下基础；降低交易成本；提高工作效率。

3. EDI 的组成要素

EDI 有两个基本组成要素。

（1）通信网络。通信网络是实现 EDI 的基础。可以利用公用电话交换网（PSTN）、分组交换网（PSPDN），以及各种广域网、城域网和局域网建立 EDI 的增值网。

（2）应用系统。由计算机硬件和专用软件组成 EDI 的应用系统，是实现 EDI 的前提条件。①计算机硬件是本单位与通信网络相连的服务器和工作站。包含计算机、调制解调器和电话线等。②专用软件包含转换软件、翻译软件和通信软件等。转换软件的功能是将计算机系统的文件转换成翻译软件能理解的中间文件，或将翻译软件接受的中间文件转换成计算机系统的文件。翻译软件将中间文件翻译成 EDI 标准格式，或将 EDI 格式翻译成中间文件。通信软件将要发送的 EDI 标准格式文件加上通信交换信封，送到 EDI 交换中心信箱，或 EDI 交换中心信箱将接收的文件取回到本地机。③数据标准化。数据标准化是 EDI 的关键。EDI 标准是由各企业、各地区的代表共同讨论、制定的电子数据交换的共同标准，可以使各组织之间的不同文件格式通过共同的标准达到彼此之间文件交换的目的。目前广泛采用的 EDI 国际标准 UN/EDIFACT（用于行政管理、商业和运输的电子数据交换）。

4. EDI 技术发展的阶段

EDI 技术的发展大约经历了四个阶段。

（1）公司、企业、集团内部的 EDI。这一阶段的 EDI 技术只局限于公司、企业或集团内部。支持 EDI 的硬件平台也只局限于内部局域网。因此，该阶段是无纸贸易的初级阶段，也称"内部在线系统"或"内部网"。

（2）同行业内部的 EDI。同行业的电子数据交换利用增值网络（VAN）进行，如国际国内银行之间的电子结算系统（SWIFT）就属于行业内部的 EDI。

（3）跨行业的 EDI。跨行业的 EDI 是将多个行业和部门通过网络连接起来，是实现无纸贸易的关键阶段。例如对外贸易的进出口业务涉及银行、海关、商检、保险、运输等行业和部门，要运用 EDI 技术完成对外贸易的进出口业务就必须实行跨行业的 EDI 技术。跨行业的 EDI 的经济效益和社会效益高于前两个阶段。

（4）全球的 EDI。全球 EDI 是 EDI 技术发展的最高阶段。目前全球 EDI 还刚刚起步，国际间银行的联网、电子资金结算系统思维实现可以看成是全球 EDI 的雏形。然而，随着经济一体化、全球化的发展，世界贸易组织（WTO）及联合国的推动，一定会加快全球 EDI 的发展。

二、EDI 标准

构成 EDI 系统的三个要素是 EDI 软硬件、通信网络以及 EDI 标准。EDI 标准是整个 EDI 系统最关键的部分，也正是 EDI 的成功之处。目前，国际上流行两大 EDI 标准体系：一个是流行于欧洲和亚洲的联合国标准 UN/EDIFACT，另一个是流行于北美的美国标准 ANSI X.12。

EDI 标准的作用有如下三个方面：

（1）保证了计算机网络自动传送和计算机自动处理文件及数据得以实现。

（2）保证了网络传输全程实现审计跟踪，大大提高了商业文件传送的透明度和可靠性。

（3）标准化的 EDI 格式转换保证了不同国家、不同地区、不同企业的各种商业文件（如单证、回执、载货清单、验收通知、出口许可证、原产地证等）得以无障碍电子化交换。

三、EDI 工作原理

EDI 系统由数据标准化（标准报文）、EDI 软件、EDI 硬件（计算机、通信线路、联网设备）和通信网络组成。

EDI 软件系统的核心是格式转换软件、翻译软件和通信软件。格式转换软件用于将公司单证格式转换成平面文件；翻译软件用于把平面文件翻译成 EDI 标准报文；通信软件负责将 EDI 标准报文传输到接收端的计算机系统。

EDI 通过上述软件的组合使用，帮助各类用户实现不同格式文件的直接传送，EDI 的工作过程如图 2-13 所示。

EDI 工作过程中文件的发送主要有以下步骤：

（1）A 公司计算机系统中要传输给 B 公司的电子单证用转换软件"映射"，转换成平面文件。

（2）翻译软件将平面文件翻译成 EDI 标准格式文件。

（3）将 EDI 标准格式文件经网络传送到 B 公司的计算机系统。

（4）文件的接收就是以上过程的逆过程。

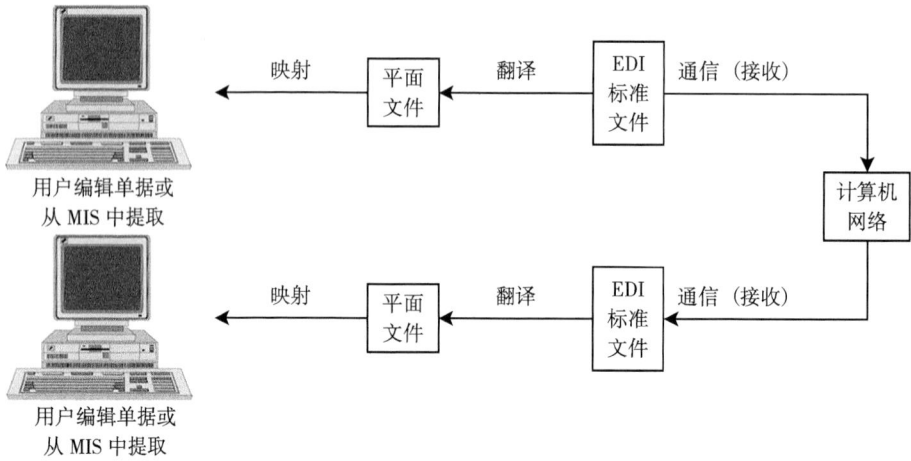

图 2-13 EDI 的工作过程

四、EDI 与电子商务

可以把 EDI 看成是电子商务的早期形态。EDI 主要用于实现企业与企业之间或企业与政府部门之间的交易，特别是对于大型的、跨国的企业。例如，应用于外贸、海关、海运及银行等。由于网络技术的发展和电子商务的兴起，EDI 逐渐融入电子商务之中，成为其中的一种类型。电子商务的出现和发展促进了 EDI 的发展，反之 EDI 的发展又促进了电子商务的发展。但传统的 EDI 技术、标准仍然在相当大的范围内、在一段时间内应用，因此我们应该了解 EDI 的相关知识。下面通过表 2-5 将传统 EDI 与电子商务进行比较。

表 2-5 传统 EDI 与电子商务的比较

项目	传统 EDI	EC
用户	商业机构、政府部门	商业机构、政府部门、社会团体、个人
服务内容	传送订单发票等商业数据	除 EDI 外提供多种形式的综合信息服务
数据交换格式	UN/EDIFACT	支持行业或机构自定标准和格式
数据表现形式	文字	文字、图像、图形、声音、视频等
系统使用方式	电子邮件、报文	基于 HTTP 和 TCP/IP 的交互处理方式
通信协议	X.400、X.500、X.25 等	X.400、X.500、X.25、TCP/IP、PPP 等
网络	专用网、增值网	公用网、互联网

任务操作

你平常都用什么浏览器浏览网页的，你觉得各大浏览器之间有区别吗？今天的小任务就是用百度、搜狗、IE、猎豹等专业搜索引擎搜索相关信息资料，例如，2014 年仁川运动会。

（1）打开百度浏览器，如图 2-14 所示。

图 2-14　百度浏览器

（2）输入"2014 年仁川运动会"，从下拉列表中也可选择，如图 2-15 所示。

图 2-15　搜索结果

（3）点击你想看的新闻或信息，进入下一级页面，如图 2-16 所示。

（4）再点击进入下级页面，如新闻"海关知识产权执法护航韩国仁川亚运会"，如图 2-17 所示。

（5）其他浏览器搜索信息类似上述操作，这里不重复举例。

（6）请同学课下讨论，你觉得哪个浏览器最好用，哪个浏览器的设计界面最棒，你喜欢用哪个浏览器，然后查找后台 HTML 代码，看看每个浏览器的 HTML 代码编写是怎样的？

图 2-16 2014 年仁川亚运会最新相关信息

图 2-17 网易新闻"海关知识产权执法护航韩国仁川亚运会"

习题演练

一、单选题

1. 下列 URL 的格式正确的是（　　　）。

A. China\Aisa

B. ftp//：21cn.com

C. telnet：\\www.win.com

D. http：//mail.sohu.com

2. 协议和主机名之间应用（　　）符号隔开。

A.//

B.：\\

C.：//

D./

3. （　　）区域不属于 Internet Explorer 划分范围。

A. 受限站点

B. 本地 Internet 区域

C. A 类区域

D. Internet 区域

4. Internet 所使用的协议中,（　　）协议提供了网间网连接的完善功能。

A. IP　　　　　　　　B. TCP　　　　　　　C. IEEE802　　　　D. FTP

5. 以下（　　　）决定整个网间网所包含的网络和每个网络所能容纳的主机数。

A. 网络地址的长度，主机地址的长度　　　B. 主机地址的长度，主机地址的长度

C. 网络地址的长度，网络地址的长度　　　D. 主机地址的长度，网络地址的长度

6. 目前，每个 IP 地址由（　　　）个二进制位构成。

A. 8　　　　　　　　　B. 4　　　　　　　　C. 32　　　　　　　D. 64

7. 下列 IP 地址（　　　）属于 B 类。

A. 126.121.25.10　　　　　　　　　　　　B. 140.117.11.2

C. 202.120.10.245　　　　　　　　　　　　D. 193.95.192.1

8. 在 Internet 上完成名字与地址间映射的系统称为（　　　）。

A. URL　　　　　　　B. DNS　　　　　　　C. DBMS　　　　　　D. DHCP

9. 国际性组织顶级域名为（　　　）。

A. .int　　　　　　　B. .org　　　　　　　C. .net　　　　　　　D. .com

10. 在全世界范围内，域名呈现（　　　）结构。

A. 网状　　　　　　　B. 树状　　　　　　　C. 星型　　　　　　　D. 无规则

11. 在全世界范围内，域名由（　　　）来负责管理。

A. Microsoft　　　　　B. Inter NIC　　　　C. Netware　　　　　D. IBM

12. 客户机与服务器的建立连接称为（　　　）。

A. 上传　　　　　　　B. 登录　　　　　　　C. 握手　　　　　　　D. 连接

13. 用户匿名登录主机时，用户名为（　　　）。

A. guest　　　　　　　B. OK　　　　　　　C. Admin　　　　　　D. anonymous

14. 在 FTP.EXE 应用程序中，显示远程主机目录中信息可用（　　　）命令。

A. ls　　　　　　　　　B. ftp　　　　　　　C. browers　　　　　D. Show

15. 按照界面风格的不同，FTP 软件可分为（　　　）两类。

A. 字符界面和图文界面　　　　　　　　　B. 文本界面和字符界面

C. 字符界面和图形界面　　　　　　　　　D. 图表界面和图形界面

16. 若用户想要知道自己文件是否存放在 FTP 服务器，可以利用（　　　）来进行查找。

A. Gopher　　　　　　B. cuteFTP　　　　　C. Gophor　　　　　　D. news

17. 在 MSDOS 状态下采用 Telnet 命令格式正确的是（　　　）。

A. Telnet shu.edu.cn 23　　　　　　　　　B. Ftp 202.120.6.5 23

C. Telnet shu.edu.cn 80　　　　　　　　　D. Telnet 127.0.0.0 80

18. 关于 FTP 的说法正确的是（　　　）。

A. FTP 是用于 TCP/IP 网络的比较复杂的协议之一，所以现在它的使用范围不如http 广

B. FTP 是一个客户/服务器系统

C. FTP 软件可分为两类：窗口界面和图形界面

D. 在匿名 FTP 系统中，用户仍需用密码才能进入 FTP 服务器，只不过这个密码是公开的

19. 下列不属于压缩与解压缩的软件是 （   ）。

A. ARJ   B. Winzip   C. TurboZip   D. Cool3D

20. 有关 WINZIP 的说法正确的是 （   ）。

A. 目前版本是 7.0，文件大小为 1230KB

B. 可以到网站 www.winzip.com.cn 免费下载

C. 利用 WinZIP 还可以进行杀毒

D. 不可以制作自解压文件

二、多选题

1. TCP/IP 协议规定，每个 IP 地址由 （   ） 组成。

A. 网络地址   B. 端口地址   C. 协议地址   D. 主机地址

2. TCP/IP 根据网络规模的大小将 IP 地址分为 （   ）。

A. A 类   B. B 类   C. C 类   D. D 类

3. 下列说法正确的是 （   ）。

A. 主页通常是用户使用浏览器访问 INTERNET 上任何 WWW 服务器所看到的第一个页面

B. IP 协议又成为互联网协议，提供点对点连接的完善功能

C. URL 完整描述了 INTERNET 上超文本的地址

D. TCP 是传输控制协议，规定一种可靠的数据信息传递服务

4. 下列关于 IP 地址的说法正确的是 （   ）。

A. 在 TCP/IP 网络中，每一台主机必须有一个唯一的 IP 地址

B. TCP/IP 根据网络规模的大小将 IP 地址分为 3 类

C. 195.141.15.163 是一个 B 类地址

D. TCP/IP 协议规定，每个 IP 地址由网络地址和主机地址两部分组成

5. INTERNET 将顶级域名分成 3 大类 （   ）。

A. 地区顶级域名   B. 国家顶级域名

C. 国际顶级域名   D. 通用顶级域名

6. 下列通用顶级域名配对正确的是 （   ）。

A. .gov：非军事政府部门   B. .com：企业或公司

C. .web：网络公司   D. .org：其他组织

7. 按照界面风格的不同，FTP 软件可分为 （   ）。

A. 网络界面   B. 窗口界面   C. 图形界面   D. 字符界面

8. BBS 常用的功能有 （   ）。

A. 阅读文章   B. 查找信息   C. 收发 E-mail   D. 发表文章

9. 远程登录的两种形式 （   ）。

A. 用自己的账号和口令访问远程主机   B. 用代理服务器访问远程主机

C. 匿名登录   D. 局域网登录

三、简答题

1. 什么是 Intranet，它能给企业带来什么好处？

2. EDI 是哪种类型电子商务活动的手段？

3. 什么是 Internet，它主要提供哪些服务？对各项服务进行简要叙述。

4. 请说出 www.sina.com.cn 这个域名各组成部分的含义。

第三章　电子商务应用

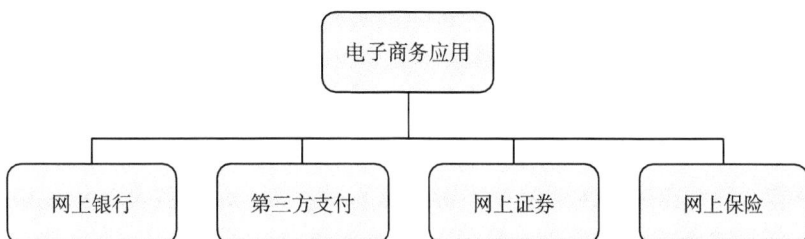

知识体系

电子商务应用
- 网上银行
- 第三方支付
- 网上证券
- 网上保险

学习要点

（1）各种网上支付方式的选择和使用。

（2）各种网上支付方式的特点。

（3）怎样规避风险，安全使用网络银行？

（4）如何通过购买证券及保险进行合理的个人理财？

情景案例

五大行互联网金融战绩：电商交易额1万亿元

在互联网金融的推动下，银行已认清形势。2013年五大行年报中"互联网金融"高达41次的出镜率就是最好的说明。2013年五大行在金融互联网化上写下了新纪录：电商总交易额近1万亿，四大行个人网银用户破5亿、手机银行用户破3.5亿。

电子银行：仅中国工商银行增速低于两成

在电子银行业务增长方面，五大行选择了两种披露数据，一种是电子银行交易额增长率，另一种是电子银行业务收入增长率。

中国工商银行、中国银行、交通银行三家披露了 2012 年电子银行交易额情况：中国工商银行交易额超过 380 万亿元，同比增长 14.8%；中国银行交易额达到 110.40 万亿元，同比增长 20.83%；交通银行交易金额突破 75 万亿元，同比约增长 50%。

中国农业银行与中国建设银行披露了电子银行业务收入：中国农业银行业务收入 65.64 亿元，同比增长 22.4%；中国建设银行电子银行业务收入 57.40 亿元，增幅 20.59%。

此外，在业务占比上，电子银行交易量已在银行总交易量上占据主要位置。年报显示，中国工商银行电子银行业务笔数占全行业务笔数比 2012 年提高 5.1 个百分点至 80.2%，中国建设银行电子银行和自助渠道账务性交易量占比达 85.40%，较 2012 年提高 3.68 个百分点。

而在电子银行对柜面业务的替代率上，中国银行已达到 77.53%，两年前这一数据为 67%，交通银行达 78.33%，较年初提高 5.16 个百分点。

电子商务：总交易额近 1 万亿

电子银行下的各类业务上，自建电商平台，可以说是五大行互联网化的一大特点。2013 年已运行的中国建设银行"善融商城"、交通银行"交博汇"、中国农业银行"E 商管家"三行的电商平台运营效果如何，三家银行的年报中披露了些许信息。

2012 年底刚刚推出的建行"善融商务"2013 年新增活跃商户 8297 户，交易额近 300 亿元，当年融资贷款累计发放 110 亿元。中国建设银行年报显示，"善融商务"的个人商城成交金额 10.35 亿元、企业商城 267.47 亿元，累计成交金额 277.82 亿元；全口径活跃商户新增 8297 户，其中个人商城 3333 户、企业商城 4964 户。

交通银行在年报的"电子商务"部分指出，2013 年末，电子支付商户数达 2.2 万户，较年初增长 176.38%；电子支付交易笔数 5.08 亿笔，交易金额达人民币 965.91 亿元，较 2012 年分别增长 62.30% 和 94.22%。

中国农业银行在年报中的"电商金融"部分指出，截至 2013 年末，农行特约商户总数达 8212 户，全年电子商务交易金额为 8280 亿元，较上年增长 26.4%。

如表 3-1 所示，2013 年三家银行电子商务交易额合计近 1 万亿元，达 9523.73 亿元。

三家银行电子商务数据如表 3-1 所示。

表 3-1 三家银行电子商务数据

	商户数（户）	较上年底增（%）	交易额（亿元）	较上年增（%）
交通银行	22000	176.38	965.91	94.22
建设银行	—	—	277.82	—
农业银行	8212	—	8280	26.4
合计	—	—	9523.73	—

由于在 2013 年还未推出电商平台，中国工商银行与中国银行没有这一领域的经营数据。工行今年年初正式推出"融 e 购"电商平台，中国银行亦将推出"中银易商"电商平台。

网上银行：四大行个人网银用户破 5 亿元

如表 3-2 所示，在个人网银用户数上，2013 年，四大行个人网银用户数均突破 1 亿户，中国工商银行、中国建设银行更双双突破 1.5 亿，四大行个人网银用户合计突破 5 亿户，达 5.22 亿户。而建行、农行的增速突破 25%，交通银行增长 23%。

在个人网银交易额方面，中国农业银行全年个人网银交易额达 92.83 万亿元，较 2012 年增长 27.8%；中国建设银行交易额 32.52 万亿元，较 2012 年增长 38.69%。

另外，尽管企业网银用户基数要远小于个人网银，但其在 2013 年也有显著增长。截至 2013 年末，中国建设银行企业网上银行客户 280 万户，增长 31.46%，交通银行企业网银用户数则较年初增长 24%。中国农业银行全年企业网银交易金额达 77.37 万亿元，较 2012 年增长 42.6%，中国建设银行交易额 104.26 万亿元，增长 32.43%。

表 3-2 五大行网上银行数据

	个人用户（万户）	增长（%）	个人交易额（万亿元）	增长（%）	企业用户（万户）	增长（%）	企业交易额（万亿元）	增长（%）
中国工商银行	16000	—	—	—	—	—	—	—
中国建设银行	15000	25.78	32.52	38.69	280	31.46	104.26	32.43
中国农业银行	11088	25.47	92.83	27.80	255.8	—	77.37	42.60
中国银行	10107.4	10.56			220.09	22.16		
交通银行	—	23.00					24.00	
合计	52195.4	—						

手机银行：四大行用户达 3.63 亿，中国农业银行交易额增长 268%。

如表 3-3 所示，由于交通银行未披露具体数值，截至 2013 年底，四大行手机银行用户数合计突破 3.5 亿，达 3.63 亿户。

手机银行用户数的增速要明显高于个人网银。据大智慧通讯社统计，截至 2013 年末，交通银行手机银行用户数较 2012 年末增长 81.46%，中国工商银行增长 49.5%，中国农业银行增长 45.95%，中国建设银行增长 39.45%，中国银行增长 24.63%。

而在手机银行交易额方面，五大行中仅有中国农业银行与交通银行披露了数据。农业银行手机银行去年交易金额为 1.55 万亿元，较 2012 年大幅增长了 1.13 万亿元，同比增幅达 268%，交通银行手机银行交易量达人民币 8781 亿元，较 2012 年增长 61.62%。

此外，交通银行手机银行交易笔数达 6276 万笔，较 2012 年大幅增长 232%。

数字背后，各怀心思

年报显示，五大行的互联网金融战略同中存异。中国银行、中国建设银行均将电子

表 3-3　五大手机银行数据

	个人用户 (万户)	用户数增长 (%)	交易金额 (亿元)	交易额增长 (%)	交易笔数 (万笔)	交易笔数增长 (%)
中国建设银行	11700	39.45	—	—	—	—
中国工商银行	11063	49.5	—	—	—	—
中国农业银行	8297	45.95	15500	268	—	—
中国银行	5212.62	24.63	—	—	—	—
交通银行	—	81.46	8781	61.62	6276	232
合计	36272.62	—	—	—	—	—

商务作为核心战略任务，工行虽未表态，但也将电商平台放在了重要位置。而值得玩味的是，最早推出电商平台的交通银行提出了不同的战略，要以金融自平台和直销银行为突破口。

中国银行年报中指出，该行把以电子商务为核心的网络银行建设与发展作为核心战略任务，将传统的金融业务与以移动互联网、大数据为代表的现代信息技术相结合，着力构建以移动化、服务型电子商务为核心的网络银行。

中国建设银行年报指出，该行电子银行以"'善融商务'一个中心应用+'悦生活'、'学生惠'两个典型案例"为重点，努力打造电子银行的特色优势。

工商银行年报指出，工行适应消费金融和移动互联特点，创新推出了集网上购物、网络融资、消费信贷于一体的电商平台，小额消费信贷及中小商户贷款等重点创新产品。

值得注意的是，最早推出电商平台的交通银行，并未将电商平台作为核心，而是指出，将以金融自平台和直销银行建设为突破口，探索互联网金融发展模式。

无独有偶，就在 3 月初，交行电商平台"交博汇"全新升级，整合"积分乐园"商城与"交博汇商品馆"，推出首家"积分消费百货店"。业内人士认为，此举意味着交通银行已把"金融服务"作为电商平台核心竞争力，突破了一直掣肘银行系统电商发展的产品局限；同时也透露出交通银行将打造面向全体系客户的开放式金融电商平台的战略布局。

此外，中国农业银行出台了网络金融"创智行动"、电商金融"领航行动"、移动金融"掌赢行动"、社交金融"普惠行动"等互联网金融行动方案。

数据来源：http://finance.ifeng.com/a/20140403/12039865_0.shtml。

案例分析

五大行电商交易金额 2013 年破万亿元，随之增长的还有个人网银用户及手机银行用户。各大银行纷纷推出特色服务，为打造适合电子商务交易的生态圈努力。

问题提出

从案例中在电子商务交易中，网上银行的作用非常突出，其实除了网上银行的兴起外，第三方支付平台也异军突起，各种电子支付工具随之火爆起来。随着电子商务的普及，电子支付必然成为支付方式的主要形式。快捷、方便和安全的电子支付也必将给人类的商务活动带来新的改变和发展，成为人们生活质量稳步提高的一个标尺。这一章我们将会学习网上银行、第三方支付平台、网上证券、网上保险等相关内容，对电子商务的支付和结算有一个深入的了解。

知识点链接

电子商务是信息流、商流、资金流和物流的有机整合，电子商务的资金流要通过电子支付来解决。无论是传统的交易还是新兴的电子商务，资金的支付都是完成交易的重要环节，不同的是电子商务强调支付过程和支付手段的电子化。电子支付主要解决消费者如何用在线方式将货款支付给商家的问题。银行作为支付和结算的最终执行者，起着连接买卖双方的纽带作用。网上银行提供的电子支付服务是电子商务中的关键要素。电子支付是电子商务结算环节的主要问题，也是电子商务得以顺利发展的基础条件，因此，电子商务支付系统建设就成为电子商务发展的核心问题之一。

随着 Internet 技术和电子商务的迅速发展，电子支付系统已经成为现代金融领域不可或缺的有机组成部分。电子商务的广阔发展前景，吸引了更多资源投入，促使电子支付技术日益成熟和完善，而更为成熟安全的电子支付技术又促进了电子商务的飞速发展。

第一节　网上银行

一、网上银行概述

1. 网上银行简介

网上银行又称网络银行、在线银行，是指银行利用 Internet 技术，通过 Internet 向客户提供开户、销户、查询、对账、行内转账、跨行转账、信贷、网上证券、投资理财等传统服务项目，使客户可以足不出户就能够安全便捷地管理活期和定期存款、支票、信用卡及个人投资等。可以说，网上银行是在 Internet 上的虚拟银行柜台。网上银行又被称为"3A 银行"，因为它不受时间、空间限制，能够在任何时间（Anytime）、任何地点（Anywhere）、以任何方式（Anyway）为客户提供金融服务。

2. 网上银行的特点

（1）全面实现无纸化交易。以前使用的票据和单据大部分被电子支票、电子汇票和电子收据所代替；原有的纸币被电子货币即电子现金、电子钱包、电子信用卡所代替；原有纸质文件的邮寄变为通过数据通信网络进行传送。

（2）服务方便、快捷、高效、可靠。通过网络银行，用户可以享受到方便、快捷、高效和可靠的全方位服务。任何需要的时候使用网络银行的服务，不受时间、地域的限制即实现 3A 服务（Anywhere、Anyhow、Anytime）。

（3）经营成本低廉。由于网络银行采用了虚拟现实信息处理技术，网络银行可以在保证原有的业务量不降低的前提下，减少营业点的数量。

（4）简单易用。网上 E-mail 通信方式也非常灵活方便，便于客户与银行之间以及银行内部的沟通。

3. 网上银行的功能及建设领域

不管是直接银行还是混合银行，其网上银行发展战略均是要实现金融及其相关业务的服务职能，为客户提供更为快捷、方便和安全的金融产品。网上银行主要功能有：

（1）银行业务项目：个人银行（对私业务）、企业银行（对公业务）、信用卡业务、多种付款方式、国际业务、信贷及特色服务等。

（2）商务服务：包括投资理财、资本市场、政府服务等。

（3）信息发布：国际市场外汇行情、对公利率、储蓄利率、汇率、国际金融信息、证券行情、银行信息等。

总体而言，网上银行建设应该包括六大领域，如图 3-1 所示。

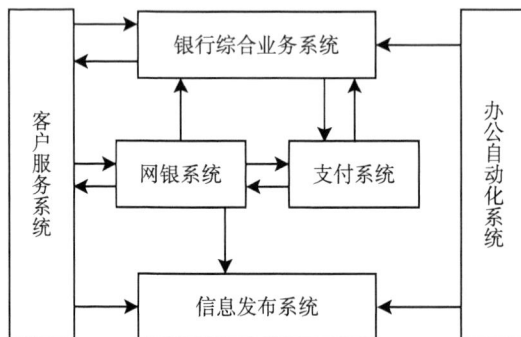

图 3-1　网上银行建设的六大领域

4. 网上银行的分类

网上银行发展的模式有两种：一种是完全依赖于互联网的无形的电子银行，也叫"虚拟银行"；所谓虚拟银行就是指没有实际的物理柜台作为支持的网上银行，这种网上银行一般只有一个办公地址，没有分支机构，也没有营业网点，采用国际互联网等高科技服务手段与客户建立密切的联系，提供全方位的金融服务。以美国安全第一网上银行为例，它成立于 1995 年 10 月，是在美国成立的第一家无营业网点的虚拟网上银行，它的营业厅就是网页画面（如图 3-2 所示），当时银行的员工只有 19 人，主要的工作就是对网络进行维护和管理。

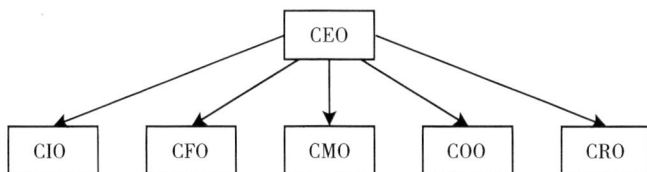

图 3-2 美国安全第一网上银行架构

另一种模式是以传统银行为基础拓展网络业务的网上银行，其大多是网上、网下一体化银行，是在传统银行基础上运用公共的 Internet 服务，设立新的网络服务窗口，开展传统的银行业务交易处理服务，并且通过发展个人网上银行、企业网上银行等服务，把传统银行的业务拓展、延伸到互联网上，也即在原有银行基础上再发展网络银行业务，是实体与虚拟结合的银行，它是利用 Internet 辅助银行开展业务，而不是完全电子化与网络化。

5. 网上银行与传统银行的区别

（1）挑战传统银行理念。首先，网上银行突破了传统银行业务在时间上的限制，实行 7×24 全天候运营，使银行更加贴近客户、更加方便顾客。网上银行将改变传统银行经营理念。其次，网上银行将改变传统的银行营销方式和经营战略。

（2）网上银行将极大地降低银行服务的成本。①降低银行服务成本；②降低银行软、硬件开发和维护费用；③降低客户成本。

（3）可以更大范围内实现规模经济。

（4）网上银行拥有更广泛的客户群体。

（5）网上银行将会使传统的银行竞争格局发生变化。

二、网上银行办理步骤

第一步：申请网上银行：首先选择一家银行，携带本人身份证并办一张银行卡（可以是新申请的，也可是原有的）；支付宝认可的银行主要有：中国工商银行、中国农业银行、中国建设银行、交通银行、招商银行、光大银行、中信银行、广发银行、浦发银行、深圳发展银行等。

第二步：在该银行申请开通网上银行（因有的营业点没有网银业务），在柜台填表签约后，银行会直接给你开通，并领到该行发放的证书两码信封。

第三步：安装用户证书。进入该银行网站（以光大银行为例）：点/首次登录/浏览器/在（下载并安装个人网银安装程序），点此下载/下载数字证书并选择保存地址/下一步/输入两码后，点/提交/下一步/设定安全等级/确定/是，即可完成用户证书下载及安装。

第四步：导出并保存证书（原保存在 IE 中，重装或恢复系统后证书失效），证书备份步骤：

（1）打开 IE 浏览器，选择工具菜单/Internet 选项/内容/证书/选择需要备份的证书/点击"导出"/下一步。

（2）选择导出私钥选项（只有私钥跟证书一起导出，才能在安装此证书的机器上完成签名和解密工作，若导出私钥选项为灰色，不能选择，说明该证书无法被导出），选择下一步。

（3）选择将证书链随同证书导出/下一步。

（4）在证书密码设置对话框中设置密码（用于保护导出后的证书备份文件，在做证书恢复时，需用该密码才能完成。设置完密码后选择下一步。

（5）指定导出证书的名称和存放路径，选择下一步。

（6）信息确认，选择完成。

（7）点击"完成"可能出现如下对话框，表明正在访问安全级别设置为中级以上的证书。

（8）点击上面对话框的"确定"，得到 *.pfx 文件，就可在其他 PC 机上安装使用这张证书了。

第五步：使用网上银行的功能。进入银行网站后，在个人用户下的专业版，点/登录/按提示做即可。

三、网上银行业务介绍

1. 中国工商银行

作为中国境内最大的商业银行，中国工商银行始终把信息化建设作为战略目标，大力发展网上银行业务，取得了显著的成绩，获得世界著名金融杂志 《银行家》、《环球金融》等评出的"全球最佳银行网站"、"中国最佳个人网上银行"、"中国最佳企业网上银行"等称号。

电子商务在线支付是中国工商银行网上银行最为突出的业务之一。中国工商银行已拥有上千家电子商务特约网站。通过中国工商银行个人网上银行完成的电子商务交易额逐年快速增长，目前每年已有上百亿元。中国工商银行网上银行在淘宝、盛大、云网等主要的电子商务网站的支付占比均名列第一，已成为国内网民进行网上支付时首选的网上银行。如图 3-3 所示。

中国工商银行网上银行业务主要包括个人网上银行和企业网上银行。

（1）个人网上银行。

业务简述：个人网上银行是指通过互联网，为中国工商银行个人客户提供账户查询、转账汇款、投资理财、在线支付等金融服务的网上银行渠道，品牌为"金融@家"。

图3-3 中国工商银行主界面

适用对象：凡在中国工商银行开立本地工银财富卡、理财金账户、工银灵通卡、牡丹信用卡、活期存折等账户且信誉良好的个人客户，均可申请成为个人网上银行注册客户。

特色优势：①安全可靠：采取严密的标准数字证书体系，通过国家安全认证。②功能强大：多账户管理，方便您和您的家庭理财；个性化的功能和提示，体现您的尊贵；丰富的理财功能，成为您的得力助手。③方便快捷：24小时网上服务，跨越时空，省时省力；账务管理一目了然，所有交易明细尽收眼底；同城转账、异地汇款，资金调拨方便快捷；网上支付快捷便利。④信息丰富：可提供银行利率、外汇汇率等信息的查询，配备详细的功能介绍、操作指南、帮助文件及演示程序，帮助您了解系统各项功能。

（2）企业网上银行。

业务简述：企业网上银行是指通过互联网或专线网络，为企业客户提供账户查询、转账结算、在线支付等金融服务的渠道，根据功能、介质和服务对象的不同可分为普及版、标准版和中小企业版。企业网上银行业务功能分为基本功能和特定功能。基本功能包括账户管理、网上汇款、在线支付等功能；特定功能包括贵宾室、网上支付结算代理、网上收款、网上信用证、网上票据和账户高级管理等业务功能。

适用对象：在中国工商银行开立账户、信誉良好的企业客户，包括企业、行政事业单位、社会团体等均可开通企业网上银行。

2. 中国建设银行

中国建设银行网上银行业务主要包括个人网上银行和企业网上银行。

（1）个人网上银行。

业务简述：个人网上银行是建行客户通过互联网享受的综合性个人银行服务，包括账户查询、转账汇款、缴费支付、信用卡、个人贷款、投资理财（基金、黄金、外汇等）等传统服务，以及利用电子渠道服务优势提供的网上银行特有服务，合计有八大类百余项服务。

特色优势：①便捷易用。只要进入建设银行网站，填写 6 项基本要素，即可成为个人网上银行客户。从此不用跑网点排长队，不再发愁错过营业时间，足不出户即可享受 7×24 小时全天候个人金融服务。站内功能设计人性化，无须学习即会使用。②安全可靠。提供先进的建设银行网银盾和动态口令等安全产品，并提供短信通知、身份认证、限额控制、多重密码验证、银行后台实时交易监控，预留防伪信息验证、保密问题设置，以及国际先进的软、硬件网络技术保障信息传输的安全性，重重保护您的资金安全。③经济实惠。申请免费，省去奔波成本；使用免费，办理业务手续费相比柜台均有不同程度折扣和优惠（如转账汇款、申购基金等）。④功能丰富。八大类百余项专业金融服务，包括账户查询、转账汇款、缴费支付、信用卡、个人贷款、投资理财（基金、黄金、外汇等）等各类金融服务。⑤服务超值。账户查询、转账汇款服务直观便利，并提供 e 家亲账户、公积金查询、跨行转账、外汇汇款、为他人信用卡还款、电子客票支付、个性化 DIY 等多项独具特色的服务；同时利用网上银行特有的优势，提供相关服务预约、资金管理等服务。

（2）企业网上银行业务介绍与特色。

①查询——实时、动态掌握账务信息。a. 查询企业存款账户的余额信息；b. 查询企业存款账户的明细交易记录信息；c. 下载企业存款账户明细进行财务分析。

②资金划转——足不出户，资金任意调度。a. 主动付款：可由中国建设银行签约账户向全国任何一个商业银行的账户进行转账；b. 主动收款：经过对方授权可以主动收取国内中国建设银行其他机构企业客户的资金；c. 实现中国建设银行账户之间资金调拨实时到账；d. 实现网上批量代发工资；e. 实现企业电子商务，组建网上商城。

③资金管理——强大的企业理财功能。a. 对下级单位账户进行实时监控；b. 对下级单位账户的资金进行定时、定金额、定余额、零余额等各种方式的自动归集；c. 对自有账户资金对外支付时间进行预先定制；d. 集团理财功能为集团客户建立网上结算中心。

④财务内控管理——内部管理好帮手。a. 财务人员根据职责分配不同的角色和权限；b. 不同额度转账流程控制；c. 集团理财功能为集团客户建立网上结算中心。

⑤方便快捷——更体贴的功能设计。a. 可进行批量制单、批量复核；b. 可预先定制交易（7 个工作日内）、设置重复交易频率；c. 全天 24 小时提供服务；d. 提供客户端软件，支持离线制单，凭证打印等个性化功能；e. 提供系统直联功能，客户使用自身财务软件就能对银行账户进行一系列操作。

四、网上银行面临的风险

1. 技术安全风险

网上银行是通过互联网与计算机来实现其功能的，因此计算机的安全问题是大家最关心的。计算机在运行过程中存在各种各样的风险。首先，计算机软、硬件运行风险。网络银行所依赖的计算机硬件系统停机、磁盘列阵破坏等不确定性因素都会形成网络银行的系统风险。同时，计算机系统软件或应用软件的不完善，也带来了系统的运行风险。其次，来自网络银行系统外部的正常客户或非法入侵者在与网络银行的业务交往中，可能将各种计算机病毒带入网络银行的计算机系统。最后，随着黑客攻击技术的提高，他们可能通过互联网侵入银行专用网络或银行电脑系统，窃取银行及客户的资料，盗用他人身份接管网上银行客户的储蓄和信用账户，甚至直接非法进行电子资金转账。

2. 信用风险

网络银行的发展受到信用风险的制约，即交易在到期日交易双方或其中一方不能完全履行其业务所带来的风险。虽然现在网上交易中大量使用第三方支付平台，但实际在网络虚拟世界中，交易双方不直接见面，在违约责任的追究上存在很大困难，因此发生信用风险的概率比传统银行大。我国信用体系的建设尚处于建设阶段，企业信息和个人信息也未完全向大众开放。企业之间以及个人和企业之间信任度不高，这也是导致网络银行现阶段客户资源不足的一个重要原因。

3. 法律风险

网上银行的风险来源于违反相关法律规定、规章制度，以及在网上交易中没有遵守有关权利义务的规定。目前中国涉及网络银行的立法还不健全，由于网络银行业务是一个全新的银行业务领域，其业务的开展涉及电子商务的方方面面和参与方的各种利益，现有法律滞后于网络银行的发展。同时，由于互联网连接的是全球各地，目前尚缺乏确保电子交易统一性和确定性的各国家和地区一致认可的电子合同法律框架。因此，过去针对传统银行业务制定的法律法规以及行业标准大多不适用于网络银行。

4. 观念风险

交易手段及交易对象的虚拟化是网络银行的优点，但同时也是弱点。数字化、虚拟化交易要让人们从心理上接受还需要一个较长的过程。现阶段上网的人群从青年向中年甚至是老年发展，青年人比较容易接受新事物，学习能力也较强，而其他的网民的观念及素质还跟不上网络技术的发展，对网上银行还要有一个接受的过程。

5. 人才匮乏风险

网络银行决定了计算机网络和金融之间的高度渗透，商业银行以前引进人才时主要是为传统银行业务服务的，主要是金融方面的专业人才，但是随着网络银行的兴起与发展，从业人员不仅要是金融专家还要通晓计算机相关知识，网络银行需要的是复合型人才。目前我国网络银行发展正缺乏既懂金融业务知识，熟悉银行业务运行和管理决策知识，又懂网络技术或计算机系统工程的综合型人才。

五、个人网上银行的安全保障

1. 密码

密码是每一个网上银行必备有认证介质，记得要使用安全好记的密码。但是密码非常容易被木马盗取或被他人偷窥。如图 3-4 所示为中国银行网上银行个人密码页面。

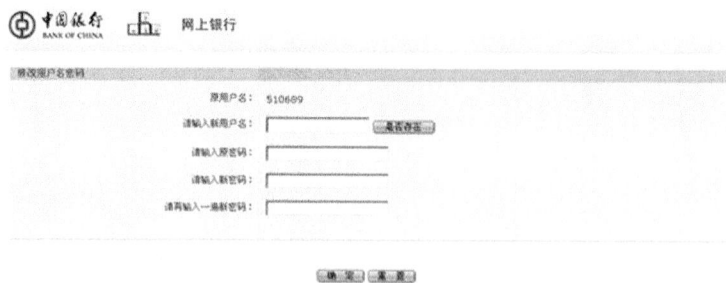

图 3-4　中国银行网上银行个人密码

2. 文件数字证书

文件数字证书是存放在电脑中的数字证书，每次交易时都要用到，如果你的电脑没有安装数字证书是无法完成付款的；已安装文件数字证书的用户只需输入密码即可。未安装文件数字证书的用户安装证书需要验证大量的信息，相对比较安全。但是文件数字证书不可移动，对经常换电脑使用的用户来说不方便；而且文件数字证书有可能被盗取（虽然不易，但是能），所以不是绝对安全的。如图 3-5 所示为支付宝控件及安全证书。

图 3-5　支付宝控件及安全证书

3. 动态口令卡

动态口令卡是一种类似游戏的密保卡样子的卡。卡面上有一个表格，表格内有几十个数字。当进行网上交易时，银行会随机询问你某行某列的数字，如果能正确地输入对应格内的数字便可以成功交易；反之不能。动态口令卡可以随身携带、轻便，不需驱动，使用方便，但是如果木马长期在你的电脑中，可以渐渐地获取你的口令卡上的很多数字，当获知的数字达到一定数量时，你的资金便不再安全，而且如果在外使用，也容易被人拍照。如图3-6所示为农行动态口令卡。

图3-6 农行动态口令卡

4. 动态手机口令

当你尝试进行网上交易时，银行会向你的手机发送短信，如果你能正确地输入收到的短信则可以成功付款；反之不能。不需安装驱动，只需随身带手机即可，不怕偷窥，不怕木马。相对安全。但是必须随身带手机，手机不能停机（手机停机，无法付款；无法汇款，就会一直停机），不能没电，不能丢失。而且有时通信运营商服务质量低导致短信迟迟没到，影响效率。如图3-7所示为支付宝动态手机口令。

图3-7 支付宝动态手机口令

5. 移动口令牌

类似梦幻西游的将军令，一定时间换一次号码。付款时只需按移动口令牌上的键，这时就会出现当前的代码。一分钟内在网上银行付款时可以用这个编码付款。如果无法获得该编码，则无法成功付款。不需要驱动，不需要安装，只要随身带就行，不怕偷窥，不怕木马。口令牌的编码一旦使用过就立即失效，不用担心付款时输入的编码被他人看到。

6. 移动数字证书

移动数字证书，中国工商银行叫 U 盾，中国农业银行叫 K 宝，中国建设银行叫网银盾，光大银行叫阳光网盾，在支付宝中的叫支付盾。它存放着你个人的数字证书，并不可读取。同样，银行也记录着你的数字证书。当你尝试进行网上交易时，银行会向你发送由时间字串、地址字串、交易信息字串、防重放攻击字串组合在一起进行加密后得到的字串 A，你的 U 盾将根据你的个人证书对字串 A 进行不可逆运算得到字串 B，并将字串 B 发送给银行，银行端也同时进行该不可逆运算，如果银行运算结果和你的运算结果一致便认为你合法，交易便可以完成，如果不一致便认为你不合法，交易便会失败［理论上，不同的字串 A 不会得出相同的字串 B，即一个字串 A 对应一个唯一的字串 B；但是字串 B 和字串 A 无法得出你的数字证书，而且 U 盾具有不可读取性，所以任何人都无法获行你的数字证书。并且银行每次都会发不同的防重放字串（随机字串）和时间字串，所以当一次交易完成后，刚发出的 B 字串便不再有效。综上所述，理论上 U 盾是绝对安全的］。如图 3-8 所示。

图 3-8　免驱动移动数字证书

第二节　第三方支付

随着网络经济的发展，电子商务已成为商品交易的重要模式。作为中间环节的网上支付，是电子商务流程中交易双方最为关心的问题之一。由于电子商务中的商家与消费者之间的交易不是面对面进行的，而且物流与资金流在时间和空间上也是分离的，这种没有信用保证的信息不对称，导致了商家与消费者之间的博弈：商家不愿先发货，怕货发出后不能收回货款；消费者不愿先支付，担心支付后拿不到商品或商品质量得不到保证。博弈的最终结果是双方都不愿意先冒险，网上购物无法进行。第三方支付平台正是在商家与消费者之间建立了一个公共的、可以信任的中介，它满足了电子商务中商家和消费者对信誉和安全的要求，在一定程度上防止了电子交易中欺诈行为的发生，消除了人们对于网上交易的疑虑。

一、电子支付

1. 电子支付概述

指电子交易的当事人，包括消费者、厂商和金融机构，使用安全电子手段通过网络进行的货币支付或资金流转。

电子支付与传统支付的区别在于：

（1）采用现代技术通过数字流转来完成支付信息传输，支付手段均是数字信息；而传统的则通过现金的流转、票据的转让以及银行的转账等实体形式的变化实现的。

（2）电子支付是基于开放的系统平台（互联网）之中的；而传统支付则在较为封闭的环境中进行。

（3）电子支付使用最先进的通信手段，因此对软、硬件要求很高；传统支付对于技术要求不如电子支付高，且多为局域网络，不须联入互联网。

（4）电子支付可以完全突破时间、空间的限制，可以满足 24/7 的工作模式，其效率之高是传统支付难以望其项背的。

2. 电子支付工具

（1）电子信用卡。中国银行长城卡、招商银行一网通、中国建设银行龙卡，网络传输账号和口令、数字认证 CA，留下交易痕迹。电子信用卡就是允许通过网络传递卡号和密码，实现远程授权付款交易。

交易过程：

1）用户在发卡机构指定金融机构设立账号，开设信用卡账号，并申请网上支付功能。

2）用户与同意接收电子信用卡的商家洽谈，使用电子信用卡付款。

3）用户通过网络输入卡号和密码，将应付的款项转入商家指定的信用卡账号。

商家收到信用卡发行机构发送来的收款确认后，按约定发货给消费者

（2）电子现金。用加密信息代表现金符号，类似现金，无痕迹。

1）交易过程：①用户在 E-Cash 银行设立账号，用预存入现金购买现金证书如图 3-9 所示。②使用计算机从 E-Cash 银行取出电子现金放在本地计算机。③用户与同意接收电子现金的商家洽谈，使用电子现金付款。

2）交易特点：①匿名性。②适合于小交易。③身份验证由 E-Cash 自己完成。E-Cash 通过加密和数字签名防伪。

（3）电子钱包（e-wallet）。是一个可以由持卡人用来进行安全电子交易和储存交易

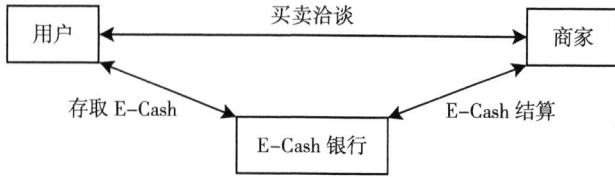

图 3-9　E-Cash 银行交易过程

记录的软件，类似于随身携带的钱包，装入电子现金、电子零钱、安全零钱、电子信用卡、在线货币、数字货币等。电子钱包具有如下功能：①电子安全证书的管理。包括电子安全证书的申请、存储、删除。②安全电子交易。进行 SET 交易时辨认用户身份并发送交易信息。③交易记录的保存。保存每一笔交易记录以备日后查询。

（4）电子支票。电子支票是一种借鉴纸张支票转移支付的优点，利用数字传递将钱款从一个账户转移到另一个账户的电子付款形式。这种电子支票的支付是在与商户及银行相连的网络上以密码方式传递的，多数使用公用关键字加密签名或个人身份证号码（PIN）代替手写签名。如图 3-10 所示。

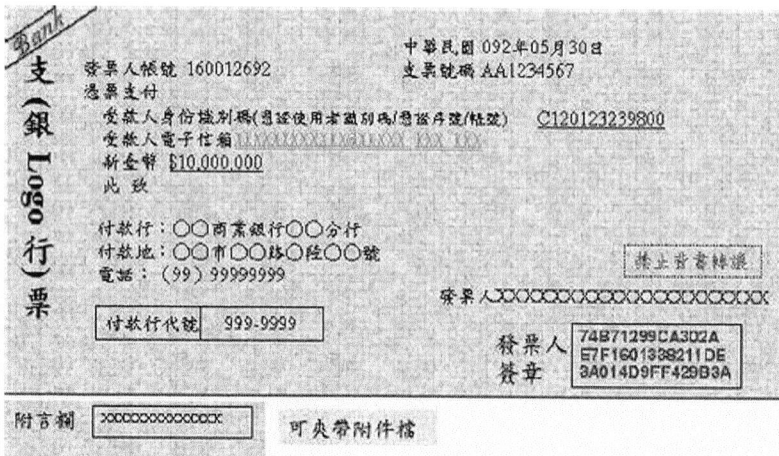

图 3-10　电子支票

交易过程可分以下几个步骤：①消费者和商家达成购销协议并选择用电子支票支付；②消费者通过网络向商家发出电子支票，同时向银行发出付款通知单；③商家通过验证中心对消费者提供的电子支票进行验证，验证无误后将电子支票送交银行索付；④银行在商家索付时通过验证中心对消费者提供的电子支票进行验证，验证无误后即向商家兑付或转账。

二、第三方支付

《中国第三方支付行业发展研究报告》（2013）数据显示，2012 年中国第三方支付行业市场整体交易规模突破 10 万亿元，达到 104221 亿元。从第三方支付企业层面排名来看，银联商务以 45.9% 的市场份额领先，支付宝凭借其在互联网支付领域的绝对优势紧随其后，汇付天下、通联支付、财付通分别占据第三方支付行业综合第三、第四、第五的位置。

（一）第三方支付概述

第三方支付是买卖双方在交易过程中的资金"中间平台"，是在银行监管下保障交易双方利益的独立机构。在通过第三方支付平台的交易中，买方选购商品后，使用第三方平台提供的账户进行货款支付，由第三方通知卖家货款到达、进行发货；买方检验物品后，通知付款给卖家，第三方再将款项转至卖家账户。作为网络交易的监督人和主要支付渠道，第三方支付平台给我们提供了更丰富的支付手段和可靠的服务保证。

相对于其他的资金支付结算方式，第三方支付可以比较有效地保障货物质量、交易诚信、退换要求等环节，在整个交易过程中，都可以对交易双方进行约束和监督。在不需要面对面进行交易的电子商务形式中，第三方支付为保证交易成功提供了必要的支持，因此随着电子商务在国内的快速发展，第三方支付行业也发展迅猛。

（二）第三方支付的特点

1. 第三方支付的优点

（1）第三方支付服务系统有助于打破银行卡壁垒。其采用了与众多银行合作的方式，同时提供多种银行卡的网关接口，从而大大地方便了网上交易的进行，对于商家来说，不用安装各个银行的认证软件，从一定程度上简化了费用和操作。

（2）第三方支付平台作为中介方，可以促成商家和银行的合作。

（3）第三方支付平台能够提供增值服务，帮助商家网站解决实时交易查询和交易系统分析，提供方便及时的退款和止支付服务。

（4）第三方支付平台可以对交易双方的交易进行详细的记录。

2. 第三方支付的风险性

（1）第三方支付平台从事资金吸存，并且有很大资金沉淀，当资金沉淀、资金吸存这种行为出现以后，自然存在着资金安全隐患方面的问题或者支付风险问题。网上支付机构一般都有一种资金吸存行为，买家把钱付给企业，或者电子商务平台也好，第三方平台也好，然后再经过一段时间，卖家确认以后，平台把钱再付给卖家，在滞留的过程中，钱沉淀在支付机构里；另外，开立账户后，随着交易额的增加，现在一些提供支付服务的企业都和客户签约，约定比如每周清算两次，或者每周一次，或者每月清算一次。随着这种业务量的逐渐增加，资金沉淀量将是非常大的。这种安排是为了增强网上交易信心，维护公正性，确实是很有效的做法，但问题是保证了交易双方之间的信心，提供了信誉增强的服务，但自身的信用和安全性又由谁来保证呢？当交易规模发展到一定程度，特别是第三方支付服务不是对一家企业，而是对着很多家企业，一旦出了问题，其影响面肯定很大。

（2）第三方支付服务涉及支付结算账户和提供支付结算服务，突破了现有的一些特许经营的限制，按照商业银行法等一些法律法规，整个支付结算业务和支付清算业务实际上还是属于银行专有的一种业务。开立账户后，在账户里沉淀的资金怎么定性，到底是不是视作存款，现在很多企业为了避开吸收公共存款这样一个说法，提出其只是提供代理服务。而这种代理服务在商业银行法里作为代理收付款业务，也是银行的业务。这类业务目前实际上还是属于特许业务，非银行机构从事这方面的业务面临着法律上的突破。电子商务发展速度很快，很难预料一两年后会发展到什么规模，电子支付会达到什么规模，而达到一定规模后，肯定会对整个支付结算体系产生一定影响。

（3）第三方支付平台可能会成为资金非法转移和套现的工具，由此也会带来一定的金融风险。现在的网上支付单笔交易金额或者总体交易金额还不是很大，非法资金转移、套现的现象还不是特别明显，但是也已经有所表现。比如有的网上交易实际上并不是进行真正的消费，而是制造一笔虚假交易，通过银行卡支付后，钱进入了支付平台的账户，通过账户转移到银行，从银行取现，实际上是为了套取现金。对银行卡来讲，信用卡限定一个额度，在这个额度内使用，可以预见现金量，提供这种支付工具是为了促进或者为了满足支付需要或者消费需要，并不是为了让人大量使用现金。对信用卡的取现有一套控制制度，或者通过交易成本限制它的使用，而网上交易则避开了这些。现在很多网站买卖都还是不收费的，成本几乎就是零，通过这样一种途径，套现更为方便。

（三）第三方支付平台的运作机制

第三方支付使商家看不到客户的信用卡信息，同时又避免了信用卡信息在网络多次公开传输而导致的信用卡被窃事件。第三方支付一般的运行模式为：

（1）消费者在电子商务网站选购商品，最后决定购买，买卖双方在网上达成交易意向。

（2）消费者选择利用第三方支付平台作为交易中介，用借记卡或信用卡将货款划到第三方账户，并设定发货期限。

（3）第三方支付平台通知商家，消费者的货款已到账，要求商家在规定时间内发货。

（4）商家收到消费者已付款的通知后按订单发货，并在网站上做相应记录，消费者可在网站上查看自己所购买商品的状态；如果商家没有发货，则第三方支付平台会通知顾客交易失败，并询问是将货款划回其账户还是暂存在支付平台。

（5）消费者收到货物并确认满意后通知第三方支付平台。如果消费者对商品不满意，或认为与商家承诺有出入，可通知第三方支付平台拒付货款并将货物退回商家。

（6）消费者满意，第三方支付平台将货款划入商家账户，交易完成；消费者对货物不满，第三方支付平台确认商家收到退货后，将该商品货款划回消费者账户或暂存在第三方账户中等待消费者下一次交易的支付。

（四）第三方支付模式

综观国内当前经营状况相对较好的第三方支付平台企业主要基于以下两种经营模式：

1. 支付网关模式

第三方支付平台将多种银行卡支付方式整合到一个界面上，充当了电子商务交易各方与银行的接口，负责交易结算中与银行的对接，消费者通过第三方支付平台付款给商家，第三方支付为商家提供一个可以兼容多银行支付方式的接口平台。

2. 信用中介模式

为了增强线上交易双方的信任度，更好地保证资金和货物的流通，充当信用中介的第三方支付服务应运而生，实行"代收代付"和"信用担保"。交易双方达成交易意向后，买方须先将支付款存入其在支付平台上的账户内，待买家收货通知支付平台后，由支付平台将买方先前存入的款项从买家的账户中划至卖家在支付平台上的账户。这种模式的实质便是以支付公司作为信用中介，在买家确认收到商品前，代替买卖双方暂时保管货款。

（五）各种电子商务第三方支付平台

1. 支付宝

它是由全球领先的 B2B 网站——阿里巴巴公司创办，于 2003 年 10 月在淘宝网推出。支付宝致力于为中国电子商务提供各种安全、方便、个性化的在线支付解决方案。目前除淘宝和阿里巴巴外，支持使用支付宝的商家已经超过 20 万家。支付宝以其在电子支付领域先进的技术、风险管理与控制等能力赢得银行等合作伙伴的认同。目前已和国内各大商业银行以及中国邮政、VISA 国际组织等机构建立了战略合作，成为金融机构在网上支付领域极为信任的合作伙伴。支付宝是互联网发展过程中一个创举，也是电子商务发展的一个里程碑。

2. 安付通

是由易趣联合贝宝 PayPal，向买卖双方提供的一种促进网上安全交易的支付手段。作为值得信赖的交易第三方，安付通会监控整个交易流程。安付通目前集成了 14 家商业银行的网上银行以及贝宝等在线支付渠道，买家可以极为便捷地通过网上银行实时支付安付通货款。易趣 eBay 推出"交易安全金、卖家保障金、身份证认证、安付通、网络警察"五重安全防线，力图从制度上、技术上提供安全保障。如图 3-11 所示。

3. 首信易支付

是首都电子商城的网上支付平台，创建于 1999 年 3 月。它是国内首家"中立第三

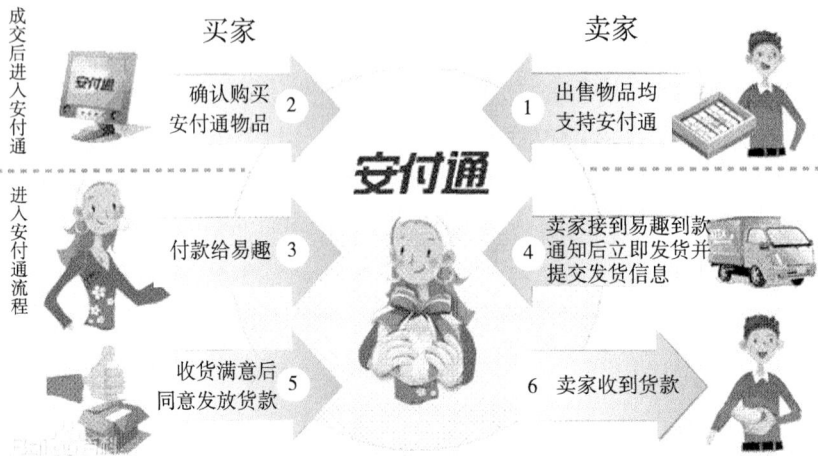

图 3-11　安付通

方网上支付平台"，开创了"跨银行、跨地域、多种银行卡、实时"交易模式、"二次结算"模式以及"信任机制"。首信易支付目前支持国内 23 家银行卡及 4 种国际信用卡在线支付，拥有国内外 800 余家企事业单位、政府机关、社会团体的庞大客户群。在公共支付、教育支付、会议支付等服务领域发展尤为突出，以及银行合作和银行卡交易数量等方面，均大举超越竞争对手，已成为支付产业的"资深支付专家"。向教育、科研、政府部门提供支付服务使其回归到"首都电子商务工程"的初衷上来。如图 3-12 所示。

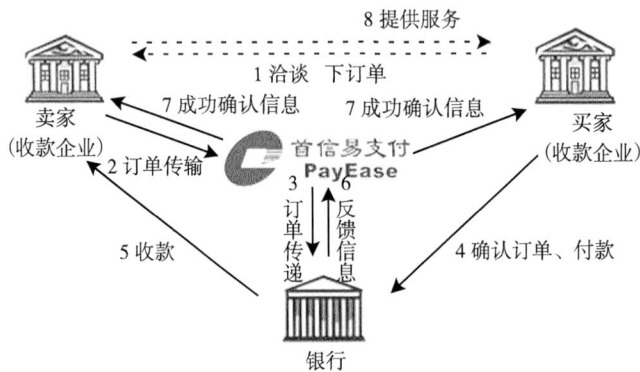

图 3-12　首信易支付

4. 云网

云网成立于 1999 年，作为国内首家实现在线实时交易的电子商务公司，一直致力于在线实时支付系统的研发与推进，为在线买家提供平滑的实时购物体验。云网是中国建设银行第一家正式授权开通的网上银行 B2C 商户，中国工商银行电子银行部最早实现接入且业绩最好的电子商务合作伙伴，还是招商银行、中国农业银行、中国民生银行等国内知名银行中网上支付交易量最大的合作商户。云网在线支付平台与全国多家主流银行及通信集团独立直接连接，在网上支付领域积累了丰富的经验并保持领先优势。

5. 贝宝

贝宝是由上海网付易信息技术有限公司与世界领先的网络支付公司——PayPal 公司通力合作为中国市场度身定做的网络支付服务。贝宝利用 PayPal 公司在电子商务支付领域先进的技术、风险管理与控制以及客户服务等方面的能力，通过开发适合中国电子商务市场与环境的产品，为电子商务的交易平台和交易者提供安全、便捷和快速的交易支付支持。

6. 快钱

快钱公司是独立第三方支付企业，最早推出基于 E-mail 和手机号码的综合电子支付服务，拥有千万级注册用户。快钱致力于为各类企业及个人提供安全、便捷和保密的电子收付款平台及服务。作为快钱的基础服务，快钱账户提供了充值、收款、付款、提现、对账、交易明细查询等功能。以"快钱"为品牌的支付产品包括人民币网关、外卡网关和神州行网关等众多产品，支持互联网、手机和固话等多种终端，满足各类企业和个人的不同支付需求。其中人民币网关支持银行卡支付、快钱账户支付、电话支付、线下汇款等多种支付方式。同时，快钱还为商家提供众多实用的交易工具，包括快钱钮、快钱链、多笔交易付款、电子优惠券等，协助商家广泛深入地开展电子商务。

7. 网汇通

中国提供互联网现金汇款、支付的服务提供商，集联天下公司与中国邮政紧密合作，提供"网汇通"业务的数据处理和经营。2005 年成立以来，作为在线支付市场的生力军，集联天下公司致力互联网新经济和传统行业相结合的研究，为电子支付的商业应用，开创性地推出崭新的电子金融服务产品——网汇通。由于中国邮政的网络遍布城乡，"网汇通"产品更加具备服务于普通民众的特性。集联天下公司兼蓄国内外先进资源建造的大型计算机处理系统，会遵照消费者的指令，将资金安全、可靠、实时地送达。

8. 财付通

财付通网站作为功能强大的支付平台，作为在线支付工具，在 B2C、C2C 在线交易中，起到了信用中介的作用，同时为 CP、SP 提供了在线支付通道以及统一的计费平台，消除了个人用户和广大商家的安全顾虑，保证了在线交易的资金和商品安全。

9. 易宝

易宝 YeePay 是独立的第三方支付平台，由北京通融通信息技术有限公司开发并运营。易宝 YeePay 从前台网站到后台数据库，从大型硬件设备到各种软件，YeePay 易宝支付平台基于 IBM 先进的技术环境，充分保障安全而高效的运转。同时得到了各大商业银行的全力支持，无论是电话支付、在线支付还是短信支付。利用其 IT 技术方面的强大优势，深入分析交易的每一个环节，去设计与创造推进交易发生的多元化支付机制，消除交易环节中的支付障碍，促进交易大量而顺利的发生。从前台网站到后台数据库，从大型硬件设备到各种软件，易宝支付支付平台基于 IBM 先进的技术环境，充分保障安全而高效的运转。同时得到了各大商业银行的全力支持，无论是电话支付、在线支付还是短信支付，透过易宝支付，银行可以和更多的消费者和广大商家在不同的支付终端相遇，为更多的需求提供有针对性的金融服务。

第三节　网上证券

电子商务模式是对传统管理模式的一种挑战，目前国际上有相当多的公司、金融机构等介入了这一崭新的领域。

20 世纪 90 年代以来，随着经济全球化和金融自由化浪潮的不断推进以及计算机网络技术的飞速发展，证券市场的结构和运营发生了重大变革，证券电子化已成为不可逆的趋势。现阶段，如中国银河证券、光大证券、华泰证券、国泰君安证券等证券的电子商务都发展得既迅猛又好。

但是，我国证券电子商务的发展历程还较短，商业模式单一。虽然，大多证券公司都先后开展了证券电子商务，但其自主创新较少，并且大多公司都是照搬一些国外经验。因此，我国的证券电子商务发展水平较低。

一、网上证券概述

1. 网上证券概念

网上证券是证券行业以互联网为媒介为客户提供的一种全新的商业服务，它是一种信息无偿、交易有偿的网络服务。网上证券交易也称"在线证券交易"，是指投资者通过互联网开展的证券交易及相关活动。具体而言，是指投资者通过互联网、局域网、专网等各种网络资源，从事与证券交易相关的活动，获取国内外各交易所的即时报价，查找各类经济金融信息，分析市场行情，提供证券投资提示服务、证券投资心理咨询、证券投资法律咨询等，并通过互联网委托下单，进行实时交易，从而实现支付、交割和清算等实时证券交易的买卖过程。网上证券交易与传统证券交易最根本的不同之处在于，它在交易过程中不同程度地借助了网络或电子手段。

2. 网上证券的特点

网上证券就是应用最先进的信息与网络技术对证券公司原有业务体系中的各类资源及业务流程进行重组，使用户与内部工作人员通过互联网就可以开展业务与提供服务。其特点主要表现为：

（1）虚拟性。所有的交易与服务均通过网络自动进行，服务可以跨越时间与空间的限制。

（2）个性化。所有服务都可精确地按照每个用户的需要进行设计。服务方式可以是主动服务，也可以是被动服务。

（3）成本低。由于服务的虚拟性，对原有事务性工作的场地及人工不再有要求，加上技术进步对信息处理效率的极大提高，因而有效地降低了证券公司的基础运营成本。

（4）优质服务更为重要。由于硬性基础不再重要，网络的竞争只能依靠软性的服务。网络跨越时空的特点会将这种优质服务的功能无限放大。

（5）创新是竞争的要素。由于网络缩小了时空的概念，为了始终保持领先，企业只有依靠不断的创新才能保证竞争的优势，否则很快会被竞争对手超越。

（6）技术是核心资源。在证券电子商务中，技术构成了服务与业务的基础平台。因此，技术不仅仅是一种手段，还是一种核心的资源。技术创新意味着服务与业务的创新。

3. 网上证券和传统证券交易的区别

网上证券和传统证券交易的区别如表3-4所示。

表 3-4 网上证券与传统证券交易的区别

	网上证券交易	传统证券交易
交易时间	不受交易时间限制，可随时进行投资分析	受交易所交易时间限制
交易地点	不受地点限制，可在任何能上网的地方进行全球证券交易	只能在指定证券营业部进行区域性交易
交易成本	交易成本低	交易成本高
操作方式	操作便利，界面友好	操作方式多样，不一定便利
信息服务	信息量大，较系统、准确	信息有限，不完整
交易速度	行情与交易所几乎同步，成交速度目前慢点	取决于不同的委托交易方式
安全性能	互联网可能会遭受黑客攻击；行情火爆时，可能会堵单	独立柜台系统，一般较安全；行情火爆时，可能会堵单
投资者地位	平等对券商的选择余地大	不平等对券商没有多少选择余地
券商服务	在线服务，有望专业化、个性化	离线服务，大众化且无法深入
市场空间	可不受地理条件限制开阔市场	受地理环境制约，市场空间有限
券商竞争	规范，突出服务	不规范，恶性竞争
市场监督	公开、透明	难公开、不透明

4. 网上证券交易对证券市场的影响

网上证券交易的出现，将对现有的证券经纪方式和各经纪主体产生一系列深远的影响，具体的表现有：

（1）交易所、证券商和投资者三者之间的相互关系受到挑战，传统的证券委托代理地位受到威胁。

（2）证券公司之间原有的竞争格局和市场平衡将被打破。

（3）投资者将超越时空限制自由投资。

（4）证券经纪人的服务内容发生改变。

（5）证券交易所得虚拟化。

（6）上市公司筹资方式发生改变。

5. 我国目前网上证券交易的技术标准和管理规范

（1）技术标准。网上委托系统应具备完善的系统安全、数据备份和故障恢复功能。网上委托的投资者的所有资料应与网上委托系统进行技术隔离。在技术上和管理上要确保客户交易数据的安全、完整与准确；要有实时监控和防范非法访问的功能和设施；必须对网上委托的客户信息、交易指令及其他敏感信息进行可靠的加密；有关数据传输、身份识别的关键技术产品要通过国家权威机构的安全性测评等。

（2）管理规范。证券公司以外的其他机构不得开展或变相开展网上委托业务，达到《证券交易机构营业部信息系统技术管理规范》要求的营业部才可开展网上委托业务；证券公司应制定专门的业务工作程序来规范网上委托，并与客户本人签订专门的书面协议，协议应明确双方的法律责任，并以《风险揭示书》的形式，向投资者解释相关风险；证券公司应定期向客户提供书面对账单，禁止直接向客户提供计算机网络及电话形式的资金划拨服务，禁止开展网上证券转、托管业务等。

上述规定从技术和管理两个方面，为网上委托的风险控制提供了有力保障，解除了网上交易的心理障碍，有效地促进了我国网上证券交易的发展。

二、中国网上证券模式

1. 证券公司与证券类网站合作

由证券公司全权委托证券类网站搭建互联网上的交易平台并进行管理，形成投资者与证券公司之间的网上沟通渠道。证券公司则利用后台交易系统及其营业部去处理具体交易事宜，向其合作网站提供必要的信息内容。

这类合作的范围甚至是延伸到银行，形成"银行+网站+券商"的资源组合方式。如图 3-13 所示。

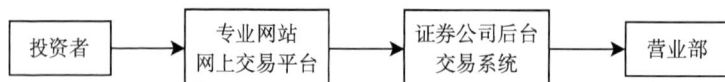

图 3-13　证券公司与证券类网站合作形式

2. 证券公司自建网站及网上交易平台

国内目前有不少的证券公司建立自己的网站，营造自己的交易平台，进而与公司内部交易系统和营业部链接，客户的交易委托直接通过公司网站传送到后台交易系统，再交由营业部实现交易。如图 3-14 所示。

```
┌──────────┐      ┌──────────┐      ┌──────────┐      ┌──────────┐
│ 自我积累  │ ───→ │ 自建网站及网│ ───→ │ 证券公司后 │ ───→ │ 营业部    │
│ 自筹资金  │      │ 上交易平台 │      │ 台交易系统 │      │          │
└──────────┘      └──────────┘      └──────────┘      └──────────┘
```

图 3-14　证券公司自建网站及网上交易平台形式

三、证券电子商务存在的问题

就目前网上证券交易的现状来看，网上交易的风险的确比营业部大，由于经历了更多的中间环节，比较容易产生问题。

1. 网络安全性与信用问题

网上的安全漏洞可能造成网上交易用户的账户、密码泄露，恶意攻击者甚至可以使用他们的资金进行网上交易。我国金融界每年因网络安全问题造成的损失在 100 亿元以上人民币。据调查，有 62.1％的网民因为安全问题而放弃网上支付。

2. 券商服务意识不强

从我国证券电子商务的发展情况看，重技术、轻服务是目前存在的普遍问题。券商对网上交易的服务手段较差，不能满足投资者的需求。有的网站上提供的服务内容有限，原创信息少，信息重复率高，个性化程度低，网站缺乏吸引力。

3. 交易费用过高，投资者经济接受能力有限

在美国，投资者通过传统方式买卖股票的成本约为每股 1~2 美分，而网上交易的成本约为 0.5 美分，对投资者有很强的诱惑力。我国手续费是固定的，投资者除了必须支付佣金以外，还要支付上网设备费、特别接入方式开户接入费、网络接入费、上网计时或包月费等。如果按每天上网 4 小时，1 个月 20 个交易日计，每月仅上网费及电话费开销近 400 元，1 年则为 5000 元，这对广大投资者来说是一个沉重的负担。

4. 银行结算手段滞后

目前我国银行间缺乏合作，各银行独自开发，开发模式、发展规模有较大差异，发展不平衡，至今仍未有一个统一的全国网上支付结算平台，给证券公司开通网上交易带来额外成本，银行的交易支付功能不完善、不畅通，成为证券业发展电子商务的难以逾越的障碍。

5. 有关政策、法规不健全

有关网上交易者的资格审查、网上交易的技术标准及技术体制、网上交易的市场监管没有一个明确的规定和标准，致使券商网上交易业务开展底气不足。

四、解决网上证券交易存在问题的决策

1. 加强银证合作

可以按照"银行保管资金、券商保管股份"的原则开展银证合作。券商如能以商业

银行为依托，利用商业银行遍布全国的服务网点，办理客户登记注册以及资金的划转和结算业务，就相当于把自己的营业部柜台延伸到了银行所有网点的柜台上，同时又保持了自己的业务独立性，而银行则因此吸引和沉淀大量的证券保证金。加强证券公司、网络公司、银行之间的在投资咨询、网络、开户网点等方面的合作，鼓励专业证券网络公司及经纪业务的专业化发展。

2. 转换经营理念，为客户提供个性化的信息咨询服务

券商和基金管理公司应重视对网上投资者的市场调查，及时摸清网上投资者的投资心态、投资偏好、地域分布、年龄构成、对网站栏目设置的建议等，以便部署和安排下一步的有针对性的营销战略、网站栏目的更新、功能的增强等。证券电子商务的营销应将"以客户为中心"的服务理念更加深入，在对市场和客户进行细分和数据统计的基础上，根据不同投资者的投资偏好、投资水平和投资要求，提供不同的专业化投资建议和主动性服务，与投资者之间建立起一种良好的沟通与交流的桥梁。

3. 创新网上交易产品

交易产品不足是影响证券电子商务发展的一个重要原因，券商和基金公司可利用银行的电子商务支付平台，推出创新型的产品。如基金的"预约交易"，即投资者可以预约在某一指数点位、某一日期申购或赎回，还可以预约在将来做"定期定额申购"或"定期定额赎回"，也可以进行"基金转换"，客户可以通过基金管理公司的网上交易功能，将其账户下的不同基金进行转换，利用基金转换功能，客户可以根据股市行情很方便地转换基金。

4. 建立网上证券品牌

随着证券交易手段的不断网络化，券商、基金管理公司之间业务的竞争将转变到服务质量方面，今后，服务的质量将是取胜的关键。通过网上交易以信息、咨询、研究、服务优势争取投资者，建立电子商务的品牌，进一步地提高网上证券交易的服务质量和服务水平，真正实现个性化服务和特色化经营。这样一来，与其他券商在网上证券业务方面的差距拉开，从而为网上证券业务全国知名品牌的树立打下基础。

5. 加强监管，建立与网上交易相配套的监管体系

应尽快制定相关政策，让券商放开手脚开展网上证券经纪业务。加强对网上交易市场的监管，统一标准对网上交易系统进行认证，制定有关法律法规，以保证网上交易在规范、有序、高效的轨道内运行。

五、网上证券大型公司

1. 华泰证券

华泰证券股份有限公司，中国十大证券品牌，中国证监会首批批准的综合类券商，全国最早获得创新试点资格的券商之一，集证券、基金、期货、直接投资和海外业务等

为一体的、国际化的证券控股集团，上市企业。

华泰证券股份有限公司于 1991 年 5 月 26 日在南京正式开业。华泰证券是中国证监会首批批准的综合类券商，是全国最早获得创新试点资格的券商之一。

华泰证券旗下拥有南方基金、华泰柏瑞基金、华泰联合证券、华泰长城期货、华泰金融控股（香港）有限公司和华泰紫金投资有限责任公司，参股金浦产业投资基金管理有限公司，是江苏银行的第二大股东，已基本形成集证券、基金、期货、直接投资和海外业务等为一体的、国际化的证券控股集团架构。

2. 银河证券

中国银河证券股份有限公司，中国十大证券品牌，全国性综合类证券公司，中国最佳债券承销商之一，中国最具影响力的证券公司之一，最令投资者满意证券公司，卓越品牌价值证券公司，最佳经纪业务证券公司。

中国银河证券股份有限公司是经中国证监会批准，由中国银河金融控股有限责任公司作为主发起人，联合 4 家国内投资者，于 2007 年 1 月 26 日共同发起设立的全国性综合类证券公司。中央汇金投资有限责任公司为公司实际控制人。公司总部设在北京，注册资本金为 60 亿元人民币。

公司的经营范围包括：证券经纪，证券投资咨询，与证券交易、证券投资活动有关的财务顾问，证券承销与保荐，证券自营，证券资产管理，融资融券，以及中国证监会批准的其他业务。

3. 国泰君安

国泰君安证券股份有限公司，中国十大证券品牌，中国 500 个最具价值品牌之一，国内最大综合类证券公司之一，国内规模最大、经营范围最宽、网点分布最广的证券公司之一，经营管理、风险控制、合规体系、信息技术等水平领先。

1999 年 8 月 18 日，经中国证监会核准，国泰君安证券股份有限公司由国泰证券有限公司和君安证券有限责任公司合并新设，成为国内当时最大证券公司。

公司前身国泰证券和君安证券均于 1992 年创办，是新中国最早设立的证券公司之一，处于行业领先地位。合并新设后，公司注册资本 37.3 亿元。2001 年，公司分立为国泰君安证券股份有限公司和国泰君安投资管理股份有限公司（非证券类资产），注册资本变更为 37 亿元。2005 年，中央汇金投资有限责任公司向公司增资 10 亿元，注册资本增至 47 亿元。

国泰君安证券股份有限公司是国内最大综合类证券公司之一，注册资本 61 亿元，经营业绩稳居业内前三，经营管理、风险控制、合规体系、信息技术等水平领先。国泰君安证券是国内规模最大、经营范围最宽、机构分布最广、服务客户最多的证券公司之一，拥有金融证券服务全业务牌照。

4. 申银万国

申银万国证券股份有限公司（以下简称申银万国），由原上海申银证券公司和原上海万国证券公司于 1996 年 9 月 16 日合并设立，是国内最早的一家股份制证券公司。申银万国现有 197 家股东，其中中央汇金公司是第一大股东。

申银万国经营范围包括：证券经纪；证券投资咨询；与证券交易、证券投资活动有关的财务顾问；证券自营；证券承销与保荐；证券资产管理；证券投资基金代销；为期货公司提供中间介绍业务；融资融券业务；国家有关管理机关批准的其他业务。

5. 海通证券

海通证券股份有限公司，中国十大证券品牌，成立于 1988 年，国内 PE 投资领域的领先品牌，国内成立最早、综合实力最强的大型券商之一，国内最早开展私募股权投资的证券公司之一，最令投资者满意证券公司之一，上市企业，业务范围涵盖经纪、投行、并购、资产管理、融资融券、基金、期货和 PE 投资等全方位金融服务。

第四节　网上保险

随着互联网技术的日益发展，电子商务作为一种新的商务模式在我国各行各业广泛应用并迅速发展。而我国竞争日趋激烈的保险行业也不甘落后，投入大量的财力、物力和人力开展一种全新的保险经营方式——保险电子商务。

20 世纪 90 年代以来，随着 Internet 的蓬勃发展，电子商务也在迅速崛起。电子信息技术、网络经济已迅速进入工业、农业、贸易和金融服务等各种行业，呈现出电子商务潮流。而作为金融业一大支柱的保险业，和信息是紧密相连的。保险是一种承诺、一种无形产品、一种服务商品，保险中的每个环节都离不开信息。信息技术的发展对保险业的影响是巨大的，特别是近年来，互联网技术的发展与普及日新月异，其中所蕴含的无限商机使得无数商家纷纷把目光投向电子商务。于是一种全新的保险经营方式——保险电子商务应运而生。网上保险作为一种新兴的营销渠道和服务方式，以其具有的成本低、信息量大、即时传送和反馈、服务的连续性等特点，正在被越来越多国家的保险公司和消费者所认可和接受。在国外，网上保险的发展已相当成熟，成为继个人保险、团险和银行保险之后的"第四驾马车"。

一、网上保险概述

1. 网上保险的定义

保险电子商务也称网上保险，指保险公司或保险中介机构以互联网和电子商务技术为工具来支持保险经营管理活动的经济行为。

从狭义上讲，保险电子商务是指保险公司或新型的网上保险中介机构通过互联网为客户提供有关保险产品和服务的信息，并实现网上投保、承保等保险业务，直接完成保险产品的销售和服务，并由银行将保费划入保险公司的经营过程。

从广义上讲，保险电子商务还包括保险公司内部基于互联网技术的经营管理活动，对公司员工和代理人的培训，以及保险公司之间、保险公司与公司股东、保险监管、税务、工商管理等机构之间的信息交流活动。

2. 网上保险的特点

（1）虚拟性。开展保险电子商务不需要具体的建筑物和地址，只需要申请一个网址，建立一个服务器，并与相关交易机构做连接，就可以通过互联网进行交易。它没有现实的纸币乃至金属货币，一切金融往来都是以数字化在网络上得以进行。

（2）直接性。网络使得客户与保险机构的相互作用更为直接，它解除了传统条件下双方活动的时间、空间制约，与传统营销"一对多"的传播方式不同的是，网上营销可以随时根据消费者的个性化需要提供"一对一"的个性化的信息。客户也可以主动选择和实现自己的投保意愿，无须消极接受保险中介人的硬性推销，并可以在多家保险公司及多种产品中实现多样化的比较和选择。

（3）电子化。客户与保险公司之间通过网络进行交易，尽可能地在经济交易中采用电子单据、电子传递、电子货币交割，实现无纸化交易，避免了传统保险活动中书写任务繁重且不易保存、传递速度慢等弊端，实现了快速、准确双向式的数据信息交流。

（4）时效性。网络使得保险公司随时可以准确、迅速、简洁地为客户提供所需的资料，客户也可以方便、快捷地访问保险公司的客户服务系统，获得诸如公司背景、保险产品及费率的详细情况，实现实时互动；而且，当保险公司有新产品推出时，保险人可以用公告牌、电子邮件等方式向全球发布电子广告，向顾客发送有关保险动态、防灾防损咨询等信息，投保人也用不着等待销售代表回复电话，以自行查询信息，了解新的保险产品的情况，有效地解决了借助报纸、印刷型宣传小册子时效性差的毛病。

3. 网上保险的优势

（1）在网络保险与保民方面。由于网络所固有的快速、便捷的特点，网络能将各大保险公司的各种保险产品集合起来，保民可以反复比较，看看哪一个保险品种更适合、更有保障，再轻松地做出自己的选择。而且，通过网络技术，保民还可以享受到各种便捷的服务，如信息咨询、保单变更等。更重要的是，网络保险能给保民带来传统投保方式所不能带来的优势，轻点鼠标，一切都那么清晰容易。

（2）在网络保险与保险公司方面。与传统保险相比，保险公司同样能从网络保险中获益多多。首先，通过网络可以推进传统保险业的加速发展，使险种的选择、保险计划的设计和销售等方面的费用减少，有利于提高保险公司的经营效益。

4. 网上保险存在的问题

（1）业务发展超前与渠道监管滞后不相适应。国内相关的法律法规尚不完善，没有严格的行业规范，使得保险电子商务的可信性受到人们的质疑。

（2）传统业务渠道规模较大与电子商务运营经验有限之间的矛盾。传统业务渠道有着深厚的历史，具有行业惯性，而电子商务属于新兴事物，二者不可避免地会产生多种矛盾。

（3）渠道价值多样与考评标准单一之间不相适应。例如，保险是总部业务，而保单后续服务在当地内部；当部门核算时，对保费收入的认定同传统渠道不符。

（4）网上保险产品的费率政策未开放，成本优势未体现。就公司自身来说，由于电子商务先期投入大、见效慢，目前尚无盈利，因此大多数企业虽然有筹办电子商务的意向但其内在动力却不足。

虽然存在诸多问题，但是数据表明：通过互联网开展营销活动以及进行保单签订，比普通的营销方式节约 58%~71% 费用，能有效降低成本，除此之外网上的交易更加透明、更加便利，好的电子商务运营平台能够实现企业与消费者的共赢。因此说，保险业的未来之路应是走保险电子商务之路。

5. 网上保险的发展历程

（1）我国保险业的经营现状：保险业务平稳健康发展。2011 年 1~6 月，全国实现保费收入 8056.6 亿元，同比增长 13%。其中，财产险业务保费收入 2359.6 亿元，同比增长 16.9%；人身险业务保费收入 5697 亿元，同比增长 11.4%。保险公司赔付支出 1959 亿元，同比增长 33%。截至 6 月末，保险公司总资产 5.75 万亿元，较年初增长 7.1%。业务结构出现积极变化，经营效益持续向好发展，资金运用总体安全稳健。快速发展期的同时，保险业的矛盾也日益凸显、全面爆发，宏观经济形势和政策调整使保险业面临的不确定性增加，业务模式转型的压力增大，市场不规范问题仍然比较突出，产品结构不合理的问题值得关注，中小保险公司持续发展能力亟须增强。

（2）网上保险的发展趋势：保险电子商务发展是涉及保险公司、保险中介公司各类资源整合，涉及公司所有利用互联网（包括 Internet 与 Intranet）、无线技术、电话等信息技术手段进行电子化交易、电子化信息沟通、电子化管理的活动，贯穿公司经营管理的全过程。保险电子商务是随着互联网技术兴起并逐渐成熟后，新的信息技术在保险公司内又一轮深层次的商务应用，是信息技术本身和基于信息技术所包含、所带来的知识、技术、商业模式等在公司内的扩散和创新。

随着 2004 年《电子签名法》、2006 年《国务院关于保险业改革发展的若干意见》、2008 年中国保险电子商务高峰论坛对电子商务的发展进行了全面的评估、2009 年国家发改委提出《关于加快流通领域电子商务发展的意见》、2010 年《关于促进网络购物健康发展的指导意见》、《网络商品交易及有关服务行为管理暂行办法》的出台，预计在未来10年将有超过30%的商业保险业务是由电子商务方式来实现的。

二、现有网上保险模式

1. 按经营模式分

（1）保险公司网站。保险电子商务网站即保险公司自己开发的网站。例如平安的www.pingan.com，即利用保险网站发布一些有关保险公司文化、保险产品及服务的简单介绍，还没有真正的网上保险业务。这类网站主要在于推广自家公司的险种，进行网络营销，或者是第三方的保险网站。

（2）网上保险超市。网上保险超市是给保险人和顾客提供了一个交易场所。众多保险人和顾客在这个超市中相互接触，让保险人能发现合适的顾客，让投保人能找到自己所需的险种。

（3）网上金融超市。网上金融超市模式与保险公司网站相似，给顾客提供了一个交易场所。在这个交易场所里，顾客可以享受到集储蓄、信贷、结算、投资、保险等多功能于一身的"一条龙"服务。网上金融超市与保险公司网站的关系，就好比传统超市和专卖店的关系。

（4）网上风险市场。最近，还出现了商家对商家（B2B）的保险电子商务模式，被称为网上风险市场。一些网络供应商扮演了几方之间经纪人的角色，而这几方通常为保险公司、再保险公司和一些大型企业，它们互相寻求交换个别风险或风险的组合。

（5）网上风险拍卖。网上风险拍卖是一种B2B电子商务模式，保险客户可以通过互联网来处置自身的风险。这种"反向拍卖"特别适用于大型的公司，它们可以将自己的风险作为标的来吸引投标者，然后从所有投标中选择最具竞争力的报价。

2. 按服务模式分

目前，我国保险电子商务应用模式不断丰富，已经形成B2B、B2C、B2M等多种服务模式，网站的信息、产品、服务等方面的成熟度，将决定其对销售拉动的实际效果，成为保险电子商务发展的关键。

（1）B2B。保险公司对销售代理机构的网上交易模式。如太平洋保险的诚信通代理平台，可以提供车险、货运险、意外险等条款和费率标准化程度较高险种网上交易平台。

（2）B2C。保险公司直接面对终端消费者的销售模式。这是市场上最为普遍的一种销售模式，安邦保险、人保、平安等的保险电子商务平台，各家公司的电话车险都属于这一类别。

（3）B2M。保险商品供应商对保险销售经理人的销售模式，类似于B2B，但M是属于个体保险代理人。这个销售模式，市场比较少见，主要以中国保险服务网。电子商务的车险网上投保为代表。

三、国内的网络保险平台

1. 泰康在线

泰康在线是国内第一家由寿险公司投资建设的、实现在线投保的网站，也是国内首家通过保险类 CA 认证的网站。2000 年 9 月 22 日，泰康在线召开了全面开通的新闻发布会，发布会上，来自中信实业银行的客户顺利完成了网上投保，诞生了泰康在线的第一位客户、第一张电子保单，同时这也是中国的第一张电子保单。

2. 保网

总部在深圳，国内较早、最大、最有影响力的保险门户网站，网站大且比较杂。技术支持为深圳市保网信息技术有限公司。支持意外保险卡等卡类产品销售，联合泰康在线实现健康保险销售，是极有可能上市的保险中介企业。

3. 优保

总部在厦门，国内第一家外资第三方保险平台，其母公司 ehealth 是美国最大的健康险在线投保平台，纳斯达克上市企业。中国地区技术支持为翼华科技（厦门）有限公司。主要险种为意外保险、健康保险、人寿保险。其中意外保险产品又有签证险、旅游险、母婴险等，产品实现全国销售，实现电子化保单，最快 1 小时生效，支持网银、银联、支付宝付款，通过中国电子商务诚信认证。

4. 中民保险网

总部在深圳，国内较早、较有影响力的保险电子商务网站。是包含意外险、旅游险、健康险等多种保险产品在线销售的综合型保险电子商务网站。2008 年就与联合中国人保健康（PICC Health）联合推出的一款专门针对 18~45 周岁人群的健康保险产品——中民健康保险卡（现名健康保险卡），影响非常深远。

5. e 家保险网

设在上海，技术支持为上海极至信息技术有限公司，2006 年 1 月推出。主要险种有出国保险（出国签证险、境外旅行险）、意外保险（航空保险、交通保险、国内旅行险、成人意外险、老人意外险、儿童意外险）、健康医疗保险、家财保险。实现电子保单，支持支付宝、快钱付款。

6. 慧择网

设在深圳，成立于 2006 年。产品总类在网络销售的范围内较齐全。主要实现电子化销售的产品有意外险、旅游险、家财险、货运险等。可实现电子化保单，支持网银、银联、支付宝付款。

7. 车盟

总部在上海，成立于 2005 年。经营车险。主要经营范围：上海市、杭州市、南京市、宁波市、苏州市、成都市、无锡市、萧山区、余杭区衢州市。在线对比选择获得报价，填写信息，送单收保费。

8. 搜保网

设在北京。成立于 2006 年 5 月。经营车险。技术支持为北京财景网络科技有限公司。主要经营范围：北京、深圳、广州、东莞、天津。模式为网站+呼叫中心。车险投保方式为在线选择、获得报价，信息审核制。

此外，还有一些保险网站如淘保网、易保网上保险广场、生命天空保险中间站、成功保险网等主要通过网络给保险营销者和保险购买者提供一个沟通和交易平台或采取招标的模式。基本不具有网上购买和交易的特点，故只能算半个保险电子商务模式。

还有一些相关机构和网站兼业销售保险卡、如云网、福佑网等；境内境外旅游险、签证保险销售，如爱途旅行网等。这些都只是通过相关行业的优势进行代理销售，基本上不具备转化成为纯粹的保险电子商务网站的趋势。

现在提供在线服务的保险公司非常多，下面以在中国平安保险公司购买保险产品为例进行介绍。

（1）登录保险公司的主站点，选择要购买的产品，如图 3-15 所示。

图 3-15 平安直通保险主页

（2）选择要购买的产品，如图 3-16 所示。

（3）了解产品的保险范围及条款，单击"立即报价"，如图 3-17 所示。

（4）确定保险范围，了解保险费价格，如图 3-18 所示。

（5）填写个人资料，如图 3-19 所示。

图 3-16　保险分类

图 3-17　立即报价

图 3-18　险种详情

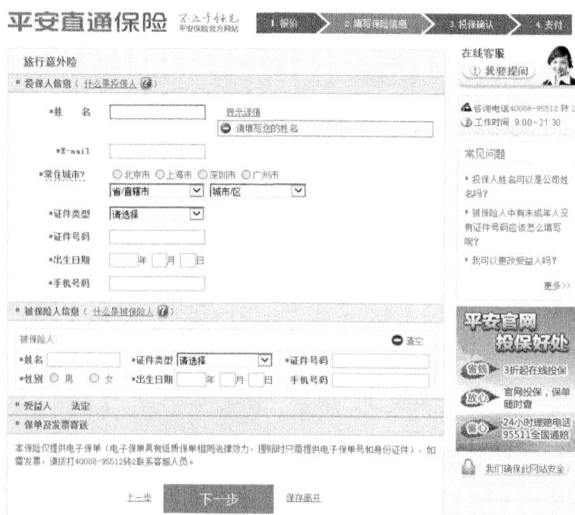

图 3-19　填写个人资料

（6）提交申请后，确保投保信息，选择"立即支付"。

（7）选择支付银行并到网上银行支付保费。

（8）查询、修改、打印保单。

任务操作

依托大型 B2C、C2C 网站的支付工具有淘宝的支付宝、易趣的安付通、拍拍网的财付通，这些都属于非独立的支付企业提供的支付工具。具体来说，就是买家先付款到中介平台，中介平台收到买家付款后即时通知卖家发货，买家收到货物满意后再通知中介平台付款到买家。那么我们该如何申请这些支付工具呢，现在以支付宝为例说明该种支付工具的注册。

【小资料】

支付宝（中国）网络技术有限公司是国内领先的独立第三方支付平台，由阿里巴巴集团创办。支付宝致力于为中国电子商务提供"简单、安全、快速"的在线支付解决方案。

支付宝公司从 2004 年建立开始，始终以"信任"作为产品和服务的核心。不仅从产品上确保用户在线支付的安全，同时让用户通过支付宝在网络间建立起相互的信任，为建立纯净的互联网环境迈出了非常有意义的一步。

支付宝提出的建立信任，化繁为简，以技术的创新带动信用体系完善的理念，深得人心。在五年不到的时间内，用户覆盖了整个 C2C、B2C 以及 B2B 领域。截至 2009 年 12 月 8 日，支付宝注册用户达到 2.5 亿，日交易额超过 12 亿，日交易笔数达到 500 万笔。

支付宝创新的产品技术、独特的理念及庞大的用户群吸引越来越多的互联网商家主动选择支付宝作为其在线支付体系。

目前除淘宝和阿里巴巴外，支持使用支付宝交易服务的商家已经超过 46 万家；涵盖了虚拟游戏、数码通信、商业服务、机票等行业。这些商家在享受支付宝服务的同时，更是拥有了一个极具潜力的消费市场。

支付宝在电子支付领域稳健的作风、先进的技术、敏锐的市场预见能力及极大的社会责任感赢得银行等合作伙伴的认同。目前国内工商银行、农业银行、建设银行、招商银行、上海浦发银行等各大商业银行以及中国邮储、VISA 国际组织等各大机构均和支付宝建立了深入的战略合作，不断根据用户需求推出创新产品，成为金融机构在电子支付领域最为信任的合作伙伴。

大陆用户申请支付宝个人账户的步骤：

第一种为【在支付宝网站上注册】

在支付宝网站注册个人账户（供网上购物的个人使用），有以下两种方式：

以下注册方式针对大陆用户：

一、用手机号码注册个人账户

（1）打开 www.alipay.com，单击【免费注册】，如图 3-20 所示。

图 3-20　支付宝"注册"页面

（2）单击【个人账户】；默认选择【中国大陆】，输入手机号码和验证码，单击【下一步】，如图 3-21 所示。

图 3-21　支付宝"个人账户（手机号注册）"页面

（3）填入手机上收到的校验码，单击【下一步】（系统默认就是手机号码注册，填入的手机号如已注册过会提示"此手机号码已经被注册，请更换号码注册或登录"），如图 3-22 所示。

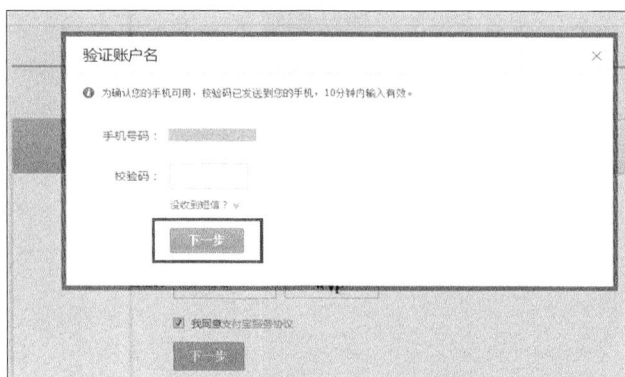

图 3-22 支付宝"验证账户名（手机注册）"页面

如一直没有收到校验码，可以单击【重发校验码短信】，如图 3-23 所示。

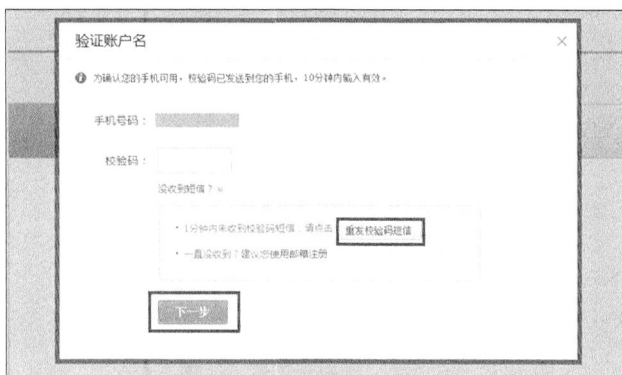

图 3-23 支付宝"重验账户名"页面

（4）若手机号占用不能注册，引导用户使用邮箱注册，用户填写邮箱名。点此查看邮箱注册流程，如图 3-24 所示。

图 3-24 支付宝"邮箱注册"页面

（5）填写账户基本信息（账户注册成功则默认支付宝账户绑定手机）。"真实姓名"必填，注册完成后不可修改，如图 3-25 所示。

图 3-25　支付宝"账户基本信息"填写页面

（6）单击【确认】成功后，会有两种情况：

第一种：

1）未通过身份验证，可以在网上购物，但不可以充值、查询收入明细、收款金额会不可使用（解决方法：单击完成【实名认证】，点此查看实名认证流程）。

2）原来已有支付宝账户通过了实名认证，请单击【关联认证】操作（点此查看关联认证流程）。

第二种：通过身份信息验证，可以使用支付宝所有功能（但收款额度只有 5000 元/年，解决方法：完成实名认证后，无收款额度限制，点此查看实名认证流程）。

1）姓名和身份证号码通过身份信息验证后，页面提示银行绑定银行卡，输入用户的银行卡卡号及该卡银行预留手机，单击【确定】，输入校验码，单击【确认，注册成功】完成开通支付宝服务且绑定银行卡成功，如图 3-26、图 3-27 所示。

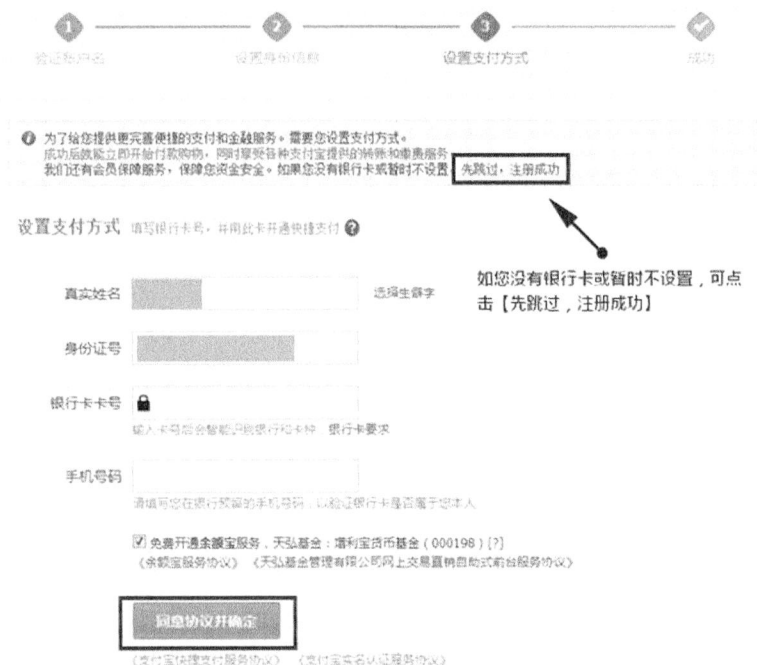

图 3-26 支付宝"绑定银行卡"页面

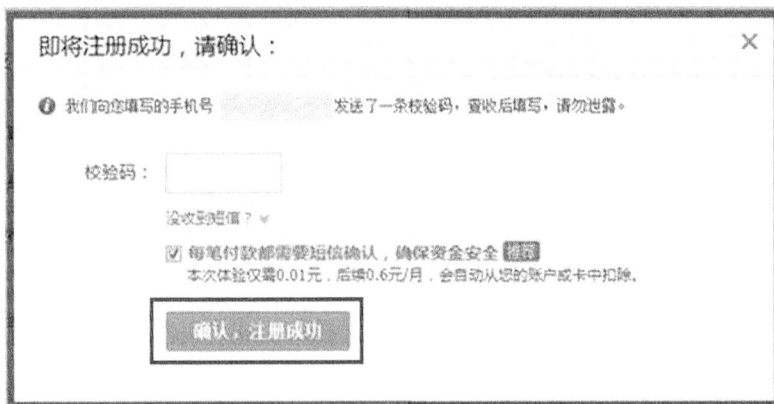

图 3-27 支付宝"注册成功"页面

2）开通支付宝服务成功，单击【完善账户信息】补全用户职业及身份证有效期信息，如图 3-28、图 3-29 所示。

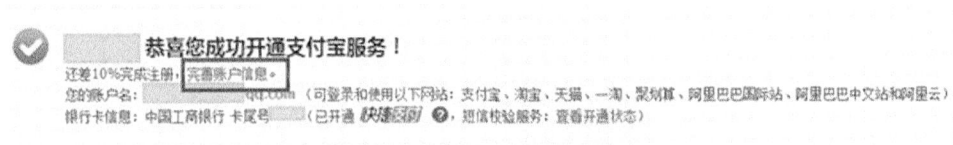

图 3-28 支付宝"开通服务"页面

图 3-29　支付宝"完善账户信息"页面

二、用邮箱注册个人账户

（1）打开 www.alipay.com，单击【免费注册】，如图 3-30 所示。

图 3-30　支付宝注册页面

（2）单击【个人账户】，国家或地区系统默认选择【中国大陆】，输入邮箱地址和验证码，点击【下一步】，如图 3-31 所示。

图 3-31　支付宝"个人账户（邮箱注册）"页面

（3）单击【立即查收邮件】，如果没有收到邮件，可单击【重新发送邮件】，如图 3-32 所示。

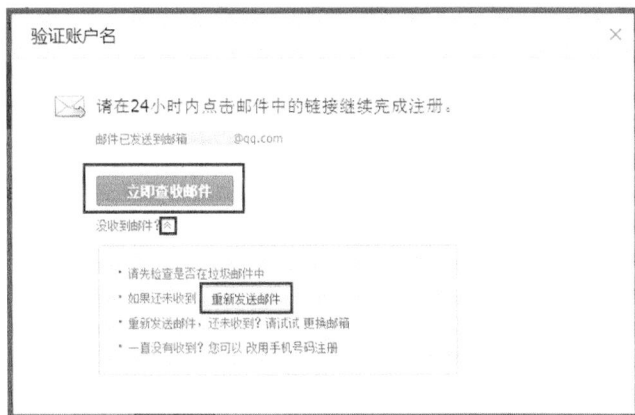

图 3-32　支付宝"验证账户名（邮箱注册）"页面

（4）收到激活支付宝账户的邮件，点击【继续注册】，如图 3-33 所示。

图 3-33　支付宝"激活账户邮件"页面

（5）填写个人信息后，单击【确定】；"真实姓名"必填，注册完成后不可修改，如图 3-34 所示。

（6）单击【确认】成功后，会有两种情况：

第一种：

1）未通过身份证验证，可以在网上购物，但不可以充值、不能查询收入明细（解决方法：单击完成【实名认证】，点此查看实名认证流程）。

2）原来已有支付宝账户通过了实名认证，请单击【关联认证】操作（点此查看关联认证流程）。

第二种：通过身份信息验证，可以使用支付宝所有功能（但收款额度只有 5000 元/年，

图 3-34 支付宝"账户基本信息"填写页面

解决方法：完成实名认证后，无收款额度限制，点此查看实名认证流程）。

1）姓名和身份证号码通过身份信息验证后，页面提示银行绑定银行卡，输入用户的银行卡卡号及该卡银行预留手机，单击【确定】，输入校验码，单击【确认，注册成功】完成开通支付宝服务且绑定银行卡成功。如图 3-35、图 3-36 所示。

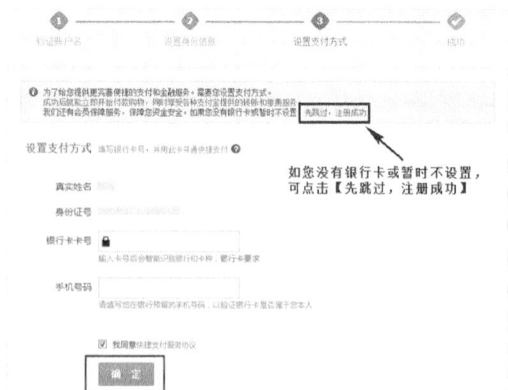

图 3-35 支付宝"绑定银行卡"页面

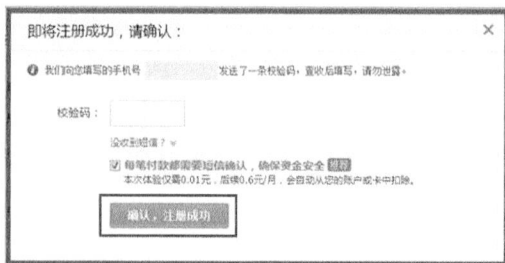

图 3-36 支付宝"注册成功"页面

2）开通支付宝服务成功，单击【完善账户信息】补全用户职业及身份证有效期信息，如图 3-37、图 3-38 所示。

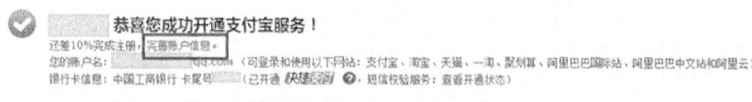

图 3-37　支付宝"开通服务"页面

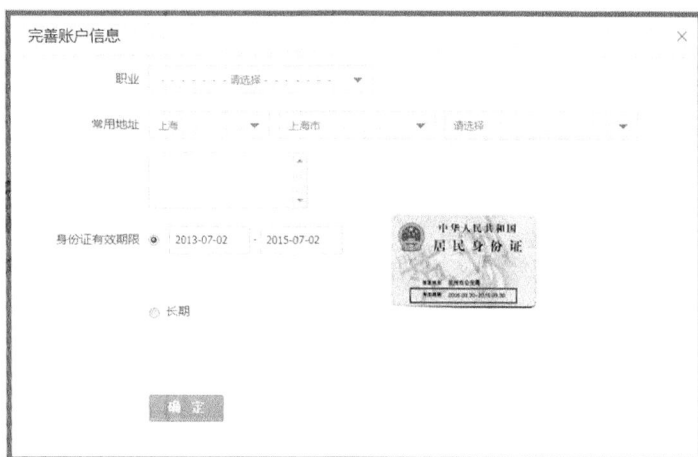

图 3-38　支付宝"完善账户信息"页面

3）最后，支付宝注册成功，如图 3-39 所示。

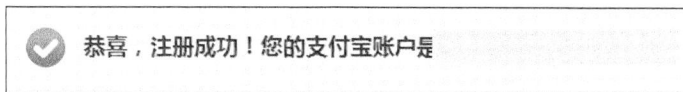

图 3-39　支付宝"注册成功"页面

温馨提示：部分账户注册成功后，该登录名可在：支付宝、天猫、淘宝、聚划算、一淘、阿里巴巴国际站、阿里巴巴中文站、阿里云网上通用（注册成功页面有提醒），且登录密码与支付宝登录密码一致。

第二种为【在淘宝网站上注册】

一、用手机号码在淘宝网站注册支付宝账户

（1）进入 www.taobao.com，单击【免费注册】，如图 3-40 所示。

（2）填写注册信息，如图 3-41 所示。

（3）填写手机号码，单击【提交】，如图 3-42 所示。

（4）输入手机上收到的校验码，如图 3-43 所示。

图 3-40　淘宝网首页

图 3-41　淘宝网"注册信息"页面

图 3-42　淘宝网"手机号码"注册页面

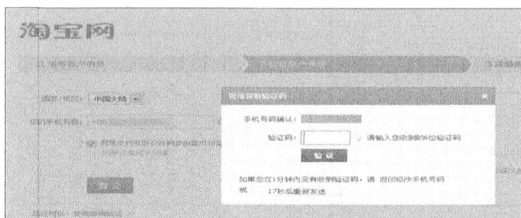

图 3-43　淘宝网注册"手机校验码"页面

（5）淘宝账户注册成功，并已同步创建了支付宝账户，如图 3-44 所示。

图 3-44　淘宝网账户绑定支付宝页面

（6）进入淘宝账户，单击【立即补全】支付宝账户。如图 3-45 所示。

温馨提示：完成淘宝网同步注册激活支付宝账户之后，支持该手机号码账户可以在 www.alipay.com 进行登录。

二、用 E-mail 在淘宝网站注册支付宝账户

（1）进入 www.taobao.com，单击【新用户注册】，如图 3-46 所示。

（2）填写注册信息，如图 3-47 所示。

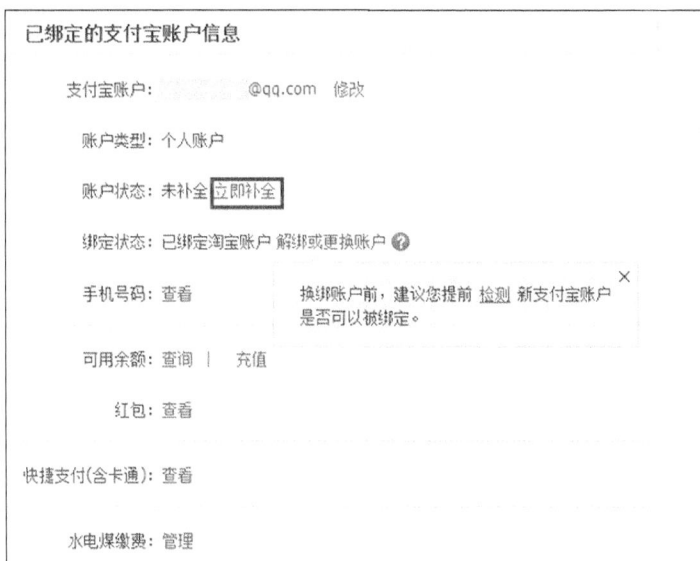

图3-45 淘宝账户补充支付宝信息页面

图3-46 淘宝网首页

图3-47 淘宝网"注册信息"页面

（3）单击【使用邮箱验证】，如图 3-48 所示。

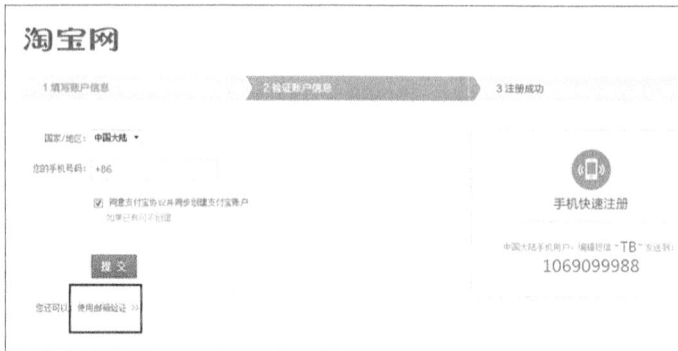

图 3-48　淘宝网"邮箱验证"页面

（4）填写邮箱地址，并勾选"同意《支付宝协议》并同步创建支付宝账户"，如图 3-49 所示。

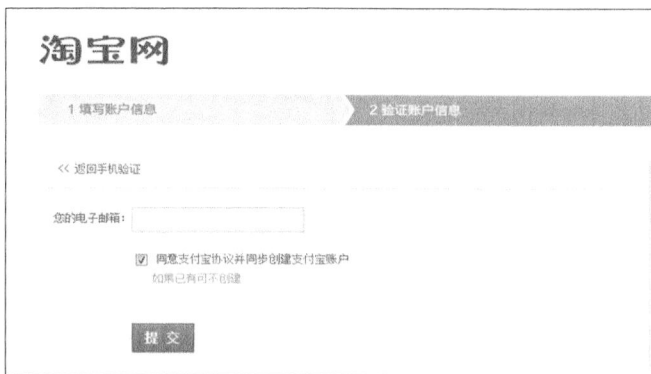

图 3-49　淘宝网"注册并同意创建支付宝账户"页面

（5）输入手机号码，如图 3-50 所示。

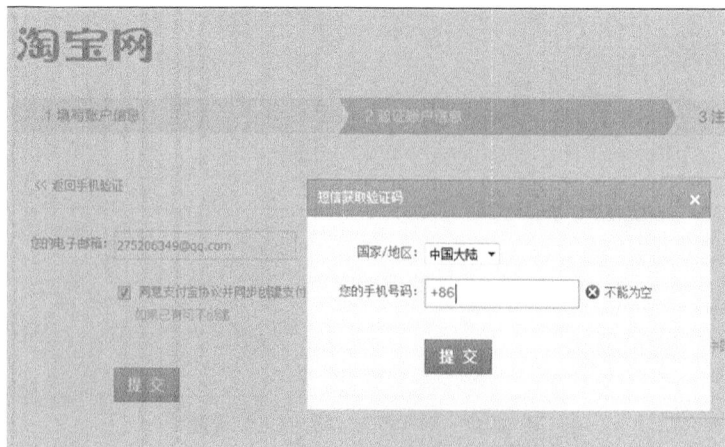

图 3-50　淘宝网注册"输入手机号"页面

（6）输入手机收到的校验码，如图 3-51 所示。

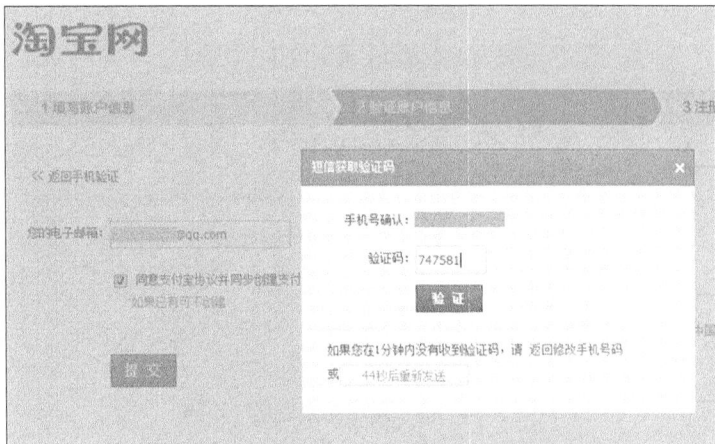

图 3-51　淘宝网注册"输入手机验证码"页面

（7）去邮箱激活账户，如图 3-52 所示。

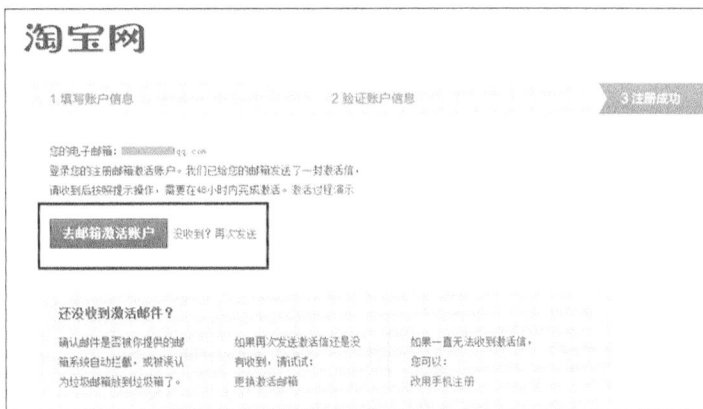

图 3-52　淘宝网注册"邮箱激活账户"页面

（8）进入邮箱，单击来自淘宝网的邮件，如图 3-53 所示。

图 3-53　淘宝网注册"读取邮件"页面

（9）单击"完成注册"，如图 3-54 所示。

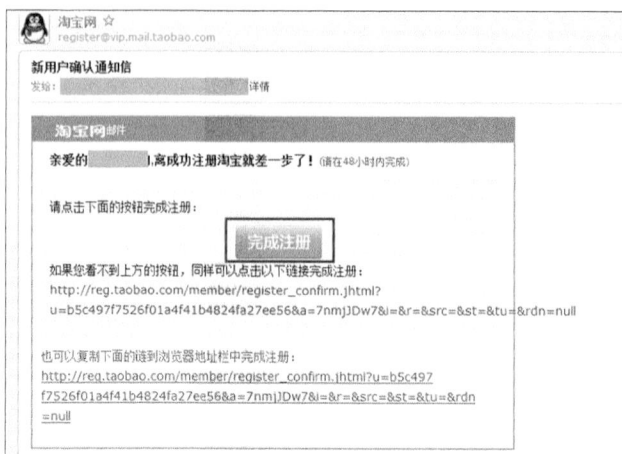

图 3-54　淘宝网"完成注册"页面

（10）淘宝账户注册成功，并已同步创建了支付宝账户，如图 3-55 所示。

图 3-55　淘宝网"注册并同意创建支付宝账户"页面

（11）进入淘宝账户，激活支付宝账户，如图 3-56 所示。

图 3-56　淘宝账户"激活支付宝账户"页面

习题演练

一、单选题

1. 电子支付是指电子交易的当事人，使用安全电子支付手段，通过（　　）进行的货币支付或资金流转。

A. 网络　　　　　　B. 开户银行　　　　C. 发卡银行　　　　D. 中介银行

2. 在支付全过程的两个层次中，既参与支付服务系统的活动，也参与支付资金清算系统的活动的是（　　）。

A. 商业银行　　　　B. 客户　　　　　　C. 中央银行　　　　D. 人民银行

3. SSL 协议是（　　）。

A. 专门为银行卡进行网上支付而设计的安全协议

B. 建立在 TCP 协议之上的安全协议

C. 在互联网上对服务器进行认证的安全协议

D. 与应用层协议独立无关的安全协议

4. 网上交易的安全性是由谁来保证的（　　）。

A. 厂家　　　　　　B. 认证中心　　　　C. 银行　　　　　　D. 信用卡中心

5. 腾讯"拍拍"的网络交易是电子商务（　　）的基本形式。

A. G2B　　　　　　B. C2C　　　　　　C. B2C　　　　　　D. B2B

6. 有关电子钱包（E-wallet）说法错误的是（　　）。

A. 一个在 SET 交易中运行在银行卡持卡人端的软件

B. 不能帮助持卡人管理用于 SET 购买的银行卡账户并存储购买信息

C. 持卡人的银行卡信息和与卡对应的证书都存放在电子钱包里

D. 电子钱包是与浏览器一起工作的应用程序

7. 美国的自动清算所系统（　　）。

A. 大多采用全额结算方式　　　　　　B. 是小额支付系统

C. 是大额清算系统　　　　　　　　　D. 大多效率较低

8. 世界上一个真正的无人服务银行是（　　）年 3 月在美国俄亥俄州哥伦布市开设的亨奇顿国民银行总行。

A. 1972　　　　　　B. 1973　　　　　　C. 1975　　　　　　D. 1981

9. 网上购物中，银行卡电子传输系统采用的是（　　）。

A. 城域网　　　　　B. 互联网　　　　　C. 专用网　　　　　D. 局域网

10. 客户在淘宝网（www.taobao.com）进行的电子商务活动属于（　　）。

A. B2C 电子商务活动　　　　　　　　B. B2G 电子商务活动

C. B2B 电子商务活动　　　　　　　　D. C2C 电子商务活动

11. 电子钱包（E-wallet）是一个在 SET 交易中运行在（　　）的软件。

A. 网上商店端　　　　　　　　　　B. 银行卡发行商端

C. 银行卡持卡人端　　　　　　　　D. 银行卡受理银行端

12. 世界上第一家全交易型网络银行是（　　）。

A. 英格兰银行　　　　　　　　　　B. 花旗银行

C. 美国安全第一网络银行　　　　　D. 招商银行

13. 下列关于电子支付问题的说法正确的是（　　）。

A. 电子支付的安全是基于计算机安全技术手段实现的

B. 安全电子支付要求其标准是不能开放的

C. 公共计算机网络安全体系是基于技术手段和非技术手段构造的

D. 在电子商务环境中，银行是作为商业运作的辅助机构参与到电子交易中

14. 安全电子商务交易的核心机构是（　　）。

A. 网上银行　　　　　　　　　　　B. CA 机构

C. 政府部门　　　　　　　　　　　D. 网络中心

15.（　　）年初，中国银行上海市分行设在虹桥开发区的中国第一家无人银行在上海诞生。

A. 1987　　　　　B. 1991　　　　　C. 1997　　　　　D. 2001

16. 电子货币是（　　）。

A. 商品货币　　　　B. 信用货币　　　　C. 纸币　　　　D. 贵金属货币

17. 在 SET 交易中，发卡银行和收单银行之间传递支付信息使用（　　）。

A. 互联网　　　　　B. 增值网　　　　　C. 局域网　　　　D. 金融专用网

18. 在电子钱包内可以装入各种（　　）。

A. 电子货币　　　　B. 数字证书　　　　C. 用户资料　　　　D. 认证资料

19. 世界上最早的银行信用卡是由（　　）银行于 1952 年发行的。

A. 美国富兰克林国民银行　　　　　B. 中国工商银行

C. 美国花旗银行　　　　　　　　　D. 英国的渣打银行

20. 在互联网上，利用银行卡进行支付的核心问题是（　　）。

A. 如何保证信息真实性和准确性

B. 如何保证网络的安全性和银行卡的合法性

C. 如何保证银行卡的合法性和有效性

D. 如何保证支付信息的安全传输和身份认证

21. 国内银行 ATM 的平均每笔交易成本为 2.4 元左右，网点的服务成本是 ATM 服务成本的（　　）倍。

A. 1　　　　　　　　B. 2　　　　　　　　C. 3　　　　　　　　D. 4

二、简答题

1. 试分析网上支付与电子支付的关系。

2. 简述电子钱包网上支付的流程。

3. 比较电子货币与传统货币的关系。

4. 电子支付的含义及其特点分别是什么?

5. 第三方支付平台有哪些?

6. 网上证券投资的交易过程。

7. 在线保险对保险公司的影响。

8. 在线保险的形式有哪些?

第四章　网络营销

知识体系

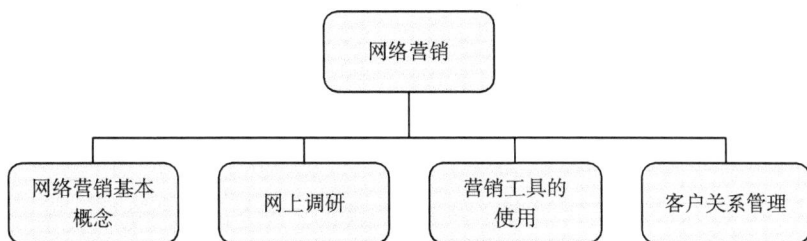

学习要点

（1）什么是网络营销？

（2）网上调研的步骤是什么？

（3）如何选择营销工具进行网络推广？

（4）怎样认识客户关系管理？

情景案例

新手如何开始做网络营销

很多准备做网络营销的人都有这样的一个疑问：我是一个新手，也不懂技术，从哪里入手呢？

做网络营销需要技术吗？答案是懂技术最好，不会也没关系，会打字，会用软件，不懒，那就够了。如技术问题，用得最多的就是建网站了，这个不难，学起来很容易，不学直接淘宝找个人建站也花不了几百元。

撇开技术问题，做网络营销有两条路：一条是循序渐进，另一条是横冲直撞。

循序渐进的方法有三个关键词：写帖子、发帖子、发广告。

一、写帖子，不需要文笔，能把意思表达出来就可以

练手的地方是天涯论坛，主题不限，随意表达，随意写，不过标题需要劲爆点，前面已经有文章介绍过标题怎么写了，写出帖子之后，看看点击量，看看回复，或者贴上微信/QQ号引导添加，看看效果怎么样。

要研究一下那些很火的帖子，看看他们是怎么写的，看看网民对什么感兴趣，然后自己可以跟着写一帖，或者是直接写一个反的，观点完全跟热帖反过来，效果会非常好。

写帖子的训练，是为了能更好地抓住网民的痛点，或者是如何引导讨论，如何说服网民，如何让帖子火起来，如何插入软广告，为以后的路做个铺垫。

二、发帖子

如果写出了一些好的帖子，那就要尝试把帖子发到各个平台或者论坛了，例如，发到58同城、猫扑、凯民社区、豆瓣、微博、空间、19楼、淘宝论坛、地方人气论坛、行业论坛等人气比较旺的地方。

发帖子是为了测试平台的效果和宽容度，效果就是帖子的点击量、回复量，宽容度就是平台能接受的帖子类型，欢迎什么样的帖子，反感什么帖子。

效果测试是必须要做的，目的是找出最好的宣传平台，把那些浪费我们时间的差平台过滤掉。

三、发广告

帖子写好了，平台也测试好了，那就在帖子里面插广告、插微信号等等各种我们需要宣传的东西。发广告的难度比发帖子要大很多，首先是很多论坛都不喜欢链接，这时候我们就需要添加一个中间平台来转化了，例如，添加QQ号，把广告内容发到QQ空间，引导访客添加QQ号；或者打造特殊的关键词，引导网民搜索，而我们同时做好搜索优化，拦截流量（前面有文章接受过这个方法，特别强大好用）。

发什么广告？没有产品怎么办？

（1）可以尝试淘宝客，推广淘宝客产品赚佣金，事实上很多人就是通过帖子不断推广淘宝客盈利的，但推广淘宝客的盈利周期比较长，一般第一个月大量发帖之后，要两三个月才能看到效果，对于心急的人来说，很容易就放弃了。

（2）另一种方法是宣传QQ号或微信号、公众号，引导大家关注，积累客户数据库，以后再考虑推广产品的问题。这个方法比较好，一是加QQ之类的很少有人抗拒；二是加了之后只要我们没有过度打扰，别人一般都不会拉黑，等于是把潜在客户累积起来

了，以后要推广产品都要容易得多。这里需要注意一点，有人加了需要定期维护，例如，发一些无伤大雅的内容（搞笑类、实用知识类），来增加网友对我们的印象。

横冲直撞的方法：这个方法会碰比较多的壁。不训练，直接发帖子宣传，在碰壁中积累经验成长。例如，直接发帖宣传产品、宣传微信号等等；一定要各个大平台都要试一下，如果要早点看到效果，就重点推荐 58 同城、赶集、百姓几个平台，进那些平台的人都是有需求的，所以转化起来要容易些。

无论如何，要先动手，不动手说什么都没用，站在岸上学不会游泳。

案例分析

新手做网络营销可以先通过写帖子、发帖子、发广告，网络营销最忌讳光说不练，什么都应该先动手再说。

问题提出

网络营销在电子商务的推广中是至关重要的，学会如何在营销前进行网上调研、学会运用营销工具进行网络营销，懂得客户心理进行针对性的营销，这些都是本章将要学习的内容。

第一节　网络营销基本概念

一、网络营销的产生

网络营销是随着互联网进入商业应用而逐渐诞生的，尤其是万维网、电子邮件、搜索引擎等得到广泛应用之后，网络营销的价值才越来越明显。电子邮件虽然在 1971 年就已经诞生，但在互联网普及应用之前，并没有被应用于网络营销领域，到了 1993 年，才出现基于互联网的搜索引擎。

1994 年 10 月网络广告诞生，1995 年 7 月，目前全球最大的网上商店亚马逊成立。1994 年对于网络营销的发展被认为是重要的一年，因为在网络广告诞生的同时，基于互联网的知名搜索引擎 Yahoo!、Webcrawler、Infoseek、Lycos 等也相继于 1994 年诞生。中国国际互联网 1994 年 4 月 20 日正式开通。网络营销是随着互联网的应用而逐渐开始为企业所应用的。

1. 网络营销产生的观念基础

网络营销产生的观念基础是：你购物、我砍价。

2. 网络营销产生的现实基础

随着市场竞争的日益激烈化，为了在竞争中占优势，各企业都使出了浑身解数来想方设法地吸引顾客，很难说还有什么新颖独特的方法能出奇制胜。一些营销手段即使能在一段时间内吸引顾客，也不一定能使企业盈利增加。市场竞争已不再依靠表层的营销手段的竞争，更深层次上的经营组织形式上的竞争已经开始。经营者迫切地去寻找变革，以尽可能地降低商品在从生产到销售的整个供应链上所占用的成本和费用比例，缩短运作周期。而对于经营者求变的要求，网络营销可谓一举多得。开展网络营销，可以节约大量昂贵的店面租金，可以减少库存商品资金占用，可以使经营规模不受场地限制，可便于采集客户信息等，这些都使得企业经营的成本和费用降低，运作周期变短，从根本上增强企业的竞争优势，增加盈利。

3. 网络营销产生的技术基础

网络营销是建立在高技术作为支撑的互联网的基础上的，对于企业来讲，要进行网络营销，必须引进懂营销与电脑技术的复合型人才，有一定的技术投入和技术支持，还要改变传统的组织形态与新的营销方式相适应，并提升企业各管理部门的功能。

总之，网络营销的产生有其技术基础、观念基础、现实基础，是多种因素综合作用的结果。

二、网络营销的概念

广义的网络营销，是以互联网为主要手段、为达到一定营销目标而进行的经营活动，都可称为网络营销（或者网上营销）。网络营销贯穿于企业开展网上经营活动的整个过程，例如产品信息的发布与宣传、促进网上交易的活动都是网络营销的主要内容。

狭义的网络营销专指互联网络营销，就是指组织或个人基于开发便捷的互联网络，对产品、服务所做的一系列经营活动，从而达到满足组织或个人需求的全过程。网络营销是企业整体营销战略的一个组成部分，是建立在互联网基础之上借助于互联网特性来实现一定营销目标的营销手段。我们要注意的是：网络营销需要借助互联网技术，开拓市场。网络营销以传统营销理论为基础。网络营销不等于网上销售。

根据菲利普·科特勒在《市场营销管理》一书中的阐述，市场营销是个人或者企业通过创造性的活动同他人交换产品和服务，进而满足消费者需求的一种社会化的管理过程。以此为基础，借助于网络技术，就形成了网络营销活动。

综上，网络营销就是利用 Internet 技术，最大限度地开拓挖掘市场、吸引消费者购买产品或服务，从而增加利润的一个经营管理过程（包括分析客户、吸引客户以及满足客户的需求等所有环节）。

三、网络营销的特点

互联网是网络营销的传播媒介，这就决定了网络营销具备跨越时空、覆盖全球、以多媒体形式双向传送信息和信息实时更新等特点，是其他媒体所无法比拟的。网络营销的特点主要体现在以下几个方面：

1. 多媒体性

网络营销通过互联网传输文字、声音、图像、影像等多媒体的信息，使信息交换的内容更加立体生动，营销人员可以充分发挥创造力和想象力，突破传统单一信息交换的局限，充分发挥能动性。

2. 交互性

网络营销客服软件、论坛、Web 等交互性工具的出现，网站在线提交表单、QQ、MSN 的双向交流，使客户能够有针对性地及时与营销人员互动，商家更快速地了解消费者需求，提高成交的概率。

3. 跨时空性

网络营销以互联网络为媒介，打破传统营销时间约束和空间限制，企业（个人）有更多的时间和更大的空间进行营销，实现随时随地向客户提供全球性营销服务，争取更大市场份额。这是以往传统营销方式无法做到的。

4. 高效性

网络营销借助计算机海量的信息存储功能，向商家（或消费者）传送信息，并根据市场需求的变化，及时修正营销策略、布局产品组合、调整商品价格，高效地满足客户的需求。

5. 经济性

网络营销使交易的双方通过互联网进行信息交换，代替了传统的面对面的交易方式，减少了交易促成前的各种成本（业务开发的公关费用、传统媒体的广告费用等），真正实现了低成本性。

6. 整合性

网络营销一方面借助互联网从商品信息的发布，到交易的达成和售后的服务跟进，形成全新的营销渠道；另一方面通过网络对所有可利用的资源进行整合使用（如广告联盟、网站间的友情链接等）。

四、网络营销的功能

1. 网络品牌

网络品牌建设（见图 4-1）是以企业网站建设为基础，通过一系列的推广措施，达到顾客和公众对企业的认知和认可。在一定程度上说，网络品牌的价值甚至高于通过网络获得的直接收益。

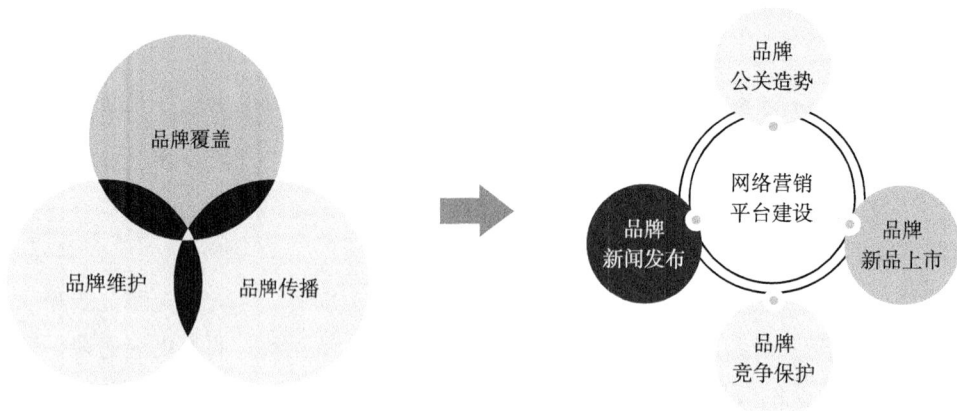

图4-1　网络品牌建设

2. 销售促进

大部分网络营销方法都与直接或间接促进销售有关，但促进销售并不限于促进网上销售，事实上，网络营销在很多情况下对于促进网下销售十分有价值。

3. 网上销售

一个具备网上交易功能的企业网站本身就是一个网上交易场所，网上销售是企业销售渠道在网上的延伸，网上销售渠道建设也不限于网站本身，还包括与其他电子商务网站不同形式的合作等。

4. 网站推广

网站推广的目的在于让尽可能多的潜在用户了解并访问网站，通过网站获得有关产品和服务等信息，为最终形成购买决策提供支持。网站推广是网络营销最基本的职能之一。

5. 信息发布

网站是一种信息载体，通过网站发布信息是网络营销的主要方法之一，同时，信息发布也是网络营销的基本职能。

6. 顾客关系

良好的顾客关系是网络营销取得成效的必要条件，通过网站的交互性、顾客参与等方式在开展顾客服务的同时，也增进了顾客关系。

7. 顾客服务

互联网提供了更加方便的在线顾客服务手段，从形式最简单的FAQ，到邮件列表，以及BBS、聊天室等各种即时信息服务，顾客服务质量对于网络营销效果具有重要影响。

8. 网上调研

通过在线调查表或者电子邮件等方式，可以完成网上市场调研，相对传统市场调研，网上调研具有高效率、低成本的特点，因此，网上调研成为网络营销的基本职能之一。

五、网络营销与电子商务的关系

电子商务和网络营销既有区别又有联系。网络营销是电子商务的基础，而电子商务是网络营销发展的高级阶段。网络营销作为企业整体营销战略的一个组成部分，无论传统企业还是互联网企业都需要网络营销，但网络营销本身不是一个完整的商业交易过程。

电子商务是利用 Internet 进行各种商务活动的总和，其核心是商品交易的实现，因此，必须解决与之相关的法律、安全、技术、认证、支付和配送等问题，其核心是电子化交易，强调交易方式和交易全过程的各个环节；而网络营销注重以互联网为主要手段的营销活动，主要研究的是交易前的各种宣传推广。电子商务的重点是实现了电子化交易；而网络营销的重点在于交易前的宣传和推广。电子商务可看作是网络营销的高级阶段，企业在开展电子商务前可开展不同层次的网络营销活动。

第一，电子商务和网络营销的研究范围不同。电子商务的核心是电子化交易，强调交易方式和交易全过程的各个环节。电子商务分为交易前、交易中、交易后。而网络营销注重以互联网为主要手段的营销活动，主要研究的是交易前的各种宣传推广。

第二，电子商务和网络营销的关注点不同。电子商务的重点是实现了电子化交易；而网络营销的重点在于交易前的宣传和推广。

第三，电子商务和网络营销在企业的应用阶段和层次不同。在某种意义上讲，电子商务可以看作是网络营销的高级阶段，企业在开展电子商务前可以开展不同层次的网络营销活动。

六、网络营销的未来

在数据大爆炸的时代，网络营销已经成为很多企业在不断探索的一大领域。但是不是很多企业都能做好网络营销，有些企业还不知道该怎么利用互联网，有些企业还没有做好充分的准备，而有些企业认为网络营销是一门高深的技术，是企业无法触及的，更有些企业认为网络营销就是建网站、做推广，投入的钱基本上都浪费掉了。

《2012 网络营销白皮书》探讨了未来网络营销趋势的变化，受到了很多企业和个人的关注，下面了解一下网络营销的 10 个趋势：

1. 中国企业在网络营销的投入正在逐渐地加大

企业已经转向以网络营销为主，以传统营销为辅。随着越来越多大品牌向数字营销的转移，未来网络营销的增长和势头会越来越迅猛，企业不了解网络营销，将很难和消费者进行沟通和对话，品牌需要激发消费者的参与，平等地与消费者沟通，与消费者共建品牌。

2. 社会化营销、电子商务、视频营销、移动互联网成为四大热门的网络营销利器

这四个领域也是当前企业存在很多困惑的领域，期待新的评估标准的出现，同时也需要更好的创意和内容以及更好的平台搭建，数字营销本身在不断优化，向精准化、技术驱动、数据分析等方向偏重。

3. 互联网上营销的边界开始模糊，网络媒体多元化的整合变得更加重要

网络营销经历了付费媒体的时代，建立自有媒体时代，赚取免费媒体时代，现在已经进入多渠道的整合时代，一种是网络媒体之间的整合，另一种是在线和线下媒体间的整合。首先，创意和网络媒体平台已经实现融合，创意和技术间要达到很好的结合才能达到更好的效果；其次，广告和公关的界限模糊，未来的趋势一定是公关的内容化、广告的公关化，公关和广告已经没有明确的界限。

4. 线上和线下的整合协同成为关键

很多企业希望通过网络营销带来线下实体店铺的产品销量，还有很多企业希望借助线下推广引爆网络上的消费者讨论和制造互联网热点口碑效应。例如，凡客诚品的成功不仅仅是线上营销的成功，而是线上和线下非常好的整合，通过户外广告+社会化媒体+户外视频广告等形式引爆"有春天，无所谓"的新一季流行。

5. 营销进入跨频和多频的时代

对大事件的关注从单一的最大的电视屏幕到分散的更多的小屏幕的时代。全球除了47亿电视屏幕在观看奥运，同时有85亿平板电脑和智能手机在观看奥运，智能手机成为在线活动常用的入口，70%的人看电视时使用智能手机，多屏融合下一定会出现更多跨屏幕整合营销的方式。

6. 社会化营销从单纯的社会化媒体的应用、社会化品牌建立，演变到社会化客户关系管理

社会化媒体实质上具有多种类型的互联网网站的属性，既有获取资讯的属性，又有社交的属性、交易的属性，甚至还有很多博客的属性和聊天工具的属性。社会化营销出现两种趋势：第一种是社会化品牌的构建，例如，小米手机没有做任何的传统媒体推广，完全通过社会化媒体创建品牌；第二种是传统企业营销的社会化，如中粮从悦活偷菜到美好生活微博，带给消费者更多的品牌新鲜感。在未来，如何把目标客户变到社会化媒体平台上进行客户关系管理成为关键。

7. 移动互联网营销：急需创意+技术+实时的结合

移动互联网正在构建新的消费者关系，如果说传统的消费者聚合的关系是通过工作关系、血缘关系、桌面电脑的方式在建立，移动时代的建立是通过地理位置，基于实时的行为和兴趣图谱而建立。移动互联网的营销也随着技术的发展从1.0到2.0，1.0时代显示的广告是短信和彩信的广告，而2.0则是借助二维码、AR技术和移动购物等整合。

8. 电子商务：移动化和社会化电商正在崛起

京东和苏宁、国美大战，驱动更多的消费者更多地选择网上购物，而未来产生新的趋势，则是移动化电商的发展，美丽说、蘑菇街借助人们的社会关系建立的信任驱动消费者的购买。

9. 大数据提供新的营销变革

大数据不断的增长变得更加的多样化和复杂，大数据的价值，既能预测消费者行为又可以优化行为策略，进行个性化的营销和广告的精准的投放。首先是大数据时代将会从商业智能到消费智能，企业要利用大数据如何给消费者提供选择和服务。其次是社会化计算和移动化计算，社会化计算是基于社会化媒体平台上的关系图谱的挖掘，让企业更好地实现精准的营销，以及移动互联网上的数据的挖掘，实现更精准的移动互联网的营销。最后是从数据云到营销云，包括实时的网络广告购买平台的产生和发展。

10. 网络营销重新定义传统营销领域

网络营销让传统的娱乐营销、体育营销的模式都在发生改变，企业在选择体育赞助和娱乐营销等模式的同时，必须结合互联网上的营销才能让传统的营销发生更大的价值。

从这些研究可以看出，网络营销正在发生一轮新的变革，传统营销已经丧失了其生命力和活力，毫无趣味性可言，是不受消费者欢迎的；而各种社交媒体、网络平台备受消费者的青睐。网络营销，才是企业走向新的营销转折点的一张王牌。

第二节　网上调研

一、网络市场调研概述

1. 网络市场调研的概念

网上市场调研是指在互联网上针对特定营销环境进行调查设计，收集资料和初步分析的活动，是为企业的网上营销决策提供数据支持和分析依据。网上市场调研既是一种网站的基本功能，也是一种网络营销的基本职能。它是企业为了达到特定的经营目标，利用互联网的信息传播媒体，系统、有目的地收集、整理、分析和研究与市场有关的信息过程。它是企业网络活动的起点，通过调查可以获得竞争对手的信息，分析市场环境，为确定营销目标提供相对准确的决策依据。

2. 网络市场调研的特点

与传统市场调研方法相比，利用互联网进行市场调研有很多优点：

（1）网络调研信息的及时性和共享性。由于网络的传输速度非常快，网络信息能够快速地传送到连接上网的任何网络用户，而且网上投票信息经过统计分析软件初步处理后，可以看到阶段性结果，而传统的市场调研得出结论需经过很长的一段时间。同时，网上调研是开放的，任何网民都可以参加投票和查看结果，这又保证了网络调研的共享性。

由于企业网络站点的访问者一般都是对企业产品有一定的兴趣，对企业市场调研的内容作了认真的思考之后进行回复，而不像传统的调研方式下为了抽号中奖而被动地回答，所以网络市场调研的结果是比较客观和真实的，能够反映消费者的真实要求和市场发展的趋势。

（2）网络调研方式的便捷性和经济性。在网络上进行市场调研，无论是调查者或是被调查者，只需拥有一台能上网的计算机就可以进行网络沟通交流。调研者在企业站点上发出电子调查问卷，提供相关的信息，或者及时修改、充实相关信息，被调研者只需在电脑前按照自己的意愿轻点鼠标或简单回答问卷问题，之后调研者利用计算机对访问者反馈回来的信息进行整理和分析即可，这种调研方式将是十分便捷的。

同时，网络调研非常经济，它可以节约传统调查中大量的人力、物力、财力和时间的耗费。省却了印刷调研问卷、派访问员进行访问、电话访问、留置问卷等工作；调研也不会受到天气、交通、工作时间等的影响；调查过程中最繁重、最关键的信息收集和录入工作也将分布到众多网上用户的终端上完成；信息检验和信息处理工作均由计算机自动完成。所以网络调研能够以最经济、便捷的手段完成。

（3）网络调研过程的交互性和充分性。网络的最大优势是交互性。这种交互性也充分体现在网络市场调研中。网络市场调研某种程度上具有人员面访的优点，在网上调查时，被访问者可以及时就问卷相关的问题提出自己的看法和建议，可减少因问卷设计不合理而导致的调查结论出现偏差等问题。消费者一般只能针对现有产品提出建议甚至是不满，而对尚处于概念阶段的产品则难以涉足，而在网络调研中消费者则有机会对从产品设计到定价和服务等一系列问题发表意见。这种双向互动的信息沟通方式提高了消费者的参与性和积极性，更重要的是能使企业的营销决策有的放矢，从根本上提高消费者满意度。同时，网络调研又具有留置问卷或邮寄问卷的优点，被访问者有充分的时间进行思考，可以自由地在网上发表自己的看法。把这些优点集合于一身，形成了网络调研的交互性和充分性的特点。

（4）网络调研结果的可靠性和客观性相比传统的市场调研，网络调研的结果比较可靠和客观，主要是基于以下原因：首先，企业站点的访问者一般都对企业产品有一定的兴趣，被调查者是在完全自愿的原则下参与调查，调查的针对性强。而传统的市场调研中的拦截询问法，实质上是带有一定的"强制性"的。其次，被调查者主动填写调研问卷，证明填写者一般对调查内容有一定的兴趣，回答问题就会相对认真，所以问卷填写可靠性高。此外，网络市场调研可以避免传统市场调研中人为因素干扰所导致的调查结论的偏差，因为被访问者是在完全独立思考的环境中接受调查的，能最大限度地保证调研结果的客观性。

（5）网络调研无时空和地域的限制性。传统的市场调研往往会受到区域与时间的限制，而网络市场调研可以 24 小时全天候进行，同时也不会受到区域的限制。

（6）调研信息的可检验性和可控制性。利用 Internet 进行网上调研收集信息，可以有效地对采集信息的质量实施系统的检验和控制。首先，网上市场调查问卷可以附加全面规范的指标解释，有利于消除被访者因对指标理解不清或调查员解释口径不一而造成的调查偏差。其次，问卷的复核检验由计算机依据设定的检验条件和控制措施自动实施，可以有效地保证对调查问卷 100% 的复核检验，保证检验与控制的客观公正性。最后，通过对被调查者的身份验证技术可以有效地防止信息采集过程中的舞弊行为。

3. 网络市场调研的内容

（1）市场需求调研。市场需求调研的目的在于掌握市场需求量、市场规模、市场占有率，以及如何运用有效的经营策略和手段。

（2）消费者购买行为调研。消费者的家庭、地区、经济等基本情况；消费者的购买动机；消费者喜欢在何时何地购买；消费者的消费方式是什么。

（3）营销目的调研。它主要包括产品的调查、价格的调查、分销渠道的调查、广告策略的调查、促销策略的调查。

4. 网络市场调研的对象

（1）企业产品的消费者。消费者网上购买必然访问企业站点，利用企业首页提供的目录、引擎工具浏览商品信息和服务信息。企业调研人员通过网络可追踪消费者，从而了解消费者对产品的意见和建议。

（2）企业的竞争者。美国哈佛大学的著名战略学家、研究企业竞争战略理论的专家迈克尔·波特提出了行业竞争的结构模型。他指出，在任何产业里，无论是国内还是国外，无论是生产一种产品还是提供一种服务，竞争规则都蕴含在以下市场行为中，即新竞争者的加入、替代产品的潜在威胁、现有市场购买力的约束、供应方的价格因素。调研人员通过对竞争者有关信息的分析，准确地把握行业竞争趋势，做到知己知彼，使企业能够及时采取应对市场措施，调整营销策略。

5. 网络市场调研的步骤

（1）明白问题与确定调研目标。

（2）指定调研计划。

（3）收集相关信息资料。

（4）分析相关信息资料。

（5）报告调研结果。

二、网络调研的方法

1. 网络市场直接调研法

网上最常见的、使用最多的是专题讨论法和在线问卷调查法。

（1）专题讨论法——通过 Usenet 新闻组、电子公告牌（BBS）或邮件列表讨论组进行。步骤如下：①确定要调研的目标市场。②识别目标市场要调查的讨论组。③确定讨论的范围并准备讨论的话题。④登录相应的讨论组，通过过滤系统发现有用的信息或创建新话题组织讨论，从而获得信息。

（2）在线问卷法。在线问卷法即浏览其网站的每个人参与企业的各种调查，在线问卷法可以委托专业公司进行。具体步骤：①向相关的讨论组邮简略的问卷。②在自己的门户网站上放置简略的问卷。如图 4-2 所示，为问卷星公开在线问卷。③向讨论组送去相关信息，并把链接指向放在自己网站上的问卷。

虎扑CBA球迷调查问卷

非常感谢您来参与虎扑CBA问卷调查，让虎扑更懂你！为你量身打造更出色的服务与体验！而且参与调查还有机会获取虎扑限量版NBA扑克哟

此问卷填写完成后可参与抽奖，奖品由问卷星提供。　预览抽奖界面

1. 您关注CBA的原因（请选择最重要的1条）？ ＊
   ○ 家乡有CBA球队
   ○ 家乡无，但现所在地有CBA球队从而关注
   ○ 爱好体育、爱好篮球而关注CBA
   ○ 国内最顶级篮球赛事，值得关注
   ○ 关注男篮国手表现而关注CBA
   ○ 其它

2. 关注CBA的同时您是否也会关注下列联赛？ ＊ [多选题]
   □ 只关注CBA
   □ NBA
   □ NCAA美国大学生篮球联赛
   □ CBA青年联赛
   □ CUBA、CUBS等中国大学生联赛
   □ CHBL、CJBL等中国初高中联赛
   □ 欧洲篮球联赛
   □ 其它联赛

3. 除去收看比赛直播的时间，您每天大概花多长时间浏览CBA信息？ ＊
   ○ 1小时以下
   ○ 1到2小时

图 4-2　在线问卷

2. 网络市场间接调研法

（1）利用搜索引擎查找资料。以查找在线问卷为例，在搜索框中输入关键字，即可通过搜索引擎查询到相关链接，如图 4-3 所示。

图4-3　搜索引擎检索结果

（2）访问相关的网站收集资料。如果要查找某一方面的资讯，并且了解相关信息所在的网站，可以直接登录并访问，获取信息。

①问卷星（http：//www.sojump.com），如图4-4所示。

图4-4　问卷星在线问卷网

②利用艾瑞网。艾瑞市场咨询（iResearch）是一家专注于网络媒体、电子商务、网络游戏、无线增值等新经济领域，深入研究和了解消费者行为，并为网络行业及传统行业客户提供市场调查研究和战略咨询服务的专业市场调研机构。iResearch秉承专业、严谨、客观的工作作风，目标是发展成为网络经济时代中国最优秀的专业市场调研公司。如图4-5所示。

（3）利用网络数据库资源查找信息。网上数据库有付费和免费两种。在国外，市场调研用数据库一般都是需要付费的。我国的数据库业近10年有较大的发展，但多数都是文献信息型的数据库。如中国知网、万方数据。

图 4-5　艾瑞咨询网

①中国知网（http：//www.cnki.net），如图 4-6 所示。

图 4-6　中国知网

②万方数据（http：//www.wanfangdata.com.cn），如图 4-7 所示。万方数据股份有限公司是国内首批以信息服务为核心的股份制高新技术企业，是在互联网领域，集信息资源产品、信息增值服务和信息处理方案为一体的综合信息服务商。

图 4-7　万方数据

三、网络调研报告的撰写

1. 网络调研报告的含义

网络调研报告的撰写是整个网络调研活动的最后阶段，是网络营销调研的最终成果体现。网络调研报告不是信息的简单堆砌，调研人员不能把大量的信息和复杂的统计技术直接搬到决策者面前，而是在对所有的信息的分析基础上，把与网络营销关键决策有关的主要调研结果总结出来，提出具有建设性的建议，供决策者参考。

2. 网络调研报告的结构

第一部分封面。封面通常包括以下几个方面的内容：标题；有关报告的目的和内容；委托单位的名称（为哪个单位或个人提供调研服务）；调查机构的名称（可以添加地址、电话、传真、电子邮箱等联系方式）；呈送调查报告的日期。

第二部分授权书。授权书是指在调研活动开始前委托客户写给调研机构的信函，详细说明对调研机构的要求。通常是由双方订立确定委托代理关系的合同文书。并非所有报告都要求有授权书。一份授权书通常包括以下内容：调研范围与调研方法、付款条件、预算、人员配备、期限、临时性报告、最终报告的要求。

第三部分目录。目录是整个书面报告的内容目录，帮助快速找到每一章节在报告中的相应位置。通常包括以下三个方面：章节标题、副标题及相应页码；图表及数字清单标题及页码；附录标题及页码（附录、索引及相关资料），以方便资料查询。

第四部分执行性摘要。执行性摘要是对调研报告主体部分的高度概括和总结，是整个报告的必读部分，为忙碌的管理者及委托单位提供了预览条件，主要包括调研目标、调研方法、调研结果的简单陈述（简述结论及建议）、其他有关信息（如背景信息、局限性等）。

第五部分引言。介绍实施调研的背景（如项目来历、对企业及市场现状和调研方法的简单描述等）、参与调研的人员和单位、向相关个人及单位致谢等，也可以对报告中每一个部分的内容及相关联系进行简单介绍。

第六部分分析与结果。此部分是调研报告的正文部分，也是最核心的部分。应按照一定的逻辑顺序进行陈述（通常包括项目的市场背景分析、原因分析、利弊分析和预测分析），并配合文字、表格、图表等展示分析的全过程，并得出调研结果。

第七部分结论及建议。此部分是调研报告的关键部分，也是最吸引人的地方。其中，结论是以调研分析结果为基础得出的结论或决策；建议是根据结论而提出工作及行动建议，是今后的行动指南，是调研机构对整个调研项目的总结。

第八部分调研方法与调研报告的局限性。主要介绍调研的研究类型及研究目的；总体及样本的界定；资料收集方法（文案法、访谈法、问卷法等）和调查问卷的一般性描述及特殊类型问题的讨论，以及对特殊性问题的考虑，以增强调研的可靠性。通常调研方法描述的篇幅不必过长。局限性即任何调研都难免受样本界定误差或随机误差的影响；同时又受时间、预算、资源或其他条件的约束和限制，使调研结果产生不同程度的误差现象，因此应以客观的态度对所调研项目的局限性进行相关说明。

第九部分附录。

（1）调查问卷及说明。将调查问卷原稿附在正文后面，并对调研方法、抽样调查方式以及问卷调查中相关问题进行详细说明。

（2）数据统计图表及详细计算与说明。报告中涉及的图表及其他视图资料应进行详细说明，对于数据的统计计算过程也应适当作详细解释。

（3）参考文献及资料来源索引。报告中所参考的文献、学术期刊等资料需进行说明；同时需要对一手资料、二手资料的来源及联系方式进行详细说明。

（4）其他支持性材料。除上述资料外的其他资料也应作相应的说明。

第三节　营销工具的使用

一、软文推广

（一）推广的概念及分类

（1）顾名思义，软文是相对于硬性广告而言，由企业的市场策划人员或广告公司的文案人员来负责撰写的"文字广告"。

（2）软文之所以越来越受到企业的青睐，一是因为受众信息的敏感度越来越高，使得传统硬广告的效果越来越差；二是因为在广告效果下降的同时，广告费用却不断上涨，企业不得不尝试其他性价比更高的营销手段。由于软文在不影响用户体验的基础上还能够达到既定的广告效果，自然备受推崇。

不同的企业，背景和需求各不相同，使得软文的表现形式多种多样。但是万变不离其宗，不管如何变化，总有规律可循。根据传播渠道及受众的不同，软文大体可以分为三类：新闻类软文、行业类软文、用户类软文（产品软文）。

（二）新闻类软文编写及推广

新闻类软文是软文发展初期常用的手法，也是最基本的一种软文形式。此类软文的形态主要以新闻报道为主，如常说的媒体公关稿、新闻通稿或新闻公关稿即属于此范畴。当企业有重大事件、相关活动、新产品发布等动态时，都会通过新闻的形式进行预热或曝光。

1. 新闻类软文的写作手法可以归纳为以下三类

（1）新闻通稿。新闻通稿是公关与营销界人士最耳熟能详的一个词，它原本是新闻媒体中的术语，指的是媒体在采访到一些重要新闻后，以统一的文章方式发给全国需要稿件的媒体。后来，很多企业在对外发布新闻时，为统一宣传口径，也会组织新闻通稿，以提供给需要的媒体。

由于新闻通稿来源于传统媒体，所以其写作形式也与传统媒体一样，即消息稿和通讯稿。简单地说，消息稿就是先对整件事进行简要而完整的说明，要包括整个事件；通讯稿则是对消息内容的补充，可以是背景介绍，也可以是事件中的一些花絮、具体的人或故事等。

新闻通稿涉及的技巧相对来说较少，基本上只要文字流畅、语言准确、层次清晰、逻辑性强，能把事情表述清楚，表达完整即可。

（2）新闻报道。由于新闻通稿的形式简单，且都由企业人员自己操刀，所以在宣传效果上不够深入，仅能起到一个广而告知的作用。若要达到进一步的效果，比如需要促进产品销售等，就显得力不从心了。为了达到这些更高层次的目标，我们就需要用更为复杂的新闻工具——"新闻报道"。此类软文都是以媒体的口吻、新闻的手法对某件事情进行报告，甚至直接聘请真正的记者撰写。文章完成后，也会与正常的新闻报道一样，发布到相关媒体的新闻栏目。由于其夹杂在正常新闻中间，且完全用新闻体组织正文结构，让人防不胜防，对于非专业人士，根本无从分辨。

（3）媒体访谈。相对于新闻通稿的公式化语言及新闻报道的说教式、单向灌输式内容而言，媒体访谈这种形式更容易让人接受，它由一般新闻的单向灌输向渗透式、感召式、互动式转变。企业与媒体通过访谈聊天的形式表达出来的内容和理念更具亲和力、吸引力和感染力，能够做到以理服人、以情动人。

以上就是新闻式软文的三种主要表现形式。但是一篇新闻软文要成功，仅具备形式与内容还不够，还要具备新闻亮点。这就需要企业深入挖掘自身的新闻素材，彰显新闻价值。我们需站在媒体的视角，用媒体的眼光来审视企业内部，那就会惊奇地发现处处是亮点。

2. 新闻类软文亮点的地方主要体现在以下七条

（1）产品。对于有价值的新产品，本身就有可能成为一个大大的新闻，甚至会成为轰动全球的大新闻。比如"印度要造百元电脑"的新闻，曾在全球 IT 界红极一时。通常能够产生新闻效应的产品，都是能够改变人们生活或带来利益的产品。所以要想让自己的产品也产生新闻效应，就需要以新闻的角度去审视自己的产品，去挖掘产品中的亮点，要明确自己的产品能够影响哪些人、能够让谁受益、它的与众不同之处在哪里。

（2）服务。"顾客就是上帝"，可是"上帝"却越来越不好伺候了。现在的消费者在选购产品时，越来越关注产品的软实力。比如消费者到商场选购家电时，除了关注产品本身的价钱、质量以外，还尤为关注售后服务的范围、时间和内容，而这些往往会是影响其最终选购的关键。只要是用户关注的地方，一定有亮点。所以若我们的服务质量过硬，甚至有一套独特的方法，那完全可以大张旗鼓地进行宣传。这不仅仅是在做新闻，更是对用户的一种关怀。

（3）技术。科技改变世界，人之所以能够成为地球的主宰，很大程度在于我们懂得创造和发明。所以对于技术的追求是人类进步的源泉。同样，如果您的企业有足够创新或先进的技术，必将成为媒体追逐的目标。

（4）文化。企业文化也是企业的重要组成部分之一，如一些成功企业的经营理念、管理方法等都是人们关注的焦点。媒体关于此类话题的关注度也越来越高，对于好的素材，往往都会进行深入报道。所以如果我们的企业文化比较与众不同，具有足够的特点，那就要把它充分展示出来。

（5）事件。对于企业，往往本身并不引人注目，但是企业中发生的一些事却亮点十足。比如曾经的联想收购IBM，最近的吉利收购沃尔沃，都占据了大量的媒体头条。再比如互联网历史上的里程碑事件：QQ与360之战更是轰动一时。当然，不是所有的企业都经常有大事发生，如果实在没有事件，那也可以制造一些事件，具体的可以关注后面章节中的"事件营销"。

（6）活动。对于有特点、有意义、有影响的活动，大都会引起媒体的关注和报道。在这方面，一些大的公司和企业已经做得非常深入。在这里提醒一点，企业在策划活动时，一定要提前策划出足够的亮点，为媒体准备好充足的素材。

（7）人物。一个企业能够做大、做强、走向成功，其中必然有一些人发挥着重要作用，而往往这些人物身上都具有一些常人所不具备的特点，且这些都是新闻点、亮点。其实普通大众也都渴望了解这些成功人士背后的故事。这么做不仅能够满足新闻宣传的需求，更能为企业的对外形象注入人性化的一面。这也是为什么现在的企业在成功后，老总都喜欢抛头露面，甚至著书立传的原因。

（三）行业类软文编写及推广

行业类软文，即指面向行业内人群的软文，此类文章的目的通常是扩大行业影响力，奠定行业品牌地位。一家企业的行业地位将直接影响到其核心竞争力，甚至会影响到最终用户的选择。比如当我们在为企业建站时，一定愿意选择那些行业知名度高且具有一定影响力的公司合作。行业软文从以下五点去切入，更容易建立知名度与影响力。

1. 经验分享

此类文章以传播知识与经验为主，实际上是利用心理学中的"互惠原理"去感染人、影响人，继而建立品牌地位。在这里简单解释一下"互惠原理"。好的公关、营销和销售人员，都善于利用心理学中的一些原理做工具，去为自己服务。而"互惠原理"

就是其中常用的一条。分享型软文也是基于此原理的，当你分享经验的同时，其实是在免费给予读者知识，帮他们少走弯路、解决问题。而读者免费接受了你的馈赠和帮助后会回报给你口碑，向身边的朋友、同事、同行去推荐你、赞美你。在这个过程中，你的知名度与影响力自然就建立起来了。

2. 观点交流

如果说经验分享类的文章是以知识服众，那观点交流型的文章就是以思想取胜。而且相对于前者来说，此类文章更好写。不需要有太多的经验，只要有思想，善于思考和总结即可。此类文章通常都是以独到的见解、缜密的分析、犀利的评论为主，让读者从心理上产生共鸣，继而建立品牌地位和影响力。如果随便打开一些行业网站内的专家专栏，就会发现很多文章都以此为主。

3. 权威资料

无论哪个行业，几乎都有一个共同的需求，就是迫切需要各种行业的调查数据、分析报告、趋势研究等资料，比如 CNNIC 每次发布互联网调查报告时，大家都趋之若鹜。甚至有些行业报告，千金难求。若我们有条件进行一些分析调查、数据研究等工作，或是有条件得到一些独家的资料，那完全可以发布一些基于这些数字、报告的软文，必将大受欢迎。

4. 人物访谈

简单地说，就是针对行业内的名人进行访谈，然后将访谈内容整理成文章发布。这种做法的长处首先是不需要你自己组织大量的内容，只要邀请好访谈嘉宾，准备好问题即可，甚至问题都可以让听众帮你想。其次是在访谈的过程中，还可以积累到许多优质的人脉资源与媒体资源。最后就是快速奠定行业品牌与影响力。人物访谈可以通过诸如QQ 群打造一个专属的访谈节目。

5. 第三方评论

就是邀请第三方人士上阵，让他们从客观的角度去评价企业，邀请的对象，最好是在业内具有一定知名度和影响力的名博、名人，如果实在邀请不到这样的人，那也可以自己操刀，成文后以第三方的名义发布。评论的内容也不一定非要限于正面的，负面的也可以。但是如果是负面评论，最后一定要能够再给圆回来。其实有时候，负面内容的传播效果要比正面的好。所谓"好事不出门，坏事传千里"，受众往往更愿意关注一些负面的消息。

（四）用户类软文编写及推广

用户类软文，指面向最终消费者或产品用户的文章，大家经常提到的产品软文即属于此类。这类软文的主要作用是增加在用户中的知名度与影响力，赢得用户好感与信任，甚至训导用户产生消费行为。

这类文章的表现形式多样，但基本原则只有一条：以用户需求为主，具有阅读性。

根据具体表现形式和手法的不同，此类软文可以分为十二种类型，具体如下：

（1）知识型。随着互联网的深入人心，大家越来越喜欢上网获取信息、学习知识。而知识性软文就是以传播与企业或产品相关的知识为主的，而在传播知识的同时，与广告信息有机结合。

（2）经验型。这里说的经验型软文与前面行业类软文中第一点中提到的一样，都是利用互惠原理去影响和引导用户的。像一些美容保健类产品，非常喜欢用此法。如对于"我是如何从××斤减到××斤"、"我是如何在×个月内减掉××斤的肉肉"这样的标题文章，广大爱美女性和肥胖人士是绝对无法抗拒的。如果内容上再真实、实用一些，然后巧妙植入推广信息进去，那杀伤力会非常大。

（3）娱乐型。问一下身边的朋友，平常上网都干什么？大部分人会告诉你，上网是为了"玩"、"找乐子"。没错，对于网民来说，上网最大的目的就是娱乐。所以如果我们能把软文写得娱乐味十足，将会非常有市场。

（4）争议型。如果大家关注过近几年出现的网络红人和网络大事件，就会发现一个规律：这些人和事的背后，往往都存在着大量的争议，也因为这些争议，他们才会红、才会火，才会引发关注和讨论。

可以说"争议"是网络营销中最大的卖点。软文也同样如此，如果内容中有足够的争议，同样会达到非常好的效果。这个争议可以是纯粹的话题争议，也可以是事件争议或者是人物方面的争议。

（5）爆料型。从心理学的角度说，人或多或少都有点偷窥欲，都渴望知道别人的一些隐私，或了解一些别人不知道的东西。如论坛中那些标题中顶着曝光、揭秘字眼的帖子，往往点击率非常高。邮箱里带着绝密文档、被禁资料词汇的垃圾邮件，都有不错的点击率。

（6）悬念型。也可以叫自问自答型，表现形式为标题提出一个问题，全文围绕这个问题来进行分析与解答。如"艾滋病真的可以治愈吗"、"40岁可以拥有20岁一样的皮肤吗"、"穷小子是如何成为百万富翁的"等。标题即话题，通过这个话题来吸引目光。因此标题中的问题一定要有足够高的关注度，文中给出的答案要符合常识和逻辑，不能自相矛盾、漏洞百出。

（7）故事型。故事人人爱听，特别是好故事，不但轻松、幽默，甚至还能从中学到各种各样的知识。将要推广的信息包装到故事里，会收到意想不到的效果。用户在接受故事的同时，实际上也接受了你的心理暗示，将故事中传递的信息印在了脑海中，继而影响到他的认知和选择。而且故事的形式，还有利于口碑的传播。

（8）恐吓型。在人的内心深处都有恐惧和害怕的一面，恐吓型软文就是利用人的恐惧去达到效果。先抛出一个直击用户内心软肋的结论，当用户意识到严重性后，再给他一个解决方案。通过恐吓形成的效果，要比其他方式形成的记忆更加深刻。但是操作时也要注意把握火候，太过于出格，容易遭人诟病。

（9）情感型。在做营销推广时，我们就应该抱着追求女孩子的心态，把用户当成"心仪的对象"来追求。假如我们的软文能够写得像情书，做到以情感人、以情动人，直接从情感上俘虏对方，怎么可能产生不了好的反响？

（10）资源型。好的资源，人人需要。如果我们能将用户迫切需要的好资源进行汇总并传播，不但不会被人认为是广告，而且还会大受欢迎。

（11）促销型。如果喜欢到汽车网站逛的朋友，应该经常会看到这样的文章标题："×××品牌现车紧张，暂无优惠，提车等数周"、"×××品牌无现车，提车周期2周"等，或是"×××品牌8.8折，购车更送交强险"、"×××品牌现车，购车优惠4.2万元"等。这些都是促销型软文。通常这类软文直接配合促销使用，或通过营造"紧缺气氛"，利用"免费策略"、"攀比心理"、"羊群效应"等因素来达到营销目的。

（12）综合型。以上介绍了十一种不同类型的软文写法，但是这些都只是工具，具体操作时切勿教条。在执行过程中，先不要考虑这些条条框框，一切以效果为主。

（五）扩大软文的推广效果

前面从大的方面说了软文的一些类型和写法，但是仅仅掌握了这些还远远不够，一篇软文若想成功，达到更好的效果，还需要多在细节上下工夫。

1. 标题

别小看文章标题那短短的十几个字，里面包含的学问可不小。关于标题，重点强调以下三个问题：

（1）学会做标题党。标题一定要足够吸引眼球，如果用户看了标题，没有单击的欲望，那正文内容写得再好也是徒劳的。要从文章中挖掘亮点，多运用能够引起用户点击欲望的词汇。

（2）标题要符合用户搜索习惯。当我们将软文发布到各大网站或媒体后，就相当于守株待兔，等着用户到这些媒体上观看。

（3）在标题中植入要推广的信息。用户阅读文章的顺序是先看标题，然后单击标题进入正文。但是标题写得再好，也不可能让所有的人都产生单击的欲望。标题中虽然只有短短十几个字，却已经将要推广的产品信息完美演绎了。用户看完标题后即使不阅读正文也没关系，因为推广的目的已经达到。

2. 排版

文章排版格式要正确，这是小学时老师就强调过的知识。但是在实际工作中，恰恰很多人忽略了这一点，不懂得正确排版。听起来好像有点不可思议，但绝不是危言耸听。排版的问题很大，而且排版的效果能够直接影响到推广效果。

第一，如果文章排版很差，将会直接影响到用户的阅读体验。

第二，如果文章排版很差，将会增加责任编辑的工作量。

第三，如果文章排版很差，还会影响到文章的转载率。

其实排版并不是什么很复杂的工作，涉及的排版知识也很少，全算起来也就五条，第一条，每段首行空两格。第二条，段与段空一行。第三条，正确使用标点符号。第四条，分段标题并加粗。第五条，不要乱设字号、字体颜色，全部用默认的。

3. 植入广告

撰写软文的过程中，切记不要把它当成广告写，行文时把"软文"二字彻底扔掉。不妨借鉴影视剧中的植入广告，将产品与内容有机结合，甚至让广告部分都具有一定的可读性。写软文时，先不要在文章中涉及任何企业信息、产品信息或广告信息，先当成一篇正常的文章写作。成文后，再回过头来读一遍文章，看看怎么才能将广告信息不着痕迹地植入进去。常见的植入方式有：文章中需要举例时，将企业信息以案例的形式展现；让企业人员以专家顾问的身份出现；或干脆以留版权信息的方式植入等。

4. 系列文章

系列文章的好处有很多：

（1）加深对产品的印象。仅仅一两篇文章，在用户心中形成的印象会非常有限，可能几天后，用户就彻底忘掉了相关信息。系列软文通过长时间不停地冲击用户的眼球和记忆，让用户产生深刻的印象。

（2）更好地进行产品诉求。一件产品的优点是无法通过一篇文章阐述清楚的。而且单篇文章中的产品信息过多，就会使用户产生抵触情绪。而通过系列文章，可以长时间潜移默化地对用户进行产品诉求，让用户在不知不觉中全盘接受产品的信息和理念。

（3）扩大覆盖人群。一篇文章的影响范围有限，能有千人围观已属佳绩。而系列软文的覆盖范围可以无限叠加，使影响到的人群不断扩大。

5. 打造明星

为什么现代企业会一掷千金来请明星或名人做形象代言？因为他们的"明星光环效应"会给消费者的心理造成强暗示，使得用户对产品的认知度及信任感大幅度提升，让销售成为必然。

（1）打造名人。从某种意义上讲，那些名人和名博写的文章都是软文，因为这些文章都是在突出他们个人。而他们的文章，基本上都是以传播知识和思想为主的。所以如果我们的软文也是从传播知识或思想的角度切入，则可以在文章中多多突出作者，制造名人效应。

（2）打造虚拟形象。如果我们实在无人可推，那可以考虑打造一个虚拟形象。

（3）将栏目或产品拟人化。如果我们的栏目或产品足够有特色，那也可以直接将其拟人化。

6. 向用户传递有价值的信息

软文要有效果，前提是内容能够打动用户。如果用户看了你的文章后面无表情、心平如镜，一丝感觉都没有，认为这是"垃圾"、"广告"，那怎么可能有效果呢？那就是不管你的软文写成什么形式，一定要向用户传递有价值的信息。

其实真正的好软文应该和正常的文章无异，甚至本身就是经典。比如《西游记》，从营销角度来说，它就是一部长篇软文，因为其通篇宣传的都是佛教，而其却是流传千古的经典。

7. 结合其他工具

一次成功的网络推广，一定是整合推广。任何推广方法都不是单独存在的，软文也一样。在软文操作过程中，要注意与其他推广工具相结合。如前面刚刚介绍过的 QQ 群就是一个非常好的辅助工具。如果情况允许，建立大量相关用户 QQ 群并植入文章中，这会使得在做软文推广的同时还能够积累到有形的用户资源。而当群的数量达到一定程度后，就会发生质的变化。

8. 选好发布平台

当软文内容做得无懈可击后，接下来就进入后期的发布环节了。发布环节很重要，因为它会直接影响到传播的效果。关于这个环节，重点要注意以下三个问题：

（1）选择内容源网站。什么是内容源网站呢？如一篇文章发布到新浪后，会被其他的网站转载，这样的网站就叫内容源网站。如果能将软文发布到内容源网站，就意味着会被许多网站主动转载，增加传播的机会和曝光率。所以在发布软文时，内容源网站是第一选择。

（2）广为发布。写得再好的文章，如果大家看不到也是无意义的。也就是说，在保证软文质量的前提下，还要尽可能地让更多的人看到这篇文章。最根本的方法就是广为发布，只要是相关的网站、有用户的网站，就多多益善。网站的形式不仅限于资讯站，也包括论坛、博客、SNS，只要能够发布的渠道，就尽可能占领。

（3）积累发布渠道。在实际操作中，很多朋友反映软文无处发表。在工作中，我们要随时注意渠道的积累和维护，特别是与这些网站工作人员的关系，尤其重要。关于软文，没有什么捷径可走，只有多写、多练、多实践。

二、网络广告推广

1. 网络广告概述

网络广告有广义和狭义之分。广义网络广告是指互联网上发布的所有以广告宣传为目的的信息，如图像式网络广告、网络联盟广告、关键词广告、邮件广告等。狭义的网络广告则指图像式网络广告。总的来说，在各种互联网平台上投放的广告，即称为网络广告。比如网站中的横幅广告、文本链接广告、视频广告等。这是互联网浪潮催生的一种全新广告模式。

与传统的四大传播媒体（报纸、杂志、电视、广播）广告及近来备受垂青的户外广告相比，网络广告具有得天独厚的优势，是实施现代营销媒体战略重要的一部分，是中小型企业扩展壮大的很好途径，对于广泛开展国际业务的公司更是如此。特别是随着互联网的普及与发展，网络广告的市场正在以惊人的速度增长，网络广告发挥的作用与效果越来越显得重要，以至于业界人士普遍认为互联网将成为传统四大媒体（电视、广播、报纸、杂志）之后的第五大媒体，甚至后来者居上。

2. 网络广告的特点

与传统广告相比，网络广告主要有以下特点和优势：

（1）传播范围广。网络广告不受时间、空间限制，通过互联网发布的信息，可以传递到地球的任何一个角落。只要具备上网条件，任何人在任何地点都可以随时随意浏览广告信息。

（2）性价比高。作为新兴媒体，网络媒体的收费远远低于传统媒体。比如传统的电视广告，均是按秒收费，每秒多则上百万的费用，让企业望而却步。最终算下来，获得一个有效用户的成本可能高达上万元。而互联网广告通常都是按月计费，甚至按效果计费。获得一个有效用户的成本，可低至几分钱。

（3）表现形式多样。传统广告表现形式单一。如平面广告只能是文字或是图片，广播只能是声音，电视广告只能是图像。并且传统媒体还对广告的形式、内容有着严格的要求与约束。而网络广告的表现载体基本上都是多媒体、超文本格式文件，受众不但能够看广告，还可以打开广告、与广告互动。甚至一些广告直接以游戏的形式出现，用户还可以玩广告。这些丰富多彩的表现形式，可以传送多感官的信息，让顾客如临其境般感受商品或服务。

（4）互动性强。交互性是互联网络媒体的最大优势之一。传统媒体都是单方面向用户传递信息，用户只能被动接受，没有发言权，也没有选择，厂商也无法获得用户的反馈。而互联网的特点是信息互动传播，在网络上，受众可以有选择地获取他们认为有用的信息，可以针对这些信息自由发表言论，而厂商也可以随时得到受众的信息反馈。

（5）灵活性好。在传统媒体投放广告，发布后很难更改，即使可以改动，也往往需要付出很高的经济代价。而在互联网投放广告，可以随时变更广告内容，这就使经营决策的变化可以及时地实施和推广，降低风险，提升效果。

（6）精准度高。传统媒体受众不明确，无法根据具体用户分类来进行有针对性的投放，这使得传统广告的精准度大大降低。而互联网上的各种网站与平台种类繁多，用户细分程度极高。所以我们可以根据自己的需求，有针对性地进行各种精准性投放。

（7）效果精确统计。传统广告均无法精确统计投放效果，只能通过并不精确的收视率、发行量等来统计投放的受众数量。但是"无法衡量的东西就无法管理"，没有精确而有效的数据做指导，效果就无法得到保证，成本也将大大提高。而网络广告可以通过及时和精确的统计机制，使广告主能够直接对广告的发布进行在线监控，即时衡量广告的效果。

比如通过监视广告的浏览量、点击率等指标，广告主可以精确统计出多少人看到了广告，其中有多少人对广告感兴趣而进一步了解了广告的详细信息，有多少人最终购买等。

3. 网络广告的形式

（1）网幅广告（Banner），如图 4-8 所示。

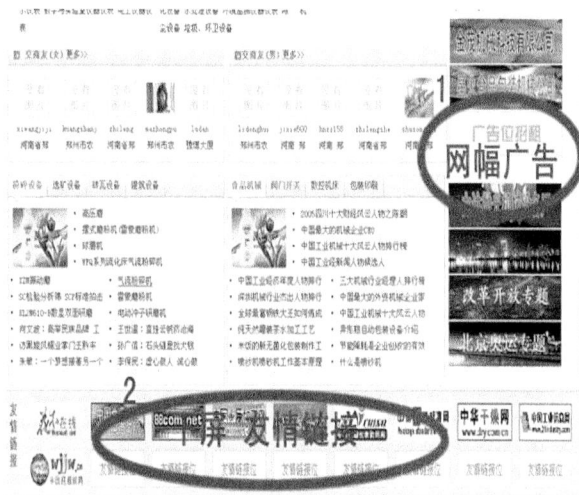

图 4-8　网幅广告

网幅广告是最早的网络广告形式，是以 GIF、JPG、Flash 等格式建立的图像文件，定位在网页中用来展现广告内容。有通栏、旗帜、按钮、对联、浮动等表现形式。常见的网幅广告尺寸如下：950×60 通栏 Banner、468×60 全尺寸 Banner、125×125 方形按钮、120×90 按钮 #1、120×60 按钮 #2、88×31 小按钮、120×240 垂直 Banner 等。网幅广告分为三类：静态、动态和交互式。

①静态：静态的网幅广告就是在网页上显示一幅固定的广告图片。它的优点是制作简单，缺点是不够生动，有些呆板和枯燥。事实也证明，静态广告的点击率比动态和交互式广告的点击率要低。

②动态：动态网幅广告拥有各种动态的元素，或移动，或闪烁。它们通常采用 GIF 动态图片格式或 Flash 动画格式，通过丰富多彩的动态图像，可以传递给受众更多信息，加深浏览者的印象，它们的点击率普遍要比静态的高。动态广告在制作上并不比静态广告复杂多少，而且尺寸也较小，所以它是目前最主要的网络广告形式。

③交互式：不管是静态广告还是动态广告，都还停留在让用户被动看的阶段。而互联网媒体相对于传统媒体最大的优势是互动，所以一种更能吸引浏览者的交互式广告便应运而生了。交互式广告的形式多种多样，如游戏、插播式、回答问题、下拉菜单、填

写表格等，这类广告不仅是让用户单纯地看广告，还需要他们参与到广告中来，甚至"玩"广告。这种广告比其他广告包含更多的内容，可以让用户在参与的过程中对企业与产品产生更深刻的认识与了解。

（2）文本链接广告。文本链接广告是以一排文字作为一个广告，单击可以进入相应的广告页面。这是一种对浏览者干扰最少，但却较为有效果的网络广告形式。有时候，最简单的广告形式效果却最好。

（3）富媒体广告。在互联网发展的初期，因为带宽的原因，网络广告形式主要以文本和低质量的 GIF、JPG 图片为主。而随着互联网的普及及技术的进步，出现了具备声音、图像、文字等多媒体组合的媒介形式，人们普遍把这些媒介形式的组合叫做富媒体（Rich Media），以此技术设计的广告叫做富媒体广告。富媒体广告表现形式多样、内容丰富、冲击力强，但是通常费用比较高。

Rich Media 并不是一种具体的互联网媒体形式，而是指具有动画（二维和三维）、声音、视频以及交互性的信息传播方法。富媒体包含下列常见的形式之一或者几种的组合：流媒体、声音、Flash，以及 Java、Javascript、RealVideo、RealAudio、Interstitial 间隙窗口、Microsoft Netshow、HTML、DHTML 等程序设计语言。

（4）插播式广告（弹出式广告）。插播式广告是指用户在浏览网页时，强制插入一个广告页面或弹出一个广告窗口。最典型的插播式广告就是网页弹窗。插播式广告有各种尺寸，有全屏的也有小窗口的，互动的程度也不同，静态、动态均有。它们的出现没有任何征兆，肯定会被浏览者看到。其实它有点类似于电视广告，都是打断正常播放的节目强迫观看。不同的是，浏览者可以通过关闭窗口不看广告。

（5）视频广告。视频广告是随着网络视频的发展而新兴的广告形式。其表现手法与传统电视广告类似，都是在正常的视频节目中插入广告片断。如在节目开始前或是节目结束后，播放广告视频。同插播式广告一样，这也是一种强迫用户观看的广告形式，但是相对于前者要友好得多。

（6）搜索引擎竞价广告。竞价排名是搜索引擎广告的主要形式，它是按照付费最高者排名靠前的原则，对购买了同一关键词的网站进行排名的一种方式。竞价排名的最大特点是按点击付费，如果没有被用户单击，则不收取广告费。在同一关键词的广告中，点击出价最高的广告排列在第一位，其他位置按照广告主出价不同，从高到低来依次排列。

在搜索引擎营销中，竞价排名的特点和主要作用如下：①按效果付费，广告费用相对较低。用户不点击广告，则不需要支付任何费用，所以大大节省了广告费用。②广告出现在搜索结果页面，与用户检索内容高度相关，提升了广告的精准度。③竞价广告出现在搜索结果靠前的位置，容易引起用户的关注和点击，因而效果比较显著。④广告主可以自由控制广告价格和广告费用，降低了风险。⑤广告主可以对用户点击广告的情况进行统计分析，通过数据来优化广告效果。

以上就是互联网上常见的六种广告形式。除此之外，还有一些其他新兴和不是很常见的形式，如翻页广告、祝贺广告、赞助广告等。

三、论坛推广

1. 论坛推广概述

以论坛、社区、贴吧等网络交流平台为渠道，以文字、图片、视频等为主要表现形式，以提升品牌、口碑、美誉度等为目的，通过发布帖子的方式进行推广的活动就叫论坛推广，也被称为发帖推广。

2. 论坛推广经历的阶段

由于论坛的历史悠久，所以发帖推广也是互联网上出现较早的一种推广手段，也是目前普及率比较高的一种方法。通常学习和实践论坛推广时，要经历以下几个阶段。

（1）论坛群发器。所谓有得必有失，人类在享受高科技带来的便捷的同时，也让自己变得越来越懒。网络推广是力气活，为了省力气，于是就有了各种群发软件。

论坛方面也不例外，BBS 群发器早在八九年前就已经大行其道。论坛推广在于质，不在于量。就算群发的数量再多，若是没效果还是等于做无用功。我们做推广是为了追求效果。所以用论坛群发工具做推广实在是不明智的。

（2）手动群发广告。很多朋友发现了群发器的弊端：群发软件无法识别论坛类型和板块主题，导致发的论坛不精准，而且由于不分析论坛和板块的发帖规则，导致账号经常被封，帖子几乎发一篇删一篇。于是他们开始改用人工操作，有选择性地去发帖。目前这也是比较主流的一种推广方式。但问题是虽然意识上升了，但本质还是没变，发送的内容还是广告，只不过由群发器无节制地乱发广告变成了由人工有选择性地发帖。最后的结果还是被删帖、封 ID，甚至直接封 IP。

（3）手动发软文。到了此阶段，才算真正步入了论坛推广的大门。能将发广告升级到发软文，证明营销意识已经越来越强。这个阶段的核心是"软文"，帖子发出去后会不会被删除、会不会产生效果，在很大程度上取决于软文的质量和力度。所以前面反复强调，软文在网络营销中非常重要，一定要注意软文能力的提升。除此之外，还要看发布的渠道是否精准匹配，以及相关论坛管理员的监管力度。通常越老的论坛，对于软文的敏感度越高。

（4）边互动边发软文。虽然将广告换成软文会降低被删除的概率，但是在论坛中不与坛友互动，效果还是会大打折扣。因为论坛推广的本质是互动，不是一个人自言自语。论坛的圈子文化决定了只有与论坛中真实的人产生互动，才会有效地将信息传递出去。能达到这一境界的朋友，应该说对论坛推广已经有了深刻的认识，并具备了一定的经验。最重要的是证明他的执行力非常强，因为和坛友互动，并不是很轻松的工作。

（5）真正的论坛推广。那到底如何做才是达到了最高境界呢？一切用效果说话。如果你的推广能同时达到以下标准，则证明你已经跻身顶尖高手之列。

第一，不被删除。这是基本条件，如果帖子发完即被删除，则一切都是空谈。

第二，吸引眼球。即使帖子不被删除，但是若没人看，还是在做无用功，所以内容质量是关键。

第三，打动用户。帖子能吸引用户围观，但是触动不了用户的神经也属于失败。我们最终的目标是要影响用户的选择和行为。

第四，有人互动。若是大家都看帖但不回帖，那帖子很快就会被湮没。没有机会被更多展示，自然影响的人群就非常有限。

第五，加精推荐。如果你的帖子能被论坛内的版主给予加精、加红，甚至推荐，那证明功力已经相当深厚了。

第六，有人转载。如果你的帖子能被用户主动转载到其他论坛或网站，那恭喜你，证明你已经大功告成了。

3. 论坛推广操作步骤

前面讲了很多关于论坛推广的知识，下面来为大家讲解如何操作论坛推广。第一步是先进行准备工作。我们先要弄清楚以下几个问题：

（1）了解需求。

①了解目的。首先要明确我们具体推广的产品是什么，是虚拟物品还是实物，是食物还是衣服；其次要明确推广的目标是什么，是为了增加流量、注册量，还是增加品牌知名度，带动销售。

②了解产品。这需要弄清以下几个问题：我们产品的优势是什么、劣势是什么；产品的用户是哪群人；我们产品的亮点是什么；哪些亮点能够打动用户；我们的产品能帮他们解决什么问题。

③了解用户。只有把用户摸透了，才能做到有效推广。在网络营销中，用户是真正的核心。在了解用户时需要弄清以下几个问题：用户聚集在哪些论坛；用户在论坛里做什么；用户喜欢什么样的话题，什么样的资源，什么样的内容；用户群中最有共性的问题有哪些，哪些是最需要解决的，我们又能解决其中的哪些。

④了解对手。方法如下：竞争对手有没有做过类似的推广；如果做过，效果如何？大概是如何操作的；整个过程投入了多少人力、物力；其中有没有值得我们借鉴和学习的地方。

（2）寻找目标论坛。对于论坛的选择，要注意以下几个原则：首先，目标论坛不一定越多越好。关键是质量，而不是数量。同时要量力而行，视自身的人力、物力而定。否则太多的论坛，反而应付不过来。其次，目标论坛也不一定越大越好，有时候大论坛，监控得反而严。最关键的是论坛氛围要好，用户群要集中、要精准。最后，要尽量找内容源论坛。内容源论坛与前面说的内容源网站的含义一样，如果能在内容源论坛炒红一个帖子，就会被大量的第三方论坛转载。

（3）熟悉目标论坛。 首先，应该先了解论坛的规则。要知道这个论坛的管理尺度有多大，允许做什么，不允许做什么；对于广告信息的监管力度如何，有无特殊说明。如有些论坛，会设置专门的广告外链区。 其次，要了解论坛内各板块的特点和差异。如每个板块的主题特色是什么，哪些板块最火，我们的信息和产品发到哪些板块最合适等。同样的内容发到不同的板块，效果可能会相去甚远。最后，要了解论坛用户的特点是什么。即使同样主题的论坛，其用户群的喜好和风格也可能完全相反。所以我们要先了解论坛发烧友们喜欢什么样的话题内容，喜欢什么样的主题和资源。这样才能投其所好，赢得用户。

（4）注册账号，深刻印象。想做论坛推广，首先要有账号，而且有时数量少了还不行，所以对于准备长期驻守的论坛，平常要注意多多注册、积累账号。而且对于论坛来说，最重要的资源就是账号资源。假如你手头有大量各大论坛的高等级账号，那完全可以开公司接业务了。在注册账号时，千万不要用相同的 IP 大量注册。此外，还要注意以下三个要点：

①账号用中文，要有特色。在论坛推广中账号名字有着举足轻重的作用。如果名字简单易记、富有特色，并且具有亲和力，则能让论坛管理人员及论坛发烧友快速记住你。因为当大家对你产生足够的印象，特别是好印象时，即使纯粹地发广告，也会被网开一面。

②及时完善个人资料。账号注册成功后，请第一时间更新完善论坛内的个人资料，如性别、联系方式、个人介绍、个性化签名等，越丰富越好。并且要显得真实，显得有亲和力。个人资料越是真实丰富，就越容易让大家对你产生好感与信任感。其中最重要的是头像，用一张既个性而又富有魅力的图片做头像，会让大家对你的印象及好感度再提高一个档次。如果能用真人照片最佳，切记不要使用可能引起别人反感和抵触情绪的头像。

③让大家记住你。账号资料准备妥当后，先不要急于发广告，因为还需要一些前期的铺垫工作。先拿出一到几个星期的时间，在论坛里适当活跃一下，但是要注意不能单纯地为了互动而互动，关键是要融入。快速融入新论坛最好的方法是制造话题或适当地制造争议。这样的帖子，往往都会引起非常大的反响，同时也会让大家快速地认识你和记住你。当然，要注意把握尺度，不能把争议变成争吵。

（5）准备内容。重点强调以下两个问题：①在产品卖点与用户需求中找平衡。推广帖子的内容不管怎么写，其具体切入点一定要在产品卖点与用户需求中找平衡，要既能将产品的亮点展现，又能满足用户的需求，将二者有机结合。②吸引眼球和互动是关键，注意以下几点：一要娱乐题材；二要社会热点；三要引发争议；四要产生共鸣；五要分享互助。

(6) "马甲"来炒。要有两手准备，提前准备好充足的"马甲"。一旦帖子没人关注，赶紧上"马甲"，先自行制造话题。在具体操作时，"马甲"也不要只是一味地回复一些"顶"、"路过"之类没有营养的话。要提前设计好对白，且对白要有看点，要能激发用户的参与热情。

以上就是论坛推广主要的六个步骤。除了以发帖的形式推广外，还要利用一切可利用的资源进行辅助。如在平常与坛友的互动聊天中，融入广告信息；直接通过论坛内置的站内短信功能，给用户推荐产品；在签名中植入广告等。

四、搜索引擎 SEO 推广

1. 搜索引擎 SEO 推广概述

(1) 搜索引擎优化推广的含义。搜索引擎优化推广是指利用搜索引擎、分类目录等具有在线检索信息功能的网络工具进行网站推广的方法。由于搜索引擎的基本形式可以分为网络蜘蛛型搜索引擎（以下简称搜索引擎）和基于人工分类目录的搜索引擎（以下简称分类目录），因此搜索引擎推广的形式也相应地有基于搜索引擎的方法和基于分类目录的方法，前者包括搜索引擎优化、关键词广告、固定排名、基于内容定位的广告等多种形式，而后者则主要是在分类目录合适的类别中进行网站登录。随着搜索引擎形式的进一步发展变化，也出现了其他一些形式的搜索引擎，不过大都是以这两种形式为基础。

搜索引擎推广的方法又可以分为多种不同的形式，常见的有：登录免费分类目录、登录付费分类目录、搜索引擎优化、关键词广告、关键词竞价排名、网页内容定位广告等。从目前的发展趋势来看，搜索引擎在网络营销中的地位依然重要，并且受到越来越多企业的认可，搜索引擎营销的方式也在不断发展演变，因此应根据环境的变化选择搜索引擎营销的合适方式。

(2) 网站推广方式中搜索引擎优化的意义。第一，自然结果的商机更大。从搜索习惯来看，用户更倾向于点击查看自然排名的结果。各大搜索引擎都很好地区分了自然排名结果和广告，如 Google 仅仅把广告显示在右侧，左侧全是自然排名结果，百度也在广告结果中加入了"推广"的字样。一般用户对广告都有一定的排斥，一旦他们分辨出哪些是广告，就会尽量不去点击。所以，如果企业的网站出现在自然排名中，就会加大被用户点击的可能性，从而带来更多的商业机会。

第二，节省费用。网站通过实施搜索引擎优化，可以使一些关键词的排名提高，而还有一种方法就是需要要不断地投放广告。所以搜索引擎优化无疑为企业节省了一定的广告开支。即便企业不去削减广告预算，也大可以把这些费用投放在更多的关键词上。

第三，增加被检索到的机会。随着搜索技术的发展，越来越多的搜索引擎营销出现了。但是企业不可能在所有的搜索引擎针对所有的相关内容都投放广告，况且还有一些搜索引擎暂时不提供收费的广告业务。因此，只有根据搜索引擎的普遍规律去进行网站优化，才有可能做到对搜索引擎更多的覆盖。

第四，获得更佳用户体验。正确的搜索引擎优化并不会为了迎合搜索引擎而把网站改得面目全非；相反，优化会遵循"用户喜欢的才是搜索引擎喜欢的"这一基本观点，要充分考虑用户的体验。

（3）搜索引擎优化的必要性。网站要聚集人气，必须要有足够的访问量，而网络上的信息数以亿计，网站容易湮没在这些浩瀚的信息流中。通过对多个网站的综合统计，搜索引擎是网站访问量来源的重要部分，占到70%~80%。并且，至少85%的搜索者在搜索时根本不会去看50名以后的网站。也就是说，如果想让网站发展，就必须通过网站推广将自己的网站排到搜索引擎搜索结果的前面，越靠前就越可能被更多的潜在客户发现。

在一个搜索引擎关键词查询结果中，排名在前十位的页面检索将占此关键词访问量的60%~65%；排名位于11~20排名的页面检索将掠去20%~25%的访问量；而排名在21名后的所有页面检索只能分享3%~4%的访问量，因此对搜索引擎的优化研究是必要的，而接下来的一节将对搜索引擎的理论和现状进行研究。如图4-9所示。

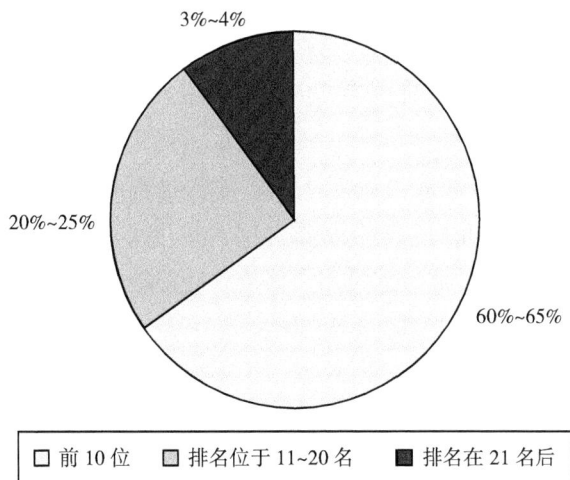

图4-9　排名和访问量对照

2. 搜索引擎中的理论研究和现状

（1）搜索引擎中的理论研究。

①搜索引擎中的名词术语，要研究搜索引擎的优化，必须了解相关的一些名词及术语，才能深入了解搜索引擎优化的具体部分，名词术语表部分多数引自定义，少数自己总结所得。如表4-1所示。

表4-1 搜索引擎的名词术语

名词	解释
搜索引擎	搜索引擎（SE）是指根据一定的策略、运用特定的计算机程序搜集互联网上的信息，在对信息进行组织和处理后，为用户提供检索服务的系统。比较出名的如：百度、Google
搜索引擎营销	搜索引擎营销（SEM）就是基于搜索引擎平台的网络营销，利用人们对搜索引擎的依赖和使用习惯，在人们检索信息的时候尽可能将营销信息传递给目标客户。搜索引擎营销追求最高的性价比，以最小的投入，获取最大的来自搜索引擎的访问量，并产生商业价值
搜索引擎优化	搜索引擎优化（SEO）是针对搜索引擎对网页的检索特点，让网站建设各项基本要素适合搜索引擎的检索原则，从而获得搜索引擎收录尽可能多的网页，并在搜索引擎自然检索结果中排名靠前，最终达到网站推广的目的
关键词	关键词就是希望访问者了解的产品、服务或者公司等内容名称的用语。比如搜索电子商务论文，"电子商务"就是一个关键词
蜘蛛机器人	蜘蛛机器人就是一个爬行程序，一个抓取网页的程序
白帽技术	白帽技术是以正当方式优化站点，使它更好地为用户服务并吸引爬行器的注意的一种搜索引擎优化技术
黑帽技术	黑帽技术是用垃圾技术欺骗搜索引擎，以伪装、欺诈和窃取的方式骗取高排名的一种搜索引擎优化技术
转化率	转化率是指访问某一网站访客中，转化的访客占全部访客的比例

②搜索引擎中的关系。企业利用搜索引擎进行营销，其主要目的是锁定目标客户，短时间、低成本扩大优质潜在客户。搜索引擎已经主导了电子商务成功可能性，在这样的情况下，把搜索市场和公司的战略与目标结合，电子商务建设必须考虑搜索引擎优化的原则，让网站进入搜索引擎数据库：被搜索引擎收录是第一步，这靠蜘蛛机器人抓取网页，我们称为收录层；排名靠前是第二步，这靠搜索引擎优化网页结构等，这为排名层；保证网站内容的不断更新是第三步，即点击层；而最终目的是转化为实际的商业利润，即转化层。如图4-10及表4-2显示了网页的收录到转化的过程，任何网页都需要经过这几个过程，而我们研究的主要是从排名层到转化层，通过搜索引擎优化方法提高排名，自然就会提高点击率，最后通过用户体验优化吸收潜在客户，保留目标客户，提高从潜在客户到客户的转化率。如图4-11所示。

图4-10 网页认可过程

表 4-2　各层次目标描述和实现手段

目标层次	目标描述	实现手段
收录层	尽可能多的网页被搜索引擎收录	搜索引擎收录，蜘蛛机器人抓取网页
排名层	网站排名尽可能靠前	自然排名（搜索引擎优化）和广告付费排名
点击层	提高潜在用户和目标客户的点击率	网页标题和摘要信息的优化设计
转化层	将浏览者转化为用户或客户产生效益	用户体验优化（UEO）

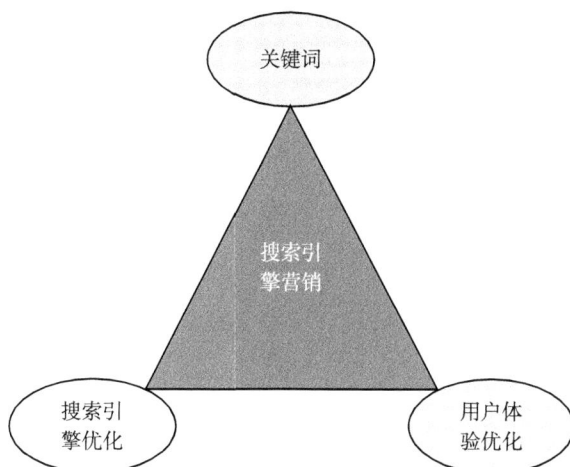

图 4-11　搜索引擎中联系

随着国内外互联网的日益成熟，特别是随着搜索引擎营销服务的普及，越来越多的企业认识到搜索引擎优化的重要性，切实感受到搜索引擎营销成本低、见效快的优越性。

（2）搜索引擎优化发展现状。

①国内搜索引擎优化现状：第一阶段：从 2003 年初到 2004 年底，这个时候中国专业从事搜索引擎优化的人数很少，Google 也刚刚进入中国不久。那时的 Google 排名技术是纯粹的 Google 优化，只要修改标题、标签，进行关键词加粗，网页之间的相互链接处理一下，排名就很快跃居首页甚至第一的位置。如今这些技术已经成为搜索引擎优化培训的第一课了。

第二阶段：从 2004 年底到 2005 年上半年，这个时候全国已经涌现出上百家搜索引擎优化公司，这个时候仅仅优化已经远远不能达到客户的要求，除了基本的优化还需要借助一些英文的链接和留言板，在这个时候有些先知先觉者已经开始在使用博客了，而且取得了不错的效果。

第三阶段：从 2005 年下半年至 2006 年 9 月，在这个时期是最混乱的时期，中国的搜索引擎优化行业甚至出现了倒退，从 2005 年的留言板群到 2006 年上半年 html 的博客泛滥，到 2006 年 7、8 月 Google 大更新后，html 的博客失去了往日的威力，效果趋于平庸，很多搜索引擎优化将博客和英文链接的结合走出了这次更新的阴影。这次更新后留言板在 Google 排名中的作用略有提升。但是不足以改变排名结果，这个时候通告的出现慢慢成为了技术主流。

第四阶段：2006 年 9 月至今，随着搜索引擎优化培训的兴起，搜索引擎优化技术越来越普及化，这个时候仅仅靠优化和人工发链接已经落伍了，大批先进的群发软件在慢慢代替着大量烦琐的手工工作。搜索引擎优化公司在各个地方都开始发展起来，有些网络公司都开始有了一个专门的搜索引擎优化部门。

②国内搜索引擎优化不足，搜索引擎优化这个概念在国内还处于初级发展的阶段，存在一些优化问题上的不足，如优化团队规模小且自身不断分化，难以成长形成规模；搜索引擎优化技术停留在网上流传的优化技巧，缺乏整体规划和搜索引擎优化策略；搜索引擎优化服务对象以中小企业为主并有明显的地域性；搜索引擎优化市场价格混乱无序，局部形成恶性竞争；搜索引擎优化行业缺乏自律，服务品质良莠不齐，鲜有品牌。这些都是国内存在的不足，这些不足造成了一个发展的"瓶颈"，如果想得到发展，必须解决遇到的问题。

③国外搜索引擎优化现状：国外这方面发展得比较早，早在 1997 年前后就有人从事相关方面的工作，相对国内规范很多。如果按阶段来说，是处于高速发展的阶段了。他们有专业的人员、专业的公司（而且是规模很大）从事搜索引擎研究、优化等工作，无论从哪方面来说都处于极大的优势。在国外，搜索引擎优化已经成为一个行业。

3. 火车网站搜索引擎优化实例研究

本书实例研究选用一个火车网站（http://www.huoche.com/），选用这个网站的原因是它有着不错的优化技巧，也有需要改进的地方，所以选用这个网站。目前检索关键词"火车票"百度排名是第一页第七位，Google 排名是第一页第八位；检索关键词"火车票预订"百度排名是第一页第三位，Google 排名是第一页第八位；检索关键词"火车票查询"百度排名是第一页第五位，Google 排名则跌落到第二页，总体来说网站的排名结果都可以在大型搜索引擎排名的第一页位置。用百度内置查询方法 site：www.huoche.com 查询到被百度收录的网页达 106000 篇，用时 0.069 秒。所以这个网站有研究的可用性。

（1）案例市场需求，火车网站是在线提供火车票求购，转让、预订和查询等服务的C2C 电子商务平台。调剂火车票，查询火车列车表，对照票价等为网站的主要服务项目。

（2）网站优化分析。网站优化目标是能频繁在搜索引擎结果中排位靠前，将搜索有关车票信息的用户都"吸引"到网站上来，并通过丰富的内容和良好的服务，满足用户对信息的需求，让用户认可网站，成为网站客户。在这样的目标要求下，为了让网站在搜索引擎中表现优秀，更容易被搜索用户发现，对网站进行全面、细致以及有效的面向搜索引擎的优化工作成为重中之重。

在对网站的仔细研究之后，发现网站已经对整站、频道进行了全方位的优化工作，重点提高了搜索引擎收录网页的数量、各级网页级别以及网站权重。同时，分析出了有效的关键词并通过一些策略布置到网页中，所以提升了一系列关键词在搜索引擎中的排名。

（3）网站关键词优化研究。

①关键词选取研究，分析用户搜索行为之前，需要明白关键词选取的基本原则：第一，关键词不能过于宽泛。也就是说，尽量不要选取通用关键词，有的关键词每日的搜索量巨大，如果能在该关键词上取得好的排名则肯定能引入不错的流量进而可以提高在线销售的转化率，可想而知，这个关键词的竞争将非常激烈。这些通用关键词，竞争者数不胜数，而且这些关键词吸引来的流量并不具有很强的目标性。第二，关键词也不能过偏，过偏的关键词取得好排名要容易得多，但是引入的用户量将会小。

所以，在研究火车网的关键词选取策略时，以竞争量，搜索次数和关键字效能三个指标来做数据证明，需要明白的是在选择关键词时需要注意以下两点：一是选择效能最高的两到三个关键词作为你主页的目标关键词，其他相关关键词作为辅助；二是选择被搜索次数最多，竞争最小的关键词。

在百度对火车票相关词的搜索，关键词热度最高的是"火车票"，竞争量也就最高。由于百度的关键词词频搜索工具是需要付费的，所以选择在 Google 的词频工具中进行提取数据（https：//adwords.google.com/select/KeywordToolExternal），如表 4-3 所示。

表 4-3　关键词与网页数量对照

相关关键词	相关网页数量
火车票	网页约 31000000 篇
火车票转让	网页约 18900000 篇
二手火车票	网页约 16900000 篇
火车票网	网页约 4800000 篇
火车票查询	网页约 4540000 篇
火车票预订	网页约 1050000 篇
订火车票	网页约 286000 篇

注：相关网页数量越多表示受关注越高，竞争量越大。

从数据中看出，火车票是在所有关键词中网页数量最多的，也就是竞争量最大的，属于基本原则中的关键词过于宽泛，所以并不适合作为网站的关键词。但是不是竞争量越小越好呢？也不是，如果竞争量过小，也许搜索量不足，这就成了偏的关键词。通过实例可以看出，关键词"火车票"过于宽泛不适合；关键词"二手火车票"虽然竞争量不大，但是搜索量偏小，也不符合要求；最后才会选定"火车票转让"，"火车票预订"和"火车票查询"三个作为网站关键词。如图 4-12 所示。

关键词	广告客户竞争程度 ⑦	大致搜索量：2月 ⑦	大致平均搜索量 ⑦
与所输入字词相关的关键字 - 按相关性排序			
火车票		2,240,000	2,740,000

关键词	广告客户竞争程度 ⑦	大致搜索量：2月 ⑦	大致平均搜索量 ⑦
与所输入字词相关的关键字 - 按相关性排序			
火车票转让		49,500	135,000

关键词	广告客户竞争程度 ⑦	大致搜索量：2月 ⑦	大致平均搜索量 ⑦
与所输入字词相关的关键字 - 按相关性排序			
二手火车票		数据不足	14,800

关键词	广告客户竞争程度 ⑦	大致搜索量：2月 ⑦	大致平均搜索量 ⑦
与所输入字词相关的关键字 - 按相关性排序			
火车票网		数据不足	74,000

关键词	广告客户竞争程度 ⑦	大致搜索量：2月 ⑦	大致平均搜索量 ⑦
与所输入字词相关的关键字 - 按相关性排序			
火车票查询		301,000	301,000

关键词	广告客户竞争程度 ⑦	大致搜索量：2月 ⑦	大致平均搜索量 ⑦
与所输入字词相关的关键字 - 按相关性排序			
火车票预定		49,500	135,000

图 4-12　竞争程度与搜索量对照

②关键词运用研究。关键词的选取只是运用的开始，选取好网站关键词后，就需要让它为网站带来切实的改变，那就需要贴切着相关的关键词进行标签设计，这有两个步骤：第一，添加 title 标题标签，标题是网站的最宝贵的资源，搜索引擎认为标题是在浏览器标题栏里面显示，因为要显示给用户，所以它是 html 文件最重要和最简洁的摘要。适当突出关键字在标题的比重非常有利于排名的提高，所以使它在搜索引擎优化技术中是比较重要的。第二，添加描述性 meta description 标签、关键词 meta keywords 标签，meta 为元标志，位于网页的<head>与</head>中。meta 标签目前几乎是所有的搜索引擎自动查找来给网页分类的标准，借此判断网页内容的基础。而两个标签添加的目的也是增加网站的关键词密度（该指标对搜索引擎的优化起到关键的作用。为自然提高在搜索引擎中的排名位置，网站中页面的关键字密度不能过高，也不要过低，一般在 2%~8%较为合适）。

在网页中添加 title 标签：

<title> 火车票转让|火车票预订|火车票售票点|列车时刻表|火车时刻表</title>

在网页中添加描述性 meta description 标签和关键词 meta keywords 标签：

<META content="火车网提供火车票转让，火车票订票电话，火车票售票点，火车票预订及订购，火车时刻表查询，列车时刻表，并且新增最新高铁列车时刻表，包括各地春运，学生专列临时加开信息，很受网友欢迎。"name=description>

<META content="火车网，火车票转让，火车票预订，火车票查询"name=key-

words>

通过网页关键词密度检测工具对火车网的主关键词"火车票"进行密度检测,检测结果为 2.2%,在 2%~8%,是比较合理的优化例子。如图 4-13 所示。

关键词: 火车票　　　　网站网址: http://www.huoche.com/　　　　查询

页面文本总长度: 6518 字符

关键字符串长度: 2 字符

关键字出现频率: 73 次

关键字符总长度: 146 字符

密度结果计算: 2.2%

密度建议值: 2% ≤ 密度 ≤ 8%

图 4-13　主关键词密度

(4)网站结构优化研究。并不是代码加上内容就可以成为一个优秀的网站,优秀的网站结构应具有清晰的层次和文本链接,清晰的纯文本的网站导航系统,需要构建"站点地图"页面,这样的网站方便蜘蛛机器人快速遍历网站所有需要发布的内容,也就是说,不要让蜘蛛机器人迷路就要注意不要让你的内部链接架构混乱,当网站把蜘蛛机器人拒之门外,那么搜索引擎就会把网站拒之门外,所以网站结构的优化就有了研究的必要。如图 4-14 所示。

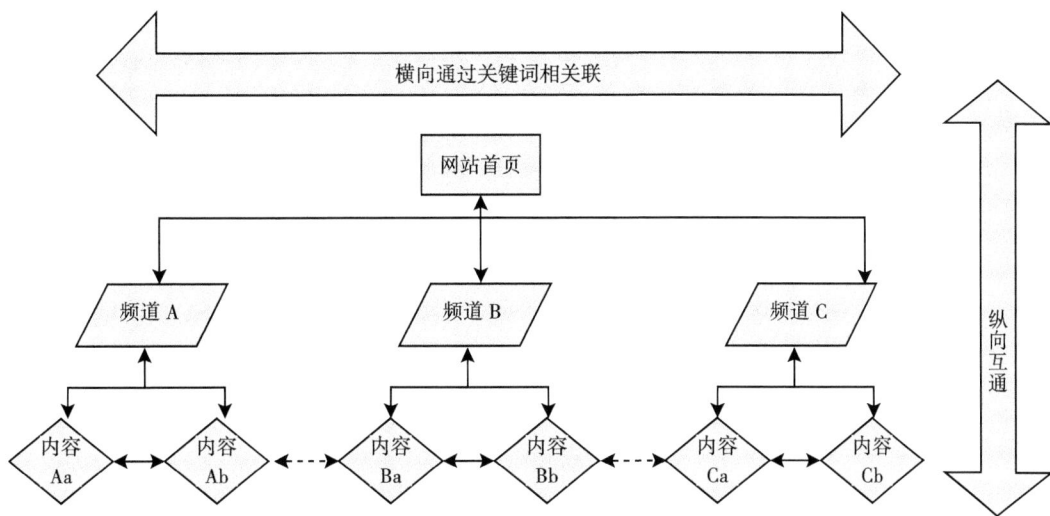

图 4-14　网站结构

①URL 链接优化，网站的 URL 是访问网站内容的开始，首页的 URL 设置重要性是众所周知的，在此不再赘述，那么要如何去规范化 URL（特别是内页的 URL）就成了重要的论题。对于浅意义理解 SEO 来说，内页网址 URL 规范化似乎毫无作用，但是深层理解 SEO 整站优化理念时，内页 URL 的规范化显得尤为重要。它是决定网站的收录数量、长尾词排名数量、站内部链接等关键的一步。火车网在这点上有比较好的设置，首页 URL 为：www.huoche.com。内页 URL 如表 4-4 所示，这样设置会使网站路线更清晰，搜索引擎蜘蛛向下爬行更方便。

表 4-4　内页 URL 规范化

内页二级目录	二级目录对应 URL
火车票查询	http://www.huoche.com/huochepiao/
订票查询	http://www.huoche.com/dingpiao/
长途汽车查询	http://www.huoche.com/changtu/
公交车查询	http://www.huoche.com/gongche/
旅游景点	http://www.huoche.com/lvyou/
机票查询	http://www.huoche.com/jipiao/

②内网标题优化，首页标题和书的书名一样，而内网标题就好像每章的题目。我们在看一本书的时候最先判断其所讲内容也是从文章的标题入手。同样的道理，搜索引擎了解一个网页内容是关于什么，也是从标题入手。内网的标题也是影响排名的最重要因素之一，标题告诉搜索引擎这个访客，这个网页是关于什么的。它的作用就是让搜索引擎将该网页编入某关键词的结果。

以火车网作为例子：在火车网的二级目录——火车站时刻表，当进入成都的火车时刻表时，内网的标题是：成都火车站时刻表|成都火车站列车时刻表——火车网；而当进入广州的火车时刻表时，内网的标题是：广州火车站时刻表|广州火车站列车时刻表——火车网。点击不同地区的二级目录——火车站时刻表，都会根据不同地区改变，这样就有了一个清晰的网站路线。

③增加面包屑导航，面包屑导航的意义在于明确告知用户目前处于网站的何种位置，方便用户通过该导航快速达到上级页面，更重要的是告知搜索引擎蜘蛛机器人如何回到上级页面。面包屑导航列出用户所处页面的所有上级网页（逻辑结构）的名称及文字链接。

研究火车网的面包屑导航并不是很多，因为太多反而有堆砌关键词的嫌疑。在订票点查询的二级目录，当选择了"广东"的查询地区时，会出现"火车网 → 火车票订票电话 → 广东"的导航文字；当选择了"海南"的查询地区时，会出现"火车网 → 火车票订票电话 → 海南"。

④提高链接广泛度，1998 年前后，以 Google 为代表的搜索引擎制定了新的搜索引擎排名算法，不仅关注网站内部的一些要素，也将一个网站被其他网站链接的数量作为一项主要的排名因素，因为搜索引擎认为，网站一般倾向于链接高质量的网站，因此对一个网站的链接就相当于为该网站投了一票，这就是链接广泛度的由来。增加链接广泛度的重要作用就是可以增加网站在搜索引擎中的排名优势，那如何增加链接的广泛度呢，可以通过交换链接的方法达到这个目的。而且要注意的是进行交换链接的网站内容要相近，且不是竞争对手，所以并不代表可以毫无策略地与任何网站交换链接，最好就选择网页级别数（PR 值）大于 4 的网站交换链接。火车网在选取外部链接方面有一定的要求，如果 PR 大于 5 的互换链接才可以放在主页，这样就大大提高了网站链接的广泛度。

⑤降低网站中页面信噪比，设法降低网页的页面信噪比，在网站中的网站信噪比是指和目标关键词相关的内容占总网站内容的比例，网页中如果存在搜索引擎认为与某一搜索词没有任何相关性的内容（即搜索引擎无法判断该段内容与搜索关键词之间的关系），那么这些内容即为该关键词的干扰信息。这些干扰信息可能包括 Flash、图片，及与关键词没有相关，却十分冗长的段落文本等。所以设法降低网页信噪比，才能提高网站的质量和清晰度，主要有两点：第一，运用层加样式表的模式，能够很好地将网站中用来表现的样式和网页的主体内容分离出来；第二，外置 CSS 和 JavaScript，这样蜘蛛机器人才不会搜索到和网页内容无关的代码，使被收录的内容更多，质量更好。

（5）火车网优化改进。通过研究火车网可以知道网站优化的基本方法和过程，火车网的优化虽然有可取的地方，也有一些可以改进的地方，如网页可以减肥、网站地图设置成树形等。

①网页减肥。搜索引擎机器人对于静态的、简单的、信噪比低的网页有较好的友好度，在对网站结构优化的过程中已经运用了各种方法来使网页质量更好，信噪比更低。在网页减肥方面还有需要改进的地方，网页减肥主要是为了提高网页的流量速度，使搜索引擎收录速度更快。

网页可以运用减肥软件除去空白或者无意的区域，这些区域对搜索引擎蜘蛛来说就是无法读取的信息，如空格、制表符、换行符等。在运用颜色的地方也可以用短格式的颜色，使用 16 进制或者全颜色名称，例如，#ff0000 可以改用 red 表示，这样就减少几个字符，而且尽量使用少量的颜色。

②制作树形网站地图。网站地图是一个网站所有链接通道，浏览者可通过站点地图浏览所有页面，网站地图最起码要包括网站的主要的内容链接或者栏目链接。根据您网站的大小，页面数量多少，它可以链接部分主要的或者你所有的栏目页面。

一个明白清晰的网站地图应该是树形的，也就是根目录下分成多个频道，或者叫类别、目录等，然后在每一个频道下面再放上属于这个频道的网页。火车网的一级目录应该是：火车票查询、订票查询、长途汽车查询、公交车查询，旅游景点、机票查询 6 部分，然后再分布二级目录，方便访客在找不到所需要页面的时候可以由父目录向下遍历。火车网的网站地图分布紊乱，按地区的车次分布，达到 392 个一级目录，这样想找到所需要的路线就比较麻烦。

如图 4-15 为 Google 网站的网站地图，树形的网站地图有清晰的引导作用，无论是对搜索引擎蜘蛛或是对浏览者。

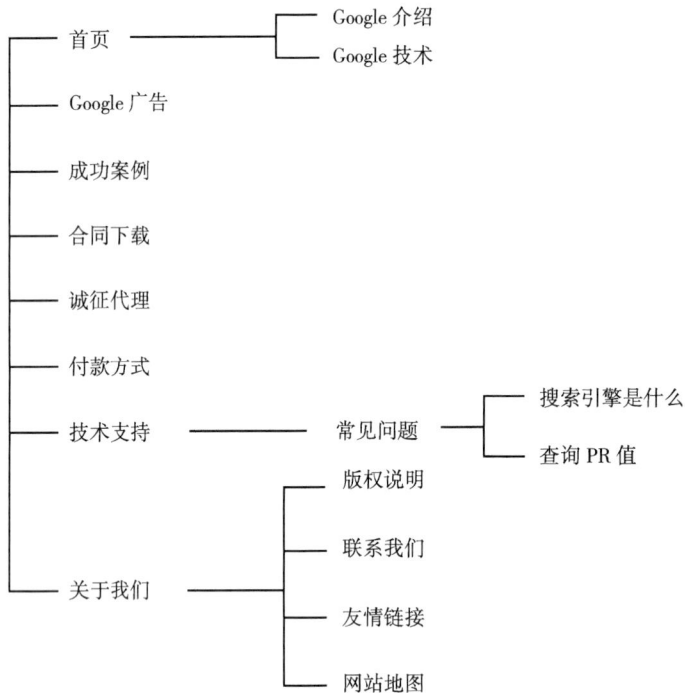

图 4-15　Google 网站地图结构

（6）实例小结。在实例研究中明白了关键词和网站结构对搜索引擎优化的重要性，也明白了要提升网站排名要如何去优化网站。但是无论我们对网站如何的从关键词入手优化，从网站结构入手优化，都没办法优化到最关键的部分，那就是网站的内容。

在早期没有搜索引擎优化存在的时候，一些优秀的大型网站照样得到访客的喜爱和搜索引擎蜘蛛的青睐。那是因为他们都有优秀的内容，及时更新的文章和访客喜爱的原创，这些才是最重要的。在国外搜索引擎优化有这么一个说法：全面的搜索引擎优化必须是高度更新且原创文章、关键字密度合理与关键字选择、词语联想与长尾词应用、全局搜索引擎优化理念、跟踪搜索引擎优化进程出发。也就是说，高度更新且原创的文章是最重要的。生产产品必须是顾客需求的，做网站必须是网友需要的，应该以网友为导向地去优化网站，而不是为了搜索引擎为导向地去优化网站。这就是一个内容制胜或者是结构制胜的话题，不用多说也知道重点是什么。

4. 搜索引擎优化误区

从搜索引擎确定了流量门户这个霸主地位之后，搜索引擎排名就成为衡量网站知名程度的重要标准之一。许多网站都花大力气想尽各种方法来提高自己在搜索引擎中的排名位置，所以搜索引擎优化迅速走红，成为一种产业趋势，搜索引擎优化的发展让人们陷入了一些优化的误区。

所以优化的时候需要把握一个度。

（1）对关键词进行操作。

①隐藏文本。隐藏文本是在不影响网站美观的前提下通过包含大量关键词的网页提高关键词相关性得分，从而达到改善搜索引擎排名的目的。一般指隐藏的部分专为搜索引擎所设计，普通访问者无法看到的文本内容，最常见的就是把文本的字体颜色设置为与背景色相同或十分接近。

②误导性关键词。误导性关键词是指在页面中使用与该网页毫不相干的误导性关键词来吸引查询该主题的访问者访问网站，比如使用大量热点名词：最新的电影、最好玩的游戏等，这些名词虽然会引来一定的流量，但访客很快会发现受到欺骗，这样对网站的后期发展是很不利的。

③重复性关键词。重复性关键词这种作弊技术也被称为关键词堆砌欺骗，它利用搜索引擎对网页正文和标题中出现的关键词的高度关注来对关键词进行不合理的重复。类似的其他做法还包括在 html 元标识中大量堆砌关键字或使用多个关键字元标识来提高关键词的相关性。

（2）对网页的操作。

①欺骗性网页。欺骗性网页一般先向搜索引擎提交一个网站，等该网站被收录后再以其他页面替换该网站。创建一个优化页和一个普通页，然后把优化页提交给搜索引擎，当优化页被搜索引擎收录后再以普通页取而代之，这样的普通页是和优化页在内容上毫无相关性。

②重定向网页。重定向网页当用户访问所需要的网页时迅速重定向至一个内容完全不同的页面，而转到的网页内容与之前网页毫无相关性。

③复制站点或网页。复制站点或网页最常见的就是镜像站点，通过复制别人的网页内容或者整个网站，偷梁换柱地放在自己的网站，由于内容甚至结构都是相同的，完全是盗窃他人拼凑而成的网站。

（3）对链接的操作。

①隐藏链接。隐藏链接和隐藏文本非常相似，是在不影响网站美观的前提下通过在其他页面添加指向目标优化页的隐形链接，通过提升链接广泛度而改善搜索引擎排名。

②链接工厂。链接工厂由大量网页交叉链接而构成的一个网络系统。这些网页可能

来自同一个域或多个不同的域，甚至可能来自不同的服务器。一个站点加入这样一个链接工厂后，一方面它可得到来自该系统中所有网页的链接，同时作为交换它需要"奉献"自己的链接，借此方法来提升链接广泛度。

五、网络公关推广

1. 网络公关推广概述

随着现代网络购物日趋增长的态势，网络购物已然成为人们生活中的组成部分。网络购物以快捷、便利以及足不出户的优势，吸引了诸多消费者。淘宝网、京东商城、凡客诚品等购物网站应运而生。但是网络购物对消费者来说存在着一定的风险，无论是在售前、售后都存在着风险。如何让消费者买得放心用得放心以及提高商品的销售量，网络公关的运用起着关键作用。

（1）网络公关推广的概念。网络公关推广，包括一切非广告的推广，如新闻软文传播、博客推广、微博推广、论坛推广、分类信息推广、知识营销、SNS推广等，它们的本质都是软文，只是存在的互联网形态不同。网络公关推广是一种软推广，是一种能让潜在群体成为企业忠诚用户的推广，是一项细水长流的推广。网络公关推广是一项长期工作。

网络公关推广是品牌形象的利器。网络公关推广包含的内容前面已经提高，网络公关推广的最大优势就是它是企业品牌形象提升的利器，做再多的广告也无法说明一个企业的口碑好，可是公关推广做得到位，会让客户觉得这是一家有实力的企业，一家有责任感的企业，一个有发展前途的企业，自然选择合作的概率会大大提高。有些企业一直做网络公关推广，但网络公关推广起到的作用，可能他们自己也不清楚，但是这可以从网络品牌环境的上面分析，如果搜索品牌展示很多正面信息，这对企业的客户成交肯定已经起到了催化作用，而这种作用没有工具能记录，没有人能看到罢了。如果企业真的有心，可以通过客户调研获得，找100个成交的客户，调查他们的获知企业的渠道，最终决定购买的情形等。

（2）网络公关推广的效果。

①网络公关推广可提升广告效果。一般广告费比较大，时间短暂，而公关推广费用低廉，效果是长久的，但是效果体现的过程也被无限拉长，短期内回报不明显。但是公关推广可以提升广告推广的转化率，因为客户在看到一个广告之后，虽有需求但也心存疑虑，定会查询企业相关信息或与其他商家对比，公关推广在此时可发挥其作用，从产品和服务等多个角度展示企业的优势、第三方的评价等，这样客户才能信服，从而选择我们企业的产品。

②网络公关推广的效果被无限分散化。以新闻软文为例，经过整体策划的新闻软文，分步投放到网络媒体，文章一经发布终身有效，媒体入口滚下去之后，还可以通过

搜索引擎和相关新闻继续传播。所以，新闻软文推广的效果是长期的，如果持续投放新闻软文积累到一定的量，与没有发布软文之前才能感受到明显的不一样。同理，其他博客、论坛等推广也是如此。网络公关推广，也可以叫网络软推广，与广告推广的效果是完全不同的，广告投放只是在广告在线的时间能产生效果，而网络公关推广是在推广后的任何时间都在产生效果。

③网络公关推广的效果不好量化。网络公关推广非常重要，也知道这是一项需要长期坚持的工作，但是网络公关推广到底帮企业转化了多少客户，带来了多少流量，让多少人知道了企业的品牌？这个目前尚未有一种能获得准确数据的工具，估计未来也不会有，这个需要企业营销人员的理解，知道这个工作该怎么做，效果可以借助搜索引擎和推广之后的链接来评估，并非非要从客户成交多少来判定他们的效果，因为营销工作是一个整体，引入客户成交是网站和广告最擅长的，网络公关推广的重要作用是品牌推广，当然积累到一定量也可以引入一定量的客户。

④网络公关推广的效果体现需要信息量的沉淀，同时也需要网站。前面已经提过，网络公关推广长期积累，也可以看出明显效果，但是确实有一定的量。如果想单独考核网络公关推广的效果，可以利用一个新的网站，新的品牌来推广。不做广告式推广，只做公关式推广，这样也是可以的，但是业绩不会突飞猛进，在推广持续一年或者半年的时候，可以感受下咨询量的变化和成交难度的变化，但也是定性的。网络公关推广效果体现，最终需要一个信息的出口，最好的出口就是网站。网络公关推广，最明显的效果会体现在网站上，凡是搜索引入网站的用户，大多都是品牌推广引入的忠诚客户，这种对企业一经有一定了解，成交率会比较高。

2. 网络公关的含义和特点

随着网络购物量的不断增加，存在于网络购物中的问题浮出水面。网络公关在网络购物中显得至关重要。

(1) 网络公关的含义。网络公关笼统的说法就是发生网络上的公关关系。一个是网络，一个是公共关系，两者的结合逐步形成了我们所说的网络公关。网络公关通常来说也被称为在线公关或E公关，它是以互联网为平台，通过各种网络传播手法与企业的内外公众进行沟通，为企业创造商机，并塑造良好的企业形象的公共关系活动。

网络公关——线上公关，不包括线上广告、电子商务以及户外分众传播和移动传播。

网络公关——网络公关（PR on line）又叫线上公关或e公关，它利用互联网的高科技表达手段营造企业形象，为现代公共关系提供了新的思维方式、策划思路和传播媒介。

所以网络公关的基本含义：①网络公关是线上的公关；②网络公关的活动在互联网上；③不同于一般的传播活动。

(2) 网络公关的特点。

①快速性与及时性，"网络传播——是人类有史以来增长最快的传播手段，突破了

区域界限、时间界限、传播方式的界限、互动界限、信息量界限、传播成本的界限"。网络传播最大的特点就是及时性，它可以很快地把整理好的讯息快速地传播出去，让网民可以更快地看到讯息。网络的传播速度是现在所有传播媒介中最快最有效率的。网络公关活动的开展依赖于互联网，对大众反馈的信息快速地进行处理和回复，让大众能尽早地得到答复。快速地解决问题发现问题是网络公关的优势，在这网络购物的年代如果消费者遇到售前、售后问题的时候，向商家反映情况的时候，商家能够通过网络及时地、快速地处理问题，消费者对商家的信任度会大大提高。网络公关在此时的优势就是快速性与及时性的结合。

②针对性与低成本，网络每分每秒都发生着大家意想不到的事情。网络传播的内容是多样的，文字、图片、声音、视频以一种多媒体的形式影响着受众，网络公关借助这立体式的传播媒体进行信息的反馈和宣传。网络公关针对的是受众的反馈信息，对反馈的信息进行处理并回复受众。为的就是解决受众反馈的问题。对受众有针对性地宣传并与受众保持良好的互动关系。信息量大、成本低廉这是网络的优势也是网络公关的优势。

③互动性与个性化，通过网络大众可以和企业商家进行良好的互动。网络公关的传播应该具有双向互动性而不是单方面的宣传。微博、论坛、博客等双向交流的虚拟软件的开发使用，使得网络公关活动更加具备互动性，便于公关信息的收集和监测。"e 时代，网络公关成为组织与内外沟通的主要方式"，而 QQ、电子邮箱、MSN、阿里旺旺等软件对于大众来说是个性化的代表，每个人都有专属的号码。开展网络公关活动的时候可以"一对一"的交流，使得每个人所需的信息都具有个性化，让大众在网络中找到自我的归属。网络公关对受众开展个性化服务，让受众感觉到企业和商家独特的服务方式，使得对其产品和服务有深刻的印象。

3. 网络公关成因

在这互联网普及的时代，网络购物成为日常生活的组成部分的时候。网络购物蓬勃发展并快速增长的今天，网络公关的作用可见一斑。我们可以从三个方面来分析下网络公关在网络购物中形成的原因。

(1) 从网络购物的环境来看。随着网络购物环境的改善，2010 年 7 月网店实名制正式施行，淘宝网等平台式购物网站力推诚信保障体系，降低了消费者转向网购的心理门槛，推动网络购物应用在网民中的渗透。网络购物环境的改善是广大消费者期望的。推广诚信保障体系是网络公关工作的一部分。从现在来看网络购物的环境比起刚起步的时候已经是翻天覆地的改变了。消费者对商家的信任是商家立足的根本，产品与服务的销售量的增加和维持需要的是商家良好的信誉。网络购物的大环境是良好的，商家的诚信度是良好的。但是还是需要网络公关不断地在消费者中渗透，不断地传播良好真实的信息。总的来说，是诚信这两个字，但是要维持这两个字在网络购物环境下需要网络公关参与。

（2）网络购物的发展方向。在中国网络购物的是由平台式购物网站市场（C2C）和自主销售式（B2C）所组成的。其中 C2C 是大家所熟悉的淘宝网、拍拍网、易趣等组成，B2C 是近几年出现的自主销售的网站，比如京东商城、当当网、卓越亚马逊等。中国的购物网站的发展方向是：多样化、规模化、品牌化、平台化。市场主体的多样化、网站交易规模化、电商企业品牌化、购物网站平台化。这些发展方向注定了和网络公关有必然的联系，特别是 B2C 的购物发展，因为是自主销售营销推广是必不可少的，不然消费者很难理解网站的主打商品。

（3）网络公关的时代性。公关关系作为一种传播和沟通的模式和方法，网络媒体作为一个传播与沟通的平台和载体，两者因为一个天然契合的根本属性——双向互动传播和沟通，在这个时代完美地邂逅了。这是一个网络购物的年代，在网络购物发展的今天。大量购物网站推广信息扑面而来，大量网络购物的售前售后问题接踵而至。

对消费者而言影响他们对网上购物信任的是商家的信誉度。网络时代任何一个企业或个人靠网络来赚取经济来源的就不得不重视网络公关的开展和运作。小到一对一之间的交流沟通，大到企业推广新产品进行的营销活动，这些都是必需的。因为在这无网络，不公关的时代为了要保持企业的市场份额和品牌形象时网络公关的作用是毋庸置疑的。要想在产品销售和品牌形象上取得先机，网络公关的良好开展和参与是必要的。总的来说是网络时代需要网络公关的加入，进步和发展需要与之匹配的软件设施。

4. 网络公关的运用

在网络购物中网络公关的运用主要是在售前、售后、品牌推广三个方面。这三个方面都是需要网络公关积极参与的。

（1）网络购物售前时网络公关的运用。

①网络广告的宣传，接受网络公关传播无论是实体商店还是网络商店消费者的第一眼吸引是非常重要的，商品的琳琅满目如何吸引消费者，激起消费者的购买欲望是商家首先考虑的问题。现在的网络购物平台同类商品之间的竞争是非常激烈的。从同类商品中脱颖而出首先需要网络广告的加入。

我们先看 C2C 的网络购物平台，C2C 的网络平台销售模式是目前市场占有率比较高的销售方式，上面的商家良莠不齐，只要注册一个号就可以当网络店家可见其中的门槛是非常低的。商家出售的商品更是参差不齐的，商品的质量是无法保证的。但是大部分的商家的商品是经得起时间考验的。消费者无法直观地了解到每一个商家的商品，那些质量有保障的商家就应该运用网络广告进行宣传。网络广告是由网络公关公司进行设计并放在网页上面让潜在顾客观看的，可以让消费者直观地看到商品的质量信息和用途。在网站的首页或者搜索同类商品的首页都可以直接看到的。消费者本来就对商品的信息不是很了解，一看到网络广告的精彩介绍就基本了解了此商品的信息。

我们再看 B2C 的自主销售平台，现在自主销售为什么能蒸蒸日上而且具有超越 C2C 的趋势，就是因为 B2C 是自主销售的平台对每一件的商品信息都了如指掌。针对一些大众比较感兴趣的商品做网络广告推广。网络公关在 B2C 的作用是不言而喻的。"网民接受新型传播方式——网络公关传播，网民已经习惯通过搜索引擎或者垂直网站查询商品的讯息，企业通过便捷的社会化媒体给消费者传递商品的信息和企业的最新行为"。网络公关为其制作网络广告并收集消费者的点击率为其做评估。让 B2C 上大力推广的商品进入消费者的视野，让消费者更清晰地了解到商品的信息和商家的信誉。

因此在网络销售前必须做好对商品的信息宣传，网络公关就是为其制作网络广告并收集点击率反馈，才能更好地在商品销售前把握先机。

②对消费者的咨询及时正确地回应，消费者在购物之前一定会联系商家进行咨询，但不是所有的商家都是天天在线随时恭候消费者的咨询的。如果消费者在购物前能看到商家及时地回答那对促成商品的交易是非常重要的。但是及时正确地回应单靠商家自己是很难做到的，这时候需要网络公关的参与。无论是 C2C 还是 B2C 上的商品，如果消费者在上网浏览之余对某商品产生了兴趣或者想要购买某商品但却存在疑惑，这时消费者咨询商家，如果商家能及时正确地回答，既体现了商家对消费者的尊重又体现了商家的信誉。商家的真诚态度往往是消费者取舍的原因。网络公关对每件商品的信息和用途都必须了然于胸，对每个消费者的咨询必须及时正确不误导消费者。商家的真诚信誉在售前时靠网络公关对消费者咨询的回应得到的。

（2）网络公关的运用。

①售后服务的保障与跟踪，当消费者通过快递收到商品的时候，表示交易已经产生了。但是消费者亲眼看到商品时，是否与商家描述的一致是不得而知的。消费者对商品不满意或者是对商品使用不了解都需要商家在此时的解答，来解决纠纷。

消费者对商家的好感或者说是对商家的信任其实大部分都来自于商家的售后服务。网络公关此时承担的责任是解决纠纷，保障服务。商品销售出去以后其实就代表着售后服务的开始。当消费者遇到问题时网络公关代表商家及时正确地解决问题，即使交易终止消费者对商家的印象也是良好的。网络公关要做的就是对消费者及时地关怀和跟踪，消费者对商品不满意或者如何使用需要调换或者调解的时候网络公关必须一对一地、认真地解答，及时地处理纠纷，不能让消费者等待。网络公关运用网络电话或者网络即时通进行售后服务的保障和跟踪销售平台必须雇用专业的网络公关来解决售后服务问题。及时正确的处理售后纠纷是网络公关第一时间要做的事情。

②对消费者信息的保护，消费者在售后都会有个人信息存留在商家那边，消费者担心自己的隐私信息被泄露，被不法商家获取信息而被不法商家骚扰。网络公关要做的是保护消费者的信息，起到一个第三方的监督作用。

消费者的网络购物信息其实都是隐私信息，家庭住址、手机号码、工作单位、姓名等都是需要保护的。商家其实保护消费者信息不被泄露其实也是保护了自己的利益，保留住了回头客。网络公关对消费者的信息进行法律上的承诺与保证并与消费者签订协议。让消费者免受不良商家的骚扰和吸引，从根本上保护了消费者的利益。网络公关提醒消费者保护自己的信息在售后以一种匿名的方式对商家评分。

③增强消费者的正面口碑交流和消费体验，在网络购物售后中，消费者与消费者之间的交流往往是互相影响的。彼此交流消费体验。网络公关可以加强网络社区的建设和管理来增强消费者的正向口碑和消费体验。

消费者通常会在网络社区上搜寻所需的信息，并与同样爱好或者购买同样商品的消费者交流。如果社区经营正规且人气正旺，消费者会增强对网络购物平台的信任感，且有利于形成消费者集群，通过群体的聚会来吸引更多的消费者。网络公关此时就应该加强网络社区的管理，防止网民恶意的灌水导致论坛和交流区失去可靠性。"话语权的争夺与网络舆论引导，先入为主、二八现象、群体计划"，此外网络公关还可以针对性地在不同时段组织消费者参与主题活动提高在线消费者的消费体验。如网络公关组织消费者团购、限时促销打折、专题特卖，都是可行的。

网络公关就是要引导社区消费者正确的网络购物理念。让消费者对商家和网络购物平台累积好感，做好售后也能激发潜在的消费者进行购物。如淘宝网和京东商城都是有售后网络社区的，目的是消除不良影响，引导正面的消费口碑，提高商家的销售量。"口碑传播是网络公关的亮点——口碑传播的大量应用让公关回归了本质，也让更多的从业者和企业看到了网络传播的力量"。可见，网络公关在网络购物中起的重要作用。

（3）网络公关的运用。

①网络新闻的发布会，网络购物平台在品牌推广的时候可以举办网络新闻发布会。国内的两大网络购物平台 C2C 和 B2C 是处于相互竞争的状态。所以为了让更多的人了解网络购物了解网络购物平台，企业必须运用网络公关来举办网络新闻发布会。可以向潜在的消费者传递企业的信息。由于网络信息的内容不受篇幅的限制，同时可以有音乐和视频等效果。可以和网民做互动从而取得更好的宣传效果。网络公关在此时的工作就是开展好网络新闻发布会，与网民互动解答网民的疑惑，向网民宣传网络购物平台的品牌。

②建立社区论坛 BBS，在网络企业品牌推广时，为了能让更多人了解平台品牌，网络公关要做的是建立一个专属的品牌推广论坛，引导言论并且回答网民的咨询。向网民介绍品牌，增加品牌的影响力。网络购物平台需要推广的品牌，须在论坛上处于醒目的位置并且有详细的介绍和精彩的视频。网络公关在此时必须处于在线状态，关于网民的疑惑并且一一地解答。引导网民正确的言论，对一些危害品牌推广的言论应及时地删除。

③举行网络公关活动，网络购物平台的品牌推广时，举行网络公关活动，在各大门

户网站各大视频网站举行抽奖促销、视频征集活动、在线问答活动等。网络公关与各大门户网站合作共赢，一方面宣传了品牌，另一方面又为网站提供了丰富的资源。品牌的推广实质上是网络购物平台之间的较量。C2C 和 B2C 在举行网络公关活动时，必须正确运用网络公关。

在现代网络购物中网络公关的作用是不言而喻的。正确地运用网络公关，可以帮助企业商家解决销售中存在的问题，提高销售量，增加彼此的信任感。随着网络购物量不断增加的趋势，企业商家应该处理好与消费者之间的关系，让网络购物健康和谐地成长。本任务章节通过对网络公关在网络购物中的基本分析和提出一些基本运用希望能帮助企业商家在以后面对类似问题时有所参考和借鉴。

第四节　客户关系管理

一、客户关系管理及其管理理念

1. 客户关系管理的定义

关于客户关系管理（Customer Relationship Management，CRM）可以从不同角度进行定义：

（1）CRM 首先是一种管理思想。CRM 为企业提供全方位的管理视角，赋予企业更完善的客户交流能力，最大化客户的收益率。其核心思想是将企业的客户作为最重要的企业资源，通过完善的客户服务和深入的客户分析来提供个性化的服务，保证实现客户的最终价值。CRM 要求以客户为中心的商业哲学和企业文化来支持有效的营销、销售以及服务流程。

（2）CRM 是一个过程。CRM 是一个搜集、分析资料，获取知识，不断重复、持续改善的过程，帮助企业更有效率地行销他们的产品或服务。CRM 是一种旨在改善企业与客户之间关系的新型管理机制，焦点是自动化并改善与销售、市场营销、客户服务等领域的客户关系有关的商业流程。CRM 是一系列因素结合而成的商业过程的自动化，它包括前台办公客户接触、销售、市场、客户售后服务，而他们都通过多方互联的传送渠道来完成。通过向企业的销售、市场和客户服务的专业人员提供全面、个性化的客户资料，并强化跟踪服务、信息分析的能力，使他们能够协同建立和维护一系列与客户和生意伙伴之间卓有成效的"一对一关系"，从而使企业得以提供更快捷和周到的优质服务、提高客户满意度、吸引和保持更多的客户，从而增加营业额；另外通过信息共享和优化商业流程来有效地降低企业经营成本。要求企业从"以产品为中心"的模式向"以客户为中心"的模式转移。

（3）CRM 是一套软件。当 CRM 一套软件时，本文称其为 CRM 系统。该软件主要关注企业与客户相关的业务流程或管理决策，它将最佳的商业实践与数据挖掘、数据仓库、一对一营销、销售自动化以及其他信息技术紧密结合在一起，为企业的销售、客户服务和决策支持等领域提供了一个业务自动化的解决方案，使企业有了一个基于电子商务的面对客户的前沿，从而顺利实现由传统企业模式到以电子商务为基础的现代企业模式的转化。CRM 也是企业不断改进与客户关系相关的全部业务流程，最终实现电子化、自动化运营目标的过程中，所创造并使用的先进的信息技术、软硬件和优化的管理方法、解决方案的总和。

CRM 不仅意味着单纯销售、市场或客户服务某一层面的管理，更是一种以客户为中心，并以此提高销售额、销售利润的综合管理思路；CRM 不单单只是对目前市场、客户以及销售的分析与认知，更是对企业未来发展的预测和规划；更重要的是，CRM 已不只是企业中一两位员工、一两个部门所需考虑的问题，是涉及企业所有员工如何提高效益、改变观念的根本战略。

2. 客户关系管理的理念

（1）理念来源于市场营销。CRM 是顺应现代营销学理论产生并发展起来的。现代营销学最核心的理念是：以客户为中心，满足客户的需求。CRM 的内涵是企业利用 IT 技术和互联网技术实现对客户的整合营销，是以客户为核心的企业营销的技术实现和管理实现。CRM 的本质实际上是营销管理，是一种对以客户为导向的企业营销管理的系统工程。CRM 的根本来源并不是技术的进步，而是营销管理演变的自然结果。在西方的市场竞争中，企业领导者发现传统的由市场部门实现的营销方法越来越无法实现营销的目标，而应反映出在营销体系中各种交叉功能的组合，其重点在于赢得客户。这样，营销重点从客户需求进一步转移到客户保持上，并且保证企业把适当的时间、资金和管理资源直接集中在这两个关键任务上。

①从管理科学的角度来考察，CRM 源于市场营销理论；从解决方案的角度考察，CRM 是将市场营销的科学管理理念通过信息技术的手段集成在软件上面，得以在全球的普及和应用。

②纵观企业管理思想的发展历程，可以看到一种从内到外，从以产品为中心到以客户为中心的转变。市场营销，作为企业经营活动的主要部分，其发展过程也和企业的管理思想具有类似的特点。菲利浦·科特勒总结了营销观念的五个发展阶段，即生产观念、产品观念、推销观念、营销观念和社会营销观念。传统的营销理论认为，企业营销实质是企业利用内部可控因素（产品、价格、分销和促销决策，即营销学的 4P）对外部不可控因素做出积极的动态反应，进而促进产品销售的过程。之后出现的关系营销目标在于建立和发展企业和相关个人及组织的关系，取消对立，成为一个相互依赖的事业共同

体。信息技术的长足发展为市场营销管理理念的普及和应用开辟了广阔的空间，以以上管理思想为基础的管理软件不断涌现，CRM 应运而生。市场营销、销售管理、客户关怀、服务和支持构成了 CRM 的基石。CRM 的营销定位强调，摒弃传统的"宏营销"（Macro Marketing），开展"微营销"（Micro Marketing）。对客户进行分类取代了大众营销，把资源和关怀投入到有价值的客户身上，对于那些不能给企业带来足够回报的其他客户，定期"活化"一下。从这个意义上说，CRM 强调了对客户的"歧视"，强调了差别对待。

③系统的发展主要经历了从最初单一的销售自动化（SEA）/运营型 CRM、分析型CRM 到全面型 CRM 的发展过程。CRM 系统支持着两大营销理念：一是数据库营销，利用数据库技术来统计分析客户对企业的贡献，并利用数据挖掘技术对客户的购买行为进行分析，重新设计产品和服务，以获取最大利润；二是一对一营销，在系统中建立人文关怀流程，帮助市场销售人员和产品设计人员更贴近客户，以提升产品或服务来满足客户的个别需求，体现人文关怀，达到价值最大化。

（2）CRM 管理理念的组成。

①CRM 已经逐渐成为企业的哲学体系和业务战略。CRM 将客户的需求摆在业务运营的中心，这一战略的核心是通过得到并保持住客户而获得最终的收益。CRM 是全公司范围的策略，通过围绕客户细分重组公司，满足客户需求，连接客户和供应商等手段来最大化利润和客户满意度。关键的 CRM 技术投资能提供更好的客户理解度，增加客户联系渠道，加强客户互动以及对客户渠道和企业后台的整合。CRM 在管理理念上超前，客户和企业之间不再是供需矛盾对立关系，而是一种合作博弈，是"学习关系"。电子商务通过 CRM 实现了客户和企业"双赢"，它把"双赢"作为关系存在和发展的基础，供方提供优良的服务、优质的产品，需方回报以合适的价格，供需双方是长期稳定互惠互利的关系。

②软件本身也体现了以客为中心的精髓。讲到 CRM 一般都要提及以客户为中心，通过整合的系统让企业的各个部门为客户服务。作为 CRM 软件本身，更应该是这种理念的具体体现。也就是说，CRM 软件也应该以它的客户为中心，更好地为 CRM 软件的使用者服务。现在最终用户要求的是对于具体问题的综合性解决方案，这使得软件供应商在产品类型上做出两个重大改变。首先是开发针对行业的解决方案，其次是开发针对商业运作过程中特定问题的特定软件工具。应用软件的功能面面俱到却一无所长的时代已经过去了，取而代之的是一些供应商正在开发术业有专攻的软件工具，它们对整个CRM 面临的挑战中的一个步骤或者一个次步骤进行专门性优化。

③CRM 的管理理念的具体内容。a. 客户是企业发展最重要的资源之一：CRM 系统中对客户信息的整合集中管理体现出将客户作为企业资源之一的管理思想。随着人类社会的发展，企业资源的内涵从有形的资产扩展到无形资产、人力资源、信息。在人类社

会从"产品导向"时代转变为"客户导向"时代的今天，客户已成为当今企业最重要的资源之一。在很多行业中，完整的客户档案或数据库就是一个企业颇具价值的资产。通过对客户资料的深入分析并应用销售理论中的 2/8 法则将会显著改善企业营销业绩。b. 对企业与客户发生的各种关系进行全面管理：对企业与客户间可能发生的各种关系进行全面管理，将会显著提升企业营销能力、降低营销成本、控制营销过程中可能导致客户抱怨的各种行为，这是 CRM 系统的另一个重要管理思想。c. 进一步延伸企业供应链管理：20 世纪 90 年代提出的 ERP 系统，原本是为了满足企业的供应链管理需求，但实际应用并没有达到企业供应链管理的目标，最终 ERP 系统又退回到帮助企业实现内部资金流、物流与信息流一体化管理的系统。CRM 系统作为 ERP 系统中销售管理的延伸，借助互联网技术，突破了供应链上企业间的地域边界和不同企业之间信息交流的组织边界。CRM 与 ERP 系统的集成运行才真正解决企业供应链中的下游链管理，将客户、经销商、企业销售部全部整合到一起，实现企业对客户个性化需求的快速响应，同时也帮助企业清除了营销体系中的中间环节，通过新的扁平化营销体系，缩短响应时间，降低销售成本。

（3）CRM 的核心理念。CRM 的核心理念是"以客户为中心"。CRM 系统就是按照"以客户为中心"的理念将营销、销售、服务等各个环节的流程固化到 IT 系统之中，实现标准化和量化，使得"以客户为中心"真正变成一些企业每日每时的具体行动。"以客户为中心"是一种理念，按照一个逻辑的顺序来排列，首先是理念变为心动（通过理念的灌输，让人们能够从心里接受这一理念），其次是心动变为行动（人们将所接受的理念付诸实际行动）。

3. 客户关系管理的特征及其作用

（1）CRM 的特征。一对一营销、高度集成的交流渠道统一共享的信息资源、商业智能化的数据分析和处理、对基于 Web 的功能的支持、整合各种渠道。

（2）CRM 的作用。最大限度地利用以客户为中心的资源、提高客户的忠诚度、满意度、信任度和利润贡献率、提高企业运作的效率和收益，可以全面提升销售管理能力。

二、电子商务环境下的客户关系管理

1. 客户关系管理的历史演变

当有交换关系出现时，CRM 的概念就产生了，但是其作为一个真正能产生利润的术语是在 20 世纪 90 年代后期。进入工业社会后，虽然各类企业不同程度上都在进行着各种形式的 CRM 活动，但是 CRM 并没有成为企业发展与赢利的主要矛盾。当时相应的营销与市场理论也是以产品为中心，信息技术所能达到的广度、深度以及速度都不足以推动实质性的客户关系管理变革。而在今天的信息时代，商品的数量与种类极大的丰富，客户对产品与服务的要求高度发展，企业之间的竞争非常激烈。营销与市场理论从以产品为中心转向以客户为中心，信息技术为现代客户关系管理提供了强有力的工具和广阔的平台。于是 CRM 成为了许多企业的主要战略之一。在这种时代背景下，客户关系管理理论不断完善，并随着互联网技术的广泛应用而推出客户关系管理软件系统。

2. 电子商务环境下的客户关系管理是真正的客户关系管理

（1）是企业实施电子商务战略时的重点。传统的 CRM 能够让客户服务代表通过电话为客户提供更有效的服务。今天的 CRM 依赖互联网，其设计思想是力求通过提供更多的在线式自我服务、知识传递和信息分享等手段，使得客户在与企业进行交易时更容易。企业必须能够为客户提供适合的手段以培育起良好的企业与客户之间的关系。可以说，在网络社会，唯一能把企业和竞争对手区分开来的不是技术，也不是产品，而是企业与客户的关系，CRM 因此成为企业在实施电子商务战略时的重点。

（2）电子商务的本质让 CRM 会成为重要的议题。电子商务是现代新经济的一部分，实际上，它通过创造新的选择而发明了一种全新的客户概念。基本上，电子商务具有让传统企业运作起来更有效率的功能，帮助企业与客户或供货商产生一种自动化的关系，传统上"中间人"或者"代理人"的层层关卡形成的缺乏效率，都因为互联网的兴起逐渐被破除。此时，该用何种新的系统或新的环境，让企业与其关系人都能达到这种自动化的效果，关键点在于"电子关系"的建立。

在互联网时代，CRM 概念的运用，绝不是仅限于 IT 行业等少数新兴产业，也不仅是某一种市场营销或销售的战略，而是面向各行各业并涉及企业所有业务和流程的一场商业革命。CRM 就是为了执行这一战略，通过信息技术，来扩充与客户的接触渠道，整合来源于各种途径的数据，进行客户分析，提高市场推广效果，提供更好服务，节约企业成本，从而提升企业的赢利与竞争力。

（3）信息技术的发展使批量定制成为可能。网络将使社会经济模式的核心流程从批量生产（Mass Production）转变为批量定制（mass customization）。批量生产的一个重要的缺陷就是使用户的选择范围减少了，现代社会"牺牲"了丰富的个性色彩。现今的社会，每个用户都太特殊了，要让产品做到"为你定制"，用户和企业之间必须有不间断的、迅速的"一对一"信息交换，在网络没有出现之前，这只能是幻想。但是现在，网络提供了一种低成本、快速的信息交换渠道，批量定制正在变为可能。批量定制并没有牺牲批量生产的低成本和高效率，反而节省了社会成本。这种批量定制还不仅仅是在制造方面，从设计到组装到运输到付款到维修，每一个环节都存在为用户"量身定做"的需求。

3. 客户关系管理对电子商务推波助澜

随着 CRM 在大客户群和大服务量的企业中应用，与客户互动的人工渠道由于传统交流方式的局限而出现了"瓶颈"。由于电子商务的主渠道是通过网络交易，因此每个电子邮件、Web 站点上的每次点击、自助设备上的每次交易或查询，对于企业来说都是弥足珍贵的潜在信息资源，都可以用来服务客户或发现客户。但要想达到这一目的，企业必须对在所有接触点上产生的大量信息数据化、合理化，必须把所有的数据转变成可以用于建立客户关系的知识。电子商务环境下企业最大的资源以客户信息、数据、知识的电子形式存在，这些资源要靠CRM去整合运用，那些支持或阻碍客户关系的流程对电子商务的成功越来越具有决定性作用，而互联网业务未来产生的深远影响也将决定于此。

（1）CRM的作用不可忽视。在方兴未艾的电子商务领域，CRM的作用不可忽视。基于互联网的电子商务正在深入社会生活的各个领域，CRM作为互联网时代企业管理的新思想、新观念和新方法，可帮助企业改变管理方式和业务流程，为企业逐步实现由传统的企业模式（Business）到以电子商务为核心的现代企业模式（e-Business）奠定坚实的基础。在传统企业引入电子商务后，企业关注的重点由提高内部效率向尊重外部客户转移，而CRM理念正是基于对客户的尊重，要求企业完整地认识整个客户生命周期，提供与客户沟通的统一平台，提高员工与客户接触的效率和客户反馈率。

①CRM是实现电子商务的基础，由于CRM为企业的销售、市场、客户服务、技术支持等领域提供了一个业务自动化的解决方案，使企业有了一个基于电子商务的面对客户的前沿。因此还可以说，CRM能给企业带来成功实现电子商务的基础，它能帮助企业顺利实现由传统企业模式到以电子商务为基础的现代企业模式的转化。

②CRM对电子商务作用的经济学分析，网上企业要在市场营销以及基础设施上进行大量的投资，这极大地增加了固定成本投资。获取一个客户的成本，根据电子商务的不同形式，大约在50~200美元，这往往超过了该客户能给企业带来的收益，网上企业获取客户的成本高过公司收入，公司将面临一场危机。然而，一旦企业跨越了盈亏平衡点，由于企业的边际收入很高，企业的收入将会有一个飞跃。因此，应该寻找方法来产生附加的收入，而不必投资获取新的客户。

CRM与电子商务成功的联系就在于：从事业务时，不必大量增加获取客户的投入，而能释放出电子商务的边际利润。当企业从已有客户身上获取重复业务的商业利润的时候，能有效地降低固定成本，从而达到一个理想的局面。

（2）成功的电子商务建立在重复业务上。一个成功的电子商务企业会充分利用公司现有的积极客户资源，产生推荐效应。当客户网络达到一定规模之后，客户群体能够自我维持，客户的推荐和引介能够使企业降低客户获取成本，CRM正可以解决电子商务中的重复业务问题。

4. 电子商务与客户关系管理的关系

（1）电子商务和CRM相辅相成。可以说，电子商务的出现产生了真正意义上的CRM，又成就了真正意义上的电子商务。CRM很重要，但可能在管理电子商务的业务中，它才是最重要的。事实上在信息科技和网络技术持续发展的情况下，厂商功能作业面的e化全面地改善了内外部信息沟通的效能和传递速度，有助于CRM的建立与运作。而

CRM 系统的运作和其潜在的效益，也是对企业 e 化一个强而有力的支持。换句话说，这两种经营哲学和技术是相辅相成的。

先进的客户关系管理应用系统必须借助互联网工具和平台，实现与各种客户关系、渠道关系的发生同步化、精确化，符合并支持电子商务的发展战略，最终成为电子商务实现的基本推动力量。电子化的 e 是 CRM 发展中基本的、原始性的战略。互联网革命的第一波浪潮表现在各公司开始建立自己的网站，接下来就是电子商务利用互联网与客户进行网上交易，电子商务的第三波浪潮将会要求企业在与其客户的交互中真正实现个性化。

（2）CRM 推动电子商务实现。CRM 的"e"化，还体现为全面扩展化，扩展到企业前后台全部业务层面，而具有了一个更为重要的使命：支持与开发电子商务。CRM 系统不仅要能提供电子商务的对接口，还全面支持和开发电子商务。CRM 系统中包含的整套电子化解决方案，要能够支持电子商务的销售方式如 B2B 以及 B2C 交易；可以满足企业开展个性化"一对一"营销及电子店面创建的需求；在支付方面，要支持并提高互联网和客户机/服务器应用的能力；在客户服务方面，C 到 M 的自助式客户支持应用软件可使客户在线提交服务请求，并与交流中心链接，营造一种闭环客户支持环境等；越来越多的组件要建立在 Web 浏览器，以适应快速发展的电子商务对数据不断进行实时访问的要求。

（3）CRM 只是电子商务的子集。当我们谈到电子商务的时候，不仅仅是指网页的设计或网上商城的模式，所有可以促进从"批量生产"转变为"批量定制"的手段（数字化信息存储和交换、无线通信、信息家电、互联网）都可以容纳到电子商务的范围中。电子商务是一个非常大的概念，CRM 在其中只是一个子集，CRNI 是一种特定类型的电子商务。CRM 软件系统的成功实施往往伴随着从根本上改革企业的管理方式和业务流程。国内的企业洽谈 CRM 的策略和实施方案的时候，不少企业管理人更愿意探讨一些更为宏观的电子商务方面的话题，有人甚至认为 CRM 就是电子商务。

三、电子商务中客户的重要性

网络营销策略的重心从产品转向顾客。企业界不再单纯追求生产更多、更廉价的产品，而是努力提供更适合顾客需要的产品和服务。与传统商务的营销方式相比，电子商务所采用的新技术在这方面提供了更多的方法及更有效的手段。

1. 电子商务环境中营销特点

电子商务是建立在互联网环境下、将信息技术广泛应用于商务活动的一种新的商务形式。与传统商务相比，电子商务的经营环境、工具（手段）、过程、经营双方的观念都不相同，因此作为商务活动中的卖方（提供产品和服务的一方）自然应采取不同的策略，以适应这些变化。传统的策略有些已经失灵，而新的策略则不断应运而生。作为企业的经营者应不断研究这些新策略以使自己的企业立于不败之地。

（1）电子时空观。建立在网络化社会可变性、没有物理距离的电子时空观，时空观念的变化对于营销策略的制定和商业竞争是十分重要的，例如，网络营销的范围会大大地突破原商品销售范围的消费者群体、地理位置半径和交通条件划界的营销模式；产品（商品）定货会没有了地点和统一时间的概念，取而代之的是一个网址和客户希望的任何时间，群体集会变成了个体根据自己的需求来访问和处理；消费者了解商品信息的途径由以被动式的接收为主，演变为主动从网络上搜寻信息和被动地从传媒接收信息并重。

（2）市场性质的变化。在网络情况下，通过电子商务的手段，产品的生产者会更多地直接面对消费者。原先那种层层批转的中间商业机构的作用将逐渐淡化，这将引起市场性质的变化。这些变化主要表现在以下几个方面：①生产厂商用和消费者直接网上交易。②市场的多样化、个性化。原有以商业作为主要运作模式的市场机制将部分地被基于网络的电子商务所取代。市场将趋于多样化，不同的企业、不同的系统、不同的产品将千方百计地在网上营造自己的营销模式以吸引客户。由于信息网络双向和动态的特点，这时的市场会更显个性化。③市场细分越来越细和越来越个性化。④商品流通和交易方式的改变　在电子商务环境下，商品流通和交易方式的改变将主要表现在中间商地位的减弱，直接交易过程的出现，以及营销全球化，实务操作无纸化（无纸单证、票据、文件等等）和支付过程的无现金化（完全通过电子货币的方式支付）。

（3）网络营销的信息传播模式。在网络信息化情况下，信息的传播和大众传媒的工作模式都会有较大的变化，而商业信息的传播更是首当其冲。这些变化主要表现在以下几个方面：

①双向的信息传播模式。在网络环境下，信息的传播不再会保持目前这种单向的传播模式，而是逐渐演变成一种双向的信息需求和传播模式。即在信息源积极地向用户展现自己信息产品的同时，用户也在积极地向信息源索要自己所需要的信息。而互联网已经从技术上保证和实现了信息的双向传播。在信息化社会中，人们接收信息的途径和范围都越来越多，选择余地也越来越多。在这种情况下，用户对信息的要求模式也会发生变化。未来人们对信息的需求模式将会主要体现出两点：一是个性化的信息需求风潮，即不再满足于统一固定的信息传播模式，越来越多地从个人的需要来接收信息；二是主动地上网搜寻所需要的信息。

②多媒体信息传播模式。对于普通消费者来说，人们对电子商务最为担心的问题之一就是怕看不到实物，对商品缺乏感性认识，对质量有怀疑之心。而目前多媒体信息技术的发展正好弥补了这一问题，多媒体的商品信息完全可以营造出一种身临其境的商业氛围，来达到促销的目的。

③全新的网络广告。在现有的商业信息传播方式中，广告是商业流通领域和产品生产厂家营销策略和宣传的重要手段。网络上的商业广告信息传播会呈现出一种新型的广

告信息方式。

④电子时空下的信息服务。所谓电子时空下的信息服务是指一种全天候、多方位的网络信息服务方式。一天 24 小时，一年 365 天，没有气候的影响，没有距离的阻碍，消费者足不出户就可以在任意时间内获得所需要的商品信息服务和商业服务。

2. 电子商务将客户摆到主导地位

说到底，企业经营的直接目的之一是为企业的拥有者带来利润，而利润是由顾客给的，没有顾客就谈不上企业发展。客户是企业的衣食父母，客户应受到尊重。以消费者为中心，客户第一的原则成了电子商务的第一法则，电子商务的一切策略都建立在这个基础之上。

（1）从 4P 到 4C 的营销策略。

①4P 营销策略组合。一个产品到底要由什么渠道卖，卖多少价钱的问题，我们通常称为营销组合。由美国营销学家麦克塞教授提出的营销策略组合是传统营销理论基础，他强调设计以产品为中心的产品、价格、渠道和促销策略组合。

②4C 营销策略组合。在网络时代，强调如何能更有效地吸引消费者注意力以及抓住机遇，随着"消费者导向"时代的来临，行销的 4P 似乎无法顺应时代的需求，因此衍生出以消费者为中心，由消费者、成本、提供便利和消费者联络的新的营销策略组合（4C 组合——Consumer、Cost、Convenience、Communication）。这是 Robert E.Lauteborurn 在 1990 年"广告时代"所提出的观点。如表 4-5 所示。

表 4-5　4P 与 4C 对照

行销的 4P		行销的 4C	
产品	Product	消费者	Consumer
价格	Price	成本	Cost
渠道	Place	便利	Convenience
促销	Promotion	沟通	Communication

③从 4P 到 4C 的转变。由 4P 为基础的市场营销策略转变为以 4C 为基础的市场营销策略彻底改变了传统市场营销策略的基础，极大地拓展了原有的市场和营销的概念。

（2）消费者是电子商务营销策略的焦点。4P 与 4C 最根本的区别在于市场营销关注的焦点不同，4P 是以产品为焦点的，4C 是以受众为焦点的。这是因为 4P 理论是规模经济、大量生产的产物。然而随着工业化市场经济环境的成熟，买方市场的形成，市场竞争日趋激烈。因此，企业开始将以"生产"为导向的营销方式迅速转向以"消费者"为导向的营销方式。曾经的大众营销也快速变为一对一营销，大众传播变成了个人传播，消费者已经成为企业最为关注的市场营销的关键要素。

电子商务和营销策略中将注重提供产品的策略让位于注重研究消费者的需求和策

略；由单纯降低产品价格，转变为研究消费者为满足需求而愿意付出多少成本；由传统策略重视对分销渠道的选择，变为更加注重如何能给消费者提供便利；抛开陈旧的促销策略，如人员推销、广告推销、营销推广等，而强调要加强与消费者之间的联络的策略。

网上企业的经营者一定要懂得，顾客想要的东西其实很清楚：在需要时能方便、快捷地提供最满意的服务，当然花费不要太多，并且最好是为自己量身定做一套产品和服务。因此，企业网站必须从这些需求出发，把重点放在最终顾客。制造商也许以为经销商是他们的顾客；消费品公司也许以为零售商是他们的顾客；非营利机构也许以为捐款者是他们的顾客……但真正的顾客是产品和服务的最终使用者，是那些真正使用产品或服务的公司或个人。以往受限于时间和资料，买主无法充分比较服务的优势。如今，网络随时随地、无所不在，电子商务把最终用户推到经济发展的主导地位。只有那些能向最终用户提供最佳服务的企业才有竞争力。

3. 如何做到以客户为中心

今天，电子商务的独特网上营销方式使消费者的选择空间扩展到全球范围的商店。他们很容易获得有关产品的各种信息。这种情况下企业若不充分研究顾客的需求，吸引住更多的顾客自然就很难生存。那么一个网上的企业应采取什么策略才能吸引并留住更多的顾客？简单地说，一个网上的企业应努力做到以下几点：①从顾客角度重组企业流程；②把重点放在最终顾客；③让顾客喜欢你的站点；④让顾客更方便地与你打交道；⑤培养稳定的客户群体；⑥促进顾客忠诚；⑦提供更多、更及时的售后服务。

实施这些策略，首先需要涉及企业内部组织的重组，还要进行管理流程和业务流程的重大改革。人们在谈到企业重组时，应从为消费者（特别是最终顾客）提供优质服务这一目标出发，重新设计企业的各种流程，这些流程应该包括企业的所有业务活动。有很多公司努力强调企业重组，却一直只从内部流程的角度思考，而没有从顾客的观点出发，虽然减少了成本，却没有提高营业收入。因此，在思考网络营销时，千万不要从传统企业框架的角度思考，而应该从顾客的角度来思考。在电子商务模式中，顾客通过网站和企业接触时，并不会考虑企业内部各部门的界限，迫使你必须改变陈旧的企业流程和金字塔式的组织结构。

4. 记住并留置顾客

整个经济生活的链条中的作用越来越占据主导和中心地位，一种普遍认识是，失去一个老客户所造成利润损失可能需要由六七个新客户才能弥补。还有一种说法是每一个顾客后面都有 25 个潜在的顾客。所以不仅不能得罪还要设法紧紧拉住每一个已有的顾客。拉住客户的最重要的策略就是提供满意的服务。现在，所有企业，无论是生产企业、销售企业还是服务企业都在向"提供服务"这一方向转变。因此企业要设法让顾客更方便地和你打交道，例如让顾客从电脑下单，自己组合不同的产品；让顾客可以上网看自己的购买记录，并且把付款、邮寄方式等信息都留存起来，让顾客再购买时，不必再从头填写；也可以将顾客、经销商连接起来，建立销售网络。一些顾客已经习惯和熟悉与经销商打交道，就让他们继续向经销商购买，但是应该设法让经销商和顾客都上网，让这个交互变成三方的。

5. 定制服务是营销的新概念

所谓定制服务，是指网站经营者根据顾客的各种需求，主动为顾客提供一对一的个性化服务。企业根据网上顾客在需求上存在的差异，将信息或服务化整为零或提供定时定量服务，进而让顾客可以根据自己的喜好去选择和组合，从而使网站在为大多数顾客服务的同时，变成能够一对一地满足顾客特殊需求的市场营销工具。定制服务也将促进市场的细化，从而使按需提供的产品和服务能为客户广泛接受。而且，细分的程度越高，就越能够准确地掌握顾客的需求，市场的细化则会扩大企业运行的空间。

定制服务使顾客在选择服务的方式和内容时有充分的主动权，在更高的层次体现企业为最终用户服务的理念。这不仅需要网站经营者对目标群体有准确的细分和定位，还需要恰当运用电子商务的各项技术实现这一理念。应用定制服务这一营销方式就可以有效地吸引更多的网民，而这恰恰是网上生存的源泉。

任务操作

企业网站建好之后，通过淘宝网招商进驻，"搬进"淘宝后，怎么样让别人知道企业的产品呢？接下来让我们一起学习怎样把企业在淘宝"推"出去。通过操作本实验流程让学生熟悉了解第三方商务平台的推广流程以及各平台的推广方式。掌握淘宝网店站内推广，网店站外推广的内容和方式，了解淘宝网店促销活动的方式和流程，并能熟练操作淘宝推广。

一、淘宝网店站内推广方式选择

（1）淘宝内部的搜索引擎侧重于标题关键字的运用、商品描述页文字的详细度，增加商品排名，负责新上架商品由根据淘宝网内部排名规律进行 SEO 关键词提取。如图 4-16 所示。

图 4-16　淘宝网店内部搜索引擎

这些关键字都可以作为推广的方向。注意"细分"是淘宝商城中众多关键字脱颖而出的方法。所以详细介绍商品的同时，也要在"细分"上下功夫。如图 4-17 所示。

图 4-17 淘宝高级搜索

（2）淘宝社区、淘江湖软文广告。活动发帖、回帖，帮助买家答疑，通过发帖 ID 引流量到店铺，报名参加社区促销活动，争取社区首页免费广告位。如图 4-18 所示。

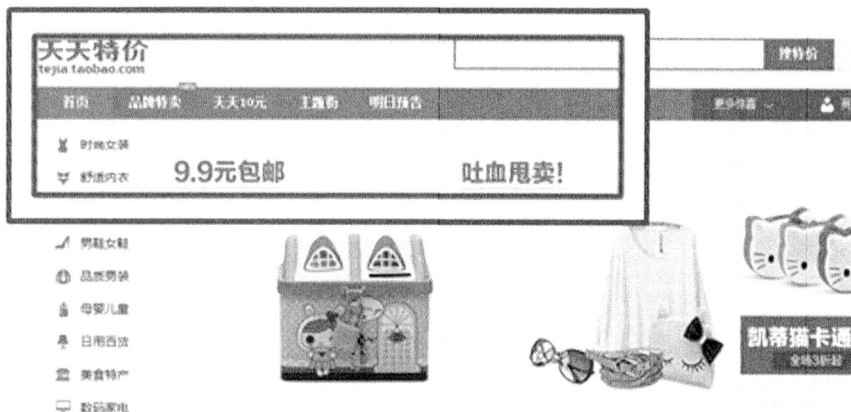

图 4-18 淘宝社区软文广告

可以在淘宝社区用主 ID 发帖，带动店铺人气。通过社区获取的银币抢购社区免费广告位，有效期 1 天，可以推荐店铺或单件商品。如图 4-19 所示。

图 4-19　淘宝社区发帖

（3）友情链接资源发掘利用：增加和其他高质量店铺的互通链接，通过其他店铺的反链接进入店铺。如图 4-20 所示。

图 4-20　友情链接

（4）淘宝网店店铺收藏功能推销。当潜在买家咨询，即时交易不成功，提醒买家收藏店铺以及咨询的宝贝，策划买家店铺收藏奖励机制，客服部门按照要求操作。如图 4-21 所示。

图 4-21　店铺收藏

（5）信用评价。在买家评价的解释栏中加上你的店铺名+关键词，提供评价文字模板，主动对买家的每一个成功的交易进行好评说明以及解释性评价。如图 4-22 所示。

图 4-22 信用评价

（6）店铺推荐与淘友聊天时，对方可直接在旺旺对话框中看到推荐的宝贝，每周更新一次店铺推荐商品，主推商品，充分利用淘宝最大可使用推荐位。如图 4-23 所示。

图 4-23 店主推荐

（7）橱窗展示。当买家选择搜索或点击"我要买"根据类目来搜索时，橱窗推荐宝贝就会出现在页面中，橱窗推荐位是通过搜索的方法让你的宝贝能有更多的浏览量及点击率。如图 4-24 所示。

橱窗推荐位的数目是据你的宝贝数、开时间、信用度（卖家信用度+买家信用度的一半）及交易额度而定的。目前店铺橱窗推荐商品为随机，需主推商品、特价商品增加橱窗推荐，增加买家搜索展示机会。

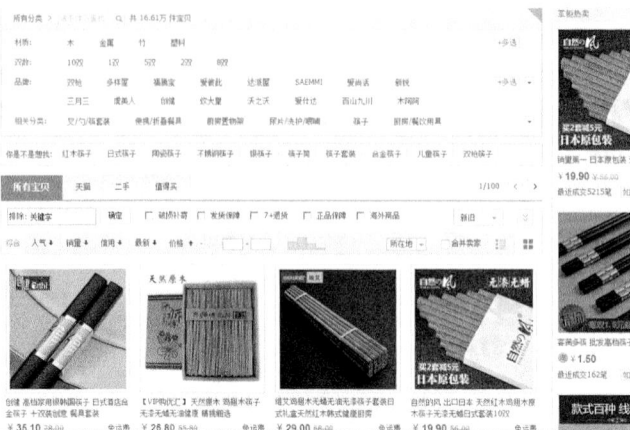

图 4-24 厨窗展示

二、淘宝网店站外推广方式选择

（1）百度空间站外推广进入相关产品贴吧，对贴吧的用户点击私信，发送产品私信。如图 4-25 所示。

图 4-25 百度空间站外推广

提示：私信内容一定不要直接地打广告，不然会引起用户的反感。写质量好一点的"复制""粘贴"，用少量的时间发出广告信息。

（2）求购市场慧聪网不仅能免费发布供应信息，而且还有很多求购信息。如图 4-26 所示。

图 4-26 慧聪网主页

每天还能针对求购信息免费发布 6 条对应的供应信息哦。不管是求购网还是 3158，中国黄页，都需要每天维护，按自己安排的时间尽量每个板块每天都能维护。

（3）热点话题。如点击一个热点话题进去，就可以将合适的话题转载、说说，留下自己的店铺信息。

这个做法同样适用于新浪微博话题。

（4）送礼。打开自己的 QQ 空间，点送礼并送上自己的祝福吧，腾讯里送礼是免费的，且还能留下自己在她生日那天提供的特价"产品"，相信，很多朋友都会光顾。

QQ 的普及率现在是中国第一的，强大的人数代表着强大的潜在消费群体。当然 QQ 好友的累积也是必要的，需要时间去做。

（5）QQ 群推广。只要加入几个 QQ 群，就可以打出自己的产品和网店。是一种快捷的推广方法。

（6）QQ 邮箱的漂流瓶。这种推广方法可以使店主在玩的过程中把自己的产品推销出去，而且不使人反感。自己可以设置方向、信息、图片等。

三、淘宝网店促销活动方式选择

（1）限时折扣秒杀活动——在规定的时间内享受折扣价，可以用很低的价格买到原本很昂贵的物品，一旦错过立刻恢复原价的活动。这种活动一般至少 3 个小时，且精确到秒，所以又称为"秒杀"。

这是吸引顾客的最好方法。限时促销一般都是质优价廉的商品，对于顾客来说，无疑诱惑是大的。

（2）店铺 VIP 会员优惠及店铺会员优惠价。会员享受是网店留住顾客的手段之一。成为会员优惠可以拉住很多的回头客。

（3）搭配购买。通过促销搭配套餐可以让买家一次性购买更多的商品。具有提升店铺销售业绩，提高店铺购买转化率，节约人力成本等优势。

（4）满就送，或者满就立减现金。

（5）包邮。虽然邮费最终是买家付的，可是当卖家提出包邮时，买家总是从心里感到舒服。因此店铺就可以使用包邮促销，打一张感情牌。

（6）店铺优惠券。注意优惠券不是什么地方都可以使用，只有在价格下面标注"抵价券"的才可以使用。

习题演练

一、单选题（共 20 题，每小题 1 分，共 20 分）

1. 网络营销作为新的营销方式和手段，内容非常丰富，以下各项不是主要内容的是（   ）。

A. 网上产品和服务策略 　　　　　　B. 网络公关关系

C. 网络广告与网络促销 　　　　　　D. 及时性

2. 网络营销是一种"软营销"，这是网络营销中有关消费者心理学的一个理论基础。它采取的营销方式是（   ）。

A. 传统广告 　　　　　　　　　　B. 人员推销

C. 拉式策略吸引消费者 　　　　　　D. 强势营销

3. 网络市场与现实市场的根本区别是（   ）。

A. 全球性 　　　　B. 即时性 　　　　C. 虚拟性 　　　　D. 开放性

4. （   ）是常用的网络营销方法，是主要的网络营销促销形式。

A. 网络广告 　　　B. 站点推广 　　　C. 网络直销 　　　D. 网上销售促进

5. 网络市场与现实市场的根本区别是（   ）。

A. 全球性 　　　　B. 即时性 　　　　C. 虚拟性 　　　　D. 开放性

6. 下面（   ）不是网络市场调研的优势。

A. 网络调研的及时性和客观性 　　　B. 网络调研的便捷性和经济性

C. 网络调研的生动性 　　　　　　　D. 网络调研的互动性

7. 网络市场调研直接调研的方法是（   ）。

A. 专题讨论法 　　B. 询问法 　　　　C. 电话询问法 　　D. 邮寄调查法

8. 在线问卷的主要缺点是（   ）。

A. 调查的深度不够 　　　　　　　　B. 代表性不强

C. 适用的范围窄 　　　　　　　　　D. 无法保证所填信息的真实性

9. 网络商务信息采集的经济性，就是要求采集的商务信息（   ）。

A. 性价比合理 　　　　　　　　　　B. 价格低廉

C. 能发挥最大效用 　　　　　　　　D. 有效使用期较长

10. 在下列网络营销工具中，最基本、最重要的是（   ）。

A. 搜索引擎 　　　B. 企业网站 　　　C. 电子邮件 　　　D. 网络广告

11. 以下网络促销形式中主要的也是企业首选的促销形式是（   ）。

A. 销售促进   B. 网络广告   C. 站点推广   D. 关系营销

12. 网络促销中，进行栏目内容编辑的工作程序及步骤，顺序正确的是（   ）。

A. ①按栏目模板制作网页；②更新信息的内容；③测试所制作的网页；④发布所修改的网页

B. ①更新信息的内容；②测试所制作的网页；③按栏目模板制作网页；④发布所修改的网页

C. ①更新信息的内容；②按栏目模板制作网页；③测试所制作的网页；④发布所修改的网页

D. ①更新信息的内容；②按栏目模板制作网页；③发布所修改的网页；④测试所制作的网页

13. （   ）不是组成广告的因素。

A. 我们的沟通对象是谁   B. 如何与我们的目标受众沟通

C. 我们的沟通要达到什么样的目的   D. 政府是否批准

14. 网络广告运作程序的第一步是（   ）。

A. 进行广告创意   B. 确定广告预算

C. 进行广告设计   D. 明确广告目标

15. 网站注册搜索引擎的目的是（   ）。

A. 建立营销渠道   B. 进行营业推广

C. 扩大营销成果   D. 以上三项都是

16. 关于服务策略中，下面说法不正确的是（   ）。

A. 网络营销中，企业为消费者在产品购买后提供服务

B. 企业充分向消费者展示产品的有关性能与指标

C. 建立自动网络服务系统

D. 在网上建立消费者论坛，也是为消费者提供服务的一种方式

17. 顾客通过何种方式获得服务所提供的东西，属于服务质量的（   ）。

A. 职能质量   B. 技术质量   C. 作业质量   D. 感受质量

18. 评价网络广告效果时，CPA 指的是（   ）。

A. 千人印象成本   B. 每点击成本   C. 每行动成本   D. 每购买成本

19. 在网站内容的合理定位中，首要任务是（   ）。

A. 为顾客提供服务   B. 取得更大利润

C. 以产品为中心设计网页   D. 提高服务质量

20. 客户电子邮件管理的目标是（   ）。

A. 收集客户意见   B. 提供咨询服务   C. 试探产品销售   D. 及时、认真答复

二、多选题 (多选、少选或错选均无分，共 10 题，每小题 2 分，共 20 分)

1. 能称为有效的营销三个不可缺少的基本因素是 （   ）。

A. 信息对用户是有价值的   B. 通过电子邮件传递信息

C. 合法的 E-mail 地址取得途径   D. 基于用户许可

2. 网络营销工程师博客营销的特点有 （   ）。

A. 博客营销以博客的个人行为和观点为基础

B. 博客营销思想须与企业网站内容策略相结合

C. 需要合适的博客环境

D. 博客营销应正确处理个人观点与企业立场的关系问题

3. 收集销售商的报价常用方案有 （   ）。

A. 查询销售商站点中的报价   B. 查询政府品类专卖的价格

C. 通过商务谈判用定价   D. 聊天室和 BBS

4. 一般来说，制订调查计划包括的内容有 （   ）。

A. 资料来源   B. 调查方法   C. 调查手段   D. 抽样方案和联系方法

5. 网络营销服务商的主要服务内容中属于网站推广服务的是 （   ）。

A. 域名注册   B. 网络实名   C. 网站建设   D. 门户网站搜索引擎

6. 客户电子邮件商务信息分类整理的基本方式包括 （   ）。

A. 将联系人信息添加到通信簿   B. 邮件自动分类整理

C. 添加联系人的数字标识   D. 定期进行整理

7. 网络促销的一般形式有 （   ）。

A. 网络广告   B. 销售促进   C. 站点推广   D. 关系营销

8. 网络公共关系的特点包括 （   ）。

A. 增强了公关主体的主动性   B. 目的只是推销商品

C. 增强了公关客体的参与性   D. 能够实现一对一公关

9. 网络广告效果评价指标应包括 （   ）。

A. 广告的经济效果评价指标   B. 广告的感官冲击效果评价指标

C. 广告的心理效果评价指标   D. 广告的社会效果评价指标

10. 网络市场定位的内容包括 （   ）。

A. 市场定位   B. 产品定位   C. 竞争定位   D. 售后服务定位

三、简答题 (共 10 题，每小题 4 分，共 40 分)

1. 何为口碑营销，企业如何开展口碑营销？

2. 企业建设好一个网站后，如何进行网站推广？

3. 何为搜索引擎营销，搜索引擎营销的方法有哪些？何为搜索引擎优化，搜索引擎优化的内容包括哪些方面？

4. 按照电子商务交易对象分类，电子商务有哪些模式（类型）？

5. 什么叫网络的软营销？实施网络软营销的基本出发点是什么？

6. 简述整合营销的概念。

7. 简述几种有效的网络营销管理模式。

8. E-mail 营销有哪些类型？

9. 搜索引擎按其工作方式主要可分为哪几种？

10. 常用的网站推广方法有哪些？

第五章　电子商务与物流

知识体系

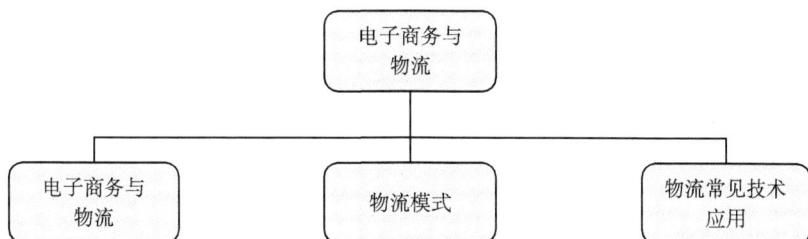

学习要点

（1）了解电子商务下的物流与传统物流的区别，明白物流在电子商务中的重要性。

（2）掌握几种物流模式及新型物流模式。

（3）掌握几种常见的物流技术。

情景案例

顺丰狂购30架二手客机欲布局跨境物流

据《华夏时报》消息，顺丰航空正在筹备一个大规模运力扩张计划，从波音公司收购超过30架二手757客机和767客机，进行客改货。扩张计划落实后，顺丰航空的运力将增加一倍。目前顺丰的机队总数为36架。

值得注意的是，在此次运力扩张计划中，航程更远、载货量更多的767机型占到了1/3，这被认为是顺丰在跨境物流上的布局。

2014年8月，顺丰正式对外推出针对境外电商客户的"全球顺"服务。使用"全球顺"服务，从香港到大陆的时间为7~9天，首重费用为33元/千克，续重费用为

21 元/千克；纽约到大陆则预计需要 7~12 天，首重费用为 37 元/磅，续重费用为 31 元/磅。

目前，顺丰的海外业务能够覆盖到美国以及周边的泰国、日本、马来西亚和韩国，并且，最近刚刚开通了澳大利亚全境的快递服务。

当然，在顺丰航空押注跨境物流背后，是跨境电商未来的增长前景，以及政府政策的透明化。相对传统外贸的增长低迷，跨境电商的交易规模连续多年实现了 30%的稳定增长。同时，数据显示，跨境电商仅占进出口总规模的 9.6%。

另外，分析师预计，到 2016 年，跨境电商交易总额将占到进出口总规模的 19%。

可以看出，对于物流公司来说，跨境电商是一个份额小但增长快的市场，值得为未来押注。

同时，政策的透明化也是跨境电商增速能够持久的重要因素。广州、杭州、郑州、深圳、哈尔滨、长春等地先后获批"国家跨境电子商务试点城市"，通关、结汇等流程都逐渐标准化、规范化。

当然，各大电商巨头的参与，也助推了跨境电商的火热。

2014 年 8 月，亚马逊与上海自贸区管委会、上海信息投资股份有限公司的合作备忘录，亚马逊在上海自贸区设立国际贸易总部，将把全球商品进口到中国、直接出售给消费者；同时，也把中国卖家的商品卖到全球。

最快到今年第四季度，中国消费者能够通过亚马逊官网的特定入口，下单、选购商品，通过人民币结算，并直邮到中国。有消息称，亚马逊将联手顺丰开展从美国到中国的直邮业务。

2014 年 10 月 14 日，美国第二大零售商 Costco（好市多）与阿里巴巴宣布开启战略合作，借道天猫国际进入中国市场，将在天猫开设官方旗舰店，将食品和保健品等优势品类带入中国。并且，双方的合作效果不俗。

行业人士表示，从 10 月 12 日到 14 日，三天就卖出近 3 吨柯克兰坚果，近 1.5 吨蔓越莓干，而订单量还在继续飞速上涨。上万笔订单正在直发杭州入关，15 日已经有第一批消费者收到了自己订单。

对于跨境物流服务提供商来说，跨境电商交易的火爆无疑是个利好消息。而为了应对这个市场的快速增长，顺丰航空则是计划引进 30 架二手客机，打算再造一个顺丰航空。

资料来源：http://wenku.baidu.com/view/b29a463531126edb6f1a109c.html?re=view，http://wenku.baidu.com/view/10319301bed5b9f3f90f1c29.html?re=view。

案例分析

顺丰航空引进二手客机，欲抢占跨境电商物流中的"领头羊"地位。各大电商巨头参与到跨境电商的争夺中，无疑对国际物流的起到推波助澜的作用。

问题提出

从案例中可以看到物流在电子商务中的重要性，电子商务超速发展，要求物流也能跟得上脚步。那么电子商务下的物流与传统的物流有什么区别，现今火爆的物流模式有哪几种，运用于物流中的信息技术有哪几种，这些都是我们本章所要学习的。

第一节　电子商务与物流

一、电子商务的组成要素

电子商务的核心仍是商务活动，因此它仍具有作为商务交易活动的一般性特征。任何一笔交易行为，买卖双方交易的是需求，体现的是价格，伴随的是信息流、资金流、物流和商流。电子商务作为电子化的商务活动，同样也是如此。电子商务中任何一笔交易，都包括信息流、资金流、物流和商务流四个基本要素。通常，不管"以物易物"的交易方式，还是"一手交钱，一手交货"的交易方式，信息流、资金流和物流都是合一的，至少物流和资金流是合一的，只有电子商务使得"三流"彻底分流，这种分离使得人类交易活动呈现出更加丰富多彩和复杂的特征以及更大的风险。电子商务的组成要素包括信息流、资金流、商流和物流等。

1. 信息流

信息流是电子商务交易各主体之间的信息传递与交流的过程，包括商品信息、技术支持信息、企业资质信息等的传递过程，也包括询价单、报价单、付款通知单等商业贸易证信息的传递过程。

2. 资金流

资金流是指资金转移过程，包括支付、转账、结账等。目前，在电子交易中通常综合利用电子支付结算方式和传统支付结算方式实现资金的转移。电子商务中常用的网上支付工具有银行卡网上支付、电子现金、电子支票、电子钱包等。这些支付工具主要通过网上银行支付平台及第三方支付平台实现支付转账操作。

3. 物流

物流指商品或服务的流动过程，具体指运输、储存、配送、装卸、保管等各种活动。电子商务中物流主要运作模式为第三方物流。第三方物流是指在商品的流通过程中，由商品交易的供应和需求之外的第三方以合同形式对企业提供一定期限内物流服务的一种物流运作方式。

ACTUALWORK

4. 商流

商流是指商品在交易过程中发生的有关商品所有权的转移活动，即商品交易的一系列活动，包括交易前的宣传、贸易双方选择及谈判磋商、合同签订、发货、售后服务等，通常涉及商检、税务、海关、运输等各行业。信息流、资金流、物流的最终目的都是成功实现商品所有权的转移，即实现商流。

电子商务组成要素之间的关联如图 5-1 所示。

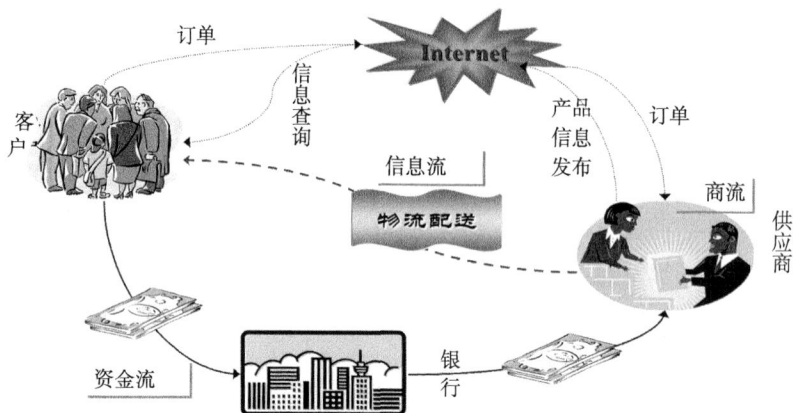

图 5-1 电子商务构成要素之间的关联

电子商务的一般流程如图 5-2 所示。

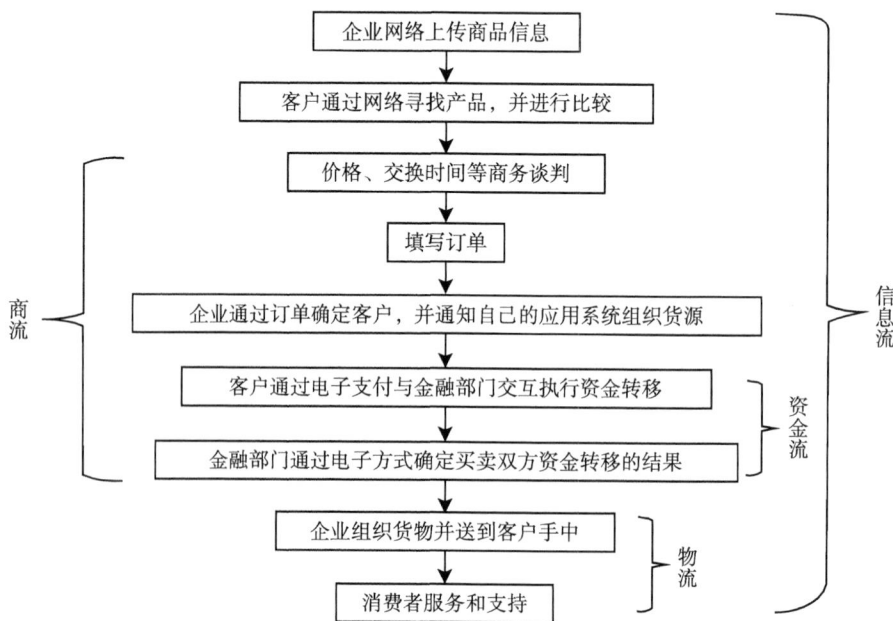

图 5-2 电子商务的一般流程

二、电子商务中物流的作用

（1）物流是实现电子商务的可靠保证。没有一个高效的、合理的、畅通的物流系统，电子商务所具有的优势就难以得到有效的发挥，没有一个与电子商务相适应的物流体系，电子商务就难以得到有效的发展。物流是电子商务的基本组成部分，如图5-3所示。

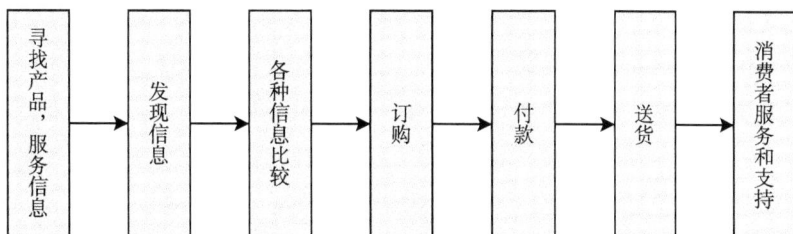

图5-3　物流在电子商务中的重要性

（2）物流是影响电子商务运作质量的重要因素。物流是一种服务，面临着服务信誉和服务质量的问题。对电子商务企业来说，货物配送可能是客户在购物过程中唯一与商家进行面对面交流的机会。物流服务的质量，将直接影响企业在客户心中的形象。

【案例5-1】

优衣库母公司将建合资物流公司提升服务

优衣库（Uniqlo）母公司、亚洲最大服装零售商 Fast Retailing Co. Ltd.（9983.T）迅销集团近日宣布将联合 Daiwa House Industry Co., Ltd. 在东京建立新的物流中心，二者同时宣布成立一个合资物流公司，专注物流服务。

Fast Retailing Co. Ltd.迅销集团新的物流中心位于东京 Koto-ku 江东区有明1丁目1~8号，该物流中心的建立将大大节省交付时间和成本，实时响应店铺销售的同时减少店铺库存，该物流中心同时提供定制和加工服务满足顾客不同需求。

面积达36309平方米的新物流中心将于2014年11月15日动工，预计2016年1月25日前竣工。Fast Retailing 迅销集团首席执行官 Tadashi Yanai 柳井正表示计划和 Daiwa House 在日本以及其他国家通过二者的合资公司建立更多的物流中心。

资料来源：http://news.xinhuanet.com/fashion/2014-10/20/c_127102241.html。

（3）物流是实现电子商务企业盈利的重要环节。良好的物流管理可以大大降低企业的成本。在传统的商品成本中，物流成本可以占到商品总价值的30%~50%。而现代物流业可以大大降低来自该部分的成本。控制现代流通物流成本的途径有：建立和完善物流配送中心，提高配送效率；加强物流成本的管理，包括流通物流成本的计划管理、加强流通企业业务管理以及建立科学的物流管理会计系统；实现供应链管理，密切与供货商的关系，提高对顾客的物流服务来降低成本；不断提高流通企业物流管理水平。

【案例5-2】

世界零售巨头沃尔玛之所以发展迅速，就在于其与很多的供货商建立了密切关系。其中沃尔玛与宝洁公司建立的产销联盟一直是供应链管理的典范。宝洁公司与沃尔玛之间的产销联盟使产销双方能够紧密地联系在一起，同时借助以信息共享为特征的经营和物流管理系统，使产、销都能对市场的变化做出及时响应，其结果是交易成本和在库成本降低、多环节流通费用削减等，从而降低成本，提高了销售量。

资料来源：http://www.vsharing.com/k/others/2005-12/A517163.html。

【小链接】

现代物流业

随着市场经济的发展，物流业已由过去的末端行业，上升为引导生产、促进消费的先导行业。现代物流业是以现代运输业为重点，以信息技术为支撑，以现代制造业和商业为基础，集系统化、信息化、仓储现代化为一体的综合性产业。现代物流业是一个新型的跨行业、跨部门、跨区域、渗透性强的复合型产业。现代物流业所涉及国民经济行业具体包括：铁路运输、道路运输、水上运输、装卸搬运及其他运输服务业、仓储业、批发业、零售业。

资料来源：http://baike.baidu.com/view/1024206.htm/fr=aladdin。

【新闻速递】

国务院印发《物流业发展中长期规划》（2014~2020年）

日前，国务院印发《物流业发展中长期规划》（2014~2020年），部署加快现代物流业发展，建立和完善现代物流服务体系。其中，将加大对公路乱收费、乱罚款清理整顿力度，建立统一开放、竞争有序的全国物流服务市场，鼓励物流企业通过参股控股、兼并重组、协作联盟等做大做强。

我国物流产业规模快速增长。全国社会物流总额2013年达197.8万亿元，比2005年增长3.1倍，按可比价格计算，年均增长11.5%。物流业增加值2013年达到3.9万亿元，占国内生产总值的比重由 2005 年的 6.6% 提高到 2013 年的 6.8%，占服务业增加值的比重达到 14.8%。物流从业人员从 2005 年的 1780 万人增至 2013 年的 2890 万人，年均增长 6.2%。

社会物流需求快速增长。其中，农业现代化对大宗农产品物流和鲜活农产品冷链物流需求不断增长。新型工业化要求加快建立规模化、现代化的制造业物流服务体系。居民消费升级以及新型城镇化步伐加快，迫切需要建立更加完善、便捷、高效、安全的消费品物流配送体系。此外，电子商务、网络消费等新兴业态快速发展，快递物流等需求也将继续快速增长。国际激烈竞争也迫切要求我国形成一批深入参与国际分工、具有国际竞争力的跨国物流企业。

《规划》中明确提出，到 2020 年，要基本建立布局合理、技术先进、便捷高效、绿色环保、安全有序的现代物流服务体系。我国将以着力降低物流成本、提升物流企业规模化集约化水平、加强物流基础设施网络建设为发展重点，大力提升物流社会化、专业化水平。

其中，将清理和废除妨碍全国统一市场和公平竞争的各种规定和做法，建立统一开放、竞争有序的全国物流服务市场。加大对公路乱收费、乱罚款的清理整顿力度，减少不必要收费点。鼓励物流企业通过参股控股、兼并重组、协作联盟等方式做大做强，形成一批技术水平先进、主营业务突出、核心竞争力强的大型现代物流企业集团。鼓励运输、仓储等传统物流企业向上、下游延伸服务，推进物流业与其他产业互动融合，协同发展。

《规划》中还提出将发展多式联运、物流园区、农产品物流、制造业物流与供应链管理、资源型产品物流、城乡物流配送、电子商务物流、物流标准化、物流信息平台、物流新技术开发应用、再生资源回收物流、应急物流共 12 项重点工程，并将推出深化改革开放、完善法规制度、规范市场秩序、加强安全监管、完善扶持力度、拓宽投资融资渠道等系列保障措施。其中，将加强对物流市场监管，完善物流企业和从业人员信用记录，纳入国家统一的信用信息平台。增强企业诚信意识，建立跨地区、跨行业的联合惩戒机制，加大对失信行为的惩戒力度。

资料来源：http://news.163.com/14/1021/14/A939UHKI00014Q4P.html。

三、电子商务中物流的特点

电子商务时代的来临，给全球物流带来了新的发展，使物流具备了一系列新特点：

（1）信息化电子商务时代，物流信息化是电子商务的必然要求。物流信息化表现为物流信息的商品化、物流信息收集的数据库化和代码化、物流信息处理的电子化和计算机化、物流信息传递的标准化和实时化、物流信息存储的数字化等。因此，条码技术

（Barcode）、数据库技术（Database）、电子订货系统（Electronic Ordering System，EOS）、电子数据交换（Electronic Data Interchange，EDI）、快速反应（Quick Response，QR）及有效的客户反应（Effectiv Customer Response，ECR）、企业资源计划（Entetprise Resource Planning，ERP）等技术与观念在我国的物流中将会得到普遍的应用。物流信息化是物流现代化管理的基础，没有物流的信息化，任何先进的技术设备都不可能应用于物流领域，信息技术及计算机技术在物流中的应用将会彻底改变世界物流的面貌。

（2）自动化的基础是信息化，自动化的核心是机电一体化，自动化的外在表现是无人化，自动化的效果是省力化，另外还可以扩大物流作业能力、提高劳动生产力、减少物流作业的差错等。物流自动化的设施非常多，如条码/语音/射频自动识别系统、自动分拣系统、自动存取系统、自动导向车、货物自动跟踪系统等。这些设施在发达国家已普遍用于物流作业流程中，而在我国由于物流业起步晚，发展水平低，自动化技术的普及还需要相当长的时间。

（3）网络化物流领域网络化的基础也是信息化，这里指的网络化有两层含义：一是物流配送系统的计算机通信网络，包括物流配送中心与供应商或制造商的联系要通过计算机网络，另外与下游顾客之间的联系也要通过计算机网络通信；二是组织的网络化，即所谓的组织内部网（Intranet）。比如，中国台湾地区的电脑业在 20 世纪 90 年代创造出了"全球运筹式产销模式"，这种模式是按照客户订单组织生产，生产采取分散形式。即将全世界的电脑资源都利用起来，采取外包的形式将一台电脑的所有零部件、元器件、芯片外包给世界各地的制造商去生产，然后通过全球的物流网络将这些零部件、元器件和芯片发往同一个物流配送中心进行组装，由该物流配送中心将组装的电脑迅速发给订户。这一过程需要有高效的物流网络支持，当然物流网络的基础是信息、电脑网络。物流的网络化是物流信息化的必然，是电子商务下物流活动的主要特征之一。当今世界互联网等全球网络资源的可用性，以及网络技术的普及为物流的网络化提供了良好的外部环境，物流网络化不可阻挡。

（4）智能化是物流自动化、信息化的一种高层次应用，物流作业过程中大量的运筹和决策，如库存水平的确定、运输（搬运）路径的选择、自动导向车的运行轨迹和作业控制、自动分拣机的运行、物流配送中心经营管理的决策支持等问题都需要借助于大量的知识才能解决。物流的智能化已成为电子商务下物流发展的一个新趋势。

（5）柔性化本来是为实现"以顾客为中心"理念而在生产领域提出的，但需要真正做到柔性化，即真正地能根据消费者需求的变化来灵活调节生产工艺，没有配套的柔性化的物流系统是不可能达到目的的。20 世纪 90 年代，国际生产领域纷纷推出弹性制造系统（Flexible Tnanufacturing System，FMS）、计算机集成制造系统（Computer Integrated Manufacturing System，CIMS）、制造资源系统（Manufacturing Re-quirement Planning，MPRP-Ⅱ）、企业资源计划（Enterprise Resource Planning，ERP）以及供应链管理的概念和技术，这些概念和技术的实质是要将生产、流通进行集成，根据需求端的需求组织生产，安排物流活动。因此，柔性化的物流正是适应生产、流通与消费的需求而发展起来的一种新型物流模式，这就要求物流配送中心要根据消费需求"多品种、小批量、多批次、短周期"的特点，灵活地组织和实施物流作业。

（6）绿色物流　随着环境资源恶化程度的加深，对人类生存和发展的威胁越大，因此人们对资源的利用和环境的保护越来越重视，对于物流系统中的托盘、包装箱、货架等资源消耗大的环节出现了以下几个方面的趋势：①包装箱材料采用可降解材料。②托盘的标准化使得可重用性提高。③供应链管理的不断完善大大地降低了托盘和包装箱的使用。

另外，物流设施、商品包装的标准化，物流的社会化、共同化也都是电子商务下物流模式的新特点。

四、电子商务下的物流与传统物流的比较

（1）传统的物流企业需要置备大面积的仓库，而电子商务系统网络化的虚拟企业将散置在各地的分属不同所有者的仓库通过网络系统连接起来，使之成为"虚拟仓库"，进行统一管理和调配使用，服务半径和货物集散空间都放大了。这样的企业在组织资源的速度、规模、效率和资源的合理配置方面都是传统的物流所不可比拟的，相应的物流观念也必须是全新的。虚拟仓库可以降低企业的仓储成本，建立虚拟仓库可以避免物资流动过程中的不合理运输。同时方便企业对其仓库监控，有利于提高物流效率与效益。

（2）传统的物流配送过程是由多个业务流程组成的，受人为因素影响和时间影响很大。网络的应用可以实现整个过程的实时监控和实时决策。新型物流配送的业务流程都由网络系统连接。当系统的任何一个神经末端收到一个需求信息的时候，该系统都可以在极短的时间内作出反应，并可以拟订详细的配送计划，通知各环节开始工作。这一切工作都是由计算机根据人们事先设计好的程序自动完成的。网络系统的介入，简化了物流配送过程。传统物流配送整个环节极为烦琐，在网络化的新型配送中心里可以大大缩短这一过程。

（3）物流配送的持续时间在网络环境下会大大缩短，对配送速度提出了更高的要求。在传统的物流管理中，由于信息交流的限制，完成一个配送过程的时间比较长，但这个时间随着网络系统的介入会变得越来越短，任何一个有关物流配送的信息和资源都会通过网络管理在几秒钟内传到有关环节。

【案例 5-3】

快递与电商的关系：相互制约还是相互依赖

快递公司与电商有着千丝万缕的关系，快递主要的工作就是送货，也就是我们熟悉的物流行业。而现在的快递公司越来越多，如顺丰、申通、韵达等，其中还有不少小快递公司。一般大快递公司会把业务分割给小快递公司，虽然这样可以缓解大快递公司的压力，但是许多小快递公司的服务质量很差。不过现在似乎没有更好的办法，随着电商的蓬勃发展，快递量在逐渐增大，尤其是在"双十一"等节日期间。快递公司的仓库货物堆积严重，只能加班加点地处理掉堆积的货物，即便是这样，国内的快递还是不能满足电商的需求。

1. 没有电商，就没有如今的快递行业

在国内没有电商之前，快递服务就一直存在，我们最熟悉的恐怕就是邮政了，而且邮政的覆盖面积非常广。基本上每个乡镇上都有中国邮政，但现在业务量最大的快递公司莫过于顺丰、申通等，都是服务于电商网站的快递公司。可以想象一下，如果没有电商的发展，那么快递行业也不会迅速崛起。不过快递公司基本上与电商平台无直接关联，更不属于电商平台，当然京东除外，因为京东有自己的物流机构。

2. 规范快递行业，电商有这个权利吗

要说网购中的纠纷以快递为主，估计许多消费者都有同感，有时候快递员送的物品有损坏，虽然电商网站提示消费者先验货，然后再签单，但是事实上绝大多数快递员都要求先签字。这样一旦货物出现什么问题，再去寻找责任人就不好办了，消费者容易和快递公司扯皮。最终只能象征性地赔偿你一点，如果是贵重物品，那么消费者的损失就更大了。快递行业必须加以规范，但是直到现在为止，似乎仍然不能得到什么根治和改善。电商没有权利去干涉快递公司，因为快递公司不属于电商平台。

3. 快递和电商一定是唇齿相依的关系

物流是电商销售的最后一个环节，也是非常重要的环节，快递公司不仅仅是送货而已。应该属于电商平台的售后环节，快递员服务态度也会影响到电商平台。两者是唇齿相依的关系，当然如果电商平台可以制约快递公司，那就可以更有效地规范物流行业了。但除非是物流公司隶属于电商，否则各种措施就很难执行下去，然而构建自己的物流体系又是一大笔资金投入。京东成功了，淘宝短期内估计不会有自己的物流设施。

送货很简单，关键是如何让快递这一环节发挥更重要的作用，包括服务态度以及服务的质量等。这些都是普通消费者最看重的，而随着快递行业的不断成熟，相信未来的快递会更快、更规范。

资料来源：http://www.chinawuliu.com.cn/zhxw/201402/20/281724.shtml。

五、2014 年电子商务物流行业发展九大趋势

（1）电商物流自营 B2C 逐步走向开放，未来会变成第三服务商，但会面临内、外的运营博弈。

（2）电商快递公司在低端市场竞争加剧，行业整合进行中，资本积极参与。

（3）电商落地配企业生存艰难，从电商快件转本地化生活配送，行业内部整合困难，外部资本或战略资源整合中，区域公司配送实力在加强。

（4）传统物流公司 3PL 进一步往电商物流领域渗透，但短时间难有作为。

【小链接】

3PL：是在物流渠道中由中间商提供的服务，中间商以合同的形式在一定期限内，提供企业所需的全部或部分物流服务，俗称第三方物流。

（5）互联网技术创新式物流运力整合平台发展前景巨大。像卡行天下、安能等，通过互联网技术来做物流整合的，这样的模式大家都关注，是一种创新。他自己不去自营，通过互联网技术体系运营起来，体系很大。上万亿的平台，无论是支付，还是管理，这个创新互联网，我们的物流会有。

【小链接】

卡行天下

卡行天下是一家网络平台型公司，致力于带动优质小微物流商共同发展，以公路枢纽港为基础，通过标准化、产品化、信息化实现公路运输的集约化整合，为物流需求者打造高性价比的零担物流网络，为小微物流提供更好的生存发展空间，建设成为中国最大的物流网络交易平台。据悉，马云投资的"菜鸟"网络于日前完成对第三方公路运输网络平台卡行天下的投资，成为其第二大股东，金额达 2.5 亿元。

安能：安能物流成立于 2010 年，立足国内公路零担快运业务，通过整合传统物流专线、零担快运网络和信息技术平台，创造新的颠覆性商业模式，打造中国最大的零担快运加盟网络。

（6）电商物流从快递往供应链管理转变。未来快速、准时、满足个性化将会是主要目标，需要差异化的物流服务产品，由消费者根据性价比自由选择。

（7）行业整合大势所趋。单一物流企业很难解决中国电商难题，需要平台整合各种

资源，形成网络密度大、服务能力强，既保证标准化配送，也满足个性化需求的高效配送网络体系。包括仓储、上下游供应链、干支线、配送、最后 100 米等。

（8）服务差异化的标准化建立行业门槛，电商 C2B 自费者导向，个性化订单，电商物流从免费包邮等走向差异化产品的标准化配送，性价比和服务是竞争力。

（9）物联网和大数据的使用加快行业发展，衍生出更多新的产品和服务。

第二节　物流模式

一、第三方物流

1. 第三方物流的概念

第三方物流指企业动态地配置自身和其他企业的功能和服务，利用外部的资源为企业内部的生产经营服务。也就是生产经营企业为集中精力搞好主业，把原来属于自己处理的物流活动，以合同方式委托给专业物流服务企业，同时通过信息系统与物流服务企业保持密切联系，以达到对物流全程的管理和控制的一种物流运作与管理方式。因此，第三方物流又叫合同制物流。在某种意义上，可以说它是物流专业化的一种形式。它是从"自给自足"方式的物流活动（自营物流）到"对外委托"（物流外包）方式物流活动的一种转变。

第三方物流随着物流业发展而发展，是物流专业化的重要形式。物流业发展到一定阶段必然会出现第三方物流，而且第三方物流的占有率与物流产业的水平之间有着非常紧密的相关性。西方国家的物流业实例分析证明，独立的第三方物流至少占社会的 50% 时，物流产业才能形成。所以，第三方物流的发展程度反映和体现着一个国家物流业发展的整体水平。

2. 第三方物流的分类

专业化、社会化的第三方物流的承担者是物流公司，常有以下两种分类方法：

按照物流公司完成的物流业务范围的大小和所承担的物流功能，可将物流公司分为综合性物流公司和功能性物流公司。功能性物流公司，也称单一物流公司，即它仅仅承担和完成某一项或几项物流功能。按照其主要从事的物流功能，可将其进一步分为运输公司、仓储公司、流通加工公司等。而综合性物流公司能够完成和承担多项甚至所有的物流功能。综合性物流公司一般规模较大、资金雄厚，并且有着良好的物流服务信誉。

按照物流公司是自行完成和承担物流业务，还是委托他人进行操作，可将物流公司分为物流自理公司和物流代理公司。物流自理公司就是平常人们所说的物流公司，它可进一步按照业务范围进行划分。物流代理公司同样可以按照物流业务代理的范围，分成综合性物流代理公司和功能性物流代理公司。功能性物流代理公司，包括运输代理公司（货代公司）、仓储代理公司（仓代公司）和流通加工代理公司等。

3. 第三方物流的利弊

（1）第三方物流的优点。①有利于实现规模化经营，提高规模效益。②有利于物流设施资源优化配置，减少不必要的投资。③有利于流通和生产企业专心搞好本业。④有利于集中专业力量实现以计算机技术为基础的物流现代化。⑤有利于为消费者提供更加全面和快速的服务。

（2）第三方物流的缺点。①企业不能直接控制物流职能。②不能保证供货的准确和及时。③不能保证顾客服务的质量和维护与顾客的长期关系。④企业将放弃对物流专业技术的开发。

4. 全球第三方物流情况简介[1]

（1）全球第三方物流的历史发展。第三方物流的出现可以追溯到 20 世纪中期，麻省理工学院的 Chrisoula Papadopoulou 将其发展分为了六个阶段，分别为单一服务阶段（Single Services）、多项服务阶段（Separate Services）、整体服务阶段（Integrated Services）、整合服务阶段（Combined Services）、复杂的整合服务阶段（Complex Combined-Services）以及企业合作阶段（Corporation Services）。

经过 60 多年的发展，第三方物流的概念已经被全世界所广泛接受，而且成为企业发展所不可或缺的一部分。美国是世界上最大的第三方物流市场，企业对第三方物流的接受程度在进入 21 世纪后有了很大提升。

（2）全球第三方物流现状。2012 年，全球物流支出占总 GDP 的比例达到 11.6%，而第三方物流企业所提供的服务占整个物流支出的比例为 8.2%，市场总额达到 6851 亿美元。从国家的角度来看，美国以及中国是目前世界上最大的两个第三方物流市场，2012 年市场分别占世界第三方物流市场的 20.6% 以及 17.2%。

但从市场的成熟度来看，全球市场还存在比较大的发展差异。以美国为代表的发达国家物流市场呈现的是低物流支出占比、高第三方物流占比。而以中国和印度为代表的发展中国家物流市场则相反，呈现出的是高物流支出占 GDP 比、低第三方物流占比。造成这种差异的可能原因有很多，包括区域地理环境多样化，基础设施落后，地区发展不均衡，以及物流管理理念相对落后等。

从第三方物流市场增长来看，亚太地区以及南美洲是自 2009 年危机以来增速最快的两个区域。从全球第三方物流发展趋势来看，新兴市场对第三方物流企业的吸引力越来越大。

（3）全球 3PL 市场的发展趋势。全球 3PL 市场的发展趋势有以下几方面：超级物

---

[1] 资料来源：http://finance.qq.com/a/20140402/011734.htm。

流；实时服务；M2C 时代，生产商直接与客户对接；城市物流；大数据；云计算；物联网等。

【小链接】

CBRE：亚太地区第三方物流市场将在全球占主导地位

2014 年 6 月 17 日，世邦魏理仕（CBRE）首次发布了物流市场的趋势形成报告，针对亚太地区物流市场变化中的关键因素进行了分析。最新出炉的报告关注当前物流空间需求增长背后的发展趋势，并预测亚太地区仓储物流的租金将会上涨。该报告与之前世邦魏理仕发布的《投资前沿——电商时代转型中的中国物流市场》互为补充。

在全球经济复苏形势更加明朗、亚太地区经济增长相对加快的背景下，以下三大关键趋势成就了物流需求的广阔前景：

（1）持续扩张的规模型的连锁零售。

（2）持续增长的在线用户群及电子商务销量。

（3）持续壮大的第三方物流（3PL）。

"仓储物流市场的发展建立在基础设施及深层次经济结构变化之上，包括城镇化的推进、新消费群的不断涌现，以及交易枢纽的进步，这些因素共同影响亚太地区的经济状况。在宏观经济持续改善的背景下，这些基本趋势表现为持续扩张的规模型的连锁零售、增长的在线用户群及电子商务销量以及持续壮大的第三方物流，给亚太地区的物流市场带来了强大的需求。"世邦魏理仕亚太区研究部董事许育诚说。

尽管 2014 年的仓储物流总供应量同比将增长 80%，但是低空置率及强劲需求将有助于抵消新增项目的负面影响。同时，世邦魏理仕亚太地区物流指数预计 2014 年的物流租金将同比增长 3%~4%，其中中国香港增长率最高，将达到 7.5%，之后依次为东京、上海和广州，同比增长 4%，新加坡、北京及悉尼的租金增长落后于其他亚太市场，预期 2014 年同比增幅仅为 0~1%。

亚太地区仓储物流需求的驱动因素

规模型连锁零售的扩张：在亚太地区很多国家，个人消费趋于上升，中产阶级群体也持续增长。因此有规模的大型购物中心得以不断开发，以支撑当地零售业的扩张，包括建设店铺网络和开发供应链。这一现象在中国、印度以及东南亚等发展中市场中尤为突出。

到 2020 年，亚太地区将新增 3.07 亿城市居民，产生重大影响。世邦魏理仕相信今后中国将成为亚太地区的主要增长国家，10 年之后的中国将具有最可观的城市化增长，甚至中小城市也有巨大的发展潜能。在印度和越南，规模型连锁零售占零售总体的比例分别为 2%和 4%，而美国是 84%，尽管政府可能会限制增长，但这些国家同样具有发展潜力。

　　电子商务的持续增长：电子商务对于亚太地区而言还是新生事物，但其前景却非常广阔。在整个亚太地区，电子商务营业收入的增长主要依托于产业结构，包括作为供应方的在线零售商的增长，以及在线支付功能的开发。无论对于消费者还是零售商，电子商务都具有很大的吸引力。对于消费者来说，可以随时在线比较价格并且很快收到订购的商品，这两点非常重要。而零售商青睐电子商务的原因在于无须投资经营连锁商店即可接触到庞大的消费者，而是否成功更多地依赖于库存管理和送货速度，这就需要配套的物流设施，以确保备货充足，而且交通便利。

　　中国和日本是最大的市场，其营业总额最高，因此现代物流设施的增长最为显著。而在印度及东南亚这些新兴市场，现代物流却存在供不应求的状况。

　　就基本趋势而言，亚太地区未来几年的在线用户数量将呈爆发式增长，预计到2020年将增加3.46亿人。2013~2020年，用户群的最大增长比例将出现在印度（59.4%，1.01亿新用户）和印度尼西亚（56.3%，2230万新用户），而中国同期将增加1.56亿新用户。虽然增长数字很乐观，但是不同区域的运营条件存在明显差异，其结果是，电子商务的商家们对仓储物流的需求也不尽相同。

　　更依赖于第三方物流：规模型连锁零售的需求以及电子商务的增长促进了对第三方物流需求的增长。对送货效率、库存管理及货运转发的需求，引发对本区域内有经验的物流运营商的需求，从而产生更多外包物流服务。

　　亚太地区有很多公司依然保持传统的运营模式，喜欢自己运作物流，他们拥有自己的仓库、亲自安排送货和调配等。随着近几年业务流程外包被更多公司采用，他们开始通过第三方物流公司提供物流和送货服务，而自身更加专注于核心业务，之前投资仓库所占用的资金也得以释放。

　　世邦魏理仕相信在亚太地区，2014年租赁仓储物流的商家将越来越多，而最近对于第三方物流运营商的调查也肯定了这一行业趋势。预计亚太地区的第三方物流市场将在全球范围内占主导地位，2015年的总营业额将达到3000亿美元，占全世界的45%，而2007年这一数字为1210亿美元（约占20%）。

　　资料来源：http://news.xinhuanet.com/house/wh/2014-06/17/c_1111181829.htm。

　　5. 中国的第三方物流的发展现状及对策①

　　目前，我国的第三方物流在物流市场中所占的比例仅为10%。还没有太多大型专业的第三方物流企业，这是当前物流发展中最薄弱的环节，也制约了我国经济的发展。我国第三方物流市场规模在600亿~700亿元，不仅规模小，而且高度分散，在1万~1.5万家第三方物流企业中，没有一家企业能占到2%以上的市场份额，大多数物流公司只是

---

① 资料来源：http://www.tranbbs.com/Advisory/PTraffic/Advisory_24843.shtml。

局限在供应链功能的一小部分，无法满足客户的一体化物流服务需求。虽然各地的物流企业数量与基础投资猛增，但低价恶性竞争严重扰乱了市场秩序，造成物流企业普遍业绩不佳，发展后劲不足。运用信息化手段提高运输质量和运输效率，提高客户服务能力，从而提高核心竞争力，是很多第三方物流企业应对市场竞争的必然选择。

近几年，我国的第三方物流市场以每年16%~25%的速度增长。虽然我国物流行业发展很快，但目前我国第三方物流信息化应用的水平还比较低。据统计，大量第三方物流企业的信息化水平还停留于GPS、RFID等初级阶段，有的企业甚至连办公套件、企业邮箱都还不具备。这类企业占第三方物流企业总数的50%以上。我国的物流企业中，中小企业占了大部分。绝大多数中小物流企业尚不具备运用信息技术处理物流信息的能力。拥有信息系统的企业，其信息化需求也多数属于底层需求，基础信息系统建设是目前信息化建设的主要内容。同时，中小企业在选购物流信息化系统时，虽然最主要考虑的是成本问题，但还要考虑企业未来的需求。大多数物流信息系统的成本较高，很多功能又用不上，但企业发展壮大之后有可能就非常需要，这就要求产品拥有全生命周期的特性，可以随着企业自身的发展和业务拓展而进化。

此外，还有一部分已经初具规模的物流企业，信息化基础相比来说已经有了一定的基础，都已经开始考虑业务流程与管理流程的优化问题。这也是来自降低成本、加快周转等经济上的压力，目的是帮助企业提高自己的核心竞争力。这些优化通常集中在几个最能产生效益的环节，比如仓储管理、运输管理、订单管理等局部环节。这类规模较大的物流企业占物流企业总数的30%左右。但这种只针对局部供应链流程的信息化建设，结果通常表现为一些孤立的信息系统，难以互联互通，实现整合。供应链的信息化整合不能仅仅满足于提供精细的分别针对分销、零售、仓储、运输等环节的软件产品，而是要旗帜鲜明地贯彻供应链一体化的思想。通过"操作层"、"决策层"和"供应链电子商务层"这一结构清晰的框架，为物流企业提供着眼于全面资源整合的信息化解决方案。这样才能从上至下解决企业所存在的问题，而不是隔靴搔痒。目前，已经形成系统化的物流综合管理平台的物流企业可谓寥寥无几，仅占总数的5%左右。

我国的第三方物流在起步后的几年内，得到了迅速的发展，取得了一定的成绩，但与世界发达国家的第三方物流发展水平有一定差距，面对第三方物流加速发展的趋势，我国尚有很大潜力有待开发，针对以上出现的情况，第三方物流企业在发展中应该采取如下措施：

（1）以客户关系管理为基础，提供个性化增值服务。

（2）扩大第三方物流企业的规模，实现规模经济。

（3）应用现代信息技术，提高第三方物流营运水平。

（4）中小型物流企业建立战略联盟，提升第三方物流企业的市场竞争力。

二、国际物流

1. 国际物流的概念

国际物流就是组织货物在国际间的合理流动，也就是发生在不同国家之间的物流。国际物流的实质是按国际分工协作的原则，依照国际惯例，利用国际化的物流网络、物流设施和物流技术，实现货物在国际间的流动与交换，以促进区域经济的发展和世界资源优化配置。国际物流的总目标是为国际贸易和跨国经营服务，即选择最佳的方式与路径，以最低的费用和最小的风险，保质、保量、适时地将货物从某国的供方运到另一国的需方。国际物流是为跨国经营和对外贸易业务，使各国物流系统相互"接轨"，因而与国内物流系统相比，具有国际性、复杂性和风险性等特点。

国际物流的风险性主要包括政治风险、经济风险和自然风险。政治风险主要指由于所经过的国家政局动荡，如罢工、战争等原因造成货物可能受到损害或损失；经济风险又可分为汇率风险和利率风险，主要指从事国际物流必然要发生的资金流动，因而产生汇率风险和利率风险；自然风险则指物流过程中，可能因自然因素如海风、暴雨等，而引起的风险。

2. 国际物流活动的发展经历

第一阶段：20 世纪 50 年代至 80 年代初。这一阶段物流设施和物流技术得到了极大的发展。建立了配送中心，广泛运用计算机进行管理，出现了立体无人仓库、一些国家建立了本国的物流标准化体系等。物流系统的改善促进了国际贸易的发展，物流活动已经超出了一国范围，但物流国际化的趋势还没有得到人们的重视。

第二阶段：20 世纪 80 年代初至 90 年代初，随着经济技术的发展和国际经济往来的日益扩大，物流国际化趋势开始成为世界性的共同问题。这一阶段物流国际化的趋势局限在美国、日本和欧洲一些发达国家。

第三阶段：20 世纪 90 年代初至今。这一阶段国际物流的概念和重要性已为各国政府和外贸部门所普遍接受。人们已经形成共识：只有广泛开展国际物流合作，才能促进世界经济繁荣，物流无国界。

3. 国际物流系统

国际物流系统是由商品的包装、储存、运输、检验、流通加工和其前后的整理、再包装以及国际配送等子系统组成。运输和储存子系统是物流系统的主要组成部分。国际物流通过商品的储存和运输，实现其自身的时间和空间效益，满足国际贸易活动和跨国公司经营的要求。它包括以下几个子系统：

（1）运输子系统。运输的作用是将商品使用价值进行空间移动。物流系统依靠运输作业克服商品生产地和需要地点的空间距离，创造了商品的空间效益。国际货物运输是国际物流系统的核心。商品通过国际货物运输作业由卖方转移给买方。国际货物运输具有路线长、环节多、涉及面广、手续繁杂、风险性大、时间性强等特点。运输费用在国际贸易商品价格中占有很大比重。国际运输主要包括运输方式的选择、运输单据的处理以及投保等有关方面。

（2）仓储子系统。商品储存、保管使商品在其流通过程中处于一种或长或短的相对停滞状态，这种停滞是完全必要的。因为，商品流通是一个由分散到集中，再由集中到分散的源源不断的流通过程。国际贸易和跨国经营中的商品从生产厂或供应部门被集中运送到装运港口，有时须临时存放一段时间，再装运出口，是一个集和散的过程。它主要是在各国的保税区和保税仓库进行的，主要涉及各国保税制度和保税仓库建设等方面。

（3）商品检验子系统。由于国际贸易和跨国经营具有投资大、风险高、周期长等特点，使得商品检验成为国际物流系统中重要的子系统。通过商品检验，确定交货质量、数量和包装条件是否符合合同规定，如发现问题，可分清责任，向有关方面索赔。在买卖合同中，一般都订有商品检验条款，其主要内容有检验时间与地点、检验机构与检验证明、检验标准与检验方法等。

根据国际贸易惯例，商品检验时间与地点的规定可概括为三种做法：①是在出口国检验，可分为四种情况：在工厂检验，卖方只承担货物离厂前的责任；运输中质量、数量变化的风险均不负责；装船前或装船时检验，其质量和数量以当时的检验结果为准；买方对到货的质量与数量原则上一般不得提出异议。②是在进口国检验，包括卸货后在约定时间内检验和在买方营业处所或最后用户所在地查验两种情况。其检验结果可作为货物质量和数量的最后依据。在此条件下，卖方应承担运输过程中质量、重量变化的风险。③是在出口国检验、进口国复验。货物在装船前进行检验，以装运港双方约定的商检机构出具的证明作为预付货款的凭证，但货到目的港后，买方有复验权，如复验结果与合同规定不符，买方有权向卖方提出索赔，但必须出具卖方同意的公证机构出具的检验证明。

（4）商品包装子系统。杜邦定律（美国杜邦化学公司提出）认为：63%的消费者是根据商品的包装装潢进行购买的，国际市场和消费者是通过商品来认识企业的，而商品的商标和包装就是企业的面孔，它反映了一个国家的综合科技文化水平。

（5）国际物流信息子系统。该子系统主要功能是采集、处理和传递国际物流和商流的信息情报。没有功能完善的信息系统，国际贸易和跨国经营将寸步难行。国际物流信息的主要内容包括进出口单证的作业过程、支付方式信息、客户资料信息、市场行情信息和供求信息等。

三、新型物流

（一）第四方物流

4PL 是一个供应链集成商，它调集和管理组织自己的（以及具有互补性的服务提供商的）资源、能力和技术，以提供一个综合的供应链解决方案。如图 5-4 所示。第四方物流不仅控制和管理特定的物流服务，而且对整个物流过程提出策划方案，并通过电子商务将这个过程集成起来。因此，第四方物流成功的关键在于为顾客提供最佳的增值服务，即迅速、高效、低成本和人性化服务等。如图 5-5 所示。

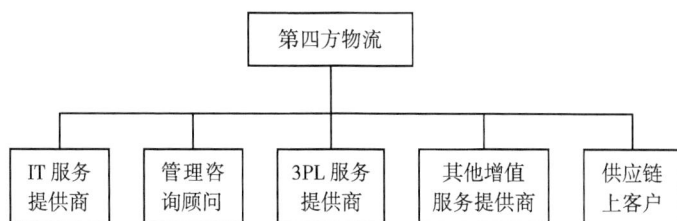

图 5-4　第四方物流的组织构成

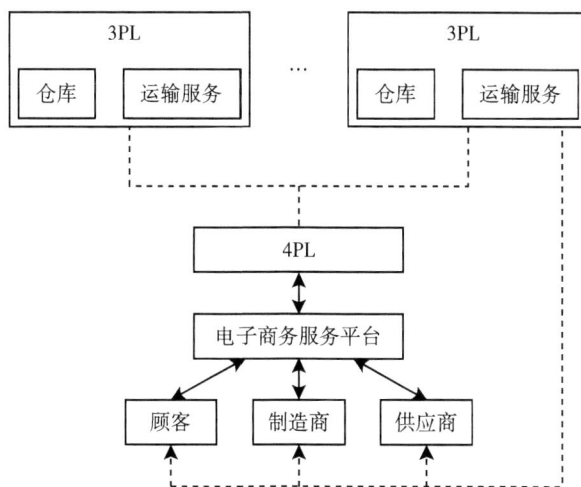

图 5-5　电子商务环境下的 4PL 整合模型

第四方物流通常以物流服务价格代理的面目出现，这迫使第四方物流走出了一条截取供应链上顶端资源组合的高起点路线，进而形成第四方物流高起点、高技术含量的特点。

第四方物流的特点之一是在整个过程中，第四方物流自己不投入任何的固定资产，而是对买卖双方以及第三方物流供应商的资产和行为进行合理的调配和管理，提供了一个综合性供应链解决方案，以有效地适应需求方多样化和复杂的需求，集中所有的资源为客户完善地解决问题。第四方物流集成了管理咨询和第三方物流服务商的能力。更重要的是，一个使客户价值最大化的统一的技术方案的设计、实施和运作，只有通过咨询公司、技术公司和物流公司的齐心协力才能够实现。如图 5-6 所示。

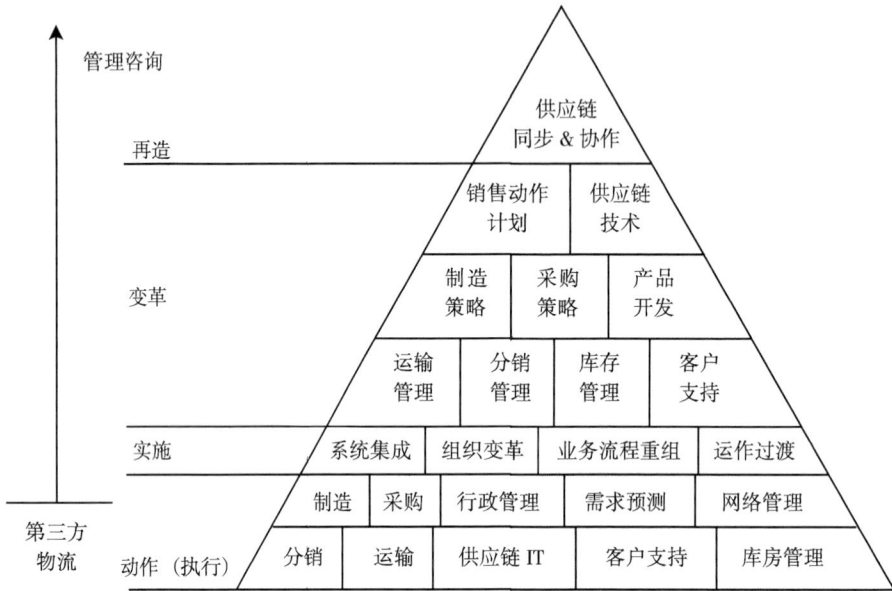

图 5-6 第四方物流的特点一

第四方物流的特点之二是通过其对整个供应链产生影响的能力来增加价值，即其能够为整条供应链的客户带来利益。第四方物流充分利用了一批服务提供商的能力，包括第三方物流、信息技术供应商、合同物流供应商、呼叫中心、电信增值服务商等，再加上客户的能力和第四方物流自身的能力。总之，第四方物流通过提供一个全方位的供应链解决方案来满足今天的公司所面临的广泛而又复杂的需求。这个方案关注供应链管理的各个方面，既提供持续更新和优化的技术方案，同时又能满足客户的独特需求。如图 5-7 所示。

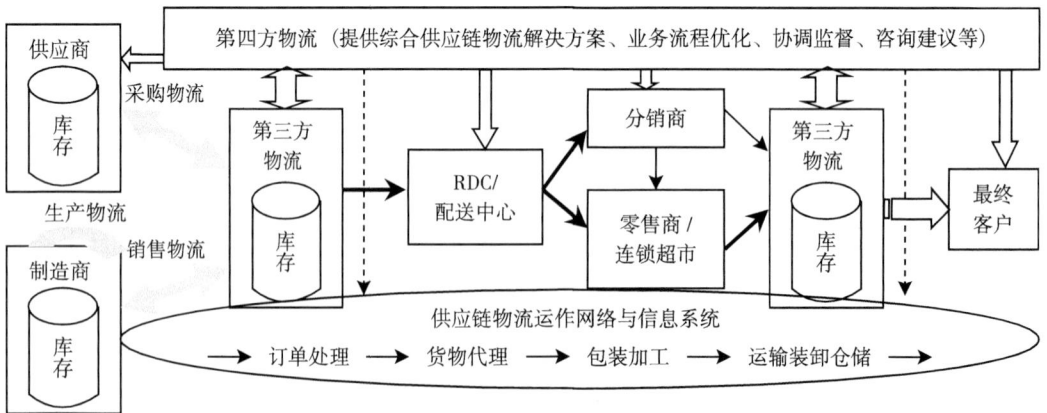

图 5-7 第四方物流的特点二

一个成功的第四方物流，须具备四项基本原则：形成分享的协作组织、整个供应链的功能、组织最好的能力来运作供应链、给第四方组织作业上的自主。

（二）电子物流

电子物流就是利用电子的手段，尤其是利用互联网技术来完成物流全过程的协调、控制和管理，实现从网络前端到最终客户端的所有中间过程服务，最显著的特点是各种软件技术与物流服务的融合应用。

电子物流的主要特点是前端到后端的服务集成。

（1）前端服务包括咨询服务（确认客户需求）、网站设计（管理）、客户集成方案实施。

（2）后端服务包括：①订单管理：此项业务包括接收订单、整理数据、订单确认、交易处理（包括信用卡结算以及赊欠业务处理）等。②仓储与分拨：当仓储中心接收到订单后，就会根据订单内容承担起分拣、包装以及运输、存货清单管理以及存货的补给工作，并由电子物流服务系统进行监测。这种服务将会为制造商提供有效的库存管理信息，使制造商或经销商保持合理的库存。③运输与交付：这一步骤包括了对运输的全程管理。具体包括处理运输需求、设计运输路线、运输的实施、向客户提供通过互联网对货物运输状态进行实时跟踪的服务。④退货管理：退货管理业务承担货物的修复、重新包装等任务，这个过程需要进行处理退货授权认证、分拣可修复货物、处理受损货物等工作。⑤客户服务和客户关系管理：包括了售前和售后服务，同时还包括对顾客的电话、传真、电子邮件的回复等工作，处理的内容包括存货信息、货物到达时间、退货信息以及顾客意见。⑥数据管理与分析：对于顾客提交的订单，电子物流系统有能力对相关数据进行分析，产生一些深度分析报告。这些经过分析的信息可以帮助制造商以及经销商及时了解市场信息，以便随时调整目前的市场推广策略。这项服务同时也是电子物流服务提供商向客户提供的一项增值服务。如图5-8、图5-9所示。

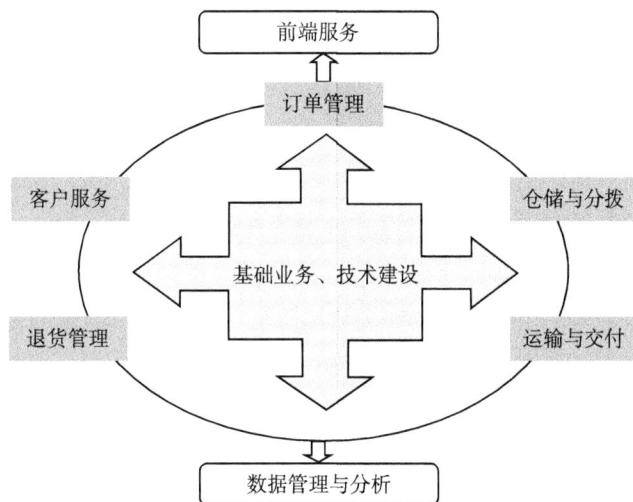

图 5-8　电子物流服务结构

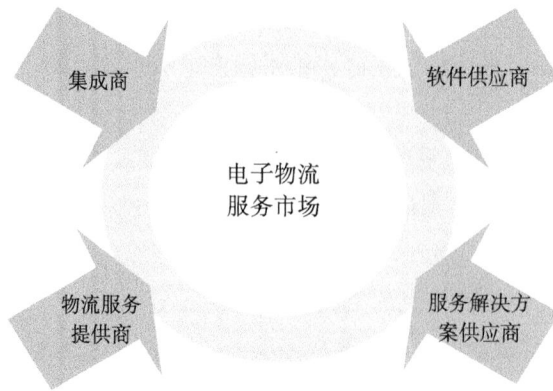

图 5-9 电子物流的市场参与者

传统物流服务与电子物流服务的区别见表 5-1。

表 5-1 传统物流服务与电子物流服务的区别

	传统物流	电子物流
业务推动力	物质财富	IT 技术
服务范围	单向物流服务	综合性物流服务
通信手段	传真、电话等	大量应用互联网、EDI 技术
仓储	集中分布	分散分布、分拨中心更接近顾客
包装	批量包装	个别包装，小包装
运输频率	低	高
交付速度	慢	快
IT 技术应用	少	多
订单	少	多

（三）绿色物流

1. 绿色物流的概念

绿色物流（Environmental Logistics）是指在物流过程中抑制物流对环境造成危害的同时，实现对物流环境的净化，使物流资源得到最充分的利用。

随着环境资源恶化程度的加深，人类生存和发展的威胁越大，因此人们对资源的利用和环境的保护越来越重视，对于物流系统中的托盘、包装箱、货架等资源消耗大的环节出现了以下几个方面的趋势：①包装箱材料采用可降解材料；②托盘的标准化使得可重用性提高；③供应链管理的不断完善大大地降低了托盘和包装箱的使用。

现代物流业的发展必须优先考虑在物流过程中减少环境污染，提高人类生存和发展的环境质量。可利用废弃物的回收利用已列入许多发达国家可持续发展战略，因为地球上的资源总有一天会用完，对此我们要高度重视。

2. 绿色物流、绿色流通与绿色营销

绿色流通是指减少资源消耗、保护环境的商品流通活动。这里的商品流通，是指商品自离开生产领域至进入消费领域之前的整个所有权交易及实物流通的过程。其行为主体以专业流通企业为主，同时也涉及有关的生产企业和消费者。绿色商品流通不同于一般的和传统的商品流通。绿色物流是绿色流通的基础。

而绿色营销是一个与绿色流通既密切联系，又相互区别的概念。

从涵盖的部门领域看，绿色营销较之绿色流通更为广阔。绿色营销是贯穿于整个生产及流通领域的活动，其内容包括绿色产品的产品选择、市场定位、价格策略以及产品促销等活动，而绿色流通则只涉及发生于流通领域的绿色产品营销活动。

然而，从两个概念的内涵来看，绿色流通又比绿色营销更为宽泛。绿色营销是以企业为本位的经营行为，而绿色流通则是对整个社会绿色流通活动的概括，是一个更多层次的概念。它既包括企业的绿色流通经营活动，又包括社会对绿色流通活动管理、规范和调控。这使得对绿色流通的研究具有政府政策和流通企业经营战略与策略两方面。

从不同的研究和分析视角可以归纳出不同的绿色流通范畴，这些范畴从不同的层面反映了绿色流通的多重性质与内涵。

3. 与绿色流通相联系的范畴

（1）绿色商流。这是指与节约资源及保护环境相联系的商流活动。其具体内容包括对绿色产品的经营与营销，对绿色消费的引导与鼓励，促进商品重复使用、再生利用节约能源、保护环境的交易方式创新等。

（2）绿色产品流通。这是直接与绿色商流相联系的范畴。绿色产品流通是指对节约资源和保护环境产品的经销。绿色产品流通一方面可以满足消费需求，支持绿色产品生产；另一方面还可以能促进绿色消费，绿色产品的生产。

（3）绿色流通经营战略与策略。随着社会的发展，节约资源、保护环境已不仅是企业出于对公众利益的关切而进行的一种公益事业，而且已成为必须履行的社会义务。绿色事业更为企业开辟了新的经营与发展领域，给企业带来了拥有巨大潜力的商机。企业必须树立自己的绿色经营战略与策略。

（4）绿色流通政策。通过立法和制定行政规则，将节约资源、保护环境的要求制度化，动用舆论工具进行环境伦理、绿色观念、绿色意识的大众宣传，利用税收及收费手段对资源使用和污染制造行为予以限制和惩罚，以基金或补贴的形式对节约资源、保护环境的行为予以鼓励和资助，利用产业政策直接限制浪费资源和制造污染产业的发展，支持绿色产业的发展等。

（5）绿色消费是以消费者为主体的消费行为，它体现为消费者对绿色产品的需求、购买和消费活动。绿色消费与绿色流通的分界线存在于流通组织与消费者之间绿色产品交易以及实物交接完成之际。

4. 绿色物流的构成

（1）绿色运输。绿色运输是指各种运输工具采用节约资源、减少污染和保护环境的原料作为动力。

（2）绿色包装。绿色包装是指采用节约资源、保护环境的包装。

（3）绿色流通加工。流通加工指在流通过程中继续对流通中商品进行生产性加工，以使其成为更加适合消费者需求的最终产品。

【小链接】

电子商务物流模式思考

电子商务的兴起，对传统的商业和物流模式带来了颠覆性的冲击和变革。正确理解电商物流的本质、模式、创新与优化，对于企业选择合理竞争策略具有重要意义。

1. 新环境下的电商物流

电商物流的发展本质上是企业服务消费者模式的颠覆性变革及整体社会基础设施体系的变革，即对形成和完善于 20 世纪的公路、铁路、民航、海运、银行、电力、商超体系的超越和变革，是用 21 世纪新兴的宽带、无线互联网、物联网、云计算、大数据、IT 系统改造切换的全新基础体系。

传统商业的物流基本上不被消费者感知，物流运作过程和信息隐性存在，但电子商务对此出现颠覆。就物流运作流程的订货、仓储、拣货、配送、运达五个环节而言，电商条件下消费者关心的终端商品配送和运达环节是前台，商品订货、仓储、拣货三个环节则是后台。电子商务关注前台物流，即商品运达至最终消费者手中的准确性和及时性，高效准确是其价值核心并构成消费者购物体验。电商企业对前台注重管理，以服务提高顾客满意度；后台注重控制，以技术提高效率。

2. 国外成熟模式与中国问题

代表性电商已经形成了较为成熟的电商物流模式，以 Ebay 为代表的大部分电商采取以外包物流为主的模式；Amazon 公司则是混合模式，即自建大规模物流中心以掌控上游环节，同时外包配送环节，美国境内外包给 UPS 和美国邮政，境外给联邦快递和基华物流 CEVA 的模式；自建物流模式不常见。

这些成熟模式引入中国的过程并非一帆风顺，问题主要表现在：国内电商行业整体规模较大，但是单一订单规模较小且海量化，碎片需求问题突出；国内第三方物流公司集中度不够，实际企业数量多、规模小，形成碎片供给；即使较大的"四通一达"公司，其运作中外包加盟方式普遍，导致真实集中度降低，规模优势体现困难；受制于体制和各种既得利益，国内物流市场的区域化分割较为严重，市场化的兼并重组困难；

国内各地，甚至同一地区内不同区域物流基础设施和信息化水平都有较大差异，存在协调困难。

3. 主要的电商物流模式

中国电商物流的发展无法简单复制发达国家成熟模式，需要应对上述国内问题加以调整和创新，主要模式包括：

（1）垂直一体化模式，又称自建或自营物流模式，是电商企业将较多的资金和人力投入物流，自己承担从物流中心到运输到配送队伍的整体物流体系建设模式。借此掌握对供应链的控制权，提高物流效率，提升客户服务质量。

（2）半一体化模式，又称混合模式，是电商自建物流与外包第三方物流合作共建的模式。

（3）全部外包模式，又称第三方物流外包模式，是电商企业集中力量发展其核心商流业务，将物流业务全部外包给第三方物流公司，同时通过信息系统与第三方物流企业对接，以达到对物流配送管理与控制的模式。完善的第三方物流可以帮助企业降低成本，提高灵活性并加强核心竞争力。

（4）共同配送模式，又称共建联盟配送模式，是电商企业以互惠互利为原则，共享物流配送资源的模式。一般是两个或两个以上的电商企业为实现各自的配送目标而采取的长期联合与合作模式，即企业联合共同配送，订单量达到一定规模，降低单位配送成本，克服成本过高问题。

物流联盟模式，又称虚拟联盟、联盟配送或物流整合模式，是电商企业运用自身信息、管理或平台优势，签约或联合制造业、销售公司以及第三方物流公司作为联盟或合作成员，在物流外包的基础上，利用电商信息平台的优势，进行不同环节、地域、商品、业务的物流网络整合，实现对物流配送环节的控制。如阿里巴巴基于云计算物流平台服务的"云物流"联盟配送模式，连接电子商务的买家、卖家和包括物流配送在内的其他服务商。

4. 电商物流模式选择

电商企业究竟采取何种物流模式为宜，还需要考虑多方面因素。

从交易成本角度看，顾客与电商交易成本理论上包括搜寻成本、信息成本、议价成本、决策成本、监督成本和违约成本六项。在目前电商的商品价格、搜索引擎和评价体系大同小异的情况下，交易成本的差异主要体现在监督成本和违约成本两个方面。电商物流模式能否降低这两项成本，并提高顾客满意度，是选择的关键因素。

从电商企业规模与发展阶段来看，中小型电商企业在发展初期阶段，可选择第三方物流公司进行合作，利用其优势资源进行配送业务，或者采取共同配送模式，完成区域或广域配送业务；大型电商企业则可以根据业务量和业务类型，合理选择多种类型的一体化模式和半一体化模式；大型平台型电商在其优秀的信息与数据管理能力基础上可以选择物流联盟模式。

从电商企业自身业务模式看，平台型电商的商品品类丰富，客户购买频率较高，能够满足消费者"一站式"购物需求，在用户黏性方面有先天优势，自营一体化或半一体化模式比较适合；但是垂直型电商企业则恰好相反，其主业模式自身要求外包物流业务，但国情限制需要自营物流改善顾客体验，存在矛盾，所以运营困难。

资料来源：http://www.qstheory.cn/jj/xsdt/201404/t20140402_336419.htm。

第三节　物流常见技术应用

物流技术（Logistics Technology）指物流活动中所采用的自然科学与社会科学方面的理论、方法，以及设施、设备、装置与工艺的总称。它包括物流软技术（为组织实现高效率的物流所需要的计划、分析、评价等方面的技术和管理方法等）和物流硬技术（物流设施、装备和技术手段）。电子商务物流技术是提高现代物流效率的重要条件、是降低现代物流费用的重要因素、可以提高现代物流的运作质量，提高客户的满意度，利于实现物流的系统化和标准化，有利于企业开拓市场，扩大经营规模，增加收益。

常见的电子商务物流技术包括：条码技术（BAR CODE）、射频识别（RFID）、销售时点信息系统（POS）、电子数据交换（EDI）、全球卫星定位系统（GPS）、地理信息系统（GIS）等，其中电子数据交换（EDI）在第二章的第四节就已经提及，下面就不再展开介绍。

一、条码技术（BAR CODE）

1. 条码（Bar Code）

指由一组规则排列的条、空及字符组成的，用以表示一定信息的代码。条码系统是由条码符号设计、制作及扫描阅读组成的自动识别系统。

应用条码的优点：可靠准确、数据输入速度快、经济便宜、灵活、实用、自由度大、设备简单、易于制作。

按照条码的应用范围可以将条码分为两大类：第一类是国际通用的商品条形码体系，适合制造商、供应商和零售商共同使用，包括商品条形码（见图5-10）储运条形码（见图5-11）和EAN128码（见图5-12，EAN码是国际物品编码协会制定的一种商品用条码，通用于全世界）；第二类是企业内部管理使用的条形码，具体包括：ITF交叉二五码（在物流管理中应用较多）、Code39码（见图5-13）（标准39码）、Codebar码（见图5-14，多用于医疗、图书领域）、Code128码（Code128码，包括EAN128码）。

图 5-10　商品条形码

图 5-11　储运条形码

图 5-12　EAN128 码

图 5-13　Code39 码

图 5-14　Codebar 码

2. 物流条码与商品条码的区别

物流条码与商品条码的区别如表 5-2 所示。

表 5-2　物流条码与商品条码的区别

种类	标识对象	采用码制	应用领域	标准维护
商品条码	消费单元	EAN/UPC 码	零售业的 POS 系统	要求低
物流条码	产品集合	UCC/EAN 码	物流现代化管理	要求高（常变）

二、射频识别（RFID）

射频识别技术是标签与识读器之间利用感应、无线电波或微波能量进行非接触双向通信，实现标签存储信息的识别和数据交换。最基本的 RFID 系统由三部分组成，如图 5-15 所示）。

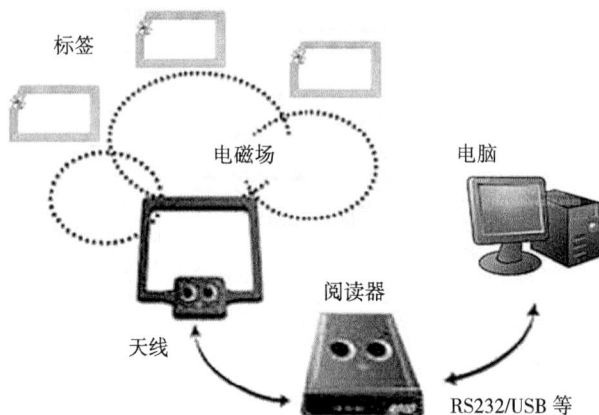

图 5-15　射频识别技术

（1）标签（Tag）。由耦合元件及芯片组成，每个标签具有唯一的电子编码，附着在物体上标识目标对象。

（2）阅读器（Reader）。读取（有时还可以写入）标签信息的设备，可设计为手持式或固定式。

（3）天线（Antenna）。在标签和读取器间传递射频信号。主要应用在：①畜牧业的管理系统。②汽车防盗和无钥匙开门系统的应用。③马拉松赛跑系统的应用。④自动停车场收费和车辆管理系统。⑤自动加油系统的应用。⑥酒店门锁系统的应用。⑦门禁和安全管理系统。

三、销售时点信息系统（POS）

1. POS 系统的含义

销售时点信息（Point of Sale）系统是指通过自动读取设备（如收银机）在销售商品时直接读取商品销售信息（如商品名、单价、销售数量、销售时间、销售店铺、购买顾客等），并通过通信网络和计算机系统传送至有关部门进行分析加工以提高经营效率的系统。

在百货公司，便利商店，大卖场结账时看到的结账屏幕、扫描器、价格显示器等都属于 POS 系统。而 POS 一般分为前台和后台，前台就是店面销售（如收银），后台就是公司内部作管理的计算机（如作销售分析报表），POS 就是把前台和后台串在一起的系统，当门市有了 POS 系统，管理者可以更明确地掌握各类商品的销售状况。

2. POS 系统的运行原理

POS 系统的销售作业原理，是先将商品数据建立于计算机档案内，透过计算机和收款机的联机，商品上的条形码能透过收银设备的扫描仪直接读入后（或由键盘直接输入代号），马上可以显示商品信息（单价、部门、自动促销折扣等），加速收银的速度与正确性。每笔商品销售明细数据（售价、部门、时段、客层）会自动记录下来，再经由联机传回后台计算机。经由计算机处理即能产生各种销售统计分析报表，以作为经营管理依据。

收款机只能处理收银、发票、结账等简单的销售作业，得到的管理情报极为有限，仅止于销售总金额，部门销售基本统计资料。对于一般卖场少则上千件，多则上万种商品之基本经营情报，如营业毛利分析、单品销售资料、畅滞销商品、单品库存、回转率甚至消费者结构等却无法获得。

而 POS 系统却能提供下列功能：防止人为舞弊、搜集商品信息、减少重复作业、强化采购管理、管理货品进出、强化决策分析。

3. 使用 POS 系统能带来众多好处

（1）降低经营成本、提高效率：使用条形码管理配合扫描仪结账，可以降低人为错误，节省人力成本与缩短结账时间，增加企业的竞争力并提升企业形象。

（2）进货及供货商管理：有效管理供货商信息，实时回报库存量，连安全库存量也不用天天亲自去查，卖出多少商品都会有记录，就知道什么时候该向哪个供货商进货了。

（3）制作报表分析协助销售：利用 POS 系统，可以制作各种报表，统计分析单品、时段销售、营业额、毛利率、客户交易等，让您快速正确地掌握各类商品的销售状况、顾客的消费形态、促销活动的效果，以帮助您做营运或营销决策。

（4）有效管理库存及盘点：例如补货，依销售情形设定安全库存，可以实时掌握库存情形，甚至计算机可以直接下单于进货厂商，店面只要定期盘点即可，并可提供采购建议及查询畅、滞销商品，清楚掌握库存状况并防止人为损坏。

（5）提供会员管理及促销活动：POS 能管理会员数据并收集贩卖情报，也能采用多种优惠促销并分析哪些方案是最有效的。帮助您了解会员的消费心理和消费习惯及模式，建立良好的客户服务关系。

四、电子订货系统（EOS）

以往的订货是通过电话、传票或传真来进行的，听错记错等状况一向是层出不穷；而电子订货系统（Electronic Ordering System，EOS），是在店内使用手持式终端机（Handy Terminal）输入订货数据，再经由电信电路将数据传送给供货商；如此一来，人为的疏失减少了，叫货、送货的效率也就自然地提高了。

EOS 被引入的时候，最初使用在连锁店，目的在于使各店与总公司补货业务更合理化与效率化。然而 EOS 并非某一个零售店或某一个批发商单独一个系统就可以运作的，要使电子订货系统发挥最大的功效，必须要使批发业的系统和零售业的系统成为一个完整的系统，而且务必要让每一个使用者皆能十分了解此系统的运作，因为机器并非万能的，整个系统的运作顺利与否，全要仰赖人，才能发挥。

1. 电子订货系统的概念

电子订货系统（Electronic Ordering System，EOS）被称为没有纸张的订货系统，即买方经订货数据经由计算机终端机输入后，再利用计算机网络传送至加值中心，并由数据格式转换成标准形式，再送到卖方之信息系统的自我订货作业方式。

电子订货系统，为一个信息传送系统，在商店之计算机键入或补充订单的数据，经由通信网络可将该数据输送到总部货物流中心的计算机、总部、物流中心来达到收发订单省力化、收集情报迅速化及正确化的目的。如图 5-16~图 5-18 所示。

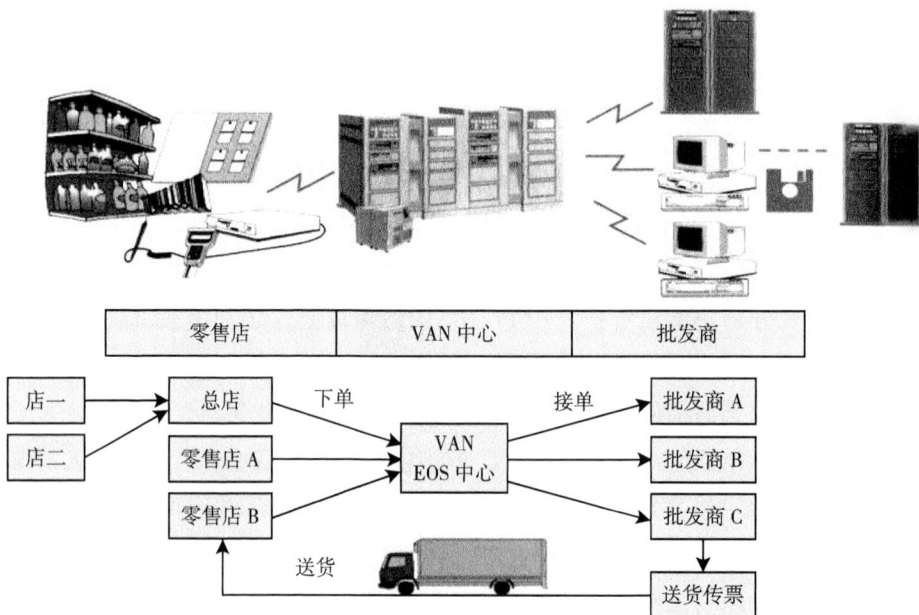

图 5-16　EOS

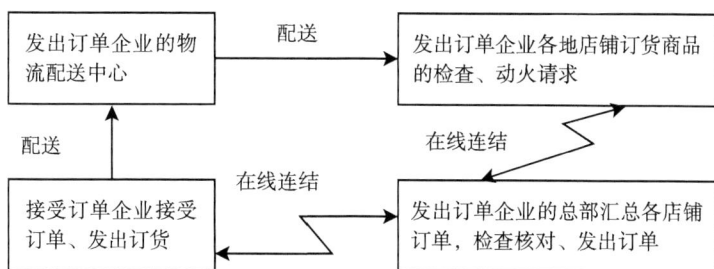

图 5-17　EOS 一般流程

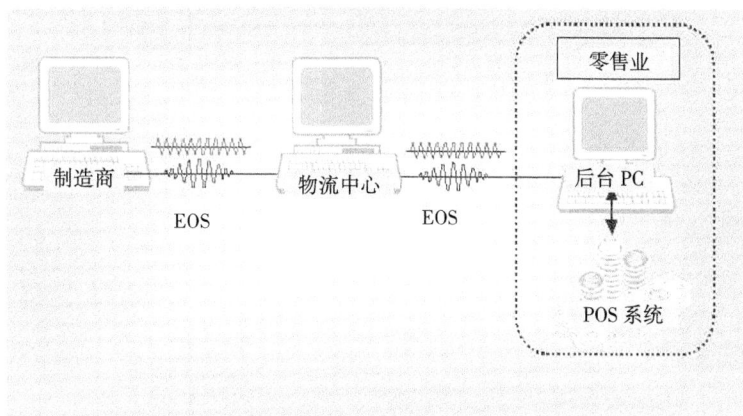

图 5-18　EOS 运作模式

2. 电子订货系统所需的配备

（1）EOS 手持式终端机。这是店内用来输入订货数据的重要工具，将所需叫货之商品数据利用附属于机器上的光笔扫描货架的条形码卷标，再输入所需之数量即可。

（2）附有交换机的电话机。输入终端机的订货数据可通过交换机的转换，经由线路传输给批发业者。

（3）网络中心。负责将零售点的订货数据集中、分类再传送给各供货批发业者。

（4）货架标签发行机。货架上的数据可利用条形码将供货商及商品数据、库存数据等登录其上，而订货时只需用光笔扫描即可，可避免人为登录的错误。

（5）订货簿。利用订货簿，可以直接于订货簿上读取条形码数据来订货，不过因成本高，故小的连锁体系和单店较不适用。

（6）供货商的计算机系统。计算机系统必须在接收到订单之后，自动开出出货传票、指示仓库出货，并做到库存管理。

3. 电子订货系统的操作流程

电子订货系统的操作流程，如图 5-19 所示。

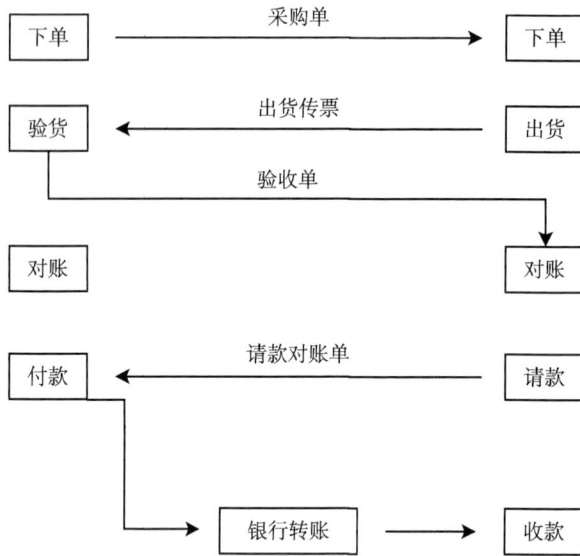

图 5-19　电子订货系统的操作流程

五、全球卫星定位系统（GPS）

GPS 是 Global Positioning System 的简称，它结合了卫星及无线技术的导航系统，具备全天候、全球覆盖、高精度的特征，能够实时、全天候为全球范围内的陆地、海上、空中的各类的目标提供持续实时的三维定位、三维速度及精确时间信息。

GPS 的物流功能包括：①实时监控功能；②双向通信功能；③动态调度功能；④数据存储、分析功能。

（1）GPS 在巡线车辆管理的运用。巡线车辆监控调度方案服务于需要通过车辆巡逻来监控线路状态的服务型企业或管理型部门。方案将线路的规划和实际的巡线工作结合起来，以业务关键点为核心，通过 GPS 实时监控获得车辆的位置信息来考察车辆的巡线任务完成情况，通过各车辆距离事发关键点的距离和车辆当前的状态自动进行可调度车辆的选取。最终结合车辆分析和周密的统计报表，形成可计划、可执行、可评价的巡线车辆监控调度方案。该方案由行业中的成功实践者提出，并在 2010 年广州亚运会对中国电信巡线车辆成功运用。

（2）GPS 首次出现在军事应用。1989 年，一群认真专注的工程师和一个伟大的产品构想，造就了今日全球卫星定位导航系统的领导品牌 GARMIN——兼具最佳的销售成绩与专业技术。由制造当初在波斯湾战争中被联军采用的第一台手持 GPS，到现今成为 GPS 的第一品牌，GARMIN 的产品以更优良的功能和用途远远超越传统 GPS 接收器，并为 GPS 立下一崭新的里程碑。

为了缓解当时"沙漠风暴"行动时军用 GPS 接收装置短缺的问题，美军考虑购买民用 GPS 接收装置。民用接收装置的导航功能和军用装置完全一样，只不过不能识别军用加密信号而已。因此，到了"沙漠盾牌"军事行动的时候，美国国防部就提前购买了数千套民用 GPS 接收装置装备各参战部队，占到了所有的 5300 套接收装置的 85%。

（3）GPS 在个人定位中的应用。国内首款语音彩信 GPS 定位器——以昱读全资科技语音彩信 GPS 定位器为例，它内置全国的地图数据，无须后台支持，结合了 GPS 全球定位系统、GSM 通信技术、嵌入式语音播报技术、GIS 技术、GIS 搜索引擎、图像处理技术和图像传输技术，直接回复终端中文地址、彩信或语音播报地理位置。

（4）GPS 在汽车导航和交通管理中的应用。三维导航是 GPS 的首要功能，飞机、轮船、地面车辆以及步行者都可以利用 GPS 导航器进行导航。汽车导航系统是在全球定位系统 GPS 基础上发展起来的一门新型技术。汽车导航系统由 GPS 导航、自律导航、微处理机、车速传感器、陀螺传感器、CD-ROM 驱动器、LCD 显示器组成。GPS 导航系统与电子地图、无线电通信网络、计算机车辆管理信息系统相结合，可以实现车辆跟踪和交通管理等许多功能。

（5）GPS 技术在导航仪中的应用举例。

①地图查询：可以在操作终端上搜索你要去的目的地位置；可以记录你常去的地方的位置信息，并保留下来，也可以和别人共享这些位置信息；模糊地查询你附近或某个位置附近的如加油站，宾馆、取款机等信息。

②路线规划：GPS 导航系统会根据你设定的起始点和目的地，自动规划一条线路；规划线路可以设定是否要经过某些途经点；规划线路可以设定是否避开高速等功能。

③自动导航：语音导航；画面导航；重新规划线路。

六、地理信息系统

地理信息系统（Geographical Information System，GIS），是 20 世纪 60 年代开始迅速发展起来的地理学研究成果，是多种学科交叉的产物，它以地理空间数据为基础，采用地理模型分析方法，适时地提供多种空间的和动态的地理信息，是一种为地理研究和地理决策服务的计算机技术系统。如图 5-20 所示。

GIS 技术的应用：①车辆路线模型。②网络物流模型。③分配集合模型。④设施定位模型。

利用网络化、信息化的优势，通过对整个物流系统资源的优化整合，为社会物流系统提供共享交互的载体，为企业提供高质量、高水平的增值服务，提高资源的利用率，实现物流系统的优化运作。

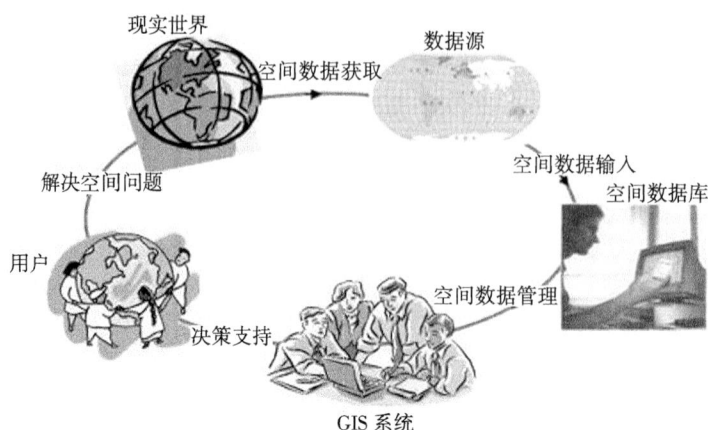

图 5-20　地理信息系统

【案例 5-4】

细节决定成败　沃尔玛高效物流案例

沃尔玛于 20 世纪 60 年代创建，在 20 世纪 90 年代一跃成为美国第一大零售商。在短短几十年的时间里，沃尔玛的连锁店几乎遍布全世界，并以其优质快捷的服务、惊人的销售利润、先进的管理系统而闻名全球。如今，在"每天平价"的氛围中，每天都有数以十万计的人进出那栋装满各种商品的蓝色大房子挑选自己需要的物品，他们大多难以相信这么一家供应日常生活用品的大卖场，就是传说中的世界 500 强之翘楚。

1. 神奇的配送中心

沃尔玛的巨大成功，与其卓越的物流管理思想及实践密切相关。

一家属于传统产业的零售企业，如何能在销售收入上超过"制造业之王"的汽车工业，超过全世界所有的银行、保险公司等金融机构，沃尔玛前任总裁大卫·格拉斯这样总结："配送设施是沃尔玛成功的关键之一，如果说我们有什么比别人干得好的话，那就是配送中心。"灵活高效的物流配送系统是沃尔玛达到最大销售量和低成本的存货周转的核心。

配送中心是设立在沃尔玛 100 多家零售卖场中央位置的物流基地。通常以 320 公里为一个商圈建立一个配送中心，同时可以满足 100 多个附近周边城市的销售网点的需求。配送中心的一端为装货月台，另一端为卸货月台，800 名员工 24 小时倒班装卸搬运配送。沃尔玛的工人工资并不高，因为这些工人基本上是初中生和高中生，只是经过了沃尔玛的特别培训。同时，沃尔玛首创交叉配送的独特作业方式，没有入库储存与分拣作业，进货时直接装车出货。在竞争对手每 5 天配送一次商品的情况下，沃尔玛每天送

1 次货，至少一天送货一次意味着可以减少商店或者零售店里的库存，使得零售场地和人力管理成本都大大降低。所有这些装卸分开、交叉配送、每天送货的独特细节，恰恰帮助沃尔玛提高了流通速度，降低了作业成本。

围绕着高效的配送中心，沃尔玛逐步建立起一个"无缝点对点"的物流系统。企业物流成本占整个销售额的比例一般都达到 10%左右，有些食品行业甚至达到 20%或者 30%，而沃尔玛的配送成本仅占其销售额的 2%，是其竞争对手同比成本的 50%，沃尔玛始终如一的思想就是要把最好的东西用最低的价格卖给消费者，这也是它成功的关键所在。

2. 信息技术成核心竞争力

现在，几乎所有的人都知道沃尔玛在全世界的成功源自其物流模式的成功，然而，是什么支撑了沃尔玛的物流模式，使其配送中心的实践和其物流的卓越理念转化为无与伦比的竞争力？答案是物流信息技术。

20 世纪 70 年代，沃尔玛建立了物流管理信息系统，负责处理系统报表，加快了运作速度；1983 年，沃尔玛采用了 POS 机，销售始点数据系统的建立实现了各部门物流信息的同步共享；1985 年建立了 EDI，即电子数据交换系统，进行无纸化作业，所有信息全部在电脑上运作。1986 年的时候它又建立了 QR 快速反应机制，快速拉动市场需求。凭借包括物流条形码、射频技术和便携式数据终端设备在内的信息技术，沃尔玛如虎添翼，得到了长足的发展。

沃尔玛在全球第一个实现集团内部 24 小时计算机物流网络化监控，建立全球第一个物流数据处理中心，使采购、库存、订货、配送和销售一体化，例如，顾客到沃尔玛店里购物，然后通过 POS 机打印发票，与此同时负责生产计划、采购计划的人以及供应商的电脑上就会同时显示信息，各个环节就会通过信息及时完成本职工作，从而减少了很多不必要的时间浪费，加快了物流的循环。在物流信息实时反应的网络条件下，物流各环节成员能够相互支持，互相配合，以适应激烈竞争的市场环境，正是信息技术，成为现代物流企业核心竞争力的典范。

沃尔玛从经济实惠的角度进行定价，并且每天的定价都不一样。庞大的采购数量使其拥有足够的讨价还价能力，从而使自己的产品定价更有竞争力，并将这种优势转换成消费者的受益。相对于其他零售商来说，沃尔玛提供更高的折扣优惠，同时，他们也从"薄利多销"的经营理念中获得了可观的经营效益。

可以肯定的是，物流并不会像生产企业一样直接创造利润，而是从内部缩减成本，在整体上达到提升利润的目标。沃尔玛的实践充分证明了物流成为继原材料资源、人力资源之后的企业第三利润源。

3. 细节决定成败——高效物流信息化管理

越来越多的大型企业注意到权威物流成本研究学者西泽修先生提出的"第三利润

源"说，成为继沃尔玛之后，因地制宜成功应用物流管理技术的卓越实践者。20世纪90年代在上海松江地区投资建厂的百事集团，为了降低物流成本，提高市场竞争力，摒弃了从上海其他地区到松江地区的短驳运输物流，大胆将其物流外包给第三方物流公司——上海全方物流有限公司。

在众多本土第三方物流企业发展举步维艰的当今，上海全方物流得到百事集团物流外包青睐的关键因素，依然是其专业的食品物流管理和运作的信息化系统，这一物流管理系统由国内物流供应链管理软件供应商博科资讯量身打造。博科资讯按照百事食品的物流要求，为其量身定制、修改、调试和完善整个物流配送信息化系统，实现了仓储配送的数字化管理，真正实现了出库、入库按规则自动分配，实现了食品库存和有效期的预警功能，百事公司在全方物流提供的终端服务器上，实现了实时查询，全方物流的进、出、存情况尽在百事公司的掌握之中，百事的物流成本和业务损耗大大下降。

借助信息化技术的物流管理系统，不仅降低了供应方的成本，为其生产提供了理性预期，也使得销货方及配送方实现了"零库存"，减少库存积压，最大化企业收益。"无缝链接"贯穿于物流循环的全过程，如此优化的系统减小了"牛鞭效应"对市场波动的恶性影响。在追逐利润最大化的征途中，沃尔玛选择了企业自给的物流，百事选择了外包的第三方物流，最终都完美回应了物流信息化，得到了丰厚的业务收益回报。

资料来源：http://bj.bendibao.com/news/20091116/57755.shtm。

任务操作

淘宝上买的东西如何查看物流信息？

在淘宝上买完东西，我们总是想知道商品什么时候能到，所以如何查询它的物流信息是每个人都应该知道的常识，接下来为你演示一下如何查询。

步骤一：进入淘宝网，并且通过账号密码登录。如图5-21所示。

步骤二：鼠标放在"我的淘宝"上面，在下拉菜单中找到已买到的宝贝并点击。如图5-22所示。

步骤三：可以看到自己所买的东西，鼠标放在查看物流上会自动显示出物流信息，鼠标挪动后物流信息又会自动隐藏。如图5-23所示。

步骤四：直接点击查看物流，会出现一个新的窗口显示物流信息。如图5-24所示。

步骤五：复制运单号码到快递公司官网查询，可以看到这次是圆通速递。

步骤六：进入官网。

步骤七：在指定位置输入运单号和验证码，如图5-25所示。

步骤八：输入完成后点击追踪。如图5-26所示。

步骤九：这样就可以看到自己的物流信息了。

步骤十：客服让工作人员帮你查询。

图 5-21　登录淘宝网

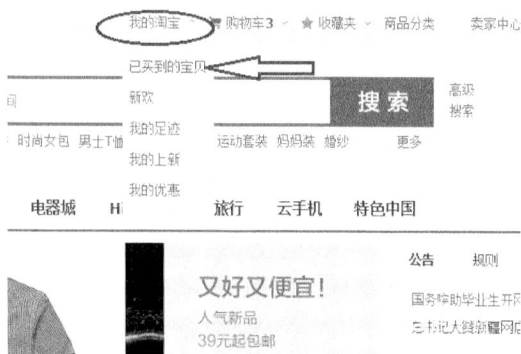

图 5-22　找到已买到的宝贝

图 5-23　查看物流

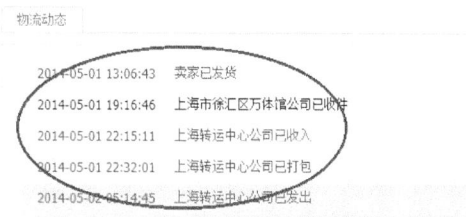

图 5-24　物流信息

图 5-25　快递公司官网

图 5-26　输入运单号

习题演练

一、单选题

1. 询价单、付款通知单等属于（　　）。

　A. 信息流　　　　　　B. 物流　　　　　　C. 资金流　　　　　D. 商流

2. 目前在中国，大多数的网上书店、竞拍网站、体育用品网站都是利用（　　）物流模式实现物品配送的。

　A. 中央直属的专业性物流企业　　　　　B. 地方专业性物流企业

　C. 中国邮政及其第三方邮政　　　　　　D. 自营物流

3. （　　）是整个 EDI 最关键的部分。

　A. 计算机数据处理系统　　　　　　　　B. 通信环境

　C. EDI 标准　　　　　　　　　　　　　D. EDI 软件

4. 下列关于物流信息系统说法不正确的是（　　）。

　A. 完善的物流信息系统应该为物流企业提供物流系统管理和运作的有关"平台"

　B. 按垂直方向分，物流信息系统可以划分为 3 个层次，即管理层、控制层和作业层

　C. 一个完善的物流信息系统应具有数据层、业务层、运用层、控制层和计划层

　D. 物流信息系统按系统的功能性质分可以分为操作型系统和单机系统

5. 从服务的客户群体来看，我国第三方物流的服务对象主要集中在（　　）。

　A. 外资企业　　　　　B. 民营企业　　　　C. 国有企业　　　　D. 商业企业

6. 在我国的对外贸易活动中，检验检疫机构是（　　）。

　A. 国家质检总局及其设在全国各口岸的出入境检验检疫局

　B. 各省市质量监督部门

　C. 各省市商品检验部门

　D. 工厂企业的检验室或实验室

二、多选题

1. 信息流包括（　　）。

　A. 商品信息的提供、促销行销、技术支持、售后服务

　B. 询价单、报价单、付款通知单、转账通知单等商业贸易单证

　C. 交易方的支付能力、支付信誉

　D. 信用证、汇票、现金通过银行在各层次的买方与卖方及其代理人之间的流动

2. 我国企业目前选择第三方物流合作商的首要标准是（　　）。

　A. 作业质量　　　　　　　　　　　　　B. 设备

　C. 提供综合物流服务的能力　　　　　　D. 财务实力

　E. 提供服务的数量

3. 提供第三方物流服务的企业，其前身一般是（　　）等行业中从事物流活动的企业。

A. 运输业　　　　　　B. 营销业　　　　　C. 仓储业　　　　　D. 商业

E. 服装业

4. 第三方物流企业的经营效益同企业的（　　）直接紧密联系。

A. 物流效率　　　　　B. 物流服务水平　　C. 物流服务范围　　D. 物流效果

E. 物流经营范围

5. 承担物流业务的企业的经营方式通常有（　　）。

A. 企业独立经营　　　B. 大企业经营　　　C. 代理方式　　　　D. 自主发展模式

E. 纵向延伸

6. 企业物流模式主要有（　　）。

A. 自营物流　　　　　B. 第三方物流　　　C. 自主发展　　　　D. 合作发展

E. 纵向延伸

7. 属于第四方物流的特征的是（　　）。

A. 再造　　　　　　　B. 变革　　　　　　C. 实施　　　　　　D. 执行

E. 管理

8. 物流服务商提供的基础性服务主要是（　　）。

A. 运输管理　　　　　B. 物流信息服务　　C. 仓储管理　　　　D. 加工

E. 配送

9. 国际物流与国内物流相比的特点有（　　）。

A. 物流渠道长，物流环节多　　　　　　B. 环境复杂

C. 标准化要求高　　　　　　　　　　　D. 出口物流

E. 运输方式多样

10. 根据跨国物流运送的商品特性，物流可分为（　　）等。

A. 国际商品物流　　　B. 进口物流　　　　C. 国际军火物流　　D. 出口物流

E. 国际展品物流

三、简答题

1. 分析条形码的使用范围和特点。

2. 简述 EDI 技术的定义、特点和工作原理。

3. 简单分析射频技术的原理和应用。

4. 简单分析 GIS 系统在物流中的应用。

5. 根据技术特点和实际应用情况分析 EDI、GIS、GPS 和射频技术在电子商务领域中的不同应用。

6. 什么是第三方物流？

7. 简述国际物流的含义和特点。

第六章　电子商务安全性问题

知识体系

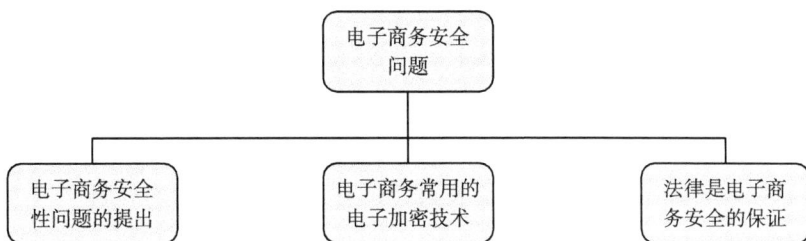

学习要点

（1）电子商务存在的安全问题是什么？

（2）电子商务的安全隐患与安全需求有哪些？

（3）电子商务的加密技术、数字签名、认证、防火墙都指的是什么？

（4）电子商务的法律法规常识有几点？

情景案例

携程"泄密门"拷问电商信息安全

携程近日深陷"泄密门"，并引发用户对互联网，尤其是电商交易网站信息安全的普遍关注与焦虑。

2014年3月22日，国内网络安全问题反馈平台——乌云漏洞平台发布消息称，携程系统存在技术漏洞，可导致用户个人信息、银行卡信息等泄露；漏洞泄露信息包括用户姓名、身份证号、银行卡类别、银行卡卡号、银行卡CVV码（卡号、有效期和服务约束代码生成的 3 位或 4 位数字）等，上述信息可能被黑客读取。

针对这一消息，携程 2014 年 3 月 23 日发布声明称，目前确认共 93 人账户存在安全风险，并已通知相关用户更换信用卡。

中国电子商务研究中心认为，携程发生信息泄露的原因在于违反银联规定，本地保存银行卡信息和服务器安全配置不严格。

中国电子商务研究中心监测数据显示，74.1%的网民在过去半年时间内遇到过信息安全问题，总人数达 4.38 亿；全国因信息安全事件而造成的个人经济损失达到了 196.3 亿元；因网上购物遇到过安全问题的网民达 2010.6 万人，其中因网购遭遇个人信息泄露和账号密码被盗分别为 42.9%和 23.8%。

根据《网络交易管理办法》规定，网络商品经营者、有关服务经营者在经营活动中对收集的消费者个人信息或者经营者商业秘密的数据信息必须严格保密，不得泄露、出售或者非法向他人提供；应当采取技术措施和其他必要措施，确保信息安全，防止信息泄露、丢失。

"保护用户信息安全，携程有不可推卸的义务和责任。"浙江六和律师事务所律师王红燕认为，携程应详细公布漏洞产生的原因、时间，并提示用户可能的风险，同时详细说明为什么会出现这样的问题，还应建议用户如何规避或者降低风险，除了对已经有损失的用户承担赔偿责任，还须承担风险客户换卡成本。

中国电子商务研究中心法律与权益部助理分析师姚建芳认为，广大互联网企业，包括网络购物企业、网络团购企业、网络支付企业、虚拟商品交易企业都应该重视用户信息安全问题，加强相关的数据安全保护、技术监管以及内部管理，防止任何形式的信息泄露。一旦出现信息安全问题，尽早补救，以防事态严重，避免一发不可收拾局面发生。同时，一旦有可能威胁用户信息安全，应第一时间告知用户，并且主动承担责任，给予相应的赔偿。"监管部门应加强对互联网、电商、快递行业的监管，细化个人信息保护相关法律法规，做到完善立法，严格执法。"

"网络支付安全与效率往往是'鱼和熊掌，不可兼得'。"浙江金道律师事务所律师张延来建议，网络用户在进行电子支付时一定要遵循"安全第一"的原则，选择安全措施较多的支付方式；小额支付如果考虑到快捷的需要应当尽可能在一些比较知名的网站上完成或选择第三方支付工具。

资料来源：http://acftu.people.com.cn/n/2014/0326/c67502-24735923.html。

案例分析

携程"泄密门"泄露出电商环境下的信息安全及电子支付安全，这些潜在的隐患都会给消费者或客户造成成本的浪费。

问题提出

从案例中可以看到网购遭遇个人信息泄露和账号密码被盗的比例正逐渐上升。在网购中，除了会遇到上述情况外，我们还会遭遇来自其他方面的问题。明晰电子商务中存在的安全问题，掌握一定的加密技术，合理利用法律手段维护消费者的正当利益非常有必要。本章就带同学们学习电子商务的安全问题、电子商务的加密技术、数字签名、认证、防火墙技术及相关电子商务的法律法规常识。

第一节 电子商务安全性问题的提出

一、引言

随着网络技术和信息技术的飞速发展，电子商务得到了越来越广泛的应用，越来越多的企业和个人用户依赖于电子商务的快捷、高效。它的出现不仅为 Internet 的发展壮大提供了一个新的契机，也给商业界注入了巨大的能量。但电子商务是以计算机网络为基础载体的，大量重要的身份信息、交易信息都需要在网上进行传递，在这样的情况下，安全性问题成为首要问题。

【案例 6-1】

好莱坞"艳照门"事件再曝信息安全隐忧

继"棱镜门"事件、苹果"后门"事件后，好莱坞女星"艳照门"事件再次将信息安全问题推上风口浪尖，有消息称：此次好莱坞"艳照门"事件是黑客利用苹果 iCloud 云端系统的漏洞所致，一时间引发轩然大波。与此同时，一款名为"好莱坞艳照"的木马趁机泛滥，祸害网络，该木马以 rar、zip 等压缩包形式，冠名为"好莱坞女星私密裸照全集"、"好莱坞 50 女星私照"等，诱骗手机使用者点击下载。一旦下载运行该木马文件，硬盘上的数据就会被黑客窃取。

无论是好莱坞女星"艳照门"事件，还是借该事件趁机泛滥的"好莱坞艳照"木马，都暴露了移动互联网时代信息安全的隐忧。

当前，智能手机给公务办公、文件管理带来了极大的方便，众多国家机关、企事业涉密单位工作人员都在使用智能手机，单位的机密信息或多或少在智能手机中进行流通、储存。上海某公务员对媒体表示，在工作中会经常接触到一些政府内部机密文件，以及经济领域的敏感数据，"如果我的手机被窃听，或者是内存数据能通过后台被盗取，一旦被不法分子利用，可能就会泄密，对方甚至可以窥探政府内部人士的变动以及政府政策的走向，从而制定应对措施。"DCCI 互联网数据中心发布的《2014 年上半年 Android 手机隐私安全报告》显示，多数安卓手机用户重视应用对权限的获取情况，尤其是对机密信息泄露和资费消耗存在着极大的担忧。

大数据时代，移动互联网在给整个社会带来方便的同时，也带来了诸多的安全隐患和麻烦，只有相关部门加强监管，国内安全厂商和相关用户单位联合起来，共同抵抗泄密行为，促进互联网安全行业健康发展，国家安全才能得到保障。

资料来源：http://cio.it168.com/a2014/1013/1672/000001672915.shtml。

二、电子商务面临的安全威胁

电子商务的安全性并不是一个孤立的概念，它不但面临着系统自身的安全性问题，而且，由于它是建立在计算机和通信网络基础上的，所以计算机及通信网络的安全性问题同样会蔓延到电子商务中来。电子商务在这样的环境中，时时处处受到安全的威胁，其安全威胁可分为以下四大类：

1. 计算机网络安全

计算机网络安全的内容包括计算机网络设备安全、计算机网络系统安全、数据库安全等。其特征是针对计算机网络本身可能存在的问题，实施网络安全增强方案，以保证计算机网络自身的安全为目标。具体可以分为：

（1）物理安全问题。物理安全是保护计算机网络设备、设施以及其他媒体免遭地震、水灾、火灾等环境事故以及人为操作失误或错误及各种计算机犯罪行为导致的破坏过程。主要包括环境安全、设备安全和媒体安全三个方面。

为保证信息网络系统的物理安全，除在网络规划和场地、环境等要求之外，还要防止系统信息在空间的扩散。计算机系统通过电磁辐射使信息被截获而失秘的案例已经很多，在理论和技术支持下的验证工作也证实这种截取距离在几百甚至可达千米的复原显示给计算机系统信息的保密工作带来了极大的危害。为了防止系统中的信息在空间上的扩散，通常是在物理上采取一定的防护措施，来减少或干扰扩散出去的空间信号。

（2）网络安全问题。如表 6-1 所示，在网络安全问题中，最重要的是内部网与外部网之间的访问控制问题。在这个环节上经常发生问题。这也是黑客最容易攻击的地方。另外一个问题是内部网不同网络安全域的访问控制问题。不同内部网具有重要性不同的信息资料，因而，内部犯罪人员往往利用内部网管理上的漏洞，寻找盗窃或破坏的机会。

表 6-1　网络安全所涉及的各个方面

硬件安全	软件安全	安全手段	安全设计
系统（主机、服务器）安全	反病毒	系统安全检测	
网络运行安全	备份与恢复	应急	审计分析
局域网、子网安全	访问控制（防火墙）	网络安全检测	

（3）网络病毒的威胁。

（4）黑客攻击。随着互联网的迅速发展，病毒的数量和破坏力得到前所未有的提高，而且攻击目的正逐渐转为具有经济目的的系统侵入和信息盗取。

【案例6-2】

黑客攻击校讯通平台给家长群发短信要求汇钱

家长突然收到短信，称孩子在学校受伤送去医院，让他赶紧汇钱救人。发短信的号码跟学校的校讯通号码很像。近日，秦淮警方接连接到同一学校十多位家长报警。民警调查发现，学校的校讯通平台疑似被"黑客"攻击，不法分子窃取家长的联系方式后，用跟校讯通相似的号码给家长发诈骗短信。

针对升级版的诈骗手段，警方提醒广大市民，收到短信一定要看清发信息号码。如果涉及经济方面的问题，一定要和当事人核实清楚，以免被骗。

（5）操作系统的缺陷。不论采用什么操作系统，在缺少安装的条件下都会存在一些安全问题，只有专门针对操作系统安全性进行相关的和严格的安全配置，才能达到一定的安全程度，即使如此，系统仍然不能被认为是绝对安全的，漏洞和缺陷会不断地被攻击者发现，用户本身只有养成良好的安全用机习惯才能最大限度地避免安全问题。

（6）电子商务网站自身的安全问题。我国的电子商务网站安全问题存在很大隐患。国内大部分网站把主要精力放在网站的结构和内容建设上，忽略了网站安全防护措施。我国网站所用的投资一般不足企业信息系统建设总成本的2%，而国外企业用于安全系统的投资占整个网站建设投资的15%~20%。投资过少、技术不成熟、缺乏安全防护意识是导致国内网站安全问题层出不穷的主要原因。

2. 商务交易安全

在传统交易过程中，买卖双方是面对面的，因此很容易保证交易过程的安全性和建立起信任关系。但在电子商务过程中，买卖双方是通过网络来联系的，甚至彼此远隔千山万水，因而建立交易双方的安全和信任关系相当困难。电子商务交易双方（销售者和购买者）都面临不同的安全威胁。商务交易安全紧紧围绕传统商务在互联网上应用时产生的各种安全问题，在计算机网络安全的基础上，保障以电子交易和电子支付为核心的电子商务过程的顺利进行。即实现电子商务保密性、完整性、可鉴别性、不可伪造性和不可抵赖性。

（1）在线交易主体的市场准入。网上交易主体有直接交易主体和间接交易主体，直接交易主体仅是指以网上为经营模式的企业、组织和个人，即利用互联网出售商品或服务的卖方和利用互联网购买或获得服务商品或服务的买方；间接交易主体则包含了从构造运营网上交易平台到实际进行网上交易的各类市场交易与市场管理主体，即互联网服务提供商，网上虚拟企业（提供电子商务交易或服务平台的企业，单纯进行网上交易或服务的企业，我国目前还没有针对网上交易主体管理的全国性的统一法律，为加强网上交易主体的管理，一些电子商务发展较快的省市纷纷制定行政规范性文件。如《经营性网站备案登记管理暂行办法》，上海市营业执照副本（网络版）管理试行办法，江西省互联网上经营主体登记后备案办法等，这些行政规范性文件实际是想通过政府来加强对电子商务企业，尤其是网上店铺的管理。对于政府而言，网上经营主体登记备案的方式将从政府方面对网上的经营者进行宏观的约束与限制，但这种约束与限制从目前我国的网络现状来看，仅仅限于"宏观"这一层面上，因为这些办法终归只是行政规范文件，没有法律强制力，主要靠的是网商的自觉，于是地区性法规相继出台。

（2）信息风险。从买卖双方自身的角度观察，网络交易中的信息风险来源于用户以合法身份进入系统后，买卖双方都可能在网络上发布虚假的供求信息，或以过期的信息冒充现在的信息，以骗取对方的钱款或货物。

虚假信息包含有与事实不符和夸大事实两个方面。

虚假事实可能是所宣传的商品或服务本身的性能、质量、技术标准等，也可能是政府批文、权威机构的检验证明、荣誉证书、统计资料等，还可能是不能兑现的允诺。夸大事实则对原有的事实加以粉饰，掩盖其缺点。

（3）信用风险。①来自买方的信用风险。对于个人消费者来说，可能存在在网络上使用信用卡进行支付时恶意透支，或使用伪造的信用卡骗取卖方的货物行为。对于集团购买者来说，存在拖延货款的可能。卖方需要为此承担风险。②来自卖方的信用风险。卖方不能按质、按量、按时送寄消费者购买的货物，或者不能完全履行与集团购买者签订的合同，造成买方的风险。买卖双方都存在抵赖的情况。

（4）网上欺诈犯罪。随着网络和电子商务技术的发展，假冒伪劣产品更加猖獗，利用电子商务欺诈已经成为最危险的一种犯罪活动。必须承认，全球网上交易中的欺诈行为已愈演愈烈。调查表明，在经营网上销售业务的商家中，83%认为欺诈是一个不容忽视的问题。对此，全球的电子商务专家们表示了忧虑："Internet业务确实呈爆炸性增长，但同时与Internet有关的犯罪率也呈直线上升。"打击Internet欺诈行为对保证电子商务正常发展具有重要意义。

（5）电子合同问题。在传统商业模式下，除即时清结的或数额小的交易无须记录外，一般都要签订书面合同，以免在对方失信不履约时以作为证据，追究对方的责任。而在在线交易情形下，所有当事人的意思表示均以电子化的形式存储于计算机硬盘或其他电子介质中。这些记录方式不仅容易被涂擦、删改、复制、遗失，而且不能脱离其记录工具（计算机）而作为证据独立存在。电子商务法需要解决由于电子合同与传统合同的差别而引起的诸多问题，突出表现在书面形式，签名有效性、合同收讫、合同成立地点、合同证据等方面。

（6）电子支付问题。在电子商务简易形式下，支付往往采用汇款或交货付款方式，而典型的电子商务则是在网上完成支付的。

网上支付通过信用卡支付和虚拟银行的电子资金划拨来完成。而实现这一过程涉及网络银行与网络交易客户之间的协议、网络银行与网站之间的合作协议以及安全保障问题。因此，需要制定相应的法律，明确电子支付的当事人（包括付款人、收款人和银行）之间的法律关系，制定相关的电子支付制度，认可电子签名的合法性。同时还应出台对于电子支付数据的伪造、变造、更改、涂改问题的处理办法。

（7）在线消费者保护问题。在线消费者保护问题体现在两个方面：一方面是涉及网络购物索赔、退货没有完善的法律约束；另一方面，消费者提供给购物网站的信息很难保证不被商家有意出售或无意泄露。

（8）电子商务中产品交付问题。在线交易物分两种：一种是有形货物，有形货物的交付仍然可以沿用传统合同法的基本原理；另一种是无形的信息产品，信息产品的交付则具有不同于有形货物交付的特征，对于其权利的移转、退货、交付的完成等需要有相应的安全保障措施。

（9）电子商务中虚拟财产的保护问题。

3. 管理风险

管理风险是指由于交易流程管理、人员管理、交易技术管理的不完善所带来的风险。严格管理是降低网络交易风险的重要保证，特别是在网络商品中介交易的过程中，客户进入交易中心，买卖双方签订合同，交易中心不仅要监督买方按时付款，还要监督卖方按时提供符合合同要求的货物。在这些环节上，都存在大量的管理问题。防止此类问题的风险需要有完善的制度设计，形成一套相互关联、相互制约的制度群。主要有以下几方面：

（1）交易流程管理风险。

（2）人员管理风险。

（3）交易技术管理风险。

4. 法律风险

网上交易信息系统的技术设计是先进的、超前的，具有强大的生命力。但必须清楚地认识到，在目前的法律中尚未找到现成的条文以保护网络交易中的交易方式，因此，还存在法律方面的风险。一方面，在网上交易可能会承担由于法律滞后而无法保证合法交易的权益所造成的风险，如通过网络达成交易合同，但可能因为法律条文还没有承认数字化合同的法律效力而面临失去法律保护的危险；另一方面，在网上交易可能承担由于法律的不完善所带来的风险，即在原来法律条文没有明确规定下而进行的网上交易，在后面颁布新的法律条文下属于违法经营所造成的损失，如一些电子商务公司在开通网上证券交易服务一段时间后，国家颁布新的法律条文规定只有证券公司才可以从事证券交易服务，从而剥夺了电子商务服务公司提供网上证券交易服务的资格，给这些电子中间商经营造成巨大损失。在过去的几年里，联合国公布了三个重要的电子商务文件：《电子商务示范法》、《电子签字示范法》、《联合国国际合同使用电子通信公约》。许多国家参照联合国文件，颁布了一些电子商务相关法律法规，我国于 2004 年 8 月颁布了《中华人民共和国电子签名法》。

电子商务安全威胁表现形式，如表 6-2 所示。

表 6-2　电子商务安全威胁表现形式

威胁	说明
授权侵犯	为某一特权使用一个系统的人却将该系统用作其他未授权的目的
拒绝服务	对信息或其他资源的合法访问被无条件地拒绝，或推迟与时间密切相关的操作
窃听	信息从被监视的通信过程中泄露出去
信息泄露	信息被泄露或暴露给某个未授权的实体
截获/修改	某一通信数据项在传输过程中被改变、删除或替代
假冒	一个实体（人或系统）假装成另一个实体
否认	参与某次通信交换的一方否认曾发生过此次交换
非法使用	资源被某个未授权的人或者未授权的方式使用
人员疏忽	一个授权的人为了金钱或利益或由于粗心将信息泄露给未授权的人
完整性破坏	通过对数据进行未授权的创建、修改或破坏，使数据的一致性受到损坏
媒体清理	信息被从废弃的或打印过的媒体中获得

【案例 6-3】

电商预警手机银行"升级"后账户 4.8 万元蒸发

随着互联网金融的发展，电子支付已经占据了移动支付的大半江山，但往往道高一尺，魔高一丈，近期发生了多起手机银行遭盗窃信息骗取钱财的事件。专家认为，目前，不法分子制作假冒网银升级助手、盗版手机网银客户端、钓鱼支付宝等恶意软件，严重威胁移动支付安全。而根据 360 互联网安全中心日前发布的《2014 年第二期中国移动支付安全报告》显示，国内手机银行客户端中，黑客有七种方法利用木马偷取用户敏感信息。

招数一：假冒银行服务端攻击

如果客户端在登录过程中不对服务端的身份进行校验，就有可能连接到假冒的银行服务端上，从而导致用户名、密码等信息被窃取。在本次测评的 16 款银行客户端中，共有 3 款银行客户端存在忽略服务端证书校验安全漏洞。

招数二：后台记录键盘信息

需键盘输入的都是关键、敏感的信息，如登录密码、支付密码、账户信息、资金信息等。如手机键盘的输入过程被木马病毒或黑客监听，将造成用户信息的泄露。

招数三：网银账户信息裸奔

如果账户信息页面被设置成为可直接导出，那么不需经过登录过程，就可查看用户的网银账户信息，相当于账户信息在"裸奔"。没有任何一款银行客户端软件具有反 Activity 劫持的能力。

招数四：仿登录界面钓账号密码

恶意程序会启动仿冒银行的登录界面，用户在仿冒界面里输入资料致账号和密码被盗。16 款手机银行客户端软件中，没有一款客户端能单独解决这类问题。

招数五：利用安卓系统漏洞渗透

由于安卓系统存在一些问题，用户手机中诸多的系统漏洞得不到及时修复。专家认为，木马可轻松突破"自绘键盘"的防护，直接获取用户的账号密码。

招数六：二次打包制造盗版

攻击者用逆向分析工具，将银行客户端程序进行反编译，并向反编译结果中加入恶意代码，发布到审核不严格的第三方市场中。

招数七：短信劫持获取验证码

本次测评的 16 款手机银行客户端软件均采用"账号密码+短信验证码"的伪双因素认证体系，在面对木马攻击时非常脆弱。虽已有银行推广双因素认证系统，但大多数用户仍在用上述认证方式。

防盗有招：

（1）在任何情况下，切勿将登录密码及交易密码告知他人。

（2）为保证交易安全，建议启用手机安全锁功能，设置使用密码，防止他人未经许可操作您的手机。

（3）建议安装专用防病毒软件防范手机病毒，尽量少通过 WLAN、蓝牙或存储卡安装不必要的第三方应用软件。

（4）手机丢失或更换手机号码后，及时暂停或注销手机银行业务。

资料来源：http://b2b.toocle.com/detail--6206718.html。

三、电子商务的安全需求

电子商务面临的威胁导致了对电子商务安全的需求。真正实现一个安全电子商务系统所要求做到的各个方面主要包括机密性、完整性、认证性、不可抵赖性、不可拒绝性、访问控制性、匿名性等安全需求。

1. 机密性

机密性（Confidentiality）又称保密性，是指信息在传送或存储的过程中不被他人窃取、不被泄露或披露未经授权的人或组织，或者经过加密伪装后，使未经授权者无法了解其内容。机密性一般通过密码技术对保密的信息进行加密处理来实现。

2. 完整性

完整性（Integrity）又称真实性，是保护数据不被未授权者修改、建立、嵌入、删除、重复传送或由于其他原因使原始数据被更改。完整性一般可通过提取信息消息摘要的方式来获得。

3. 认证性

认证性（Authentication）是指网络两端的使用者在沟通之前相互确认对方的身份。在电子商务中，认证性一般都通过证书机构 CA 和证书来实现。

4. 不可抵赖性

不可抵赖性又叫不可否认性（Non-repudiation），是指信息的发送方不能否认已发送的信息，接收方不能否认已收到的信息，这是一种法律有效性要求。不可抵赖性可通过对发送信息进行数字签名来获得。

5. 不可拒绝性

商务服务的不可拒绝性（Denial of Service）又称有效性或可用性，是保证授权用户在正常访问信息和资源时不被拒绝，即保证为用户提供稳定的服务。

6. 访问控制性

访问控制性（Access Control）是指在网络上限制和控制通信链路对主机系统和应用的访问；用于保护计算机系统的资源（信息、计算和通信资源）不被未经授权人或未授权方式接入、使用、修改、破坏、发出指令或植入程序等。

7. 匿名性

匿名性（Anonymity）指发送者匿名性、接收者匿名性、发送者与接收者之间的无连接性。其包含三个方面：信息分离、防勾结和匿名度。其中，匿名度是将匿名性从绝对隐藏、可能暴露到暴露分为若干个等级，用来衡量网络支付协议所达到的匿名程度。

第二节　电子商务常用的电子加密技术

在互联网中传输的电子信息都是比特流。在公用信息传输网络上，不加保护的信息很容易被他人接收、复制或更改，是真正的接收者难以区别信息的归属和辨别真伪。传统交易中是通过签名、印章等识别单证的有效性，而在电子交易中就需要根据数字信息的特征，采用数据加密技术来保证信息的完整性和有效性，并防止非法盗用。目前最有效的方法就是采用数据加密的技术和方法，数据加密技术也被称为电子商务安全技术的灵魂。当前在电子商务中采用的加密技术有以下几种：

一、数据加密技术

数据加密技术：对数据进行加密是电子商务系统最基本的信息安全防范措施，其原理是利用加密算法将信息明文转换成按一定加密规则生成的密文后进行传输，从而保证数据的保密性。使用数据加密技术可以解决信息本身的保密性要求。

由于电子商务是借助 Internet 平台运作的，而 Internet 网络本身具有开放性的特点，因而安全性方面存在先天不足，而交易双方在交易过程中，都希望信息不会被他人篡改和截取。信息加密技术正是针对这个问题的技术解决方案。

简单地说，信息加密技术，就是把要传递的信息在传递时按照一定的规则将其转变为错乱的内容（即加密），在对方接收时，再通过解密程序将乱码清除，即可得到原来的完整的信息，这一过程就是解密。这样，第三方即使截取了信息，也无法获悉其中的内容。

数据加密技术可分为对称密钥加密和非对称密钥加密。

1. 对称密钥加密（Secret Key Encryption）

对称密钥加密也叫秘密/专用密钥加密，即发送和接收数据的双方必须使用相同的密钥对明文进行加密和解密运算。它的优点是加密、解密速度快，适合于对大量数据进行加密，能够保证数据的机密性和完整性；缺点是当用户数量大时，分配和管理密钥就相当困难。

2. 非对称密钥加密（Public Key Encryption）

非对称密钥加密也叫公开密钥加密，它主要指每个人都有一对唯一对应的密钥：公开密钥（简称公钥）和私人密钥（简称私钥）。公钥对外公开，私钥由个人秘密保存，用其中一把密钥来加密，就只能用另一把密钥来解密。非对称密钥加密算法的优点是易于分配和管理，缺点是算法复杂，加密速度慢。

3. 复杂加密技术

由于上述两种加密技术各有长短，目前比较普遍的做法是将两种技术进行集成。例如信息发送方使用对称密钥对信息进行加密，生成密文后再用接收方的公钥加密对称密钥生成数字信封，然后将密文和数字信封同时发送给接收方，接收方按相反方向解密后得到明文。

二、数字签名技术

在传统商务中，大多数国家都要求合同的当事人在书面上签名或者盖章。这种签名或盖章主要有以下三个作用：①表明文件的来源；②表明签字者已确认文件所载之内容；③构成证明签字者对文件内容之正确性和完整性而负责任的证据。在传统商务中，由于这种手写签名的独特性，我国和大多数国家都把它作为书面合同有效的一个必要条件。

在电子商务中，交易的平台是互联网，传统的签名已经无法实现其作用。尽管我国《合同法》第三十三条规定了一个补救的方法："当事人采用信件、数据电文等形式订立合同的，可以在合同成立之前要求签订确认书。"但实际上，这一做法将大大降低电子商务的效率，因而不足取。真正把传统签名的作用与电子商务的互联网运作平台结合起来的，是数字签名。

数字签名技术是将摘要用发送者的私钥加密，与原文一起传送给接收者。接收者只有用发送者的公钥才能解密被加密的摘要，在电子商务安全保密系统中，数字签名技术有着特别重要的地位，在电子商务安全服务中的源鉴别、完整性服务、不可否认服务中都要用到数字签名技术。在电子商务中，完善的数字签名应具备签字方不能抵赖、他人不能伪造、在公证人面前能够验证真伪能力。应用广泛的数字签名方法主要有三种：RSA 签名、DSS 签名和 Hash 签名。这三种方法可单独使用，也可综合在一起使用。RSA 数字签名源于 RSA 公开密钥系统，是目前在网络上最为流行的一种数字签名方法。RSA 数字签名与 RSA 加密过程，在使用专用密钥和公开密钥上正好相反。在应用数字签名时，发送者用自己的密钥给摘要加密发给接收者，一旦加密后，接收者只有用发送者的公钥才能解密，从而达到签名的作用。

三、数字证书

电子商务身份认证提供了对合法用户的身份鉴别，以便具有合法授权的用户可以使用电子商务系统。身份认证机制包括两部分，即数字证书（DC）和证书授权机构（CA）。电子商务证书就是这样一种由权威机构发放的用来证明身份的事物。数字证书又称数字凭证，是用电子手段来证实一个用户身份和对网络资源的访问权限。证书是一份文档，它记录了用户的公开密钥和其他身份信息，如名字和 E-mail 地址。它是一个经证书授权中心数字签名的文件。一般情况下，证书中还包括密钥的有效时间、发证机关的名称以及该证书的序列号等信息。在网上的电子交易中，如果交易双方都出示各自的数字证书，那么双方都可不必对对方身份的真伪担心。

1. 数字证书的类型

数字证书的类型有三种类型：个人数字证书、企业证书和软件证书。其中个人数字证书和企业证书是常用的证书。大部分认证中心提供前两种证书。

（1）个人数字证书。它仅仅为某一用户提供凭证，以帮助其个人在网上进行安全交易操作。个人凭证通常安装在客户端的浏览器内，通过安全的电子邮件进行交易操作。

（2）企业证书。它通常为网上的某个 Web 服务器提供凭证，拥有 Web 服务器的企业就可以用具有凭证的万维网站点（Web Site）来进行安全电子交易。有凭证的 Web 服务器会自动地将其与客户端 Web 浏览器通信的信息加密。

（3）软件证书。它通常为互联网中被下载的软件提供凭证。该凭证用于和微软公司 Authenticode 技术（合法化技术）结合的软件，以使用户在下载软件时能获得所需的信息。

2. 数字证书认证机构的管理

由于电子商务中的交易一般不会有使用者面对面进行，所以对交易双方身份的认定是保障电子商务交易安全的前提。在电子商务的认证体系中，证书授权机构又称为电子商务认证中心。它是承担网上认证服务、能签发数字证书并能确认用户身份的受大家信任的第三方机构。电子商务认证中心是保证电子商务安全的关键。它可以是某个政府机构或独立的厂商，但关键是大家都信任它。认证中心应包括两大部门：审核授权部门 RA，它负责对证书申请者进行资格审查，决定是否同意给该申请者发放证书，并承担审核错误所引起的一切后果；证书操作部门 CP，它负责为已授权的申请者制作、发放和管理证书，并承担因操作运营错误所产生的一切后果。

目前，在认证机构的管理与选任上，大致有几种做法：

（1）政府主导的电子商务认证体系。该体系是由政府出面对认证机构进行管理，规定认证机构必须具备的条件和应承担的责任，并且在法律上推定经认证机构核实的电子签名具有证据力。

（2）行业协会主导的电子商务认证体系。该体系是由认证机构协会负责制订认证机构必须遵守的行业规范，并由其负责对各认证机构进行监督。这种做法强调的是行业自律，但是在具体实施过程中，行业协会如何产生，以及经认证机构协会批准的认证机构核实的电子签名证据力如何，还有待于相关法律的规定。

（3）当事人自由约定的电子商务认证体系。该体系没有规定认证机构的行业规则，在实践中，当事人可以自由约定采用何种方式的电子签名，也可约定选用哪个认证机构，具体的权利义务完全由当事人双方自由商定。这种做法给了当事人最大的自主性，适应了技术发展的灵活性，但是势力弱小的消费者，很难在风险责任分担中起作用，而且各认证机构规则不统一，认证结果通用性差。

在我国目前国情下，商家的商业信誉不够，完全采用当事人自由约定的电子商务认证体系是不合适的。

四、防火墙技术

在电子商务中，为了保证客户、销售商、移动用户、异地员工和内部员工等合法授权用户的安全访问，同时避免及保护企业的机密信息不受黑客和间谍的入侵，必须为电子商务系统提供一个安全屏障——防火墙。实现防火墙技术的主要途径有：数据包过滤、应用网关、代理服务。

（1）数据包过滤技术是在网络层（IP 层）中对数据包实施有选择的通过，依据系统内事先设定的过滤逻辑检查数据流中每个数据包后，根据数据包的源地址、目的地址所用的 TCP/UDP 端口与 TCP 链路状态等因素来确定是否允许数据包通过。

（2）应用网关技术是建立在应用层上的协议过滤，它针对特别的网络应用服务协议——数据过滤协议，能够对数据包分析并形成相关报告，对某些易于登录和控制所有输出输入的通信环境给予严格的控制，以防有价值的程序和数据被窃取。

（3）代理服务技术作用在应用层上，是由一个高层的应用网关作为代理服务器，接受外来的应用连接请求，进行安全检查后再与被保护的网络应用服务器连接，使得外部服务用户可以在受控制的前提下使用内部网络的服务，同样，内部网络到外部的服务连接也可以受到监控。应用网关的代理服务实体将对所有通过它的连接做出日志记录，以便对安全漏洞检查和收集相关的信息。使用应用网关的高层代理服务实体有以下优点：日志记录，便于网络管理；隐蔽信息，内部受保护的主机名等信息不为外部所知；可以由应用网关代理有关 RPC 服务，进行安全控制。

资料来源：http://www.chinalawedu.com/news/16900/175/2004/9/ma21182658341019400251352_131330.htm。

五、电子商务安全协议

（一）SSL——提供网上购物安全的协议

安全套接层（Secure Sockets Layer，SSL）是一种传输层技术，可以实现兼容浏览器和服务器之间的安全通信。SSL 协议是目前网上购物网站中常使用的一种安全协议。

所谓 SSL 就是在和另一方通信前先讲好的一套方法，这个方法能够在它们之间建立一个电子商务的安全性秘密信道，确保电子商务的安全性，凡是不希望被别人看到的机密数据，都可通过这个秘密信道传送给对方，即使通过公共线路传输，也不必担心别人的偷窥。

1. SSL 的主要内容

SSL 标准主要提供了三种服务：数据加密服务、认证服务与数据完整性服务。

（1）数据加密服务：采用的是对称加密技术与公开密钥加密技术。

（2）认证服务：SSL 客户机与服务器都有各自的识别号，这些识别号使用公开密钥进行加密。

（3）数据完整性服务：采用哈希函数和机密共享的方法提供完整信息性的服务，在客户机与服务器之间建立安全通道，以保证数据在传输中完整地到达目的地。

2. SSL 标准的工作流程

SSL 标准的工作流程如图 6-1 所示。

（1）SSL 客户机向 SSL 服务器发出连接建立请求，SSL 服务器响应 SSL 客户机的请求。

（2）SSL 客户机与 SSL 服务器交换双方认可的密码，一般采用的加密算法是 RSA 算法。

（3）检验 SSL 服务器得到的密码是否正确，并验证 SSL 客户机的可信程度；SSL 客户机与 SSL 服务器交换结束的信息。

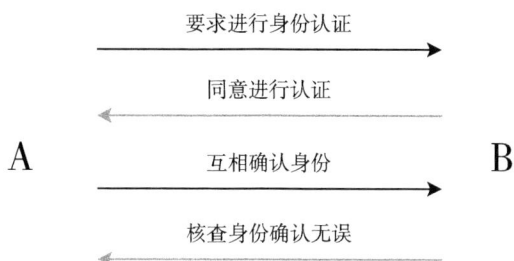

图 6-1　SSL 标准的工作流程

SSL 安全协议也有它的缺点，主要有：不能自动更新证书；认证机构编码困难；浏览器的口令具有随意性；不能自动检测证书撤销表；用户的密钥信息在服务器上是以明文方式存储的。客户的数据都完全暴露在商家的面前。但因操作容易，成本低，而且又在不断改进，所以在欧美的商业网站上的应用是较广泛的。

（二）SET——提供安全的电子商务数据交换

SET 是一种以信用卡为基础的、在互联网上交易的付款协议书，是授权业务信息传输安全的标准，它采用 RSA 密码算法，利用公钥体系对通信双方进行认证，用 DES 等标准加密算法对信息加密传输，并用散列函数来鉴别信息的完整性。

在 SET 的交易环境中，比现实社会中多一个电子商务的安全性认证中心——电子商务的安全性 CA 参与其中，在 SET 交易中认证是很关键的。

1. SET 的主要目标

（1）信息传输的安全性：信息在互联网上安全传输，保证不被外部或内部窃取。

（2）信息的相互隔离：订单信息和个人账号信息的隔离。

（3）多方认证的解决：要对消费者的信用卡认证；要对网上商店进行认证；消费者、商店与银行之间的认证。

（4）效仿 EDI 贸易形式，要求软件遵循相同协议和报文格式，使不同厂家开发的软件具有兼容和互操作功能。

（5）交易的实时性：所有的支付过程都是在线的。

2. SET 的交易成员

（1）持卡人消费者。持信用卡购买商品的人，包括个人消费者和团体消费者，按照网上商店的表单填写，通过由发卡银行发行的信用卡进行付费。

（2）网上商家。在网上的符合 SET 规格的电子商店，提供商品或服务，它必须是具备相应电子货币使用的条件，从事商业交易的公司组织。

（3）收单银行。通过支付网关处理持卡人和商店之间的交易付款问题事务。接受来自商店端送来的交易付款数据，向发卡银行验证无误后，取得信用卡付款授权以供商店清算。

（4）支付网关。这是由支付者或指定的第三方完成的功能。为了实现授权或支付功能，支付网关将 SET 和现有的银行卡支付的网络系统作为接口。

（5）发卡银行。在交易过程开始前，发卡银行负责查验持卡人的数据，如果查验有效，整个交易才能成立。在交易过程中负责处理电子货币的审核和支付工作。

（6）认证中心 CA。可信赖、公正的组织：接受持卡人、商店、银行以及支付网关的数字认证申请书，并管理数字证书的相关事宜。

3. SET 的技术范围

（1）加密算法。

（2）证书信息和对象格式。

（3）购买信息和对象格式。

（4）认可信息和对象格式。

（5）划账信息和对象格式。

（6）对话实体之间消息的传输协议。

SET 软件的组件：SET 系统的动作是通过四个软件来完成的，包括电子钱包、商店服务器、支付网关和认证中心软件，如图 6-2 所示。

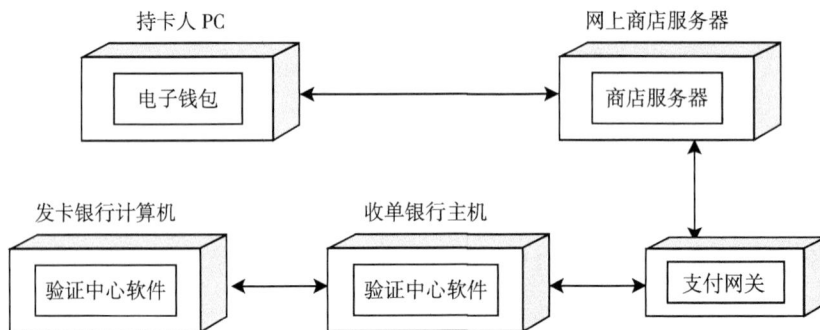

图 6-2　SET 软件的组件

4. SET 的认证过程

基于 SET 协议电子商务系统的业务过程可分为注册登记申请数字证书, 动态认证和商业机构的处理。

SET 认证之一: 注册登记

一个机构如要加入到基于 SET 协议的安全电子商务系统中, 必须先上网申请注册登记, 申请数字证书。

每个在认证中心进行了注册登记的用户都会得到双钥密码体制的一对密钥、一个公钥和一个私钥。

这一对密钥在加密解密处理过程的作用如下:

(1) 对持卡人购买者的作用是: ①用私钥解密回函; ②用商家公钥填发订单; ③用银行公钥填发付款单和数字签名等。

(2) 对银行的作用是: ①用私钥解密付款及金融数据; ②用商家公钥加密购买者付款通知。

(3) 对商家供应商的作用是: ①用私钥解密订单和付款通知; ②用购买者公钥发出付款通知和代理银行公钥。

SET 数字证书申请工作具体的步骤如图 6-3 所示。

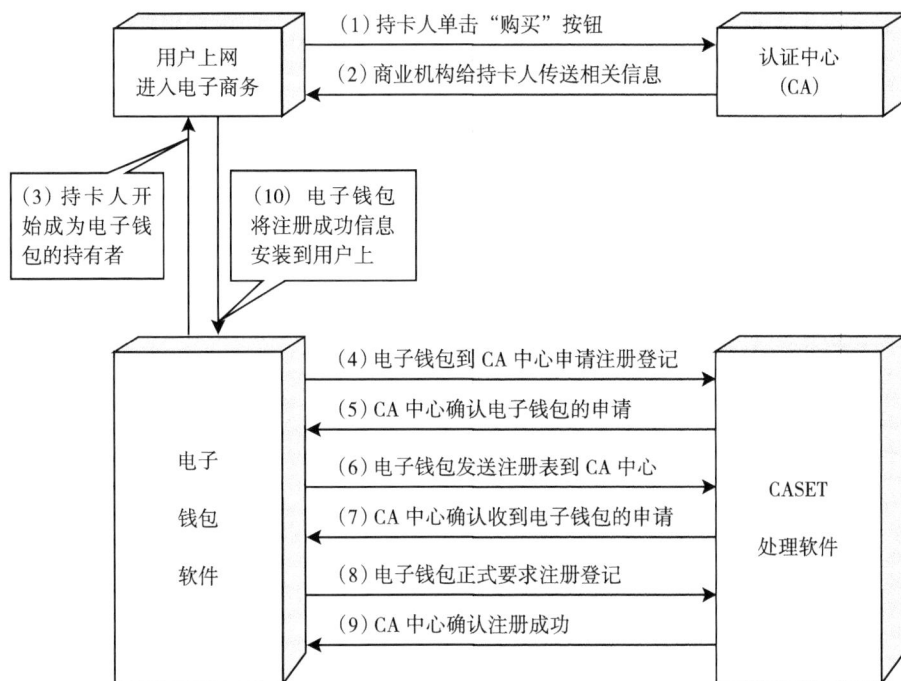

图 6-3 SET 数字证书申请工作具体步骤

SET 认证之二：动态认证

一旦注册成功，就可以在网络上从事电子商务活动了。在实际从事电子商务活动时，SET 系统的动态认证工作步骤如图 6-4 所示。

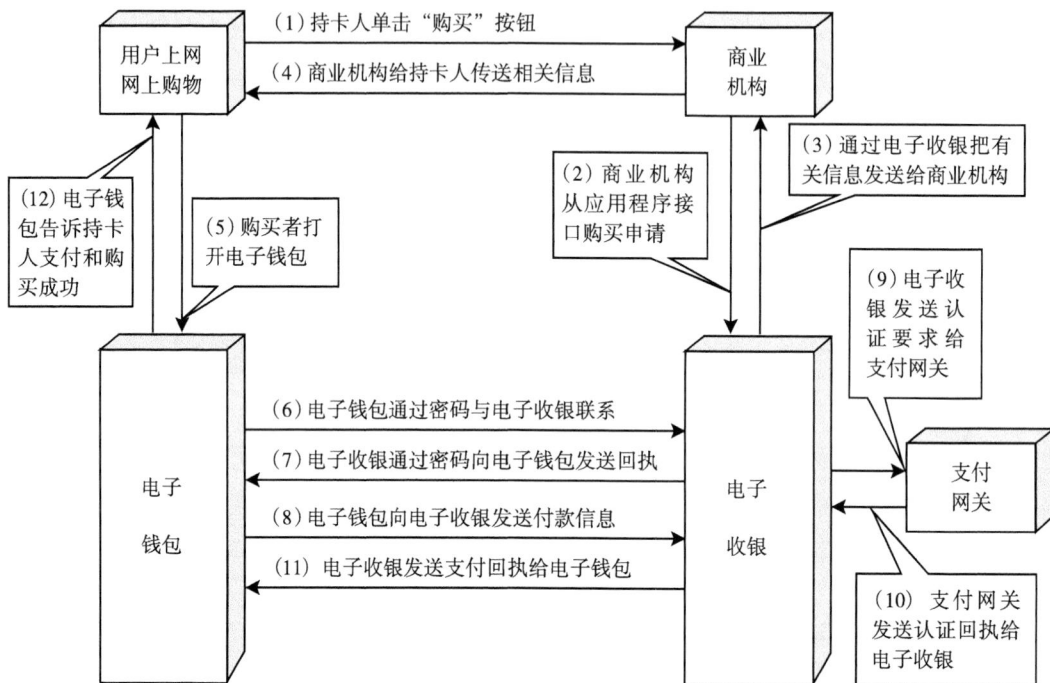

图 6-4　动态认证工作步骤

SET 认证之三：商业机构处理流程

商业机构的处理工作步骤如图 6-5 所示。

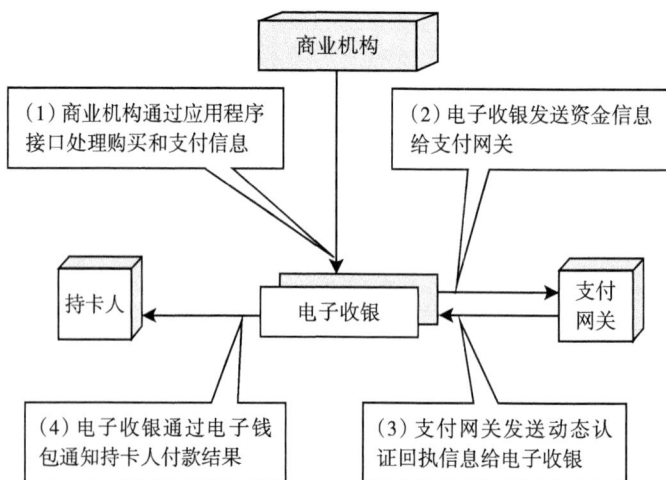

图 6-5　商业机构的处理工作步骤

5. SET 协议的安全技术

SET 有一个开放工具 SET Toolkit，任何电子商务系统都可以利用它来处理操作过程中的安全和保密问题。

其中支付（Payment）和认证（Certificate）是 SET Toolkit 向系统开始者提供的两大主要功能。

目前的主要安全保障来自以下三个方面：

（1）将所有消息文本用双钥密码体制加密。

（2）将上述密钥的公钥和私钥的字长增加到 512B~2 048B。

（3）采用联机动态的授权（Authority）和认证检查（Certificate），以确保交易过程的安全可靠。

上述有三个安全保障措施的技术基础如下所述：

（1）通过加密方式确保信息机密性。

（2）通过数字化签名确保数据的完整性。

（3）通过数字化签名和商家认证确保交易各方身份的真实性。

（4）通过特殊的协议和消息形式确保动态交互式系统的可操作性。

真正的 SET 网站，必须经过专门的测试和鉴别，并给予一个 SET 特约商店的商标。检查 SET 商店的商标就成为到 SET 商店安全地购物的重要手段。

第三节　法律是电子商务安全的保证

电子商务具有经济资源虚拟性的特点，以互联网为载体、计算机处理为特征的电子商务双方的谈判记录、使用的资金，甚至标志的本身都是数字化的。电子商务中的经济资源并不是以传统的物化形式出现，而是被虚拟为数字形式的符号。这种虚拟的信息资源给商业信用和立法提出了更高的要求。

法律制度的制定远远滞后于信息工业的发展。互联网发展了这么多年，电子商务也开展了十几年，可世界各国至今没有制定有关电子商务的完整的法律。联合国国际贸易委员会也已经完成了电子商务示范法的制定，意在建立统一、通用的电子商务规则。该示范本身不是法律，而是作为一个示例，希望各主权国家将这样的规则纳入自己国家的法律体系之中。电子商务涉及的法律问题比较复杂，主要有电子合同的法律有效性、知识产权保护、个人隐私保护等。

一、电子商务存在的法律问题

在网络时代的今天，电子商务正以迅猛的态势发展着。业界普遍认为，在全球经济一体化的浪潮中，电子商务将成为全球经济的最大增长点之一。我国的电子商务发展始于 20 世纪 90 年代初期，众多知名企业认识到互联网的商业价值和电子商务的前景，纷纷建立自己的信息网络点并积极地投入到世界电子商务的浪潮当中，凭借自身多年的物流、配送、资金实力及管理经验等方面的优势，很快杀入了电子商务的主战场并显示出了勃勃生机。但是，我国的电子商务环境还很不完善，导致电子商务的不规范发展。主要问题体现在以下几个方面：

1. 电子合同问题

对数据电文传递过程中的要约与承诺、合同条款、合同成立及生效的时间和地点、通过计算机订立的合同对当事人是否具有约束力等问题，传统的合同已无法应对。例如，商家登载于网页上的商品信息是要约还是要约邀请、电子要约与电子承诺的构成、生效条件是什么？电子合同的形式应归属于口头、书面或其他什么形式？合同成立、生效的时间和地点与传统合同一样吗？电子合同是否可以撤销？无纸化电子合同发生争议后，没有打印原件，合同是否具有证明力？电子合同的种类有哪些？

2. 互联网的知识产权

通常所说的网络侵权是指侵犯版权，但实际上网上侵犯知识产权的形式多种多样。

（1）版权的侵犯是通常所说的对著作权的侵犯。在互联网上存在着大量的电子文件、电子新闻、电子书籍及软件，也许有些人认为网络本身就是资源共享的，而且是开放型的状态，其可供进入的端口很多，只要愿意谁都可以在网上发表言论，或从网上复制存储下那些根本不知道署的是真名还是假名的文章。但网络知识信息资源载体的一种形式，其本质与报纸等传统媒体没有任何区别，任意下载无疑构成了对原著作权人著作权的侵犯。

【案例 6-4】

"法官沙龙"为网络侵权开出良方

近日，上海市第一中级人民法院举办"法官沙龙"，聚焦网络著作权的保护问题。据了解，2010 年以来，网络盗版侵权案件占该院受理的著作权侵权纠纷案件的六成以上，且呈增多趋势。

港产片《寒战》2012 年刚在中国大陆上映即叫好叫座，然而，土豆网却在未获得授权的情况下，悄悄地"同步"上载了该影片。影片著作权人安乐影片有限公司一纸诉状将土豆网经营者上海全土豆文化传播有限公司告上法院，要求判令全土豆公司赔偿经济损失 50 万元，并赔偿安乐公司为制止侵权行为支出的合理费用，包括公证费、律师费等共计 2 万元。一审判决全土豆公司赔偿安乐公司经济损失 1.2 万元及合理费用 5000 元。安乐公司不服一审判决并提出上诉。

上海一中院二审认为，《寒战》具有较高的市场价值和知名度，一审判赔 1.2 万元明显过低，据此判决就一审关于合理费用赔偿的判决予以维持，并改判全土豆公司赔偿安乐公司经济损失 12 万元。

由凤凰卫视有限公司策划、制作的电视节目《凤凰大视野》、《军情观察室》、《锵锵三人行》、《冷暖人生》、《社会能见度》、《金石财经》等广受观众热爱，并获得多个国际、国内电视节目奖项。2008 年，北京天盈九州网络技术有限公司经授权取得上述六档电视节目的信息网络传播权。然而，2007~2011 年，上海聚力传媒技术有限公司未经许可，擅自直接向公众提供上述电视节目部分节目在线点播。天盈公司因此起诉聚力公司，要求赔偿经济损失 279 万余元、合理开支 11 万余元，共计 290 万余元。

一审法院判决聚力传媒酌情赔偿天盈公司经济损失、合理开支共计 59 万余元。天盈公司不服，提起上诉。上海一中院二审改判聚力传媒赔偿天盈公司 171 万余元。

上海市公安局文化执法总队稽查处处长杨勇指出，目前我国互联网生态环境复杂，无论是法院判赔还是行政处罚都不是目的，关键在于如何有效地规范网络传播秩序，协调版权保护与资源共享的冲突。

上海一中院知产庭庭长刘军华指出，如何"算清"赔偿数额，是网络盗版侵权案件的关键和难点所在。在该类案件的审理过程中，要特别注意灵活运用证据规则，合理分配双方举证义务，尽可能查明原告实际损失或被告违法所得，使判赔数额的确定有理有据。即便是适用法定赔偿，同样需要贯彻"填平原则"，在赔偿额的确定上要尽可能接近实际损失。

刘军华建议分层级构建法定赔偿计算标准体系，第一个层级以视频作品、美术（摄影）作品、计算机软件作品、文字作品、录音录像制品五种主要作品类型划定基准赔偿额，以此为基础。第二个层级则分别从原告作品价值、被告侵权行为表现、经营状况以及网络环境下的特殊表现等方面叠加考虑侵权情节。

资料来源：http://www.shbiz.com.cn/Item/244753.aspx。

（2）利用网络进行不正当竞争。经营者在经营活动中违反诚信公平等原则，在竞争过程中，采用虚假、欺诈、损人利己等违反国家法律手段进行竞争，损害其他经营者的合法权益，扰乱社会经济秩序。

【案例 6-5】

2010 年，利用网络进行不正当竞争腾讯科技（深圳）有限公司诉北京搜狗科技发展有限公司等不正当竞争纠纷案。一中院认为通过诱导阻碍用户使用他人同类产品构成不正当竞争。

原告和被告均为互联网企业，分别拥有QQ拼音输入法和搜狗拼音输入法。原告诉称，被告搜狗拼音输入法软件通过弹出窗口方式，诱导用户在"修复"输入法时删除QQ拼音输入法在语言栏上的快捷方式，构成不正当竞争。被告辩称其行为系针对原告在先不正当竞争行为的"正当防卫"。北京市一中院经审理认为：被告在其输入法软件中进行上述设置阻碍了用户使用QQ拼音输入法，易对相关公众产生误导，违反了诚实信用等原则，构成不正当竞争。即使原告在先实施了不正当竞争行为，被告亦应当通过合法的救济途径维权，而不能采用其他不正当竞争手段进行回应。因此，北京市一中院认定被告构成不正当竞争，并判决被告停止侵权、消除影响、赔偿原告经济损失及合理支出24万元。

2013年，北京金山安全软件有限公司诉北京奇虎科技有限公司不正当竞争纠纷案。一中院认为，发布具有基本事实依据的消息并不构成商业诋毁的不正当竞争行为。

原告是金山毒霸2012等软件的著作权人，被告是网站www.360.cn的经营单位，二者均为互联网经营企业。原告认为被告在"360安全提示"界面发表的《360：金山为挽回市场颓势抹黑360》一文对其构成商业诋毁，诉至北京市一中院。北京市一中院认为，构成商业诋毁，应以存在捏造虚伪事实为前提。涉案文章是被告针对"金山召开发布会"特定事件做出的应激反应，虽然该文中部分用词带有较强的感情色彩并具有负面评价效果，但并无证据证明被告存在不正当竞争的主观故意，其行为尚未严重到损害包括原告在内的"金山"系列企业的商业信誉的程度，不构成商业诋毁行为，故驳回了原告的诉讼请求。

资料来源：http://news.ename.cn/yuming_20140624_56403_1.html。

（3）商标侵权。这种方式是明显地把别人的驰名商标的图案或者文字冠于网页的显著位置，其目的有的是为了链接的方便，有的则是为了提高自己网站的知名度。这就容易造成别人的误解和误认，构成对驰名商标所有人权利的直接侵犯。还有一种方式是隐形的商标侵权。有些竞争者运用网页的源代码或关键词搭别人的"便车"，将他人的商标、商号、厂商名称或者知名商家特有的名称、包装、装潢埋置在自己网页的源代码中，当消费者使用网上引擎找其他人的商标、商号、厂商名称或者知名商品特有的名称、包装、装潢时，行为人的网页就会位居搜索结果的前列。这实际上造成了对别人商标和企业名称的侵犯。

【案例 6-6】

大学生开网店构成商标侵权终审判赔偿 13 万余元

2011 年 10 月 8 日，江西省高级人民法院作出终审判决，被告人周某立即停止侵害郭东林持有的"以纯"注册商标专用权的行为，周家 4 人因侵害同一商标共赔 13 万余元。

1. "以纯"起诉"以纯板型"侵权

2011 年 10 月 1 日，大学刚毕业的周某用本人及其父母和表妹的身份证，注册获得账户并经实名认证 4 个会员名，其中周某以"时尚潮流前线 8090"网名开设店铺。

今年 1 月底，"以纯"注册商标专用权人郭东林在新余市中级人民法院对 4 人提起侵害商标权诉讼，要求每人赔偿 50 万元。

郭东林起诉称，周某及其父母和表妹，未经他授权许可，擅自销售"以纯板型"的多款服装，使普通消费者误认为该网店是郭东林开设或者郭东林授权开设。此侵权行为给以纯商标造成经济损失。

周某及其委托代理人向法庭申辩，其未用"以纯"作为店名，销售服装时未使用"以纯"吊牌，事实上并没有侵犯"以纯"商标权。面对消费者都曾声明不是"以纯"品牌，最终是否购买由消费者决定。网店只是少部分服装加入"以纯板型"文字，请求法院依法驳回。

2. 终审判决 4 人赔偿 13 万余元

新余中院审理认为，周某销售行为，属于将"以纯"商标或与其近似的商标用于广告宣传行为，且没有说明挂售"以纯板型"服装的合法来源，应认定不是"以纯"服装正品。周某等人的行为构成侵权，2014 年 5 月，新余市中级人民法院判决，侵权人应停止侵害，赔偿损失 8.4 万余元。

郭东林不服一审判决，认为判决赔偿数额过低，于 2014 年 5 月 21 日提起上诉。江西省高级人民法院责令周某提供其网店经营具体数据，周某拒绝提交，按照民事诉讼证据规则，应认定周某的获利数额不止数千元，郭东林上诉原审判赔数额过低的理由部分成立，遂作出周某赔偿 47003 元，其父母赔偿 54044 元，周某表妹赔偿 30003 元的改判，加重了 4 人的赔偿责任。

资料来源：http://news.xinhuanet.com/legal/2014-10/09/c_127077492.htm。

（4）域名纠纷。在电子商务发展初期，由于大家对域名的重要性认识不够，许多企业对自己的企业名称等未进行及时的域名注册，而被他人以相同或相近似的名称等捷足先登。也有些人受利益的驱动，专门将他人的名称、商标等注册为域名，又以高价出售这些域名来牟利，或在竞争中恶意阻止他人以域名的形式在互联网上使用其合法权益的名称和标志。这无疑会给企业的竞争力带来负面的影响。

【案例 6-7】

MyArt.com 域名争议案一波三折

据海外媒体消息，域名 MyArt.com 因与法国一家艺术公司的官网域名 my-art.com 相似，易导致用户混淆性，被该公司成功仲裁，不过，该域名的原持有者已向法院提起诉讼，要求停止转移域名及索求赔偿，最终获胜。

据了解，法国艺术公司在 2011 年申请仲裁，要求夺回域名 MyArt.com，当时该域名的持有者是葡萄牙的一家公司，后因域名 MyArt.com 的注册时间（1996 年）比法国艺术公司的"My-Art"商标的注册时间来得早，加上法国艺术公司未能提供足够多的证据来证明持有者是恶意注册、恶意使用域名，最后以失败而告终。

在此之后域名 MyArt.com 易主，持有者为美国人，法国艺术公司于 2014 年 4 月再次申请仲裁域名 MyArt.com，此次该公司提供有力的证据，来证明持有人对域名或者其主要部分不享有合法权益，最终获胜。

但事情还没有结束，MyArt.com 的原持有者表示不服，于前段时间提起诉讼，并称法国艺术公司反向劫持域名，此处提到的"域名反向劫持"是指商标所有人等恶意利用域名争议解决程序，企图剥夺域名注册人的域名的行为，如今法院已做出判决，将域名 MyArt.com 判给原持有者，不但迅速停止了域名的转移，原告也获得了赔偿，另外律师费、诉讼费等费用也由法国艺术公司承担。

3. 电子商务涉及的税收问题

电子商务涉及的税收问题主要分为两大类：一是由电子商务涉税概念的重新认定而引发的问题，即由于电子商务"虚拟化"而出现的"交易空间"概念模糊所引发的有关税收规定的重新界定问题。在现行税收法规中不适用电子商务的规定，几乎都涉及"经营场所""经营地点"等物理意义上的概念。二是由于电子商务交易"隐匿化"而引发的问题。电子商务的出现，使传统电商的纸质合同、账簿、发票、票据、汇款支付等均变成了数字流和信息流，而税收征管电子化相对滞后于网络技术的发展，是税务部门如何追踪、掌握、审计有别于纸质交易凭证的电子数字交易数据，进而对交易隐匿的电子商务进行公平、有效的管理成为必须解决的问题。

【案例 6-8】

首起中国留学生偷税案，网上交易漏税几十万英镑被捕

据英国《华商报》报道，记者从英国税务总局获悉，一名中国留英学生长期在网上做生意，涉嫌偷、漏税款达数十万英镑被捕。据悉，这是近年来，第一起涉及中国留学生的偷税案，也是头一回由中国留学生因网上交易而触犯法律。

据了解，这名留学生姓刘，持英国学生签证已超过十年，目前正在申请永居身份，他可能于五年前开始在网上做买卖。不同于其他华人直接从中国进货在网上卖，这名35岁的留学生是从匈牙利进口中国商品。据曾帮他装箱打包寄送邮包的留学生透露，刘同学有个亲戚在匈牙利做批发。刘通过英国的网站推销产品，收到订单后，再通知匈牙利发货。

按照欧盟的统一规定，欧盟国家实施自由贸易，成员国间不征收关税和增值税，但刘同学必须提供一个英国的增值税号，这样才能办理匈牙利的免税清关事宜。据悉，刘同学几年来生意越做越大。他从匈牙利进口的货物由小箱变成大箱，由一次性进一两件扩大到十几箱。

据悉，他一直以一个公司一个税号办理免增值税的手续。而他则以另一个公司的名义出售货物。这样在税务局的统计中，他五年间免缴增值税进口了价值上百万英镑的货，而这些货如何处置却没有任何下文。也就是说，他进口免缴了税，而售出的货物则包含了20%的增值税（2013年前是17.5%），这样偷逃的税款高达几十万英镑。

据了解，税务局在初步调查后，曾多次致信这位留学生，告知他网上交易如同商店内的正常贸易，出售的商品价格都包含有增值税，让刘同学必须依法纳税，但是该同学一直没有理睬税务局的来信。

资料来源：http://www.ithome.com/html/it/7072.htm。

4. 网上支付的法律问题

在电子商务交易过程中，由于金融电子化，完成交易的各方均采用无纸化的电子手段，如信用卡支付、远程网上结算及电子资金划拨等来进行支付和结算。网上电子支付行为越来越普及，传统银行法中的货币发行、支付风险、支付责任等规定很难直接套用于电子支付行为。在电子支付的过程中，电子货币的发行人是哪些机构，电子支付的安全性由谁保障，支付中出现资金冒领等损失由谁承担等一系列问题，都应制定新的法律法规予以规范和解决。

另外，网上支付中电子货币、电子现金、电子钱包等，在法律上也存在着很多问题，如电子货币是否具有效力，什么地方将作为支付地点等。

【案例 6-9】

给网络支付加上"安全锁"

"双十一"将至，网购族们已经开始"热身"准备"血拼"。然而，在网民们享受网购乐趣的同时，别忽略了网络支付的安全问题。很多网民买家在对网络支付交易服务充分信任的同时，一些不法分子也利用部分群众对网上支付业务的不熟练，比如混淆支付宝交易和支付宝担保交易的概念，频繁实施网络支付诈骗犯罪活动。

此类诈骗的技术含量较高，用户更易受骗上当，危害性更大。比如普通支付宝交易是买方将货款先打入支付宝账户，待收到货物后点击"确认收货"，输入交易密码完成转账。只有在买家"确认收货"或是交易超时后淘宝才会自动打款给卖方，整个支付流程至少有 7 天时间。支付宝担保交易则是买方将货款先打入支付宝账户，做好担保交易，在三天内不管买方是否收到货物，只要买方未提出申请退款，支付宝自动默认买方已收到货物并确认支付。

不法分子就是利用支付宝担保交易的漏洞来骗取买家的货款。因此，笔者认为，应该采取措施为网络支付加上一把"安全锁"。

用户登录之前，一定要先检查浏览器中的网址，确保其是在网络支付服务官方网页上。如果要点击电子邮件中的链接，则要先确认浏览器中显示的网址和电子邮件显示的相同一致。对包含附件和链接的电子邮件也要多加小心。此外，用户还可以采取访问控制、授权、身份认证、防火墙、加密存储及传送等各类手段，及时更新升级杀毒软件，以保证电脑的安全。

在交易过程中，交易双方应随时更新交易平台的页面，页面上会清楚地显示交易究竟到了哪一步，买方有无打款、卖方有无发货、买方有无收到、何时到达等的各类信息。值得注意的是，付款方只有在收到卖家商品、对其满意并确认后，支付宝才会将货款划到卖家账户中，如不满意可申请退款。如果发货后付款方逾期不确认收货，也没有申请退款，则默认交易成功，支付宝会自动将货款划拨给收款方。因此，那些在实际交易中让用户直接打款的（买）卖家，多数存在诈骗陷阱。

职能部门要加强监管，加强对申诉环节的处理，提高处理纠纷的效率，在短时间内给交易双方一个公平满意的答复。

资料来源：http://news.ifeng.com/a/20141029/42324461_0.shtml。

5. 电子商务安全与隐私权的问题

互联网电子商务的安全和隐私权问题已成为人们广为关注的焦点，如何保证商业秘密不被泄露和盗用，如何确保数据库的保密性，如何保证网络交易系统的安全运行，如何防止商业欺诈，如何判定交易人的身份及用户的信用，如何进行电子签名的识别与防伪，如何保证商家安全收款等，都是不可忽视的关键所在。网络的公开性使信息可以在网上自由交换，这样一个开放的平台会与隐私权如个人账户、信用卡密码、消费者喜好等产生矛盾。如果隐私权得不到保护，将会使许多人对电子商务望而却步。

【案例 6-10】

网络时代的明星隐私

对中国网友来说，"艳照门"一词并不陌生，几年前的"香港艳照门事件"就掀起一场轩然大波。只不过这回换成了好莱坞，数十位好莱坞当红女星的不雅照被传到了网上，引起滚雪球般的效应，令全球网友震惊。这批外泄的私生活照片，引发了网友的窥私欲，但也更让人深思，在互联网日益发达的时代，个人隐私权是何其脆弱。

"艳照门"事件引发轰动，在于涉事主角都是明星。不少网友往往把目光对准的是这些不雅照，乃至站在道德制高点斥骂涉事女星私生活混乱，缺乏公众人物的道德楷模作用。客观来说，这些被曝光的不雅照，的确显得趣味低级，跟明星们平日头顶光环的公众形象太不匹配。然而，这类照片毕竟都是明星们的私房照，并未主观恶意泄露，属于她们的隐私权范围。

明星们的私房照本身不具有公共性，因被泄露到网络上而具有了公共关注度，但这些不雅照仍然跟公共利益无关。当网友们热议这些照片时，也只是在热议伪公共化的问题，就像热衷于炒作名人绯闻一样，跟公共性问题毫无瓜葛，反而遮蔽了社会现实中真正重要的公共问题。如，这些本属私人领域的物品是怎么跑到网上去的？也许才是值得警醒的。

据媒体报道，此次女星不雅照大规模泄露的具体原因是，黑客利用苹果手机 iCloud 存储空间的漏洞，进入这些女星的苹果手机并大肆复制其储存的各类"不雅和自拍"图片，然后将其发布到网上。换句话说，虽然受到黑客攻击的是明星，侵犯的是她们的隐私权，但也为普通公众敲响了警钟，网络时代每个人的隐私权，随时可能遭到侵犯，存在安全隐忧。

随着智能手机的普及，iCloud 等云服务给用户带来了极大便利，可随时上传图片、视频等重要数据，但这些数据也可能成为黑客的囊中之物。如现在流行的大数据，很多科技公司都在研发，这固然是技术的进步，但科技公司搜集到的海量用户资料，其中涉及的个人隐私，又由谁来保护？这些个人隐私一旦被泄露，无疑会给公众生活带来隐患。好莱坞女星外泄的艳照，只不过是一个典型例子而已。

如果没有网络技术，"艳照门"的出现简直难以想象，很多隐私没有高科技就无法发现，即便发现了也无法广为传播。但因噎废食、远离网络，显然既不明智，更不现实。科技本身并不邪恶，只有被恶人利用时才成为帮凶。在网络技术飞速发展的今天，个人需要提高自身隐私的防范意识，但真正的出路在于，健全个人网络隐私权保护的相关法规，打击"盗窃"隐私的违法犯罪者。而媒体也要自律，不要一味炒作明星隐私，为低级趣味的窥私欲推波助澜。

资料来源：http://news.ifeng.com/a/20140905/41870642_0.shtml。

6. 电子证据问题

在电子商务中，确定交易各方权利和义务的各种合同和单证都采用电子形式，这些电子文件在证据中就是电子证据，电子证据具有无形性、易破坏性、多样性、高科技性等特征。电子证据认定问题不仅是个复杂的技术问题，更是一个值得深入探讨的法律问题。由于目前法律对于电子证据的归类、法律地位以及相对应的证据认证规则尚处于理论探讨阶段，而且对电子证据的判断需要计算机领域的相关专业知识，这给审查认定电子证据带来了一定的难度。

【案例 6-11】

网络聊天协议与实际操作不符电子证据成孤证

李先生投诉称，他通过中大教育让儿子到美国留学，原本约定儿子到美国一所公立高中留学，未能如愿，虽然合同上明确规定，没有成功申请到该公立高中留学时，可以退费，但是，他要求退费时，被中大教育拒绝。

李先生向记者出示了有关书面凭据，这些凭据显示，2014 年 2 月 25 日，他为儿子高中到美国留学一事与中大教育签订了有关书面协议，协议约定"项目服务费"为 2.5 万元，另外还有 3000 元"申请成本费"。李先生强调，他在网上搜索到中大教育有关信息后，得知对方能为儿子留学美国提供更好照顾后，才决定委托对方办理相应事宜。

双方所签订协议中，《客户选校确认书》以附件形式出现，《客户选校确认书》下面虽然有十多个空白地方可以填写想要留学的学校名称，但是，表格里，李先生儿子想要留学的美国学校为 natickhighschool 一所学校，并明确表示："如双方需要修改该确认书，须及时协商，另行签署书面补充协议。"

主合同里则明确约定，"乙方（即中大教育，下同）未能为甲方（即李先生，下同）成功申请到双方确定的申请院校名单中任一所学校录取，则乙方在扣除前期申请成本费和按照本合同约定不予退还的项目费零元后，退回其余款"；"违约责任"中还有一条：

"乙方如未能为甲方申请到美国高中录取通知书，应向甲方全额退还已经收取的国际教育咨询服务费"。

李先生称，出于学费等方面种种考虑，原来与中大教育签约时，只选择 natickhighschool 这一所学校，协议签订后，得到的答复却是其他三所学校，后来虽然增加了一所学校，但仍非 natickhighschool 学校，他提出不同意见，并要求退款后，被告知那几所学校与 natickhighschool 同属一个系统内的公立学校，而且比 natickhighschool 还要好，由于已得到他同意，故不能退费。

李先生向记者出示了全英文材料，材料中，确实说李先生儿子被非 natickhighschool 学校"替代"录取。

[记者调查] 顾客感谢商家但仍要求解约

对于双方纠纷的产生，季女士有不同意见，她说，合同签订后，他们一直密切与美国方面联系，并把最新情况通过 QQ 等形式及时告诉李先生，对于李先生之举动，季女士表示不解。

季女士说，虽然原来签订合同时，与李先生约定的留学学校只是 natickhighschool 一所，但是，实际操作时，由于李先生儿子表现十分优秀，美方老师就推荐了与 natickhighschool 同属一个公立系统的其他学校，而且那所学校比 natickhighschool 更好，也更适合李先生儿子发展，而在正式决定前，中大教育通过 QQ 与李先生联系，不但得到了他肯定，李先生还在 QQ 中对中大教育工作人员所做的努力表示感谢。

季女士解释，由于留学学校变了，中大教育曾想过与李先生书面变更合同，但想到李先生对他们有过感激话语，通知李先生前往变更合同时，被李先生借故推辞，就没有坚持。

季女士告诉记者，李先生之所以要求退费，是因为通过其他途径联系到了另一所学校留学，相关费用更低，所以坚持要求解约，并不愿承担解约之违约责任。

采访现场，李先生也再一次对中大教育表示了感激之情："我很感谢你们做的事情。"但是，他仍要求无责解约："合同就是合同。"他坚持要求按书面合同办。

[律师提醒] QQ 聊天难有说服力

上海申骏律师事务所赵律师认为，消费者与留学中介所签合同中，有关留学学校名称属于合同中的重要部件，名称变化属于合同重大变更，这时，双方最好通过书面形式重新确认。

赵星律师说，虽然商家可以以 QQ 聊天记录等电子证据为自己辩解，但是，没有正式书面变更合同情况下，QQ 聊天记录等电子证据若只是孤证，证明力度非常有限，而在司法实务中，若没有其他证据佐证，电子孤证比较难以被接受。因为 QQ 聊天时，聊天的主角很有可能不是 QQ 主人，若想作为证据，必须先公证。

资料来源：http://news.online.sh.cn/news/gb/content/2014-08/26/content_7057024.htm。

7. 电子商务中的广告法律问题

网络广告的出现和发展，在大大方便人们获取有关信息的同时，也带来一系列新情况、新问题，给传统的广告管理法律制度造成一定的冲击。

（1）网络虚假广告。由于网络广告的泛滥，又缺乏有效的审查、监管措施，虚假广告和内容违法的广告所引发的问题日益严重。虚假广告包括所作广告与事实不符和夸大事实，它不仅严重挫伤了消费者对于广告的信心，而且还扰乱了正常的市场竞争秩序。

【案例 6-12】

工商总局曝光典型网络虚假广告

上海冀翔广告有限公司、杭州土拨鼠营销策划有限公司设计、制作、代理发布网络违法广告案。杭州土拨鼠营销策划有限公司为从参与大溪地诺利果汁推销中获利，委托上海冀翔广告有限公司在指定网站上制作、发布其果汁产品功效广告，宣传果汁可治疗哮喘、癌症、风湿、关节痛、糖尿病等，并从 8 个方面宣传其果汁产品帮助人体预防和治疗癌症等内容，夸大产品功效，使用医疗用语或者易与药品相混淆的用语，误导消费者，违反《广告法》等法律法规规定。工商机关责令两当事人停止发布违法广告，并对上海冀翔广告有限公司没收广告费用 28.3 万元、罚款 153.2 万元，对杭州土拨鼠营销策划有限公司罚款 191.5 万元。

（2）隐性广告问题。采用公认的广告方式以外的手段，制作使广告受众产生误解的广告。其主要形式包括：①以网络新闻形式发布的广告。一些网站的专业化程度较高，拥有特定的阅览群体，一些企业与这类网站有着特殊的关系。因此，网络也就模糊了新闻与广告的界限。②在 BBS 上发布的广告。它主要是以论坛讨论问题形式出现，企业雇用"托儿"，以网民的名义故意在论坛上提出论题、讨论一番，在不知不觉中兜售自己的产品。

（3）"垃圾邮件"广告问题。几乎所有拥有电子邮箱的网络用户，都遭遇过未经请求的大量电子邮件的困扰。这些未经请求的电子邮件，俗称"垃圾邮件"，绝大多数是各种商业广告，某种程度上已经影响了人们对互联网的正常使用，引起许多消费者的反感。

【案例 6-13】

2013 年全球每天发送邮件约 1500 亿封，垃圾邮件占 69.6%

历史悠久的电子邮件至今长盛不衰，但你知道它的规模究竟有多大？在 2013 年，全世界每天发送的邮件大约为 1500 亿封，相当于地球上每个人每天收到 21 封，如果仅计算电子邮件用户，那么他们每天平均收到 79 封。如果将一天发送的电子邮件全部打印出来，纸的厚度大约有 1 万英里高。垃圾邮件占到了总邮件流量的 69.6%，但其平均大小只有 5KB，而非垃圾邮件的平均大小是 75KB。

全世界有 23 亿电子邮件用户，每个邮箱平均储存了 8024 封邮件，考虑到大部分垃圾邮件会被定期删除，全世界电子邮件的总储存量为 1400PB。Google 曾声称它收录了 30 万亿网页，平均每个网页大小为 1.6MB，总容量为 512PB，也就是说电子邮件的总容量三倍于索引的万维网。

资料来源：http://www.199it.com/archives/282133.html。

（4）管辖权问题。传统的基于地域因素的广告管理规则已不能适应无地理界限的互联网广告，例如，在法国是禁止做烟草广告的，但在互联网的超国界性，使万宝路的广告通过互联网在法国被公众认知成为可能，法国的禁令在互联网面前成为一纸空文。

8. 电子商务中的消费者权益保护问题

法律强调对消费者权益的保护，是为了维护交易双方的实体平等。为此，消费者权益保护法赋予了消费者一系列的法律权利，但在电子商务环境下，消费者的角色发生了转变，消费行为更信用化、理性化、个性化。同时，在虚拟的网络市场中，消费者更关注自身权益能否得到法律的切实保护。现有的消费者保护法，无法为网上消费者对商品和服务的知情权、退货权、隐私权等提供充分的保护。

二、电子商务交易安全的法律保护

电子商务交易安全的法律保护问题涉及两个基本方面：第一，电子商务交易首先是一种商品交易，其安全问题应当通过民商法加以保护；第二，电子商务交易是通过计算机及其网络实现的，其安全与否依赖于计算机及其网络自身的安全程度。我国目前还没有出台专门针对电子商务交易的法律法规，究其原因，还是上述两个方面的法律制度尚不完善，因而，面对迅速发展的这种商品交易与计算机网络技术结合的新交易形式，难以出台较为完善的安全保障规范性条文。所以，应当充分利用已经公布的有关交易安全和计算机安全的法律法规，保护电子商务交易的正常进行，并在不断的探索中，逐步建立适合中国国情的电子商务的法律制度。

我国涉及交易安全的法律法规主要有四类：

（1）综合性法律，主要是民法通则和刑法中有关保护交易安全的条文。

（2）规范交易主体的有关法律，如公司法、国有企业法、集体企业法、合伙企业法、私营企业法、外资企业法等。

（3）规范交易行为的有关法律，包括《经济合同法》、《产品质量法》、《财产保险法》、《价格法》、《消费者权益保护法》、《广告法》、《反不正当竞争法》等。特别值得关注的是2005年4月1日起施行的《中华人民共和国电子签名法》，这是我国制定的第一部涉及电子商务、电子支付方面的法律，对识别签名人身份并表明签名人是否认可其中的内容有了统一规定。

（4）监督交易行为的有关法律，如会计学、审计学、票据学、银行学等。

三、电子商务法律的任务

1. 为电子商务发展创造良好的法律环境

通过立法，为电子商务的主体提供交易规则，充分发挥现代科学技术在商务活动中的作用，从法律上为电子商务创造良好的、宽松的经营环境。

2. 保障电子商务交易的安全

交易安全是交易主体决定是否利用网络进行电子商务时所考虑的最重要因素。安全性原则要求与电子商务有关的交易信息在传输、存储、交换等整个过程中不被丢失、泄露、窃听、拦截、改变等，要求网络和信息应保持可靠性、可用性、保密性、完整性、可控性和不可抵赖性。网络和电子商务的开放性、虚拟性和技术性使得网络和电子商务过程中的信息和信息系统极易受到攻击，因此，保证电子商务交易的安全是电子商务法律的重要使命。

3. 鼓励利用现代信息技术促进交易活动

电子商务的目的不是从技术角度来处理电子商务关系，而是创立尽可能安全的法律环境，以便有助于电子商务参与各方之间高效率地开展贸易活动。

4. 保障国家利益，促进各行业的持续发展

由于我尚处在社会主义建设初级阶段，市场经济条件下的法制建设远远落后于发达的工业国家，传统商业模式下的法制建设尚不健全，再加上在我国熟悉和参与法制建设的人们往往又是信息技术和信息化建设的"门外汉"，而电子商务是在一个无国界的全球商务环境中运作，因此，我国电子商务的法制建设既要考虑到国内的环境，又要与全球电子商务的法制建设"同步"，使得我国国内的法制建设既能"与国际接轨"，又能符合我国长期发展的需要。

总而言之，电子商务是一个全球范围内运作的、极其复杂的国际社会系统工程，其法制建设的涉及面十分广泛，内容也十分复杂，既涉及国内法又涉及国际法；既涉及民

法又涉及刑法；既要修改现有的法规，又有可能要制定新的法规。因此，我国电子商务的法制建设不可能一蹴而就，而必然是"一场马拉松式的持久战"。如果对这一点认识不足、重视不够，将会对我国电子商务的法制建设产生不利影响，进而影响我国在全球电子商务发展过程中应有的地位和利益。

【小链接】

电子商务法的概念

政府调整、企业和个人以数据电文为交易手段，通过信息网络所产生的，因交易形式所引起的各种商事交易关系，以及与这种商事交易关系密切相关的社会关系、政府管理关系的法律规范的总称。国际电子商务相关法规包括《计算机记录法律价值的报告》、《电子资金传输示范法》、《电子商务示范法》、《电子商务示范法实施指南》以及《统一电子签名规则》等。

UNCITRAL Model law on Electronic Commerce，简称《电子商务示范法》。1991 年，联合国国际贸易法委员会下属的国际支付工作组，开始负责制定一部世界性的电子数据交换统一法（EDI）。1993 年，该工作组全面审议了《电子数据交换及贸易数据通信手段有关法律方面的统一规则草案》，这是世界上第一部 EDI 统一法草案。

《电子商务示范法》共 17 条，有两部分。第一部分为电子商务总则，即一般条款；对数据电文的适用法律要求；数据电文的传递。第二部分为电子商务的特定领域，主要涉及货物运输中的运输合同、运输单据、电子提单的效力和证据效力等问题。该法对电子商务的一些基本法律问题作出的规定，有助于填补国际上电子商务的法律空白。虽然它既不是国际条约，也不是国际惯例，仅仅是电子商务示范的法律范本，但却有助于各国完善、健全其有关传递和存储信息的现行法规和惯例，并给全球化的电子商务创造出统一的、良好的法律环境。

任务操作

如何更好地保障支付宝账户的安全

支付宝的余额宝利息收益不菲，当然这是只相对银行，但与传统银行相比其安全性有待考验，如果我们将大量的现金存入，多少会有不少的担忧，支付宝账户用来交易时也会平添忧虑，因为这毕竟是在网络里，很多是看不到摸不着，那么怎样才能让我们更放心地使用支付宝呢?

（1）首先您的账户需要实名认证，因为实名认证是最安全的一种方式，即使以后需要验证时，您的身份信息是唯一准确的验证方式。如图6-6所示。

图6-6　"支付宝"实名认证界面

（2）绑定好手机也是非常重要的，在您的交易出现异常时系统会要求手机验证，信息的更改都会用到手机验证，最好同时绑定自己的常用邮箱。如图6-7所示。

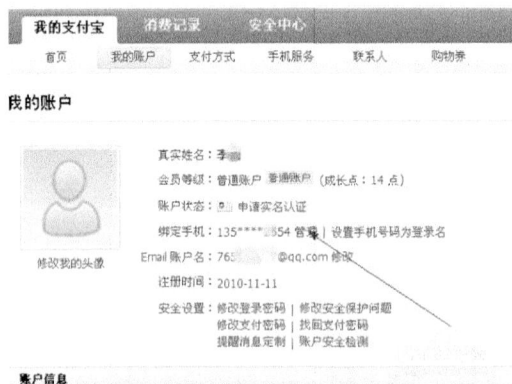

图6-7　"支付宝"绑定手机界面

（3）除了上述通用的、关键的账户保护方式，其他的能用上的都尽量用上，如把密码设置得复杂些、设置私密问题等，账户才能更安全。如图6-8所示。

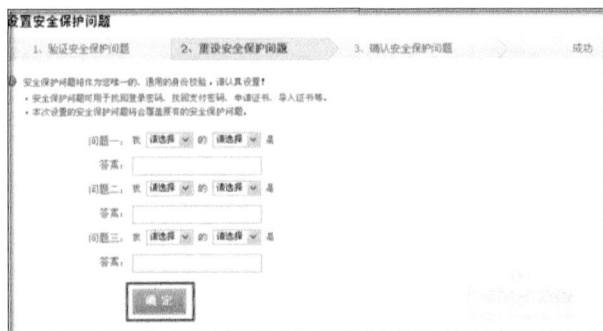

图6-8　设置安全保护问题

其实除了这些之外，支付宝安全中心还提供安装控件、数字证书、宝令、短信校验服务、支付盾等，如表6-3所示。下面逐一进行介绍。

表6-3 支付宝安全中心简介

名称	图片	说明	备注	安全等级
安全控件		安装后，安全控件会实时保护您的密码及账号不被窃取，并及时发现交易风险，有效制止仿冒网站的交易欺诈	安装后，安全控件会实时保护您的密码及账号不被窃取，并及时发现交易风险，有效制止仿冒网站的交易欺诈	
短信校验服务		开通后，当你在电脑上用余额（含余额宝）和快捷支付时，支付宝会向你发送手机校验码（当你用手机客户端付款时无须校验）	不受电脑、操作系统和浏览器版本的限制开通后，仅收取 0.6 元/月服务费	中
数字证书（免费）		申请后，只能在安装数字证书的电脑上支付	支持的操作系统：Windows XP/Vista/7；Mac OS × 10.7 及以上版本支持的浏览器：Windows：32 位浏览器（暂不支持 64 位浏览器）Mac OS X：Safari/Chrome/Firefox 浏览器	高
支付盾（58 元）		将支付盾插入电脑、绑定支付宝账户后，即可安心支付	支持的操作系统：Windows XP/Win 7/Windows Vista支持浏览器：IE 内核浏览器	高
宝令（33 元）		宝令每分钟生成一个新的动态口令，在付款等操作时需要输入进行验证，确保账户资金安全	不受电脑、操作系统和浏览器版本的限制	高
宝令（手机版）（免费）		申请后，必须输入宝令（手机版）上动态更新的数字才能支付（30 秒更新一次）	支持的手机平台：Android 通用版	iOS	Symbian S60v3	Symbian S60v5	Symbian3不受电脑、操作系统和浏览器版本的限制	高

一、Windows 操作系统，IE 浏览器下安全控件的安装方法

为使控件安装顺利完成，需要注意以下两点：

（1）安装前请关闭掉正在运行的其他程序，如阿里旺旺、贸易通、卡巴斯基杀毒软件、360 保险箱、安铁诺杀毒软件等。

（2）安装成功后，按电脑键盘上的 F5 刷新页面或重启浏览器后即可登录支付宝账户。

注：若密码框出现红色叉叉，表示不能安装安全控件，建议您更换 Firefox 浏览器或 Chrome 浏览器再进行操作。

安装流程：

（1）打开支付宝首页 www.alipay.com，单击【请点此安装控件】，如图 6-9 所示。

图 6-9 安装控件界面

（2）单击【运行】或【保存】即可，若选择的是保存，下载完后，需要双击文件进行安装，以后点击按默认提示按钮进行安装，如图 6-10 所示。

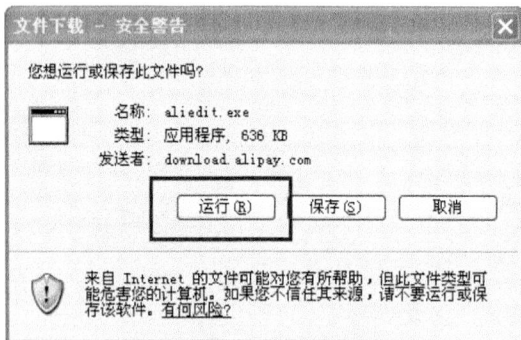

图 6-10 运行文件界面

（3）安装完后，刷新或重启浏览器即可登录支付宝账户，如图 6-11 所示。

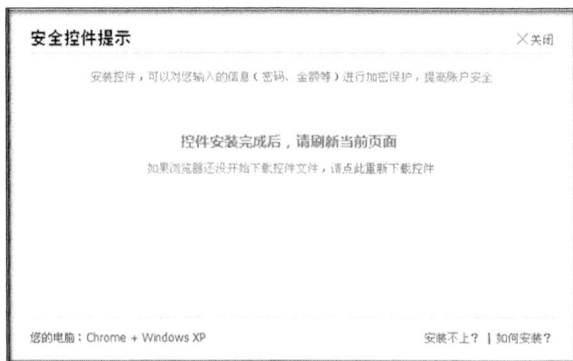

图 6-11 安装成功界面

温馨提示：如果您是 Vista 操作系统，安装后，网页会出现提示黄条。

（4）点击黄色，即加载项，如图 6-12 所示。

图 6-12　加载项界面

（5）单击【运行 ActiveX 控件】，如图 6-13 所示。

图 6-13　运行 ActiveX 控件界面

（6）单击【运行】后，重新启动浏览器即可登录支付宝账户，如图 6-14 所示。

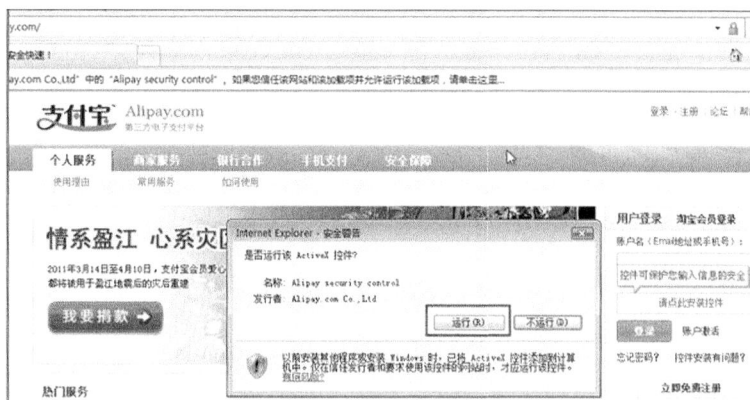
图 6-14　控件安装完毕界面

二、开通支付宝短信校验服务

（1）登录 www.alipay.com——【安全中心】——【安全管家】——【短信校验服务】，单击【开通】进入操作，如图 6-15 所示。

图 6-15　"安全中心"界面

（2）单击【开通短信校验服务】，如图 6-16 所示。

图 6-16　"短信校验服务"界面

（3）输入支付密码，单击【立即开通】，如图 6-17 所示。

（4）单击【确定】，如图 6-18 所示。

开通短信校验服务 使用遇到问题?

当你在电脑上使用余额（含余额宝）和快捷支付时，需要短信校验。服务费：0.6元/月

绑定手机号码：137****1827 更换号码

*支付宝支付密码：[　　　　　　] 忘记密码?

☑ 已阅读并同意《短信校验服务协议》

立即开通

图6-17 开通"短信校验服务"界面

https://securitycenter.alipay.com 上的网页显示： ×

开通当即扣款0.6元，服务期限为当日起31天，到期后从支付宝账户余额或已签约的快捷支付中自动扣款0.6元/月。

确定　　取消

图6-18 "短信校验服务"确认界面

（5）开通成功，页面提示扣款0.6元/月，同时提示下次扣款时间××，请注意！如图6-19所示。

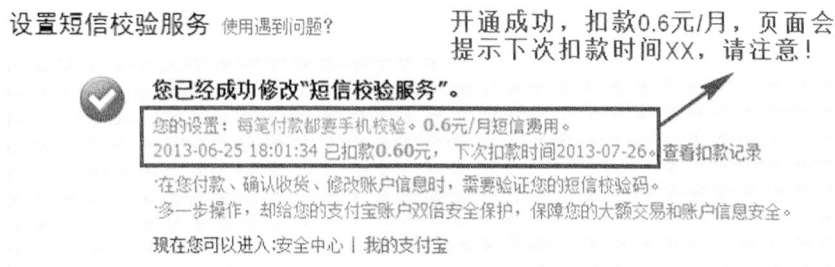

设置短信校验服务 使用遇到问题?

开通成功，扣款0.6元/月，页面会提示下次扣款时间××，请注意！

您已经成功修改"短信校验服务"。

您的设置：每笔付款都要手机校验。0.6元/月短信费用。

2013-06-25 18:01:34 已扣款0.60元，下次扣款时间2013-07-26。查看扣款记录

在您付款、确认收货、修改账户信息时，需要验证您的短信校验码。

多一步操作，却给您的支付宝账户双倍安全保护，保障您的大额交易和账户信息安全。

现在您可以进入:安全中心 | 我的支付宝

图6-19 "短信校验服务"开通完毕界面

三、安装支付宝数字证书的操作流程

（一）个人用户安装支付宝证书入口

（1）如果账户申请了数字证书，在其他电脑上使用余额、已签约的快捷支付、余额宝等方式支付时就需要安装数字证书；可以按页面提示单击【安装数字证书】。

温馨提示：当前电脑首次申请、安装数字证书时需要安装数字证书控件。如图6-20所示。

支付宝 我的收银台

支付宝账户: 18●●●●●●@163.com | 找人代付 | 使用新版 | 常见问题

您正在使用支付宝担保交易 🔒

天猫Tmall | 186●●●●●●闪电手机充值—&md... 卖家昵称: 手拉手话费专营店 98.91 元

▼订单详情

付款方式: 广发银行|CGB **6522 信用卡 快捷支付 支付98.91元

单击【安装数字证书】

您是数字证书用户，但此电脑尚未安装证书。您可以 [安装数字证书]

您也可以 选择其他付款方式 或 使用手机付款

图6-20 "安装数字证书"界面

（2）直接登录支付宝，在【安全中心】，数字证书【管理】页面，单击【安装数字证书】。如图 6-21、图 6-22 所示。

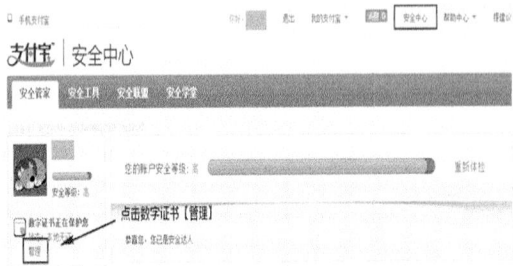

图 6-21　"安全中心"——管理界面

图 6-22　安装"管理—数字证书"界面

（二）安装数字证书的方法

安装数字证书的方法有三种：通过手机短信、接收邮件并回答安全保护问题、提交客服申请单。

温馨提示：每个账户安装数字证书的方式不一样，请您根据页面上提示的安装方法安装数字证书，优先推荐【通过手机短信】安装。

1. 通过手机短信安装的方式（前提：支付宝账户绑定的手机号码正常并可收到短信）

（1）在安装证书入口，点击【安装数字证书】，选择【通过手机短信】后点击【下一步】（收银台页面安装时默认通过手机短信），点此进入安装证书页面，如图 6-23 所示。

图 6-23　通过手机短信安装数字证书界面

（2）选择证书使用地点，输入【验证码】，如图 6-24 所示。

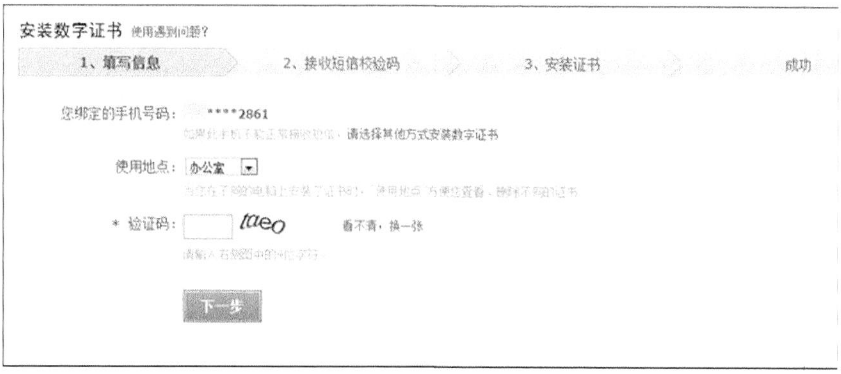

图 6-24 选择使用地点界面

（3）输入手机上收到的校验码，单击【确定】，如图 6-25 所示。

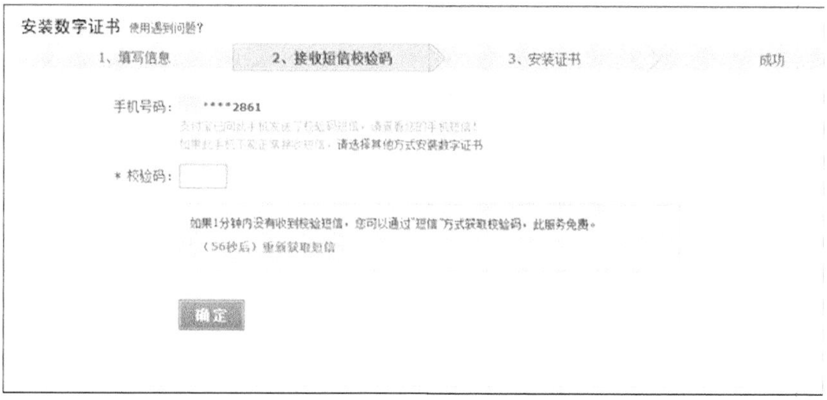

图 6-25 填写"校验码"界面

（4）安装成功，如图 6-26 所示。

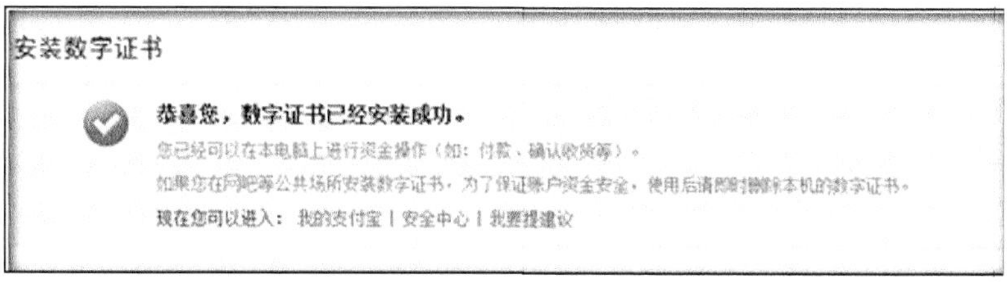

图 6-26 数字证书安装成功界面

2. 接收邮件并回答安全保护问题进行安装（若您未看到此邮件选项，请选择其他方式安装证书）

（1）填写验证码，单击【提交】，如图 6-27 所示。

图 6-27 填写"校验码"界面

（2）提交后，提示"支付宝已向您的邮箱发送了一封验证邮件"，点此【进入邮箱查收】，如图 6-28 所示。

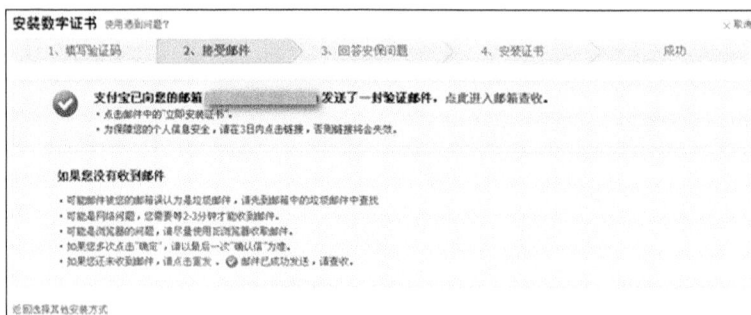

图 6-28 接收邮件界面

（3）单击【点此安装证书】，如图 6-29 所示。

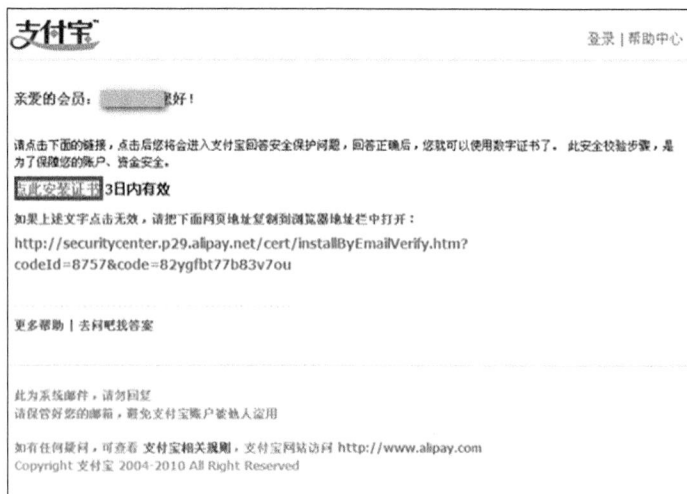

图 6-29 安装证书界面

（4）回答安全保护问题，单击【下一步】，如图 6-30 所示。

图 6-30　回答安全保护问题界面

（5）数字证书安装成功，如图 6-31 所示。

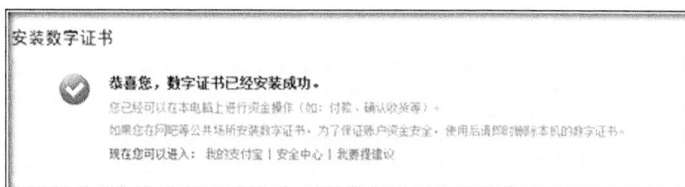

图 6-31　数字证书安装成功界面

3. 提交客服申请单

（1）在安装数字证书选项时，选择【提交客服申请单】，如图 6-32 所示。

图 6-32　提交客服申请单界面

（2）您可以按照安装页面的提示填写相关信息并上传证件，支付宝客服会在 48 小时内进行审核；处理结果会通过邮件告知您进展，如您在受理单中有填写手机号，也会同步发送短信通知，请耐心等待！如图 6-33 所示。

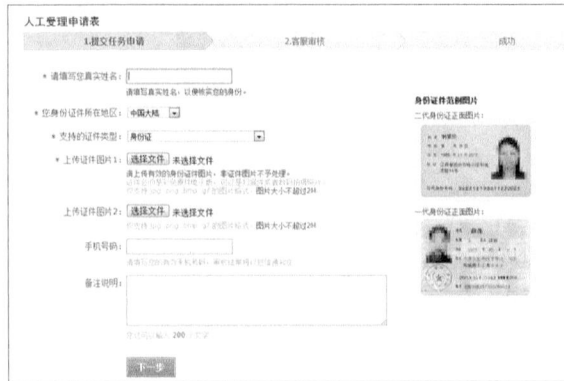

图 6-33 填写相关信息界面

（三）手机支付宝安装数字证书流程

（1）在移动设备使用无线支付产品时，如您是数字证书用户，并且已经绑定手机，符合安装数字证书的条件，系统会提示您需要本设备上安装数字证书；点击"立即认证"后，开始安装数字证书，如图 6-34 所示。

图 6-34 "立即认证"界面

（2）进入安装证书流程，如图 6-35~图 6-38 所示。

图 6-35 安装证书流程（一）

图 6-36 安装证书流程（二）

图 6-37　安装证书流程（三）

图 6-38　安装证书流程（四）

（3）安装成功。如图 6-39 所示。

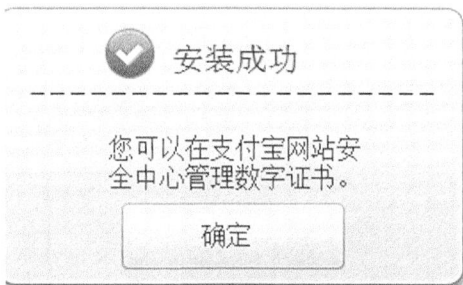

图 6-39　安装成功界面

四、申请、购买、激活支付盾

（一）申请、购买支付盾

（1）打开 www.alipay.com，登录支付宝账户，点击【安全中心】——【安全工具】——【支付盾】，如图 6-40 所示。

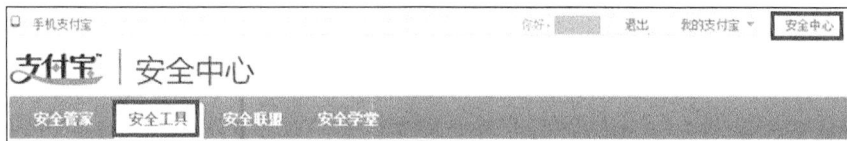

图 6-40　"安全中心——安全工具"界面

（2）点击【点此购买】，如图 6-41 所示。

图 6-41　购买界面

（3）直接进入支付盾官方淘宝店，选择：订购。后续按照淘宝购物流程进行选购，直接进入支付盾官方淘宝店 http：//zhifudun.taobao.com 进行购买，如图 6-42 所示。

图 6-42　订购支付盾界面

（4）下单之后，由支付宝合作伙伴天威诚信公司发货。

（5）您收到支付盾之后，就可以登录支付宝网站，进入安全中心激活支付盾。

（二）激活支付盾

（1）插上支付盾，登录支付宝账号，点击【安全中心】——【安全管家】——【支付盾】——【激活】，如图 6-43 所示。

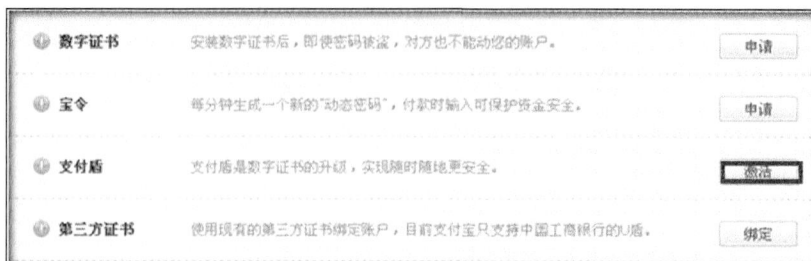

图 6-43　激活支付盾界面

（2）输入证件信息与支付密码，如图 6-44 所示。

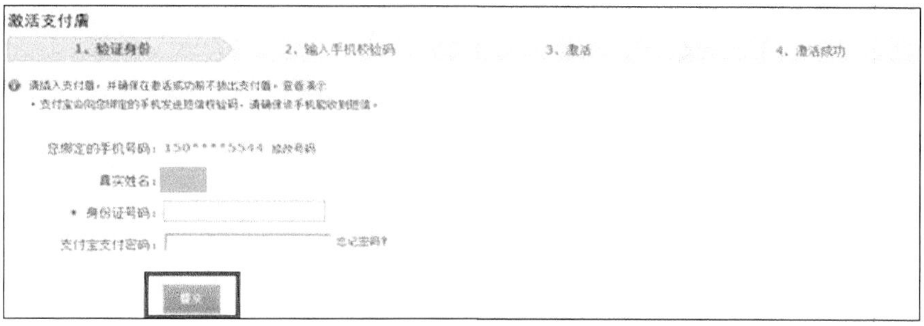

图 6-44　输入证件信息与支付密码界面

（3）发送手机校验码，点击【下一步】，如图 6-45 所示。

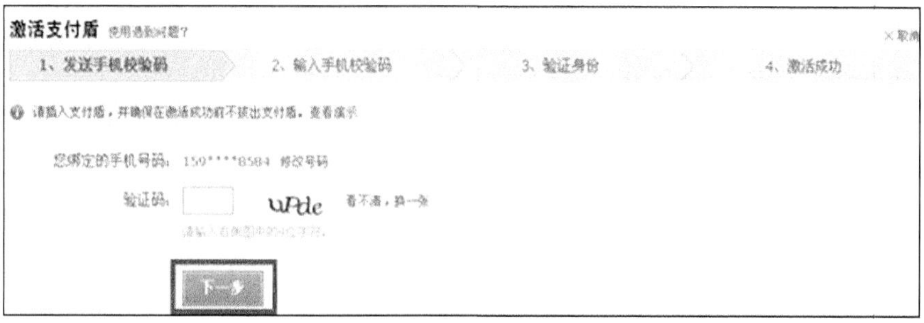

图 6-45　发送手机校验码界面

（4）输入手机校验码，点击【下一步】，如图 6-46 所示。

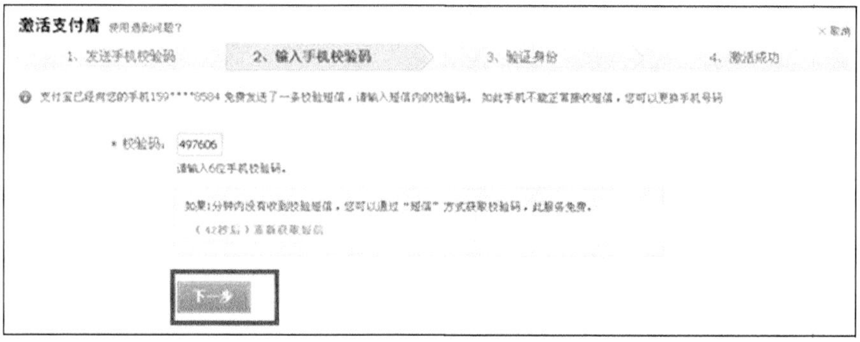

图 6-46　输入手机校验码界面

（5）输入支付密码，如图 6-47 所示。

图 6-47　输入支付密码界面

（6）激活成功。如图 6-48 所示。

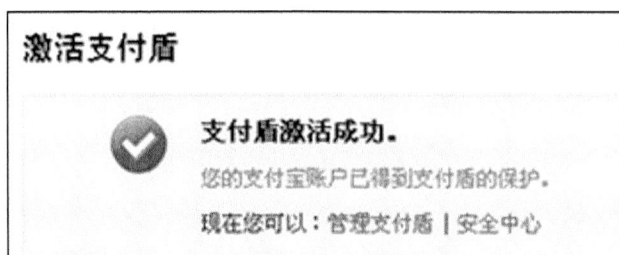

图 6-48　激活成功界面

五、个人认证用户申请宝令流程

登录 www.alipay.com——【安全中心】，点击宝令后方的【绑定】，如图 6-49 所示。

图 6-49　"安全中心——绑定"界面

情况一：

（1）账户已绑定手机，直接点击【点此购买】（注：宝令价格为33元，请以实际支付金额为准），如图6-50所示。

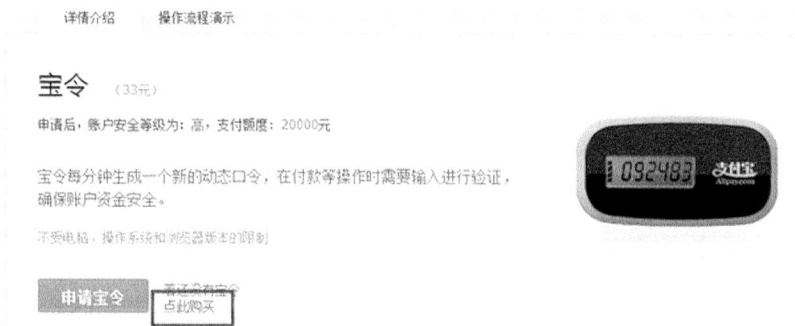

图6-50　直接购买界面

（2）完成购买后或已经有宝令，点击【申请宝令】，输入验证码，点击【下一步】，输入检验码，点击【确定】，如图6-51、图6-52所示。

图6-51　"发送手机校验码"界面

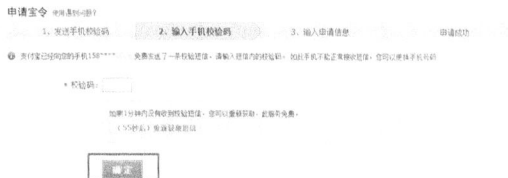

图6-52　"输入手机校验码"界面

（3）输入宝令序列号、随机生成的6位动态口令码及支付宝账户的支付密码，点击【确认申请】，如图6-53所示。

图6-53　"确认申请"界面

（4）宝令申请成功，如图 6-54 所示。

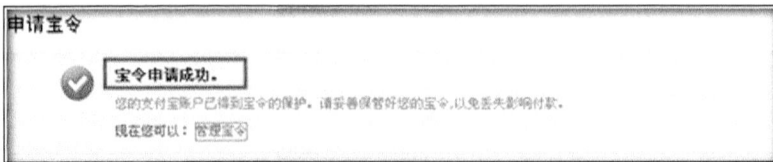

图 6-54 "宝令申请成功"界面

情况二：

（1）账户未绑定手机，根据提示先绑定手机后，再立即购买，如图 6-55 所示。

图 6-55 绑定手机界面

（2）点击【绑定手机】，通过接收短信校验码成功绑定手机，如图 6-56、图 6-57 所示。

图 6-56 "免费获取校验码"界面

图 6-57 绑定成功界面

（3）点击【继续申请宝令】，输入宝令序列号、随机生成的 6 位动态口令码及支付宝账户的支付密码，点击【确认申请】，如图 6-58 所示。

图 6-58　"确认申请"界面

（4）宝令申请成功，如图 6-59 所示。

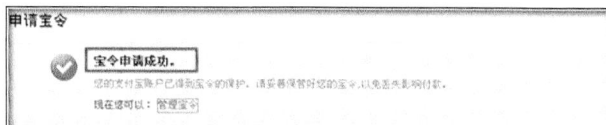

图 6-59　"宝令申请成功"界面

任务操作

一、单选题

1. 在公钥密码体制中，用于加密的密钥为（　　）。

A. 公钥　　　　　　B. 私钥　　　　　　C. 公钥与私钥　　　D. 公钥或私钥

2. 在公钥体制中，Ⅰ为公钥，Ⅱ为私钥，Ⅲ为加密算法，不公开的是（　　）。

A. Ⅰ　　　　　　　B. Ⅱ　　　　　　　C. Ⅰ和Ⅱ　　　　　D. Ⅱ和Ⅲ

3. 以下不是实现防火墙的主流技术的是（　　）。

A. 包过滤技术　　　　　　　　　　B. 应用级网关技术

C. 代理服务器技术　　　　　　　　D. NAT 技术

4. 关于 SET 协议，以下说法正确的是（　　）。

A. SET 协议是针对非支付型电子商务而设计的安全规范

B. SET 协议是针对信用卡支付的网上交易而设计的支付规范

C. SET 协议是针对电子钱包支付的网上交易而设计的支付规范

D. SET 协议是针对用电子支票支付的网上交易而设计的支付规范

5. 电子商务安全主要依托的环境是（　　）。

A. Internet 和未来的国际信息基础设施

B. 国际电子商务安全法律和国际电子商务法庭

C. 人们的文化素质和道德修养

D. 电子商务的安全措施和安全技术

6. 通过电话线路拨号上网时必备的硬件是（　　）。

A. 网卡　　　　　　B. 网桥　　　　　C. 电话机　　　　D. 调制解调器

7. 电子商务认证机构 CA 是为了解决电子商务活动过程中交易参与各方（　　），从根本上保障电子商务交易活动顺利进行而设立的。

A. 身份、资信的认定，维护交易活动的安全

B. 资格、诚信、货物的安全

C. 账号、密码、联系人的安全

D. 电子货币、信用卡、身份的安全

8. 数字签名用来保证信息传输过程中信息的完整和提供信息发送者的身份认证，数字签名采用的主要技术是（　　）。

A. 对称密钥算法　　　　　　　　B. 数据加密标准法

C. 公开密钥算法　　　　　　　　D. 以上说法都正确

9. 数字证书由（　　）发行，人们可以在交往中用它来识别对方的身份。

A. 权威机构　　　　　　　　　　B. 电子商务法庭

C. 电子商务工商管理局　　　　　D. 电子商务公安局

10. 密钥的长度是指密钥的位数，一般来说（　　）。

A. 密钥位数越长，被破译的可能就越小　B. 密钥位数越短，被破译的可能就越小

C. 密钥位数越长，被破译的可能就越大　D. 以上说法都正确

二、多选题

1. 数字证书的类型有（　　）。

A. 个人数字证书　　B. 企业数字证书　C. 软件数字证书　D. 硬件数字证书

2. 在公钥体制中（　　）。

A. 用于加密的密钥和用于解密的密钥完全相同

B. 用于加密的密钥和用于解密的密钥完全不相同

C. 加密密钥能公布于众

D. 解密密钥不能公布于众

3. 防火墙指的是（　　）。

A. 防火、防盗、防破坏

B. 由软件和硬件设备组合而成的保护屏障

C. 在内部网与外部网之间构造的保护屏障

D. 在专用网与公共网之间构造的保护屏障

4. SSL 协议又称为"安全套接层协议"，其功能是（　　）。

A. 对用户和服务器进行认证　　　　　B. 对被发送的数据进行加密处理

C. 对传送的数据进行完整性校验　　　　D. 对接收的数据进行解密码处理

5. 电子商务的安全需求包括（　　　）。

A. 信息保密性　　　　　　　　　　　　B. 数据储存性、交易双方身份的认证性

C. 不可否认性、不可修改性　　　　　　D. 订单的正确性、信息反馈的及时性

6. 防火墙有很多不同的功能，最基本的功能有（　　　）。

A. 隔离风险区域　　　　　　　　　　　B. 强化网络安全策略

C. 限制访问内部信息　　　　　　　　　D. 进行监督审计

7. 对于冒名顶替和否认行为，可以采取的电子商务安全措施有（　　　）。

A. 数字签名　　　　　　　　　　　　　B. 防火墙

C. 计算机病毒防治　　　　　　　　　　D. 加密

8. 以下属于来自传输链路的安全威胁有（　　　）。

A. 窃听　　　　　　B. 中断　　　　　　C. 篡改　　　　　　D. 伪造

9. 在传统密码体制中（　　　）。

A. 用于加密的密钥和用于解密的密钥完全相同

B. 加密算法比较简单，而且高效、快速

C. 密钥简短、破译困难

D. 存在着密钥传送和保管等问题

10. 为了保护公司电子商务系统免受病毒的危害，应考虑以下预防措施（　　　）。

A. 安装防火墙　　　　　　　　　　　　B. 使用反病毒程序

C. 备份策略　　　　　　　　　　　　　D. 员工教育

三、简答题

1. 简述电子商务交易有哪些重要的法律、法规。

2. 简述电子商务安全交易的要素。

3. 简述电子商务安全交易标准 SET 的购物流程和认证过程。

4. 举出几种电子商务的安全协议。

5. 电子商务中有哪些常用加密算法。

6. 你认为当前我国电子商务最需要解决的安全问题是什么？

第七章　物联网与移动电子商务

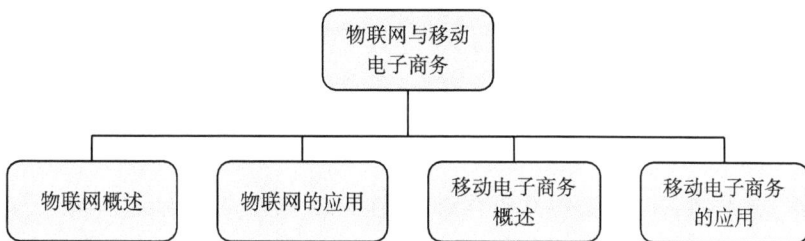

知识体系

```
        物联网与移动
        电子商务
  ┌────────┬────────┼────────┬────────┐
物联网概述   物联网的应用   移动电子商务   移动电子商务
                        概述        的应用
```

学习要点

（1）什么是物联网？

（2）了解物联网的应用。

（3）什么是移动电子商务？

（4）移动电子商务的应用是怎样的？

情景案例

物联网掘金移动电子商务

移动电子商务是一座巨大的金矿，而物联网就是有力的挖掘机。

近年来，物联网技术与移动通信、互联网等技术完美结合，嵌入电子商务库存、物流、支付、产品质量管理等整体流程，在提升移动电子商务整体水平的同时，也让我们可以随时随地利用 RFID 射频芯片手机、PDA 及掌上电脑等无线终端自如地开展衣食住行、购物娱乐和商务谈判等活动。新疆移动紧抓机遇，发挥整体优势，逐步将新技术引入人们生产生活的方方面面，让人们的消费更快捷，生活更轻松。

"移动无线POS机真方便，在哪儿都能随时随地刷卡消费。"正在上班的李女士接到快递员的电话，她在网上买的一件大衣到货了，由于是货到付款，李女士钱包里的钱不够，便拿上银联卡准备去取钱，没想到快递员居然带有无线POS机，便直接刷卡付了账。

李女士说她是一名网购达人，经常在网上买衣服。在"双十一"网购狂欢节来临之前，网上各电商的促销活动已经陆续开始，她便提前抢购了。

据了解，随着越来越多的人成为用卡一族，无线POS机的使用让金融支付变得更轻松，不仅给商家带来了收费的便利，更为普通百姓带来了刷卡消费的便捷。

传统的有线POS机由于受电源和电话线的限制，只能放在收银柜台或摆放在一个固定的位置，受制于时间和地点的限制，人们使用起来感到不便。而作为新疆移动利用移动物联网技术在金融行业推广的主要产品——无线POS机能摆脱线路的限制，可以像手机一样随身携带，无须再让客户到指定位置刷卡，利用无线传输模式便实现POS机无线刷卡，从而让客户实现随时随地刷卡消费。

金融移动POS系统是银行计算机与商业网点、收费网点、金融网点之间，通过通信网络进行联机业务处理的银行计算机网络系统，具有自动授权、自动转账、查询、密码管理、消费、退货、统计等功能。

自2007年推出无线POS机以来，新疆移动已与中国工商银行、中国农业银行、中国银行、中国建设银行四大国有商业银行及乌鲁木齐几大金融机构达成了合作协议。同时，在金融行业，新疆移动还重点建设了移动金融信息化集团专线，覆盖了中国工商银行、中国农业银行、中国银行、中国建设银行四大国有商业银行及乌鲁木齐几大金融机构、保险公司等，并积极开展了"银信通"、无线POS机等方面的业务合作，为金融行业和企业提高生产、管理效率发挥积极作用，同时为广大客户提供更加安全、放心的消费保障。

此外，新疆移动还结合人民银行乌鲁木齐中心支行和其下属的近300家金融机构的需求，推出了"全疆小贷公司专网"接入方案。全疆各地州市县小额贷款公司可以通过接入本地金融办或金融办管辖单位，再由该单位统一汇聚至自治区金融办，最终实现与中国人民银行乌鲁木齐中心支行征信系统的上联接入，从而帮助中国人民银行借助数据通道，直接完成对全疆小额贷款公司的监管和控制。该项目作为中国人民银行今年全国试点项目，正在中国人民银行乌鲁木齐中心支行积极推进。

随着智能手机的普及以及电子商务等商业模式的发展，近两年我国的"移动支付"也正式从概念走向应用，并有望在物联网应用中率先实现规模化。不管走到哪儿，买东西既不用带现金，也不用刷卡，只需"刷"一下手机——这是"移动支付"最直观的解释。业内人士认为，手机移动支付以快捷、便利的使用体验，已逐步渗入到用户的生活中，移动支付有望在近年迎来高速增长期。目前，新疆移动正与金融机构以及电商等加强合作，进一步推动移动支付的快速发展。

资料来源：http://www.cnii.com.cn/telecom/2013-11/25/content_1259834.htm。

案例分析

物联网技术应用于移动电子商务中，促进移动电子商务的发展。随着智能手机的普及和电子商业模式的发展，移动支付逐渐渗入用户的生活当中。

问题提出

从案例中我们可以看到无线 POS 机的广泛应用方便了用户的生活，其中无线 POS 机的技术涉及物联网中的 RFID 射频，这其实是物联网与移动电子商务的完美融合。本章我们将会学习物联网和移动电子商务，了解物联网和移动电子商务的应用类型。

第一节　物联网

一、物联网概念的提出

物联网被称为继计算机、互联网之后，世界信息产业的第三次浪潮。目前多个国家都在花巨资进行深入研究，物联网是由多项信息技术融合而成的新型技术体系。

"物联网"的概念于 1999 年由麻省理工学院的 Auto-ID 实验室提出，将书籍、鞋、汽车部件等物体装上微小的识别装置，就可以时刻知道物体的位置、状态等信息，实现智能管理。Auto-ID 的概念以无线传感器网络和射频识别技术为支撑。1999 年在美国召开的移动计算和网络国际会议 Mobi-Com1999 上提到了传感网（智能尘埃）是 21 世纪人类面临的又一个发展机遇。同年，麻省理工学院的 Gershenfeld Nell 教授撰写了 "When Things Start to Think" 一书，以这些为标志开始了物联网的发展。2003 年，美国《技术评论》杂志提出传感网络技术将是未来改变人们生活的十大技术之首。到了 2005 年，在突尼斯举行的信息社会世界峰会（WSLS）上，国际电信联盟（ITU）发布了《互联网报告 2005：物联网》一文，正式提出了"物联网"的概念，射频识别技术（RFID）、传感器技术将是其中的关键技术。可以说相当长的一个时期，物联网的概念还只是在技术界受到关注，情况的变化出现在奥巴马就任美国总统后。2009 年初，在与美国工商业领袖举行的一次会议上，IBM 首席执行官彭明盛提出"智慧地球"的概念，并建议新政府投资新一代的智慧型基础设施。从此，物联网的概念进入了国家的战略层，发达国家也纷纷效仿，提出相应的战略对策，随即物联网概念也在中国升温。

物联网这个概念，在中国早在 1999 年就提出来了。不过，当时不叫"物联网"而叫"传感网"。中科院早在 1999 年就启动了传感网的研究和开发。2009 年 8 月 7 日，国务院前总理温家宝视察无锡时，提出了"感知中国"的计划，正式拉开中国物联网发展的帷幕。与其他国家相比，我国的技术研发水平处于世界前列，具有同发优势和重大影响力。

如从成都开车到重庆，上车后，只要设置好目的地便可随意睡觉、看电影，车载系统会通过路面接收到的信号智能行驶；不住在医院，只要通过一个小小的仪器，医生就能 24 小时监控病人的体温、血压、脉搏；下班了，只要用手机发出一个指令，家里的电饭煲就会自动加热做饭，空调开始降温……

这不是科幻电影中的场景，通过"物联网"的逐步实现和提升，每个人的生活都将向此靠拢。所谓物联网，在中国也称为传感网，指的是将各种信息传感设备与互联网结合起来而形成的一个巨大网络。

具体来说，就是通过安装信息传感设备，如射频识别（RFID）装置、红外感应器、全球定位系统、激光扫描器等，将所有的物品都与网络连接在一起，方便识别和管理。电视、洗衣机、空调甚至自行车、门锁和血压计上都能使用。

"物联网"概念的问世，打破了之前的传统思维。过去的思路一直是将物理基础设施和 IT 基础设施分开：一方面是机场、公路、建筑物；而另一方面是数据中心、个人电脑、宽带等。而在"物联网"时代，钢筋混凝土、电缆将与芯片、宽带整合为统一的基础设施，在此意义上，基础设施更像是一块新的地球工地，世界的运转就在它上面进行，其中包括经济管理、生产运行、社会管理乃至个人生活。

EPOSS 在《Internet of Things in 2020》报告分析预测，未来物联网的发展将经历四个阶段：2010 年之前 RFID 被广泛应用于物流、零售和制药领域，2010~2015 年物体互联，2015~2020 年物体进入半智能化，2020 年之后物体终端进入全智能化。

二、物联网的特征

（1）全面感知。通过射频识别、传感器、二维码、GPS 卫星定位等相对成熟技术感知、采集、测量物体信息。

（2）可靠传输。通过无线传感器网络、短距无线网络、移动通信网络等信息网络实现物体信息的分发和共享。

（3）智能处理。通过分析和处理采集到的物体信息，针对具体应用提出新的服务模式，实现决策和控制智能。

三、物联网的体系结构

物联网可分为四层（见图 7-1）：感知层、网络层、支撑层和应用层。感知层是物联网的皮肤和五官识别物体，采集信息。网络层是物联网的神经中枢和大脑信息传递和处理。网络层包括通信与互联网的融合网络、网络管理中心、信息中心和智能处理中心等。网络层将感知层获取的信息进行传递和处理，类似于人体结构中的神经中枢和大脑。

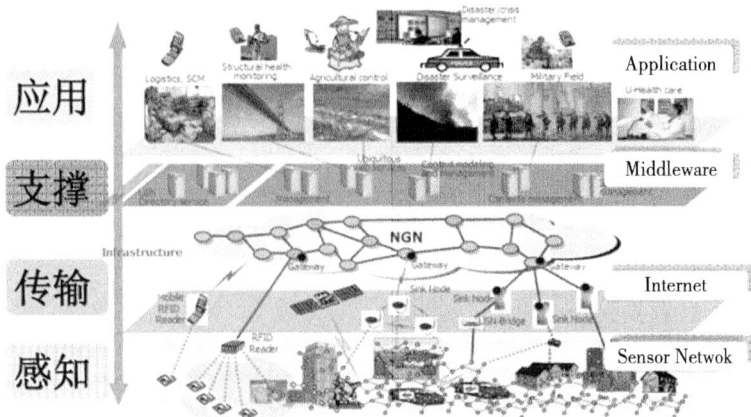

图 7-1　物联网体系结构

（1）感知层。主要由各种类型传感器和读卡器组成，这些设备的主要功能是信息采集和信号处理。感知层包括二维码标签和识读器、RFID 标签和读写器、摄像头、GPS、传感器、终端、传感器网络等，主要是识别物体，采集信息，与人体结构中皮肤和五官的作用相似。

（2）传输层（网络层）。主要是采用现有的 Internet 互联网或移动通信网或无线局域网对来自感知层的信息进行接入和传输。

（3）支撑层（处理层）。主要由高性能计算平台、数据库、网络存储等软/硬件构成。支撑层对获取的海量信息进行实时管理，为上层应用提供数据服务接口。

（4）应用层。根据用户的需求构建面向各类行业实际应用的管理平台和运行平台，并根据应用特点集成相关内容服务。应用层是物联网与行业专业技术的深度融合，与行业需求结合，实现行业智能化，这类似于人的社会分工，最终构成人类社会。

四、物联网的技术

物联网的工作模式较多，但是目前主要分为射频识别（射频标签）RFID 和 ZigBee，因为国际标准化组织目前主要在这两种应用中制定了一系列的标准；射频识别（射频标签）RFID 主要是应用读卡器和应答器之间的信息传输完成工作；ZigBee 则主要是工作于网络系统。

1. RFID

RFID：无线电频率识别，简称射频识别，即通过无线电波进行识别。

最基本的 RFID 系统由三部分组成：①标签（Tag）：由耦合元件及芯片组成，每个标签具有唯一的电子编码，附着在物体上标识目标对象；②阅读器（Reader）：读取（有时还可以写入）标签信息的设备，可设计为手持式或固定式；③天线（Antenna）：在标签和读取器间传递射频信号。如图 7-2 所示。

RFID 系统中，识别信息存放在电子数据载体中，电子数据载体称为应答器。应答器中存放的识别信息由阅读器读出。阅读器不仅可以读出存放的信息，而且可以对其进行写入，读写过程是通过双方之间的无线通信来实现的。

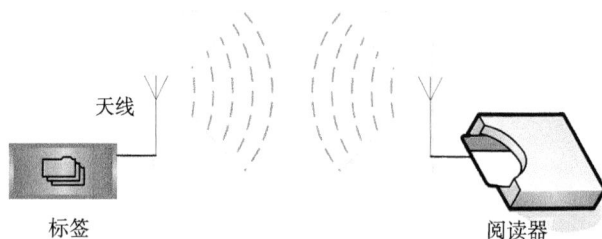

图 7-2　RFID 工作模式

应答器（射频卡或标签），如图 7-3、图 7-4 所示。

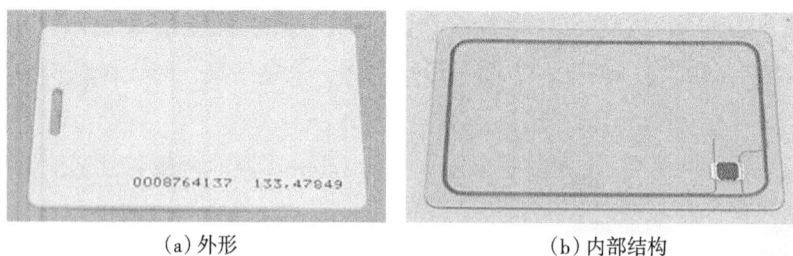

（a）外形　　　　　　　　　　　　　　（b）内部结构

图 7-3　射频卡

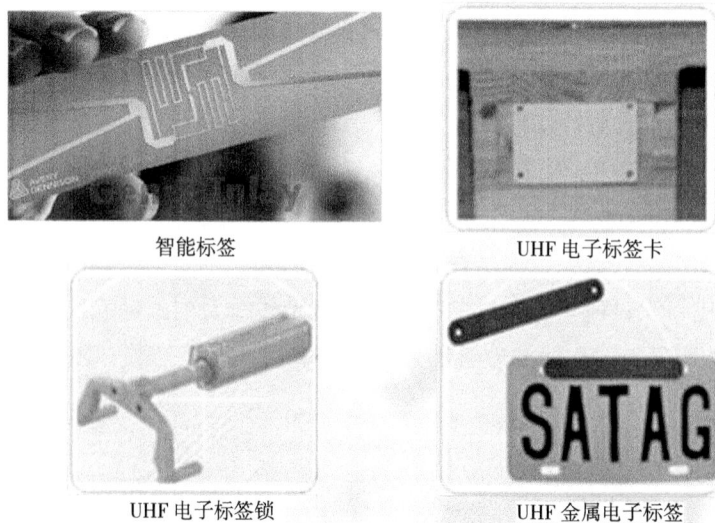

智能标签　　　　　　　　　　　UHF 电子标签卡

UHF 电子标签锁　　　　　　　　UHF 金属电子标签

图 7-4　标签

阅读器（读写器或基站），如图 7-5 所示。

FTRD2000UHF 阅读器   433MHz 远距离阅读器

13.56MHz 远距离阅读器   125kHz 工业级阅读器

图 7-5　各类阅读器

RFID 的工作流程为：阅读器通过发射天线发送一定频率的射频信号，当射频卡进入发射天线工作区域时产生感应电流，射频卡获得能量被激活；射频卡将自身编码等信息通过卡内置发送天线发送出去；系统接收天线接收到从射频卡发送来的载波信号，经天线调节器传送到阅读器，阅读器对接收的信号进行解调和解码然后送到后台主系统进行相关处理；主系统根据逻辑运算判断该卡的合法性，针对不同的设定做出相应的处理和控制，发出指令信号控制执行机构动作。如图 7-6 所示。

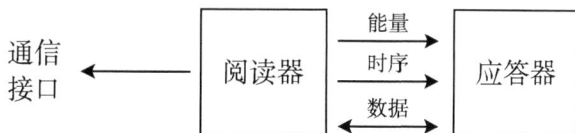

图 7-6　RFID 的基本原理

RFID 应用领域广泛，且每种应用的实现，都会形成一个庞大的市场，因此可以说射频识别是一个重要的新的经济增长点。

目前，RFID 在票务系统（城市公交车、高速公路收费、门票等）、收费卡、城市交通管理、安检门禁、物流、家政、食品安全追溯、药品、矿井生产安全、防盗、防伪、证件、集装箱识别、动物追踪、运动计时、生产自动化、商业供应链等众多领域获得广泛重视和应用。

RFID 技术被认为是近 30 年来十大最具生命力的技术之一，它正朝着无所不在的方向快速发展。

2. ZigBee

ZigBee 是基于 IEEE802.15.4 标准的低功耗局域网协议。根据国际标准规定，ZigBee 技术是一种短距离、低功耗的无线通信技术。这一名称（又称紫蜂协议）来源于蜜蜂的八字舞，由于蜜蜂（bee）是靠飞翔和"嗡嗡"（zig）地抖动翅膀的"舞蹈"来与同伴传递花粉所在方位信息，也就是说蜜蜂依靠这样的方式构成了群体中的通信网络。其特点是近距离、低复杂度、自组织、低功耗、低数据速率。主要适合用于自动控制和远程控制领域，可以嵌入各种设备。简而言之，ZigBee 就是一种便宜的、低功耗的近距离无线组网通信技术。

【小链接】

IEEE 802.15.4

1998 年，IEEE 802.15 工作组成立，专门从事 WPAN 标准化工作。它的任务是开发一套适用于短程无线通信的标准，通常我们称之为无线个人局域网（WPANs）。IEEE 标准委员会在 2000 年 12 月正式批准并成立了 802.15.4 工作组，任务就是开发一个低数据率的 WPAN（LR-WPAN）标准。它具有复杂度低、成本极少、功耗很小的特点，能在低成本设备（固定、便携或可移动的）之间进行低数据率的传输。ZigBee 协议从下到上分别为物理层（PHY）、媒体访问控制层（MAC）、传输层（TL）、网络层（NWK）、应用层（APL）等。其中，物理层和媒体访问控制层遵循 IEEE 802.15.4 标准的规定。

在蓝牙技术的使用过程中，人们发现蓝牙技术尽管有许多优点，但仍存在许多缺陷。对工业、家庭自动化控制和工业遥测遥控领域而言，蓝牙技术太复杂，功耗大，距离近，组网规模太小等。而工业自动化对无线数据通信的需求越来越强烈，而且，对于工业现场，这种无线传输必须是高可靠的，并能抵抗工业现场的各种电磁干扰。因此，经过人们长期努力，ZigBee 协议在 2003 年正式问世。由于物联网的发展，可能使 ZigBee 得到极广泛的应用，如家庭、办公室、公共场所等地方。ZigBee 是得到国际标准化组织承认和规范的无线组网通信技术，也是物联网或者传感网的重要应用。

ZigBee 的应用范围（见图 7-7 所示）。

智能家居：可以把各种家用电器及其遥控器，甚至照明、通信设备、门禁、游戏玩具，都可以组成家庭的智能中心，并且实现联网。

智能交通：在街道、高速公路、建筑物等地布置大量的 ZigBee 节点设备，可以加强汽车与外界的联系更加紧密，更加智能化。

智能建筑：建筑内的人员管理、温度控制、能源管理（节能）、防火、信息交互等。

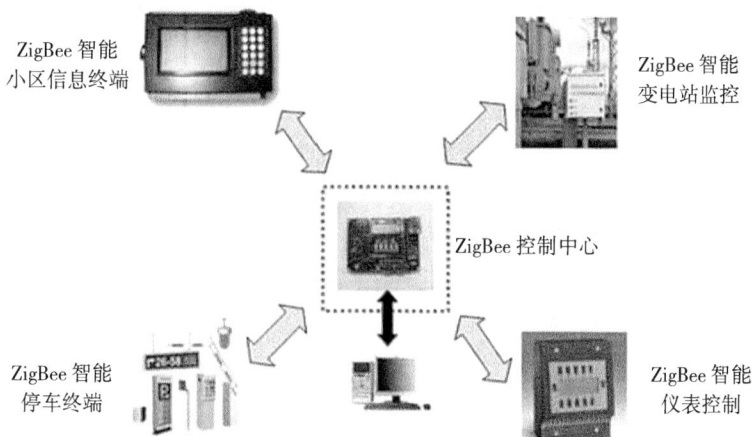

图 7-7　ZigBee 无线技术应用

　　医院应用：搜集病人的各种信息和检查的结果，配有 ZigBee 的担架，可以直接控制电梯的门。

第二节　物联网的应用

　　物联网应用涉及国民经济和人类社会生活的方方面面，因此，"物联网"被称为是继计算机和互联网之后的第三次信息技术革命。信息时代，物联网无处不在。由于物联网具有实时性和交互性的特点，因此，物联网的主要应用领域如图 7-8 所示。

图 7-8　物联网应用领域

一、智能家居

智能家居产品融合自动化控制系统、计算机网络系统和网络通信技术于一体，将各种家庭设备（如音视频设备、照明系统、窗帘控制、空调控制、安防系统、数字影院系统、网络家电等）通过智能家庭网络联网实现自动化，通过中国电信的宽带、固话和3G、4G无线网络，可以实现对家庭设备的远程操控。与普通家居相比，智能家居不仅提供舒适宜人且高品位的家庭生活空间，实现更智能的家庭安防系统；还将家居环境由原来的被动静止结构转变为具有能动智慧的工具，提供全方位的信息交互功能，如图7-9所示。

图7-9 智能家居示例

【案例7-1】

2015年全球智能家居五大发展趋势前瞻

由于物联网的不断活跃，再基于它不断展示出的结构性联网功能，我们有足够的信心可以预测，明年的智能家居产业将会发生一系列的改变。

联网家居的未来正在持续发展，并且有更多的创业公司来创造产品，可以确定的是，我们将在2015年1月的国际消费电子展上看到更多产品，由此可以研判出2015年随之而生的一些智能家居发展趋势。

趋势 1：蓝牙让开灯变成一眨眼的事情

不久之后，那些出现在市面上的产品将允许你使用蓝牙控制灯泡，排风口还有其他的东西。这些产品的开关通过蜘蛛网一样的网络连接起来，十分便捷，甚至比你在墙面上用双面胶粘上一块纸板还要方便。Avi-on 公司（GE's Jasco 的蓝牙开关供应商）、Oort 公司以及 Seed 公司将会彻底改变人们在工作和家中使用灯泡的习惯。

甚至对于窥视型相机来说，有公司曾经做过一项实验，同样在门口通过摄像头拍摄一张门外敲门的人的照片，然后传到屋内人的手机里，蓝牙传输的速度要远远超过Wifi，原因很简单，使用 Wifi 的话，拍摄下来的照片就要先上传然后再下载到用户的手机，而蓝牙却没有这一步，这也证明蓝牙控制家电要比 Wifi 要快得多。

趋势 2：让智能家居们"动"起来，就要先让手机"动"起来

尽管这不是我们期待的方式，不过显然目前的趋势就是这样。由于我们的手机已经内置了十分先进的语音识别系统，因此，像 Nest 跟 Apple 这样的大公司，还有 Nucleus 这种小公司都会采用声控的方式控制智能家居。

举个例子，Nest 公司将使用谷歌的语音识别系统 Google Now 来操作智能家居，而苹果自然是用 Siri。在早先的时候，Nucleus 公司曾经展示过他们的内部通信系统在智能家居方面的应用，用户不仅可以通过智能家居在家向外发送短信，也可以通过向手机说出语音信息控制家里的智能家居，Ubi 公司也正在开发具有类似功能的 App 应用。

趋势 3：在标准未出台之前，低功耗 Wifi 便已袭来

Homeboy 和 Roost 两家公司提供了利用低功耗 Wifi 而生产的不同产品。这种设置的好处是相当明显的：人们不需要用花哨的集线器来控制设备，它几乎可以为每一个人而运行。Roost 是一种具有联网作用的蓄电池，它可以持续工作 5 年，并且还可以将现有的感烟探测器转变成被联网的烟雾探测器。此外，Homeboy 摄像头则是一款可充电的安全摄像头。两家公司都建有自己的低功耗 Wifi IP，而不是等待 802.11ah 标准出台之后再去这样做。

趋势 4：不再需要家庭集线器来实现房子自动化

今年大热的装置——家庭集线器正逐渐消失。它结合了一堆无线电与软件平台，让人们控制多台连接的设备。甚至 SmartThings 公司首席执行官 Alex Hawkinson 都准备构建独立于公司集线器的软件，虽然他承认这可能需要一些时间，并且不包括在那里的所有设备。

而且，还可以看到一个启动程序，展示基于 Android 的控制器，称为 Reach 应用程序。它能让人们在他们的索诺信设备上停止视频及播放的歌曲并控制其他一些设备，如色调的灯光。该应用程序现在是 alpha 格式的，但更令人期待的是它的测试版。

趋势 5：为支付做足准备

一些流行服务中所缺乏的商业模式，正在逐渐发生变化。如果 Linden Tibbets 的

CEO 与来自 ICONTROL 的 CEO，在智能家居的商业模式问题上进行深入讨论过后，公开表示计划让消费者去支付 IFTTT 服务的额外费用。那么，很明显的一点是，当一家公司一直专注于用户体验的时候，即便是收费有所提高也不会影响到总的利润收入。

资料来源：http://www.iotworld.com.cn/html/News/201410/a1229dda773b57b7.shtml。

二、智能医疗

智能医疗系统借助简易实用的家庭医疗传感设备，对家中病人或老人的生理指标进行自测，并将生成的生理指标数据通过中国电信的固定网络或 3G 无线网络传送到护理人或有关医疗单位。根据客户需求，中国电信还提供相关增值业务，如紧急呼叫救助服务、专家咨询服务、终生健康档案管理服务等。智能医疗系统真正解决了现代社会子女们因工作忙碌无暇照顾家中老人的无奈，可以随时表达孝子情怀。

【案例 7-2】

家用远程医疗市场未来 5 年翻 4 倍至 240 亿美元

根据英国商会（BCC）研究报告预计，2019 年远程医疗市场总体将达到 434 亿美元，年均增长率在 17.7%左右。未来家用远程医疗的市场份额将远超远程医院，远程家用医疗领域中相关实时监测的产品将会受到市场消费者的青睐。

远程医疗是指将计算机技术、通信技术与多媒体技术，同医疗技术相结合，旨在提高诊断与医疗水平、降低医疗开支、满足广大人民群众保健需求的一项全新的医疗服务。目前，远程医疗技术已经从最初的电视监护、电话远程诊断发展到利用高速网络进行数字、图像、语音的综合传输，并且实现了实时的语音和高清晰图像的交流，为现代医学的应用提供了更广阔的发展空间。

远程医疗市场由远程医院和远程家用医疗两部分组成

远程医疗市场被定义为由医院、诊所或其他医疗提供商提供的服务，远程家用市场则是由提供给非住院患者的远程监测设备组成。

根据 BCC 的研究报告，远程医疗市场预计到 2019 年可增长至 195 亿美元，年增长率为 12%；而远程家用市场份额规模则是最大的也是增长最快的，到 2019 年预计会由 2013 年的 65 亿美元增长到 240 亿美元，在远程医疗市场中所占份额预计也会由 40%增长为 55%。

由于医院的大型设备并不能帮助高血压、心脏病等高危慢性病患者进行实时监测以及管理病情，而一般的家用仪器因为精度不够，进行自诊的数据也不能及时地传递给专业医生进行判断。因此，远程家用医疗领域中相关实时监测的产品将会受到市场消费者的青睐。

远程心脏监护

据世界卫生组织的统计，心血管病（CVD）是全球最大的死因，心脏保健让医疗保健机构面临沉重压力。医生资源有限，但心脏病人数量却不断增加，而利用远程监控可以让医生在医院更长时间内观察院外病人，从而节省大量成本。

远程心脏监控可以早期发现心脏疾病，这对于减少后期昂贵的紧急护理具有重要意义。

传统的动态心电图（Holter EGG）设备通常用于 24 小时或 48 小时的心律不齐监控，因此限制了其能够发现的病例的数量。相比之下，远程心脏监控设备可以佩戴更长时间，从而提高了发现异常现象的可能性。

远程血压监测

高血压是严重威胁生命健康的心血管疾病。家庭血压远程监测系统是运用蓝牙或者无线远程网等前沿的通信技术建立连接医院的远程血压诊断网络。事实上，国外早已经开展了远程血压监测，2000 年日本 Sukoyaka Family21 项目，2003 年美国 EDEATEL计划，2004 年欧盟五国（英国、德国、荷兰、瑞典、西班牙）行动式健康照护（mobi-health）计划以及 2010 年加拿大高血压教育计划（CHEP）均利用这种现代科技技术为患者提供了很好的自我管理平台，并实现更周全的照护服务。

家庭远程血压监测的产品不仅可以真实有效地记录患者的血压情况，同时还能及时地反馈给医生，可以在短时间之内就得到医药专家的指导建议。

事实上，除了远程心脏监护和远程血压监护外，远程血糖监测和远程心电图监护也是远程家用医疗市场的热门领域。同时亚健康人群的管理，包括慢性心衰、心律失常、糖尿病等患者的监测和管理也是远程家用市场值得关注的领域。

资料来源：http://www.iotworld.com.cn/html/News/201410/db3b28f79751b7e9.shtml。

三、智能城市

智能城市产品包括对城市的数字化管理和城市安全的统一监控。前者利用"数字城市"理论，基于 3S（地理信息系统 GIS、全球定位系统 GPS、遥感系统 RS）等关键技术，深入开发和应用空间信息资源，建设服务于城市规划、城市建设和管理，服务于政府、企业、公众，服务于人口、资源环境、经济社会的可持续发展的信息基础设施和信息系统。后者基于宽带互联网的实时远程监控、传输、存储、管理的业务，利用中国电信无处不达的宽带和 3G 网络，将分散、独立的图像采集点进行联网，实现对城市安全的统一监控、统一存储和统一管理，为城市管理和建设者提供一种全新、直观、视听觉范围延伸的管理工具。

【案例 7-3】

2020 年将建成一批特色鲜明的智慧城市

国家发改委发布消息称，《关于促进智慧城市健康发展的指导意见》（以下简称《意见》）已下发，到 2020 年将建成一批特色鲜明的智慧城市。

智慧城市是运用物联网、云计算、大数据、空间地理信息集成等新一代信息技术，促进城市规划、建设、管理和服务智慧化的新理念和新模式。《意见》认为，建设智慧城市，对加快工业化、信息化、城镇化、农业现代化融合，提升城市可持续发展能力具有重要意义。

《意见》指出，近年来，中国智慧城市建设取得了积极进展，但也暴露出缺乏顶层设计和统筹规划、体制机制创新滞后、网络安全隐患和风险突出等问题，一些地方出现思路不清、盲目建设的苗头，亟待加强引导。

《意见》对发展智慧城市的基本原则是，以人为本，务实推进；因地制宜，科学有序；市场为主，协同创新；可管可控，确保安全。主要目标是，到 2020 年，建成一批特色鲜明的智慧城市。具体表现是，公共服务便捷化、城市管理精细化、生活环境宜居化、基础设施智能化和网络安全长效化。

十八大提出坚持走中国特色新型工业化、信息化、城镇化、农业现代化道路。将集约、低碳、生态、智慧等先进理念融合到城镇化的具体过程中是当前新型城镇化建设的最紧迫的课题之一。因此智慧城市可以理解为新型城镇化与信息化的一个重要结合。

住建部 2013 年公布的数据显示，2013 年共 83 个国家智慧城市试点名单，广东省的肇庆市端州区、东莞市东城区、中山翠亨新区位列其中。再加上 2013 年初入围首批国家智慧城市试点的珠海市、广州市番禺区、广州市萝岗区、深圳市坪山新区、佛山市顺德区、佛山市乐从镇，广东省的国家智慧城市试点增加到 9 个。

作为改革开放阵地的广东，广东省委、省政府已经在 2011 年出台了《关于提高我省城市化发展水平的意见》，确定了广州、佛山、云浮等开展智慧城市建设试点。

就广东个别城市在这方面的进展而言，《南方日报》去年报道称，作为全球"智慧城市"的重要推动者，IBM 将佛山确定为 2013 年全球"智慧城市大挑战"中国大陆地区唯一一个入选城市。IBM 的专家团队在佛山连续蹲点三周考察认为，佛山具有特殊的基础和禀赋，有望为其他城市的民生建设和产业转型树立范例。

除了广东省以外，过去一两年，北京、上海、广东、南京、宁波等省（市）也率先启动了智慧城市的建设热潮。从已披露的数据来看，2012 年底全国开建智慧城市的城市数超过 400 个，前期网络和数据平台等基础设施建设投资规模预计会超过 5000 亿元。

根据国家信息中心的预估，"十二五"期间将有 600~800 个城市将建设智慧城市，总投资规模将达 2 万亿元，由此与"智慧城市"相关的行业将迎来更多的机会。

资料来源：http://www.d1net.com/scity/industry/309971.html。

四、智能环保

智能环保产品通过对实施地表水水质的自动监测，可以实现水质的实时连续监测和远程监控，及时掌握主要流域重点断面水体的水质状况，预警预报重大或流域性水质污染事故，解决跨行政区域的水污染事故纠纷，监督总量控制制度落实情况。太湖环境监控项目，通过安装在环太湖地区的各个监控的环保和监控传感器，将太湖的水文、水质等环境状态提供给环保部门，实时监控太湖流域水质等情况，并通过互联网将监测点的数据报送至相关管理部门。

【案例 7-4】

建设好环保物联网破解蓄电池回收难

"由于缺乏相关配套政策和监管，国内铅蓄电池回收存在违法经营和无序竞争现象，目前尚未建立起绿色的铅蓄电池回收循环体系。"全国人大代表，风帆股份有限公司董事长、党委书记、总经理刘宝生表示，"我们应着手建立由政府监管下的铅蓄电池回收'闭路循环'模式，并采用多种经济手段约束或刺激回收，以提高废旧电池回收率"。

据统计，我国每年产生废铅蓄电池数量超过 260 万吨，但正规回收比率不到30%。废铅蓄电池回收行业处于无序状态，大量废铅蓄电池被随意拆解处置，产生的环境问题日益严重。

刘宝生认为，在建立铅蓄电池回收"闭路循环"模式过程中，应用物联网技术构建废旧蓄电池回收体系将是破解废旧铅蓄电池回收难题的有效途径。

"应用物联网技术建立铅蓄电池的资源循环体系，将为政府、企业及公众提供快捷可靠的信息，有助于加强监管，提高回收率，防范环境风险。"刘宝生说。

资料来源：http://www.iotworld.com.cn/html/News/201403/d2f9debaa335f098.shtml。

五、智能交通

智能交通系统包括公交行业无线视频监控平台、智能公交站台、电子票务、车管专家和公交手机一卡通五种业务。

公交行业无线视频监控平台利用车载设备的无线视频监控和 GPS 定位功能，对公交运行状态进行实时监控。

智能公交站台通过媒体发布中心与电子站牌的数据交互，实现公交调度信息数据的发布和多媒体数据的发布功能，还可以利用电子站牌实现广告发布等功能。

电子门票是二维码应用于手机凭证业务的典型应用，从技术实现的角度，手机凭证业务就是手机凭证，是以手机为平台、以手机身后的移动网络为媒介，通过特定的技术实现完成凭证功能。

车管专家利用全球卫星定位技术（GPS）、无线通信技术（CDMA）、地理信息系统技术（GIS）、中国电信 3G 等高新技术，将车辆的位置与速度，车内外的图像、视频等各类媒体信息及其他车辆参数等进行实时管理，有效满足用户对车辆管理的各类需求。公交手机一卡通将手机终端作为城市公交一卡通的介质，除完成公交刷卡功能外，还可以实现小额支付、空中充值等功能。

测速 E 通通过将车辆测速系统、高清电子警察系统的车辆信息实时接入车辆管控平台，同时结合交警业务需求，基于 GIS 地理信息系统通过 3G 无线通信模块实现报警信息的智能、无线发布，从而快速处置违法、违规车辆。

【案例 7-5】

深圳公交、校车、的士等八类车将安装 RFID "电子车证"

日前，记者从市交警局新闻发布会上了解到，深圳市将推动 RFID 电子车证项目试点。首期在校车、的士、公交大巴等八类车上安装，预计覆盖 15 万~20 万辆车。交警部门表示，电子车牌或成为车辆唯一"身份证"，但目前还不能代替传统车牌。

或成为车辆的唯一身份证

电子车牌基本技术措施是利用 RFID 高精度识别、高准确采集、高灵敏度的技术特点，将 RFID 电子车牌作为车辆信息载体，在电子标签相应区域存储车型等车辆属性的信息，并由机动车在通过装有经授权的射频识别读写器的路段时，对各辆机动车电子车牌上的数据进行采集或写入，达到各类综合交通管理的目的。

"现阶段，电子车证不会替代传统车牌。目前通过电子标识让车辆的身份'唯一化'，是车牌的补充，而不是替代。"市交警局科技处负责人表示，电子车证现在还不能称为"电子车牌"，因为目前还没有从法律层面上对其的作用进行规范。

此前，在大运会举办期间，深圳市试点将 RFID 电子车证应用于大运专用车辆管理，共制发 1.73 万张电子车证，配备查验设备，安装固定基站，累计查验车辆 55 万车次，构筑了快速查验、精确识别的智能化车辆管理新体系。

不能代替传统车牌

市公安交警部门下一步拟在教练车、校车、两类泥头车、的士、公交大巴等八类车上试点应用该电子车证，通过建立电子标签身份认证体系，实现车辆轨迹的动态信息化管理，依托电子监控、车牌识别系统进行管控，提升对特定车辆的管控能力。

市交警局科技处相关负责人表示，利用电子车证交警能够迅速识别哪些车辆有伪造证件、假套牌等违法行为，盗抢车辆、假套牌车辆就没有办法藏身。交警通过电子警察或者摄像头等传统的监管设备可以看得到传统的铁牌，但无法识别铁牌真假；但交警通过辅助设备就可以直接通过电子车证识别车辆的真正身份。

"电子标签里面有一个电子芯片，它不具备 GPS 定位功能，因此不牵涉隐私问题。"该负责人解释说，电子车牌内只存储车辆属性信息，不存储车主其他信息。采用安全加密方式，非公安系统设备无法进行识别。

电子车证还可以提供一些利民便民的服务。如在停车收费方面，小区门禁系统可以对其进行识别，通过后台记账的方式实现小额计费。目前电子车证在重庆、厦门、武汉、南京都有应用，比如重庆已经将电子车证推广到所有的车辆上。

从立法规范电子车牌

今年7月，深圳交警向市人大常委会提请修订《深圳经济特区道路交通安全违法行为处罚条例》、《深圳经济特区道路交通安全管理条例》，将"不按规定安装和使用'电子车牌'处罚 1000 元"列入征求意见稿，向社会公开征求意见。

该条征求意见表示，本市核发号牌的机动车配发安装电子识别芯片，用于号牌真伪识别、拥堵信息采集、信号配时优化等；非本市核发号牌的机动车，进入经济特区超过15 日的，参照前款规定执行，应于第十一日开始的 5 日内向市公安机关交通管理部门申报安装电子识别芯片。拒绝安装或故意破坏已安装电子识别芯片的，由公安机关交通管理部门责令改正，并处一千元罚款；非本市核发号牌的机动车，进入经济特区超过十日、未按照规定申报安装电子识别芯片的，处一千元罚款。

资料来源：http://www.iotworld.com.cn/html/News/201409/1e409ca7f9899974.shtml。

六、智能司法

智能司法是一个集监控、管理、定位、矫正于一身的管理系统。能够帮助各地各级司法机构降低刑罚成本、提高刑罚效率。目前，中国电信已实现通过 CDMA 独具优势的 GPSONE 手机定位技术对矫正对象进行位置监管，同时具备完善的矫正对象电子档案、查询统计功能，并包含对矫正对象的管理考核，给矫正工作人员的日常工作带来信息化、智能化的高效管理平台。

【案例 7-6】

法院"文书智能校对系统"助力审判工作

为更好地提升办案效率和案件质量，近日，河南省襄城县法院引进使用了文书智能校对系统，运用现代计算机科学技术对裁判文书进行纠错，一定程度上减少和避免了司法文书在格式及内容上的瑕疵。

该系统对裁判文书中文书格式、法律适用、文字错误等具有提示、纠错、校对、自动排版的作用，操作使用简便，避免了主观因素的影响，对文书信息点的校验、格式化的生成更加准确、高效，减少了办案法官、庭长、分管领导文书审核的工作量，保障法官将更多精力投入到案件事实证据的审查、法律性质认定等关键环节中。

文书智能校对系统的使用是襄城县法院继引进法院信息综合管理系统后的又一重要举措，对实现审判管理工作科学、规范、高效起到了积极作用。全体民警通过学习和运用文书智能校对系统后，纷纷表示该系统提高了裁判文书制作的效率和质量，节约了大量的审判力量，不愧是审判人员的好帮手。

资料来源：http://www.ha.chinanews.com.cn/lanmu/news/1650/2014-10-28/news-1650-280129.shtml。

七、智能农业

智能农业产品通过实时采集温室内温度、湿度信号以及光照、土壤温度、CO_2浓度、叶面湿度、露点温度等环境参数，自动开启或者关闭指定设备。可以根据用户需求，随时进行处理，为设施农业综合生态信息自动监测、对环境进行自动控制和智能化管理提供科学依据。通过模块采集温度传感器等信号，经由无线信号收发模块传输数据，实现对大棚温、湿度的远程控制。智能农业产品还包括智能粮库系统，该系统通过将粮库内温、湿度变化的感知与计算机或手机的连接进行实时观察，记录现场情况以保证粮库内的温、湿度平衡。

【案例 7-7】

中国智慧农业将在未来三年爆发式增长

智慧城市一直被解构为物联网技术手段下人类的终极生存方式，但我们可能在强调不断实现城市化路径的背景下，忽略了占有更多人口基数的农村和农业的物联网化。深圳智博云联技术有限公司董事长廖晶宝分享了关于"智慧农业"的理想操作模式及未来前景。

中国农业目前面临的问题是什么

廖晶宝：第一，我们国家始终人多地少，工业用地、城市建设用地、交通用地，未来还要考虑到环保和绿色用地，这个用地会越来越少；第二，中国的农作物的单产并不高，比如粮食现在采用了很多品种，因为劳动效率太低以后，全年就一两单，能产的也就那么多；第三，中国很严重的就是人口体量太大了，粮食不能出现任何安全问题，不然的话，哪个国家能提供粮食养活14亿人口。

所以农业在最近50年永远是最重要的行业和话题，虽然不是最挣钱的产业，但是谁也不能离开。

中国实现智慧农业还需要多久

廖晶宝：我认为在未来3年左右会爆发式增长。原因在于城镇化过程带来的农村"空心村"问题。

中国现在面临的最大的问题就是谁来种田的问题。城镇化的主要问题就是农村现在没有人了，农村没有成年人，只有老人和小孩，形成"空心村"。随着老龄化的加剧，中国人口红利期已过去了。

未来将出现家庭农场，但家庭农场只是补充，最后还是要走企业化的路，用企业化的方法建设现代农业，这种企业化来从事农业生产的时候，对于农业科技或者现代农业的要求非常高。

只有大型产业化，只有大型集团才能走向智慧农业，一拿地都是几十万亩、上百万亩，然后前期进行大量的投入、改造，比如土地平整、河道兴修等方面都采用全自动的种植环境，然后进行循环高效农业的生产。

智慧农业建设最成熟的国家不是美国

廖晶宝：智慧农业建设美国反而做得不好，美国地多人少，它的大型农场机械化用得多，但是他们不强调单位产量，强调单位产量的国家是人多地少的国家，做得最好的是以色列和日本，以色列的高效农业用无土栽培，还可以淡化，以色列的智慧农业做得最好。日本的电子工业曾经是最发达的，后来的数码产品出来以后，它以前非常精巧的电子产品已经基本上没有了。电子行业衰颓后，他们现在就做农业，现在用人工调控的方法做蔬菜，所以自动化程度非常高。

传统企业要善于拥抱互联网技术

廖晶宝：让传统企业和新的创新、新的设备的介入自动提升，而且不是一步，如做以前传统生态大棚是所谓最低端的工业制造，和互联网企业联合起来以后，它的质变和量变就不是一个层次了。

现在还有很多大型的投资基金对农业的投资也非常大，比如安徽就搞了一个大型农业园区，具体模式就是通过农业流转的方法，通过信托投资来募集资金，来做现代农业示范园区，这种示范做好以后来向未来大型企业推介，可以帮助大型企业到外面去开发或者接管这样的大型农地。你们应该知道的，现在很多大型企业都到新疆圈地，他们用现代化的手段圈地。

最后一句话，总之，农业未来的空间还是非常大的。

资料来源：http://www.iotworld.com.cn/html/News/201409/bc0d6f8f6c986fe2.shtml。

八、智能物流

智能物流打造了集信息展现、电子商务、物流配载、仓储管理、金融质押、园区安保、海关保税等功能于一体的物流园区综合信息服务平台。信息服务平台以功能集成、效能综合为主要开发理念，以电子商务、网上交易为主要交易形式，建设了高标准、高品位的综合信息服务平台。并为金融质押、园区安保、海关保税等功能预留了接口，可以为园区客户及管理人员提供一站式综合信息服务。

【案例 7-8】

煤炭企业首个智慧物流系统建成

国投新集口孜东矿以物联网技术为基础，建成了国内首个矿山仓储管理与物流运输系统。

该系统采用了最新的 RFID 物联网射频结合条形码技术，充分利用矿井 Wifi 网络，实现对物流的全过程进行自动跟踪管理。物流管理人员通过扫描二维码，可以监控管理各类物资，同时增加运输调度的科学性和及时性，实现仓储货位精确管理，提高仓储容量、库房利用率和物资进出速度；加快库存盘点速度，提高盘库效率和数据的准确性；并通过对煤矿物资的配送、运输、回收进行全过程闭环管理，提高物资使用、流转和利用效率，大大降低了煤矿运营维护成本。

据悉，目前智能仓储与物流系统已在口孜东矿成功试运行。该系统为物联网技术在煤炭企业推广使用起到了示范作用，为国投新集提升智能化建设水平，打造高度现代化的样板智能矿山奠定了坚实基础。

资料来源：http://www.iotworld.com.cn/html/News/201408/a6f7356c8b506f60.shtml。

九、智能校园

中国电信的校园手机一卡通和金色校园业务，促进了校园的信息化和智能化。

校园手机一卡通主要实现功能包括：电子钱包、身份识别和银行圈存。电子钱包即通过手机刷卡实现主要校内消费；身份识别包括门禁、考勤、图书借阅、会议签到等；银行圈存即实现银行卡到手机的转账充值、余额查询。目前校园手机一卡通的建设，除了满足普通一卡通功能外，还实现了借助手机终端实现空中圈存、短信互动等应用。

中国电信实施的"金色校园"方案，帮助中小学行业用户实现学生管理电子化，老师排课办公无纸化和学校管理的系统化，使学生、家长、学校三方可以时刻保持沟通，方便家长及时了解学生学习和生活情况，通过一张薄薄的"学籍卡"，真正达到了对未成年人日常行为的精细管理，最终达到学生开心、家长放心、学校省心的效果。

【案例 7-9】

香港职训生用 NFC 技术开发智能书包帮学生"减负"

日前，香港六位职业训练局 IVE 学生研发出一款针对幼稚园和小学学童的智能书包，不仅可减轻书包重量，也能帮助小朋友养成收拾书包的习惯。这款智能书包还配备报警功能，学童如果走失，仅需按下平板电脑上的求救键，家长便可通过位置追踪功能找到子女。

"智多星"智能书包包括一台平板电脑、蓝牙智能手袋和小型镜头。利用近距离无线通信技术（NFC），包内配备一个感应器，家长只需在每本课本上贴一个 NFC 芯片。家长需帮助小童将每日课程表录入同学们设计的 App，然后输入每门课所需课本内的NFC 芯片条码号。当课本摆入书包时，感应器便能感知，然后在平板电脑上显示这本书是否为第二天课程所需。

"智多星"智能书包将在 11 月 1 日至 9 日在香港科学园举办的"创新科技嘉年华2014"上展出。

资料来源：http://www.iotworld.com.cn/html/News/201410/e54857e6f8f7d991.shtml。

十、智能文博

智能文博系统是基于 RFID 和中国电信的无线网络，运行在移动终端的导览系统。该系统在服务器端建立相关导览场景的文字、图片、语音以及视频介绍数据库，以网站形式提供专门面向移动设备的访问服务。移动设备终端通过其附带的 RFID 读写器，得到相关展品的 EPC 编码后，可以根据用户需要，访问服务器网站并得到该展品的文字、图片语音或者视频介绍等相关数据。该产品主要应用于文博行业，实现智能导览及呼叫中心等应用拓展。

十一、M2M 平台

中国电信 M2M 平台是物联网应用的基础支撑设施平台。秉承发展壮大民族产业的理念与责任，凭借对通信、传感、网络技术发展的深刻理解与长期的运营经验，中国电信 M2M 协议规范引领着 M2M 终端、中间件和应用接口的标准统一，为跨越传感网络和承载网络的物联信息交互提供表达和交流规范。在电信级 M2M 平台上驱动着遍布各行各业的物联网应用逻辑，倡导基于物联网络的泛在网络时空，让广大消费者尽情享受物联网带来的个性化、智慧化、创新化的信息新生活。

【案例 7-10】

物联网发展迅猛令 M2M 技术部署暴增 80%

M2M 机器对机器通信技术

伴随智能移动终端的快速普及，物联网（Internet of Things 或 IoT）概念再次被热炒，人们期待通过互联网将物物相连，获得更为便捷的生活体验。物联网是指在互联网基础上进行延伸和扩展而出的网络系统。通过物联网可以让人们实现物与物的信息交换和通信，并进行集中管控。

而所谓的 M2M（Machine-to-Machine）则是机器对机器通信技术的英文简称，它是指在传统的机器上通过安装传感器、控制器等来赋予机器"智能"的属性，从而实现机器与机器间的通信交流，是物联网中不可或缺的重要组成部分。

M2M 技术的潜在市场不仅限于通信业。由于 M2M 是无线通信和信息技术的整合，它可用于双向通信，如远距离收集信息、设置参数和发送指令，因此 M2M 技术可有不同的应用方案，如安全监测、自动售货机、货物跟踪等。

在 M2M 技术中，用于远距离连接的主要有 GSM、GPRS、UMTS 等技术，在近距离连接技术方面则主要有 Wi-Fi、蓝牙、Zigbee、射频识别（RFID）和 UWB（Ultra-Wide-Band）超宽带等。此外，还有一些其他技术，如 XML 和 Corba，以及基于 GPS、无线终端和网络的位置服务技术。

从近日全球移动通信运营商沃达丰（Vodafone）发布的 M2M Adoption Barometer 2014 报告中了解到，未来物联网市场会由现在的 44 亿美元上升到 2018 年的 103 亿美元，市场份额将进一步提升。

M2M 技术部署暴增 80%

通过对 14 个国家 7 个行业中的 600 名企业管理高层进行调研，M2M Adoption Barometer 2014 报告指出，现在 M2M 技术的部署对比同期竟然上升了 80%，而有超过 1/5 的公司已成功部署了支持 M2M 技术的设备。

其实并非所有行业都十分看重物联网所带来的影响，不过对于诸如汽车行业、家电产品以及能源、基础设施建设等行业而言，都有将近 30% 的部署份额；其中以汽车行业最为看重 M2M 的应用和发展。

目前国外汽车行业已有利用 M2M 技术让用户享受如远程维修、汽车信息远程获取等服务，一方面大大方便了汽车厂商，为他们节省出更多的人力资源；另一方面也可以利用远程 M2M 技术快速收集身处不同位置的汽车信息。

而对于能源和基础设施建设方面，M2M 则可以主要应用于构建智能办公室，室内恒温、办公室之中的电灯监控及保安系统等。随着企业管理层得知通过中央管控传统设备所带来的成本优势，报告中预测到 2016 年将会有大约 57% 的公司（如一些保健及保险行业）会更为积极地展开 M2M 方案的部署。

同时对于企业经营者所关心的投资回报率方面，报告中也指出有 46% 的受访高管在调查中表示在部署了 M2M 的技术方案后，投资回报率有较为明显的提升，而这个问题在 2013 年的调查中只有 36% 的受访高管认可。

不过不能否认，由于其相关技术标准尚在完善推广中，物联网也给企业带来了安全方面的一些担忧。此外，如何在全球的设备上部署 M2M，如何有效率地进行中央管控等，仍然是阻碍企业进行积极部署物联网设备的主要原因。

资料来源：http://digi.163.com/14/0715/05/A161OG8G00163HE0.html。

第三节　移动电子商务概述

一、移动电子商务简述

移动电子商务（Mobile Business，MB）也称无线电子商务（Wireless Business，WB），是无线平台上实现的电子商务。传统定义，是通过智能手机、PDA（个人数字助理）等移动通信设备与互联网有机结合进行的电子商务活动，它能提供 PIM（Person Information Manager）、LBS、在线银行、实时交易、票务、移动购物、即时娱乐、无线医疗业务等服务，从应用角度看，它的发展是相对电子商务的整合与延伸。凭借手持移动终端与无线通信的普及技术进步，使得移动电子商务在获取营销和销售信息、接受订货信息、做出购买决策、支付款项上，真正实现了 3A（Anybody Anytime Anywhere）全方位服务。相对于传统基于互联网的电子商务，移动电子商务具有全天候化、精准性、安全性、定位性、快速性、便利性、可识别性、应激性、广泛性等特点。21 世纪属于数字时代，而发展移动电子商务，是构建无处不在、无所不能的数字生态系统的重要组成部分，有利于创造一个更加方便、安全的数字生态环境，极大地提高生产率，改善生活方式与生活质量，这是一个持续的过程，更需要各行各业的共同进步。随着移动通信技术和计算机的发展，移动电子商务的发展已经经历了三代。

1. 第一代移动电子商务

第一代移动商务系统是以短讯为基础的访问技术，这种技术存在着许多严重的缺陷，其中最严重的问题是实时性较差，查询请求不会立即得到回答。此外，由于短讯信息长度的限制也使得一些查询无法得到一个完整的答案。这些令用户无法忍受的严重问题也导致了一些早期使用基于短讯的移动商务系统的部门纷纷要求升级和改造现有的系统。

2. 第二代移动电子商务

第二代移动商务系统采用基于 WAP 技术的方式，手机主要通过浏览器的方式来访问 WAP 网页，以实现信息的查询，部分地解决了第一代移动访问技术的问题。第二代移动访问技术的缺陷主要表现在 WAP 网页访问的交互能力极差，因此极大地限制了移动电子商务系统的灵活性和方便性。此外，WAP 网页访问的安全问题对于安全性要求极为严格的政务系统来说也是一个严重的问题。这些问题也使得第二代技术难以满足用户的要求。

3. 新一代移动电子商务

新一代的移动商务系统采用了基于 SOA 架构的 Web service、智能移动终端和移动 VPN 技术相结合的第三代移动访问和处理技术，使得系统的安全性和交互能力有了极大的提高。第三代移动商务系统同时融合了 3G 移动技术、智能移动终端、VPN、数据库同步、身份认证及 Web service 等多种移动通信、信息处理和计算机网络的最新前沿技术，以专网和无线通信技术为依托，为电子商务人员提供了一种安全、快速的现代化移动商务办公机制。

二、移动电子商务发展现状

2013 年，移动商务市场爆发出巨大的市场潜力。手机网络购物在移动端商务市场发展迅速，用户规模达到 1.44 亿。作为 PC 端网络购物渠道的补充，手机网络购物用户规模增长迅速得益于以下三个因素：第一，手机独有的功能（扫码、扫图片等）和使用便利性提高了用户购物过程的决策效率；第二，电商企业在手机端的大力推广，对手机用户网络购物产生一定的推动作用；第三，手机特有的本地化电子商务拓展了用户手机端购物渠道。据 CNNIC 第 33 次《中国互联网络发展状况统计报告》发布的数据显示，手机在线支付、手机网上购物等手机应用的使用率有了较大的增长：截至 2013 年 12 月，手机网上购物的使用率达到 28.9%，同比增长了 118.9%；手机在线支付和手机网上银行的应用分别达到了 25.1% 和 23.4%，同比增长 90.2% 和 81.4%；手机团购的使用率也从 2012 年的 4.6% 增长至 16.3%。如图 7-10 所示。

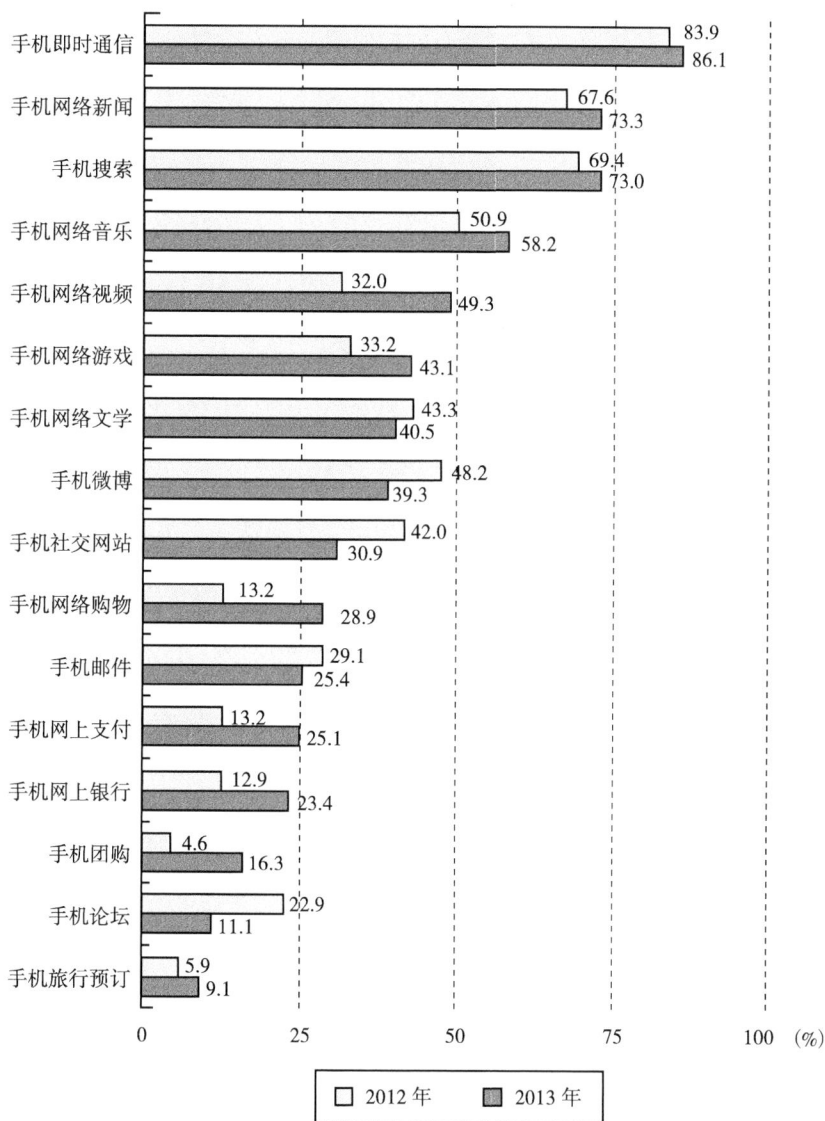

图 7-10　2012~2013 年手机网民各类手机应用使用率

来源：CNNIC 中国互联网络发展状况统计调查，2013，12。

2013 年，随着我国移动网络环境的改善和智能手机的普及，我国电子商务类应用在手机端发展迅速，领域整体快速看涨。相比 2012 年，手机在线支付使用率增长了 90.2

个百分点，手机网上银行使用率增长了 81.4 个百分点，手机购物使用率增长了 118.9 个百分点，手机团购使用率增长了 254.4 个百分点，用户规模增速均超过 160.22%。其中，以手机团购和手机购物使用率增长最快，用户规模增长最多，其用户量为 2012 年底的 2.6 倍。如图 7–11 所示。

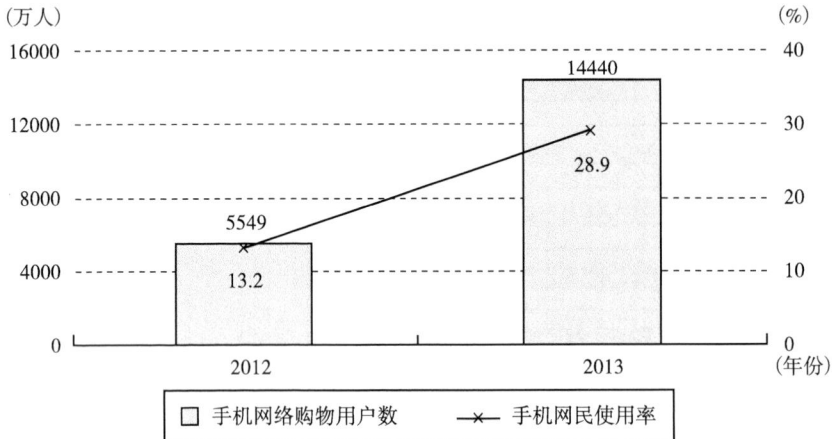

图 7–11　2012~2013 年手机网络购物用户数及使用率

来源：CNNIC 中国互联网络发展状况统计调查，2013，12。

2013 年手机在线支付快速增长，用户规模达到 1.25 亿，使用率为 25.1%，较去年底提升了 11.9 个百分点（如图 7–12 所示）。推动手机在线支付快速发展的因素主要来自以下三方面：手机网民的高速增长为手机在线支付建立了用户基础；移动电子商务的发展推动了手机端支付的增长；在移动互联网和移动商务应用快速推动下，移动支付相关产业链各方积极布局而产生了联合推动效应。未来，像 NFC 近场通信和蓝牙 Key 等新技术将进一步推动以手机为载体的支付应用发展。

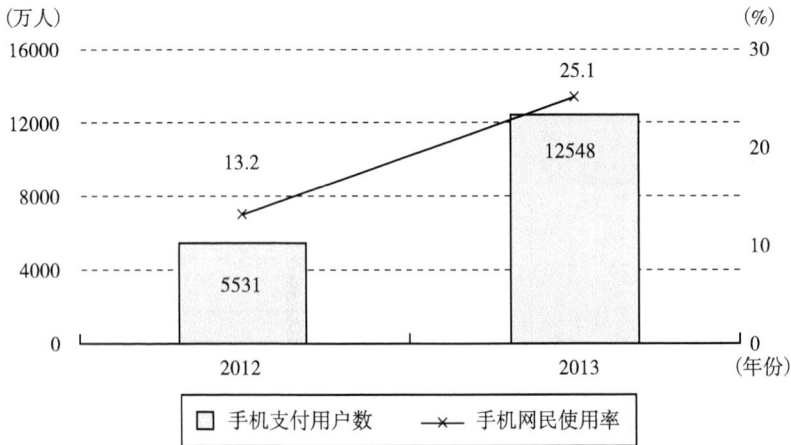

图 7–12　2012~2013 年手机支付用户数及使用率

来源：CNNIC 中国互联网络发展状况统计调查，2013，12。

三、移动电子商务主要提供的服务

（1）银行业务。移动电子商务使用户能随时随地在网上安全地进行个人财务管理，进一步完善互联网银行体系。用户可以使用其移动终端核查其账户、支付账单进行转账以及接收付款通知等。

（2）交易。移动电子商务具有即时性，因此非常适用于股票等交易应用。移动设备可用于接收实时财务新闻和信息，也可确认订单并安全地在线管理股票交易。

（3）订票。通过互联网预订机票，车票或入场券已经发展成为一项主要业务，其规模还在继续扩大。互联网有助于方便核查票证的有无，并进行购票和确认。

（4）购物。借助移动电子商务，用户能够通过其移动通信设备进行网上购物。即兴购物会是一大增长点，如订购鲜花、礼物、食品或快餐等。传统购物也可通过移动电子商务得到改进。

（5）娱乐。移动电子商务将带来一系列娱乐服务。用户不仅可以从他们的移动设备上收听音乐，还可以订购、下载或支付特定的曲目，并且可以在网上与朋友们玩交互式游戏。

（6）无线医疗（Wireless Medical）：医疗产业的显著特点是每一秒钟对病人都非常关键，在这一行业十分适合开展移动电子商务。

（7）移动应用服务提供商（MASP）：一些行业需要经常派遣工程师或工人到现场作业。在这些行业中，移动 MASP 将会有巨大的应用空间。

四、移动电子商务与传统电子商务对比分析

1. 不受时空限制的移动性

同传统的电子商务相比，移动电子商务的一个最大优势就是移动用户可随时随地获取所需的服务、应用、信息和娱乐。使用者可以在自己方便的时候，使用智能电话或PDA 查找、选择及购买商品或服务。虽然当前移动通信网的接入速率还比较低，费用也较固定网高，但随着下一代移动通信系统的推出和移动通信市场竞争结果，这些隐性的影响将逐渐淡化。

2. 提供更好的私密性和个性化服务

移动终端一般都属于个人使用，不会是公用的，移动商务使用的安全性技术也比电子商务更先进，因此可以更好地保护用户私人信息。

移动商务能更好地实现移动用户的个性化服务，移动计算环境能提供更多移动用户的动态信息（如各类位置信息、手机信息），这为个性化服务的提供创造了更好的条件。移动用户能更加灵活地根据自己的需求和喜好来定制服务与信息的提供（例如用户可以将自己所处的城市结合进去，调整商品递送的时间，实现自己的个性化服务）。发展与

私人身份证相结合的业务是移动商务一个很有前途的方向。

3. 信息的获取更为及时

移动电子商务中移动用户可实现信息的随时随地访问本身就意味着信息获取的及时性。但需要强调的是，同传统的电子商务系统相比，用户终端更加具有专用性。从运营商的角度看，用户终端本身就可以作为用户身份的代表。因此商务信息可以直接发送给用户终端，这进一步增强了移动用户获取信息的及时性。

4. 基于位置的服务

移动通信网能获取和提供移动终端的位置信息，与位置相关的商务应用成为移动电子商务领域中的一个重要组成部分，如 GPS 卫星定位服务。

5. 网上支付更加方便快捷

在移动电子商务中，用户可以通过移动终端访问网站、从事商务活动，服务付费可通过多种方式进行，可直接转入银行、用户电话账单或者实时在专用预付账户上借记，以满足不同需求。

五、移动电商现阶段商业模式以及发展存在的问题

现阶段根据移动电子商务产业链中主导者的不同主要有以下四种商业模式：电信运营商主导的移动电子商务、传统电子商务提供商主导的移动电子商务、设备提供商主导的电子商务以及新兴移动电子商务提供商主导的移动电子商务。其中，以电信运营商为主导（如移动、电信、联通）的移动电子商务模式，拥有庞大潜在消费用户群体这一明显的优势；以传统电子商务提供商为主导的模式，则以品牌为导向，如淘宝网、当当网、阿里巴巴等广为人知的传统电子商务品牌；以设备提供商为主导的模式，其中一个成功的例子就是苹果的 AppStore；而后一种模式，相对于其他三种模式来说，优势在于利用各种新技术结合各式各样的奇思妙想，提出完全区别于传统电子商务的"创新应用"，通过应用来吸引用户，引导用户的消费模式，如"愤怒的小鸟"这一手机游戏就是一个非常典型的例子。相对于传统的 B2B（Business To Business）、B2C（Business To Customer）和 C2C（Customer To Customer）商业模式，要想向 P2P（Person To Person）商业模式转变还要解决以下问题：

（1）移动电子商务本身：网络本身安全，无线 ADHOC 应用的威胁。

（2）隐私与法律问题。

（3）手机病毒。

（4）无线技术攻击。

（5）现代物流的发展。

六、移动电商现有平台及其核心竞争力对比

电商的发展趋势及店商与电商完美结合，实现 O2O 最新经营模式是未来企业的首选经营之道；现在的电子商务不仅仅是某个品牌在天猫或京东上架些产品，开个旗舰店这么简单的事情；2012 年的"双十一"销售额是 190 亿元，2013 年的"双十一"当天突破 350 亿元；电商已经成为未来发展的必然趋势，线上线下相结合的 O2O 模式也将成为近期店商的主流发展方向。随着 4G 的放开，移动互联网电商将逐步取代 PC 电商，成为电商的主流平台。

中国现有电商平台核心竞争力对比：

A：淘宝天猫（主打生态）。

"打造开放的生态系统"一直是马云在电商行业排兵布阵的主要战略。早在 2008 年，"大淘宝战略"的提出就进一步明确了淘宝系的定位是电商开放平台、打造大淘宝生态系统的方向。

事实证明，这个决策还是相当有前瞻性的。2013 年，淘宝系突破了两万亿元的交易规模。这样的交易规模已经形成一个巨型的产业链，需要完善的社会分工协作。仅凭淘宝后台的几千个"小二"，是不可能服务好这数亿的消费者和数百万的商家。只有开放平台，将更多的需求和商业机会开放给创业者，才能完成整个产业链的良性运作。

移动电商布局：移动端只是 PC 端的补充。

B：京东商城（主打物流）。

京东近期升级了物流配送系统，在物流方面构建了更高效的信息管理系统，提升了配送人员的工作效率。升级后的系统不仅支持京东自营配送站和自提点的配送业务，还支持对外承接物流配送业务。在实现配送站点收货、验货、配送员收货、配送等正向操作功能的同时，也实现了上门取件、上门退换货等逆向物流的功能；该系统还支持第三方商家逆向上门取件、货到付款等服务。

京东的模式本身是零售商模式，零售商模式的本质是以更高的效率采购并卖出产品，赚取零售差价。零售说到底赚的是效率的钱，而效率的提升就要求更高的货品周转率、更低的配送成本以及更快的资金周转速度。

未来电商的竞争归根结底是物流的竞争，而电商想要通过物流来提升服务质量则需要大力付出和坚持。目前，无论是淘宝系还是苏宁易购都看到了物流的价值，并在物流上发力。然而在这个方面，京东已经抢先起跑了。

移动电商布局：移动端只是 PC 端的补充。

C：苏宁易购（主打供应链）。

苏宁易购的起家是其最优势的产品——家电，这是一个对供应链要求很高的品类。传统的"空冰洗彩"（空调、冰箱、洗衣机、彩电）的上游供应商，经过市场竞争已经

形成寡头格局。在这种寡头格局下，苏宁经过多年发展已经成了强势渠道，并在采购上形成了自己的优势。

供应商可共享苏宁线上线下的不同渠道，整个集团有"采购总部"的概念，采购成本是相同的。据苏宁易购内部人士透露，苏宁易购在大家电上的采购成本比竞争对手低8个点左右。

移动电商布局：移动端只是 PC 端的补充。

D：腾讯电商（主打投资）。

假如电子商务是一场马拉松的话，在腾讯真正发力上场时，竞争对手至少已经跑出去几公里了。但是，对于财大气粗的腾讯来说，唯一的办法就是用"投资"来抵消这种后发的劣势。

在电商领域，腾讯并非是一片空白的后来者。定位于 C2C 的拍拍网若干年来不温不火，远不及淘宝。然而在看清电商的方向之后，腾讯果断出手了。先是投资并控股 3C 数码 B2C 易迅网，后于 2011 年先后以 5000 万美元和 1000 万美元投资鞋类 B2C 好乐买和钻石 B2C 珂兰钻石，另外还入股了 E 龙，投资了团购网站 F 团，2014 年更是入股了京东 20%。这些大手笔的投资，为 QQ 网购上线打通了各种电商类目的资源。

移动电商布局：移动端只是 PC 端的补充。

E：唯品会（主打正品+折扣+闪购）。

唯品会在电商行业独占鳌头并非偶然，唯品会走的是"正品+折扣+闪购"的 B2C 模式，而且率先提出了"闪购"的概念，区隔于其他电子商务平台，才是唯品会的取胜之关键。

唯品会用闪购模式作为独特的 B2C 业态有其生存的空间，在网购同质化竞争中，唯品会先发优势明显，目前是国内最大的闪购网站，在供应链管理、采购、尾货营销、物流、用户消费数据等积累了一定经验，而且上市成功以后，品牌、资金等都有所提升，多品类的闪购网站未来要赶超唯品会难度不小。

唯品会现在正全力进行独家代理合作模式，以彻底打击老对手佳品网、走秀网，以及提前封杀时尚品牌类潜在竞争对手银泰网、俏物悄语、聚尚等。而事实上走秀网、佳品网的大规模裁员降薪也证实了这一点。奢侈品电商在经历了行业大洗牌后，第一阵营已经所剩无几，而天猫、京东的销售重点又并非在奢侈品这一块，唯品会显然已经独占鳌头。奢侈品电商这一领域已如同视频网站、社交网站、团购网站之后的又一个被洗牌的行业，唯品会的独家代理模式又会让其他人很难再次进入，这一行业显然已经进入到寡头时代！

移动电商布局：移动端只是 PC 端的补充。

F：聚时尚（主打移动娱乐闪购）。

聚时尚的销售主要是单品大量，走的是抢购模式，它集阿里的聚划算和唯品会的特点为一身，外加娱乐。聚时尚为企业解决实体品牌库存的问题、产品销量的问题，帮助企业实现 O2O 最新经营模式，每个企业的每个单品都可以形成单独的二维码，顾客扫一扫就可成交，更帮助企业完善树立完整的品牌形象。

聚时尚所选的商家，大都是中小品牌或无品牌的生产型企业，压缩了中间环节，压缩了经营成本，真正做到了直接让利消费者，节约了顾客的交通成本、时间成本、精力成本，真真正正方便了消费者；所以聚时尚是填补现在电商平台的空缺，以后这种模式更会是主流模式，因为它可以成就品牌，真正为企业盈利，同时又可以真正地让消费者得到实惠，未来移动互联网电商必将逐步取代 PC 电商，成为电商的主流平台，所以聚时尚是顺应时代的产物。

聚时尚是目前最直接用互联网思维做产品的，平台上的一分购，免费试用，用商品去打广告。又一个打车软件的模式，这种模式的杀伤力主要在于把广告费直接给消费者，给自己的客户。其扩张速度相当惊人。

移动电商布局：直接布局 APP 客户端，PC 商城为辅助。

七、移动电商的发展趋势

随着通信技术与联网技术的脚步，移动互联网呈现出蓬勃发展的局面，越来越多的企业把眼光放在移动电子商务上面，同时各种各样的应用也逐渐进入人们的眼球。移动电子商务创造更多商业机会的同时，也会为自身的发展创造更多的商业机会；另外，由于移动电子商务是通信技术和电子商务两大领域的结合体，使得移动电子商务的参与者之间形成新的产业链；新技术的不断诞生和应用，必将让智能移动终端给移动电子商务带来更大的想象空间，同时，伴随着高速的发展，也会产生很多亟待解决的问题。无疑，移动电子商务将带给我们不一样的生活。

任何行业的企业，一定要想清楚跟手机的关系，是 2014 年的重点。移动互联网的发展速度之快，远超从业者的想象，借用小米雷军的一句话，站在风口，大象都能飞起来。但站在风口是件很不容易的事，等大家都看出趋势都站在风口的时候，此风口将消失。移动互联网的春天很快要到了，随着运营商下调移动数据费用、移动数据包年以及手机电池的革命性技术出现，必将带来移动互联网的繁荣！

资料来源：http://www.esmchina.com/ART_8800129985_1300_2306_0_9403e568-02.HTM#。

【小链接】

CTR：2014 年中国移动电子商务发展报告

随着中国智能手机的普及以及移动互联网的发展，手机已经成为人们生活中非常重要的一部分，手机已经不是过去传统意义上的通信产品，而是更多承载了人们的娱乐、消费、商务、办公等活动。在此背景下，中国移动电商行业快速成长起来，用户的移动购物习惯也在逐步养成。基于此，在本书中，iCTR 将从多角度对中国移动电商的发展进行分析。

移动购物消费渐成气候

根据 iCTR 的在线调研数据显示，在过去的半年里，有 59% 的被访网民用过手机购物，20% 的被访网民用过平板电脑购物，可见，已经有至少六成的被访网民有移动购物的经历，中国网民的移动购物习惯已逐步养成。

而移动购物的兴起，势必会对 PC 端（台式机+笔记本）的购物造成影响。根据 iCTR 在线调研数据显示，7% 的被访网民表示，他们已经有超过 80% 的商品从 PC 端转移到移动端购买，可见这部分用户已经成为移动购物的重度用户；而 15% 的被访网民表示，其 50% 左右的商品已经从 PC 端转移到移动端购买；另外，35% 的被访网民表示，30% 左右的商品购买行为开始向移动端转移。

由此可见，已经有接近一半的用户，其购买行为已经从 PC 端向移动端转移。iCTR 认为，随着 4G 时代的到来以及移动购物用户体验的不断改善，移动端购物对 PC 端购物，乃至传统的购物行为都会造成很大的影响，这种影响不仅表现在对 PC 端、传统购物市场的抢夺，还有可能会对两个市场的发展起到拉动作用，带来新的客户和市场空间。所以，在此趋势下，电商企业以及传统企业都需要抓住时机，布局移动端业务，不断优化移动端购物体验，才能在未来的发展中占得一席之地。

移动购物入口多样化

现阶段，移动购物对 PC 端购物产生了一定的影响，而移动购物的入口也在悄然发生着变化。除了传统的站内搜索、通用搜索（如百度等）等方式外，二维码、移动社交产品也成了用户选择移动购物入口的方式。

根据 iCTR 的在线调研数据显示，目前移动购物入口主要分为三大类：①与 PC 端的网络购物类似，一方面，搜索（包括站内搜索和通用搜索）依然是用户移动购物时查找商品的主要方式。另一方面，首页推荐及分类浏览、折扣类及返利类网站查找也是用户较常使用的方式。②二维码作为连通移动购物线上线下的重要应用，目前仅占到被访网民的 13.2%。iCTR 分析认为，二维码的安全性依然是用户使用时考虑的核心因素，如果未来针对于二维码的监管力度加大，降低其使用的安全隐患，二维码在移动购物的发展中还将起到更重要的作用。③移动社交。在移动社交产品中，iCTR 的在线调研数据显示，"分享购物类"产品成为用户选择比例最高的项目，而在此阶段，微信、微博作为移动购物入口的作用还不太明显。

iCTR 认为，虽然目前移动社交在移动购物入口方面还没有表现出太大的优势，但是，在以微信为首的移动社交产品已经成为移动互联网重要入口的前提下，移动社交在移动购物的转化率方面还有很大的提升空间。以微信"企业公众服务号"为例，在微信对认证的企业开放了微信支付后，"企业公众服务号"将成为传统企业进行微信营销的一种很好的形式，接通微信支付后，可以更好地将营销转变成实实在在的销售额。虽然目前用户的使用程度还较低，但是未来此部分业务还有很大的发展空间。

2014 年 2 月被访网民移动购物入口情况如图 7-13 所示。

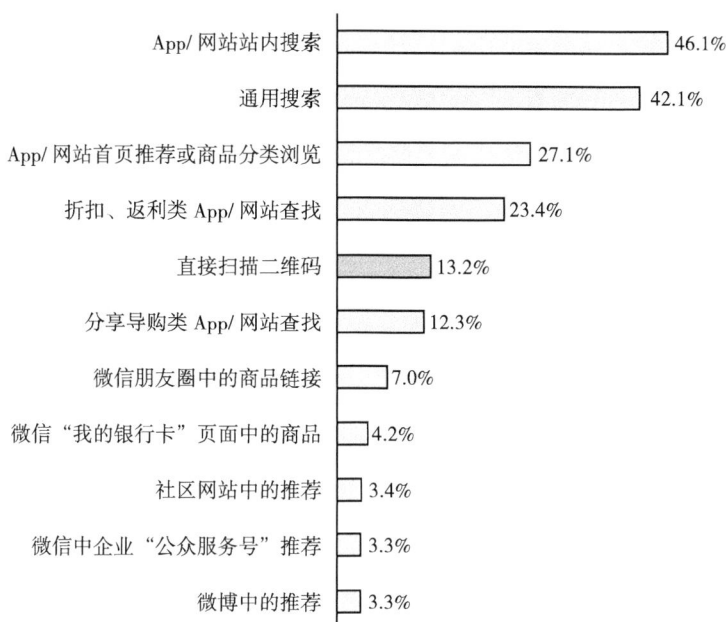

图 7-13 中数据如下：

- App/ 网站站内搜索 46.1%
- 通用搜索 42.1%
- App/ 网站首页推荐或商品分类浏览 27.1%
- 折扣、返利类 App/ 网站查找 23.4%
- 直接扫描二维码 13.2%
- 分享导购类 App/ 网站查找 12.3%
- 微信朋友圈中的商品链接 7.0%
- 微信 "我的银行卡" 页面中的商品 4.2%
- 社区网站中的推荐 3.4%
- 微信中企业 "公众服务号" 推荐 3.3%
- 微博中的推荐 3.3%

图 7-13 2014 年 2 月被访网民移动购物入口情况

资料来源：iCTR 在线话题调研，201402，N=8882。

移动金融风生水起

在移动电商领域，除了移动购物外，移动金融也在快速成长。2013 年 6 月 13 日，在支付宝推出余额宝后，余额宝的用户规模及基金规模，都实现了快速的突破。根据 @SmartClick 监测数据显示，余额宝推出后，支付宝的页面流量有了一个显著的提升。而根据 iCTR 的在线调研数据显示，40% 的用户曾经在移动端购买过金融产品，41% 的用户主要是通过移动端来查看收益。iCTR 分析认为，在国家政策利好的情况下，互联网金融以及移动金融还将继续保持蓬勃的发展态势。2013 年 6~11 月支付宝用户访问次数变化趋势如图 7-14 所示。

总之，移动电商正在快速成长，但同时我们也需要清醒地认识到，与 PC 端购物以及传统市场相比，移动电商的发展依然处在起步阶段，还远没有到达爆发的阶段。所以，这就要求移动电商的从业者，依然需要戒骄戒躁，抓住行业发展大势，探索出真正适合自己的发展模式，从而进一步推动行业的发展。

资料来源：http://www.esmchina.com/ART_8800129985_1300_2306_0_9403e568-02.HTM#。

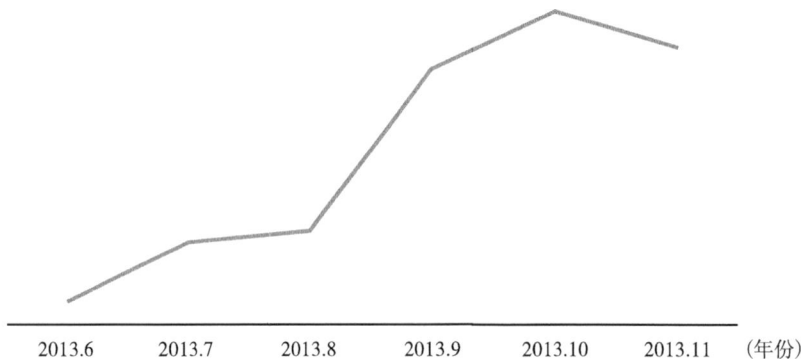

图 7-14　2013 年 6~11 月支付宝用户访问次数变化趋势

资料来源：iCTR@SC，2013.11，基于对 10 万名样本网络行为的长期监测数据所得。

第四节　移动电子商务的应用

一、移动电子商务的分类

移动电子商务逐渐成为新的潮流，移动电子商务市场的规模在不断扩大，交易量也在不断增加，与此同时，移动电子商务的分类也逐渐走向细化。目前，用户经常使用的移动化电子商务软件主要分为以下六大类：

（1）网购类：如淘宝、凡客、卓越等。

（2）二手交易类：因为人们日常生活会产生很多无法独立消费完的商品，网上的二手交易行业开始兴起，刚开始伴随着本地化信息服务产生，后来越来越多的网站把这作为一个盈利方式之一开发出二手交易的功能。如 58 同城、赶集网等。

（3）移动支付类：移动支付是移动购物和消费的辅助手段，如支付宝、QQ 财付通、银联支付等。

（4）购物分享类。社会化电子商务已经兴起。有 80% 的人愿意对购买过的商品做出评价。但是人们最愿意分享的时刻集中在收到商品打开箱子的这段时间。而手机即时分享的特性，更好地满足了人们的这一需求。

（5）团购类。互不认识的消费者，借助互联网的"网聚人的力量"来聚集资金，加大与商家的谈判能力，以求得最优的价格。根据薄利多销、量大价优的原理，商家可以给出低于零售价格的团购折扣和单独购买得不到的优质服务。如拉手、美团等。

（6）比价、折扣、查询类。这些软件都是更好地刺激购物欲或者为大家省钱省时间提供的服务。现在有近 10 种适合中国消费者使用的比价软件，如 Quick 拍、我查查、魔印等，大多为免费下载。

二、移动电子商务应用模式

移动电子商务受经济、社会趋势、技术与商业需求所主导，因此如何从既有市场中寻求最有价值之应用模式，是相当重要的。近来移动科技发展快速，不仅民众生活形态随之变化，连同传统商务也面临市场不断翻新的策略模式而备感压力。以下就移动电子商务发展的一些应用模式分类提出说明。

1. 按处理模式分类

（1）资讯处理。透过移动网络基础建设，各种资讯将不断产生新的应用方式，如移动支付、移动广告、移动信息服务等。另外由于资讯内容广泛交换并流通于各个产业中，因此跨领域的资讯交换与结合是应用推广的关键因素。

（2）交易处理。商务移动化以后，所有金钱交易过程的安全性必然产生一定程度挑战，包含认证与安全问题等，不过就整体而言，交易行为与系统处理过程依然是移动电子商务重要的一环。除了最基本的付款或者缴款功能外，结合通信与咨询所延展的应用相当广泛，如移动零售、移动票务、移动客房预订、移动博彩、移动指路、移动客户关系指引等，对企业或消费者而言均有实质受益。

（3）通信处理。通信基础建设为移动电子商务之关键核心要素，所有无线使用端与资讯系统交换均必须借由通信系统处理，以达成其目的。相对地，在资讯、交易与通信处理相互合作下，可使移动电子商务发挥最大功能。

2. 按信息流向分类

移动电子商务不仅提供电子购物环境，还提供一种全新的销售和信息发布渠道。从信息流向的角度，移动电子商务提供的业务可分为以下三个方面：

（1）"推（Push）"业务。主要用于公共信息发布。应用领域包括时事新闻、天气预报、股票行情、彩票中奖公布、交通路况信息、招聘信息和广告等。

（2）"拉（Pull）"业务。主要用于信息的个人定制接收。应用领域包括服务账单、电话号码、旅游信息、航班信息、影院节目安排、列车时刻表、行业产品信息等。

（3）"交互式"（Interactive）业务。包括电子购物、博彩、游戏、证券交易、在线竞拍等。

三、移动电子商务应用的主要技术

互联网（Internet）和移动通信技术的出现，改变了人们传统的生活、工作模式，打破了时间、地域的限制。互联网、移动通信技术和其他相应技术的结合构成了移动电子商务。作为一种新型的电子商务方式，充分利用了移动无线网络的优点，对传统电子商务做出了有益补充，具有非常广阔的发展前景。近十年来，推动移动电子商务发展的技术不断涌现，这些技术主要包括以下几方面：

1. 无线应用协议 (WAP)

无线应用协议 WAP 是 Wireless Application Protocol 的缩写，是开展移动电子商务的核心技术之一。通过 WAP，手机可以随时随地、方便快捷地接入互联网，真正实现不受时间和地域约束的移动电子商务。

2. 移动 IP (Mobile IP)

移动 IP 通过在网络层改变 IP 协议，从而实现移动计算机在互联网中的无缝漫游。移动 IP 技术使得节点在从一条链路切换到另一条链路上时无须改变 IP 地址。在一定程度上能够很好地支持移动电子商务的应用。

3. 通信分组无线业务 (GPRS)

GPRS 的英文全称为 General Packet Radio Service。具有"数据传输率高"、"永远在线"和"仅按数据流量计费"的特点。可以提高资源的利用率。

4. 蓝牙技术 (Blue tooth)

该技术成本低、功率低，是一种小范围的无线通信技术。可以使移动电话、个人电脑、个人数字助理、便携式电脑、打印机及其他计算机设备在短距离内无需线缆即可进行通信。

5. 移动定位系统技术

移动电子商务的主要应用领域之一就是基于位置的业务，例如，它能够向旅行者和外出办公人员提供所需的当地的新闻、天气、交通、住宿等相关信息。为人们提供了极大的便利条件，为日常的衣食住行提供了便利和相应保障。对于商家来说，这项技术也将为本地的零售业、交通业、旅游业、餐饮业等各项行业带来巨大的商机。

6. 第三代移动通信系统 (3G)

3G 的无线通信产品将为人们提供高速率的宽带多媒体业务。支持高质量的话音、分组数据、多媒体业务和多用户速率通信，这将彻底改变人们的通信和生活方式。3G 作为宽带移动通信，将手机变为集语音、图像、数据传输等诸多应用于一体的未来通信终端。这将进一步促进全方位的移动电子商务得以实现和广泛地开展。

四、移动电子商务应用盘点 (iPhone 版)

继 2010 年电子商务出现投资热潮之后，2014 年移动互联网逐渐进入大众的视线，这个由手机发力、未来具备无限可能的新行业正逐渐渗透到人们生活、工作的各个领域，手机短信、微博、移动音乐、手机游戏、手机视频等丰富多彩的移动互联网应用迅速发展。

移动电子商务是移动通信技术和电子商务技术相互结合的产物，是电子商务主要发展趋势之一。近两年来，随着智能终端的推广普及和应用模式的不断创新，移动互联网获得爆发式增长，受到创业者和投资界的广泛关注，被誉为下一个"金矿"。

下面为一些常见的基于 iPhone 的移动电子商务应用：

1. 综合类

淘宝。淘宝网是中国大陆地区最大的购物网站，主要有 C2C（消费者对消费者）及 B2C（企业对消费者）两种，个人或企业卖家均可在淘宝网开设网上商店，卖家售卖全新或二手商品皆可，也可以选择以定价形式或拍卖形式售货，但淘宝网上的产品绝大多数是以定价形式售卖的新货，而拍卖只占所有交易的一小部分。

2. 团购类

团购最早是国外 Groupon 发起的，中国引入 Groupon 模式之后，将其进行了一些变异，主要是一日多团等模式，由于团购网站的门槛低，因此目前国内出现了"百团大战"的现象，但估计一两年内绝大多数团购网站都会出局。

（1）拉手。拉手是国内最大的团购网站之一，提供用户所属地区的餐厅、酒吧、KTV、SPA、美发店、瑜伽馆的优惠信息，并率先推出一日多团超 Groupon 再创团购新模式。拉手所有活动都是团购模式，必须达到最低团购人数活动才生效。

（2）美团。美团是国内最早的团购网站之一，提供用户所属地区的精品消费，涵盖餐厅、酒吧、KTV、SPA、美发、瑜伽等优惠信息，致力于为用户提供满意、快乐的团购服务。

3. 分类信息发布

分类信息网站与 C2C 平台的差别主要是没有提供第三方的支付手段以及物流方面的服务，但分类信息因为其简单实用的特点，可以满足普通老百姓日常生活信息的需求，大到房屋租赁销售，小到缝纫针，都能在分类信息网站上找到。目前主要的分类信息网站有赶集网、58 同城、百姓网等。

（1）赶集网。赶集网是中国目前最大的分类信息门户网站之一，为用户提供房屋租售、二手物品买卖、招聘求职、车辆买卖、宠物票务、教育培训、同城活动及交友、团购等众多本地生活及商务服务类信息。

（2）58 同城。58 同城是中国知名的分类信息网站之一，涵盖房产、车辆、招工、兼职、黄页等海量的生活分类信息，用户可以免费发布各类供求信息。

（3）百姓网。百姓网是一个提供包括分类信息浏览、发布的网站，可以免费发布查询个人生活信息，百姓网是 eBay 旗下分类信息集团在中国的分站。

4. 3C 类

3C 电商比较多，有传统的 3C 电商京东、新蛋等，还有实体家电连锁店做的商城，目前具有实体店的 3C 网站例如库巴（国美）、苏宁易购，其实体店经营规模都很大，但是网店和实体店的商品价格相差较多。

中国的 3C 电商主要优势就是价格，3C 网站上的商品比实体店的价格具有很大优惠，直接冲击了传统家电连锁店的销售，逼迫他们不得不也做网上商城，或许他们本身也不想这样，因为他们不做，京东、新蛋这些网站也会做，所以他们不得不做3C电商。

这种价格差异，涉及经济学上一个叫做三级价格歧视的概念，三级价格歧视是指企业将其顾客划分为两种或两种以上的类别，对每类顾客索取不同的价格。也就是说，对不同的顾客出不同的价格可以实现利润最大化，简单说，线上线下不同的购买流程区分出对价格不敏感、歧视网购的阔佬和周围网上比价的穷人，然后给不同的价。

（1）京东商城。京东商城是中国B2C市场较大的3C网购专业平台，是中国电子商务领域受消费者欢迎和具有影响力的电子商务网站之一。京东商城提供家电、数码通信、电脑、家居百货、服装服饰、母婴、图书、食品等分类的数万个品牌30余万种优质商品，成为国内最大的3C网购平台之一。

（2）新蛋网。中国新蛋网是依托著名的美国新蛋网而创立的新一代专业电子商务消费服务网站，美国新蛋网于2001年成立，总部位于美国南加州。美国新蛋网是目前美国领先的电脑、消费电子、通信产品的网上超市，为用户提供了产品与专业服务，已经是全美规模最大的IT数码类网上零售商之一。在B2C行业，这是一个不折不扣的洋巨头。

（3）苏宁易购。苏宁易购是苏宁电器集团的B2C网上商城，采取自主采购、独立运营的模式发展。该网站建立在苏宁电器的物流、售后服务等综合性平台上，同时由行业内领先的合作伙伴IBM合作开发的新型网站平台。苏宁易购虚拟经济无实体店支撑很难发展起来，苏宁B2C的优势在于可以把实体经济和虚拟经济结合起来，共同发展。

5. B2C

这几年中国电子商务B2C（商家对客户）市场年均增长率也非常快，按照商品购买额计算，最大的几个类别分别是消费类电子及家电、服装及音像图书出版物，这些商品类别具有批量性和标准化特征，适宜网购。中国老牌的B2C网站卓越和当当都是从音像图书领域发展起来的。

（1）卓越亚马逊。卓越亚马逊是一家中国B2C电子商务网站，前身为卓越网，被亚马逊公司收购后，成为其子公司。经营各类图书、音像、软件、玩具礼品、百货等商品。

（2）当当网。当当网是全球最大的综合性中文网上购物商城，以销售图书、音像制品为主，兼具发展小家电、玩具、网络游戏点卡等其他多种商品的销售。

（3）凡客诚品。凡客诚品是根植于中国互联网上的服装品牌，主体运作者均系原卓越网骨干班底。据最新的艾瑞调查报告，凡客诚品已跻身中国网上B2C领域收入规模前四位。凡客诚品目前已拓展涵盖至男装、女装、童装、鞋、配饰、家居六大类。

以上就是一些常用iPhone电子商务应用，总的来看，移动互联网的一个大方向就是移动应用，触觉敏锐的电子商务企业已察觉到移动互联网市场的巨大前景，开发出不少基于 iPhone 和 Android 平台的移动电商应用。可以预见，电子商务的未来在移动，而移动互联网的未来在电子商务。

任务操作

怎样用手机进行窝窝团购

现在团购越来越火热了，主要是比直接单独购买便宜很多，同样的服务和东西，能便宜的为什么不呢？电脑团购比较容易，但是通过手机也很普遍了，下面小编分享一下用手机进行窝窝团购的方法。

（1）下载窝窝团的 APP 后，打开并登录，也可以输入 qq 号码和密码直接登录。如图 7-15 所示。

图 7-15 登录窝窝团

（2）在搜索里面找到自己想买的东西后，点击立即购买。然后确定购买的物品，写好数量，看好价格后确认购买。此外，还要看清楚使用期限、注意事项等。如图 7-16 所示。

（3）支付时需要注意，手机支付和电脑不同，支付方式比较多，如果窝窝团账户里有钱，可以直接输入支付密码支付。如果没有钱，需要选择支付方式了。如图 7-17 所示。

（4）手机支付方式一般有三种，第一种是支付宝客户端支付。这需要手机同时安装支付宝钱包 APP，这样就比较好办了，选择这种支付方式后，点击"立即购买"，这时会自动登录支付宝钱包，与你的支付宝账户关联上后，可以通过支付宝的余额进行支

图 7-16　搜索商品

图 7-17　确认订单

付；或者使用支付宝快捷支付，选择储蓄卡或借记银行卡支付，输入支付密码即可完成支付了。如图 7-18~图 7-20 所示。

图 7-18　通过支付宝快捷支付

图 7-19　通过支付宝余额支付

图 7-20　通过储蓄卡或借记卡支付

（5）第二种是支付宝网页支付。是针对手机没有安装支付宝客户端的用户，进入页面后，首先要输入支付宝账户和密码，接着确认无误后选择使用信用卡还是用储蓄卡支付，不论选择哪种方式都会进入选择银行的界面，选中自己常用的银行后，输入支付密码进行快捷支付即可。如果没有开通快捷支付，需要输入银行卡号和密码、验证手机号等开通快捷支付。如图7-21、图7-22所示。

图7-21　支付宝网页支付界面

图7-22　选择银行界面

第三种是一键支付，即只要支付额≤2000元，不用支付宝就可以完成支付。但是首次使用复杂一些，需要填写银行卡的卡号、密码、本人姓名、身份证号、手机号等信息开通一键支付，借记卡、储蓄卡都可。信息输完后需要进行手机验证，验证成功再设置支付密码，即可完成支付了。如图7-23、图7-24所示。

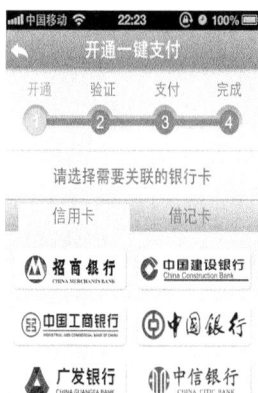

图7-23　开通一键支付界面

图7-24　填写银行信息界面

习题演练

一、单项选择题

1. 智慧地球 (Smarter Planet) 是 (   ) 提出的。

A. 无锡研究院　　　　　B. 温家宝　　　　　C. IBM　　　　　D. 奥巴马

2. 2009 年 8 月 7 日温家宝在江苏无锡调研时提出 (   ) 概念。

A. 感受中国　　　　　B. 感应中国　　　　　C. 感知中国　　　　　D. 感想中国

3. 云计算 (Cloud Computing) 的概念是由 (   ) 提出的。

A. GOOGLE　　　　　B. 微软　　　　　C. IBM　　　　　D. 腾讯

4. 作为"感知中国"的中心——无锡市 2009 年 9 月与 (   ) 就传感网技术研究和产业发展签署合作协议,标志着中国"物联网"进入实际建设阶段。

A. 北京邮电大学　　　B. 南京邮电大学　　C. 北京大学　　　D. 清华大学

5. RFID 属于物联网的 (   )。

A. 感知层　　　　　B. 网络层　　　　　C. 业务层　　　　　D. 应用层

6. 物联网 (Internet of Things) 这个概念是由 (   ) 最早提出的。

A. MIT Auto-ID 中心的 Ashton 教授　　　　　B. IBM

C. 比尔·盖茨　　　　　　　　　　　　　　　D. 奥巴马

7. 2009 年 8 月,(   ) 在视察中科院无锡物联网产业研究所时对于物联网应用也提出了一些看法和要求,从此物联网正式被列为国家五大新兴战略性产业之一。

A. 胡锦涛　　　　　B. 温家宝　　　　　C. 习近平　　　　　D. 吴邦国

8. 在"物联网知识校园行"兴趣小组中出现过的专家是 (   )。

A. 彭明盛　　　　　B. 刘韵洁　　　　　C. 刘海涛　　　　　D. 邬贺铨

9. 下面选项描述的不是智能电网的是 (   )。

A. 发展智能电网,更多地使用电力代替其他能源,是一种"低碳"的表现

B. 将家中的整个用电系统连成一体,一个普通的家庭就能用上"自家产的电"

C. 家中空调能够感应外部温度自动开关,并能自动调整室内温度

D. 通过先进的传感和测量技术、先进的设备技术、控制方法以及先进的决策支持系统技术等,实现电网的可靠、安全、经济、高效、环境友好和使用安全的目标

10. 智能物流系统 (ILS) 与传统物流显著的不同是它能够提供传统物流所不能提供的增值服务,属于智能物流的增值服务的是 (   )。

A. 数码仓储应用系统　　　　　　　B. 供应链库存透明化

C. 物流的全程跟踪和控制　　　　　D. 远程配送

11. 云计算最大的特征是 (   )。

A. 计算量大　　　　　　　　　　　B. 通过互联网进行传输

C. 虚拟化　　　　　　　　　　　　D. 可扩展性

12. "物联网"概念是在（　　　）年第一次被提出来。

A. 1998　　　　　　B. 1999　　　　　　C. 2000　　　　　　D. 2001

13. 被称为世界信息产业第三次浪潮的是（　　　）。

A. 计算机　　　　　　B. 互联网　　　　　　C. 传感网　　　　　　D. 物联网

14. 不属于物联网十大应用范畴的是（　　　）。

A. 智能电网　　　　　B. 医疗健康　　　　　C. 智能通信　　　　　D. 金融与服务业

15. 2009 年 10 月 11 日,（　　　）在科技日报上发表题为"我国工业和信息化发展的现状与展望"的署名文章,首次公开提及传感网络。

A. 胡锦涛　　　　　　B. 温家宝　　　　　　C. 李毅中　　　　　　D. 王建宙

16. 物联网中常提到的"M2M"概念不包括（　　　）。

A. 人到人（Man to Man）　　　　　　B. 人到机器（Man to Machine）

C. 机器到人（Machine to Man）　　　　D. 机器到机器（Machine to Machine）

17. 2009 年创建的国家传感网创新示范新区在（　　　）。

A. 无锡　　　　　　B. 上海　　　　　　C. 北京　　　　　　D. 南京

18.2008 年 3 月,全球首个国际物联网会议"物联网 2008"在（　　　）举行。

A. 上海　　　　　　B. 华盛顿　　　　　　C. 苏黎世　　　　　　D. 伦敦

19. 不属于无线通信技术的是（　　　）。

A. 数字化技术　　　　　　　　　　B. 点对点的通信技术

C. 多媒体技术　　　　　　　　　　D. 频率复用技术

20. 蓝牙的技术标准为（　　　）。

A. IEEE802.15　　　B. IEEE802.2　　　C. IEEE802.3　　　D. IEEE802.16

21. 不属于 3G 网络的技术体制的是（　　　）。

A. WCDMA　　　　B. CDMA2000　　　C. TD-SCDMA　　　D. IP

22. 不是传感器的组成元件的是（　　　）。

A. 敏感元件　　　　　B. 转换元件　　　　　C. 变换电路　　　　　D. 电阻电路

23. 不是物联网的组成系统的是（　　　）。

A. EPC 编码体系　　　　　　　　　B. EPC 解码体系

C. 射频识别技术　　　　　　　　　D. EPC 信息网络系统

24. 不是物联网体系构架原则的是（　　　）。

A. 多样性原则　　　　B. 时空性原则　　　C. 安全性原则　　　D. 复杂性原则

25. 不是目前移动办公的主要实现方式的是（　　　）。

A. 通过短信实现公文、邮件提醒服务

B. 通过 WAP 服务浏览详细公文、邮件内容

C. 通过无线局域网实现在公司内部的移动办公

D. 通过卫星定位系统实现移动办公

26. 不是目前移动办公终端设备的是（　　）。

A. 手机　　　　　　　B. 笔记本计算机　C. PSP　　　　D. PDA

二、多选题

1. 智能物流系统是建立在（　　）系统基础之上的。

A. 智能交通系统　　　　　　　B. 智能办公系统

C. 自动化控制系统　　　　　　D. 电子商务系统

2. 物联网跟人的神经网络相似，通过各种信息传感设备，把物品与互联网连接起来，进行信息交换和通信，（　　）是物联网的信息传感设备。

A. 射频识别芯片（RFID）　　　B. 红外感应器

C. 全球定位系统　　　　　　　D. 激光扫描器

3. 物联网是把（　　）技术融为一体，实现全面感知、可靠传送、智能处理为特征的、连接物理世界的网络。

A. 传感器及 RFID 等感知技术　　B. 通信网技术

C. 互联网技术　　　　　　　　D. 智能运算技术

4. （　　）是无线传感网的关键技术。

A. 网络拓扑控制　　　　　　　B. 网络安全技术

C. 时间同步技术　　　　　　　D. 定位技术

5. 物联网产业的关键因素有（　　）。

A. 感知　　　　　B. 传输　　　　C. 网络　　　　D. 应用

6. RFID 系统解决方案的基本特征有（　　）。

A. 机密性　　　　B. 完整性　　　C. 可用性　　　D. 真实性

7. 数据融合是实现物联网的重要技术之一。对物联网数据融合的研究，除了数据融合的基本内容之外，还须解决（　　）问题。

A. 融合点的选择　B. 融合时机　　C. 融合算法　　D. 融合的内容

8. 针对传感网的数据管理系统结构有（　　）。

A. 集中式　　　　B. 半分布式　　C. 分布式　　　D. 层次式

9. 精细农业系统基于（　　）等实现短程、远程监控。

A. Zigbee 网络　　B. GPRS 网络　　C. Internet　　　D. CDMA

10. 属于移动商务产业链的组成部分的是（　　）。

A. 基础设施提供商　B. 网络运营商　C. 应用开发商　D. 终端设备提供商

11. 一般来说，移动商务用户希望在（　　）方面得到他们技术投资的汇报。

A. 增加利润　　　　B. 提高效率　　C. 降低价格　　D. 降低成本

12. 目前移动办公的主要实现方式有（　　）。

A. 通过短信实现公文、邮件提醒服务

B. 通过 WAP 服务浏览详细公文、邮件内容

C. 通过无线局域网实现在公司内部的移动办公

D. 通过卫星定位系统实现移动办公

13. 目前移动办公终端设备主要包括（　　）。

A. 手机　　　　　　　　B. 笔记本计算机　C. PSP　　　　　　　D. PDA

14. 推动移动电子商务发展的因素有（　　）。

A. 无线协议的逐步推出　　　　　　B. 移动设备增长快速

C. 接入技术日趋成熟　　　　　　　D. 接入费用逐渐走低

三、简答题

1. 如何理解物联网？

2. 物联网中典型的感知技术有哪些？

3. 物联网中需要利用的无线传输技术有哪些？

4. 请以典型的实例说明物联网的应用。

5. 移动电子商务的特点？

6. 移动电子商务应该满足的要求？

参考答案

第二章

一、1. D 　2. B 　　3.C 　　4. A 　　5. B 　　6.C 　　7. D 　　8. B 　　9. A

10. B 　11. B 　12. D 　13. A 　14. C 　15. C 　16.B 　17.B 　18.C

19. C 　20. D

二、1. ABCD 　　2. ABCD 　　3. ABCD 　　4. AD 　　5. ABC 　　6. ABD

7. CD 　　8. ABCD 　　9. CD

三、略

第三章

一、1. A 　　2. B 　　3. B 　　4. B 　　5. B 　　6. B 　　7. B 　　8. C 　　9. B

10. D 　11. C 　12. C 　13. C 　14. B 　15. C 　16. B 　17.A 　18. A

19. A 　20. D 　21. B

二、略

第四章

一、1. D 　　2. C 　　3. C 　　4. A 　　5. C 　　6. D 　　7. A 　　8.D 　　9.A

10. B 　11. B 　12. C 　13. D 　14. D 　15. D 　16. A 　17. A 　18. C

19. A 　20. D

二、1. ABD 　　2. ABCD 　　3. ABC 　　4. ABCD 　　5. BD 　　6. ABC

7. AC 　　8. ACD 　　9. ACD 　　10. ABC

三、略

第五章

一、1. A 　　2. C 　　3. C 　　4. D 　　5. A 　　6. A

二、1. ABC 　2. AC 　3. AC 　4. ABD 　5. ABC 　6. AB 　7. ABCD 　　8. AC

9. ABCDE 　　10. ACE

三、略

第六章

一、1. D　　2. B　　3. D　　4. B　　5. D　　6. D　　7. A　　8. C　　9. A

10. C

二、1. ABC　　2.B　　3. BCD　　4. ABCD　　5. AC　　6. ABCD　　7. A

8. ABCD　　9. BCD　10. ABCD

三、略

第七章

一、1. C　　2. C　　3. A　　4. A　　5. A　　6. A　　7. B　　8. B　　9. C

10. C　　11. B　　12. B　　13. D　　14. C　　15. C　　16. A　　17. A　18. C

19. C　　20. A　　21. D　　22. D　　23. B　　24. D　　25. D　　26. A

二、1. AD　　2. ABCD　　3. ABCD　　4. ABCD　　5. ABD　　6. ABCD

7. ABC　　8. ABCD　　9. ABC　　10. ABCD　　11. AD　　12. ABC

三、略